钱谷融 著

钱谷融论学三种

河南大学出版社

2003年3月29日于广东海滨

笑读《世说新语》(先生最喜爱的书籍,收有6个版本)

编辑人语

  幼时读鲁迅《好的故事》,忽然莫名的感动,为那挥之不去的情景而深深陶醉……

  进入大学读书,恰逢许多名家学者应邀来校讲学,亲聆高言傥论,令人心潮澎湃,印象最深的是钱谷融先生的学术讲座《文学的魅力》和《〈雷雨〉人物谈》。

  1979年冬,第四届文代会刚结束,钱谷融老师就来我校讲学。

  报告会在古朴典雅的大礼堂举行。任访秋师时任中文系主任,主持会议。

  1978年于阳朔会仙亭。左起张如法、任访秋、刘增杰、钱谷融、赵明、陈则光。

当任访秋先生介绍钱谷融"教授"时,钱谷融老师立即纠正说:"我是讲师!"令人十分讶异。当他讲课时,又饶有兴趣地讲了一个引子:

1957年写了《论"文学是人学"》,在课堂上曾有一个有趣的开场白:

请允许我先讲个故事。有位先生原来有妻室,是父母的包办婚姻,虽然妻子很贤惠,但感情这种东西不像一加一等于二那样简单清楚。他在社交中认识了某位女士,一来二往,两人就情投意合,就是说情已他移。这也难怪,他们确实有共同语言,真正享受到了爱的甜蜜。然而他却很苦恼,尽管他非常爱她,却不敢挽着那位女士的手臂走进社交场合,而是违心地带着妻子,还要在脸上堆着笑,显得恩爱。更叫他疑虑重重的是,不少人尽可以在私下赞同他的恋爱观,可是一到公开场合准会侧目以待,甚至慷慨陈词。所以他只能苦恋着——诸位,我就是那位先生,那位女士就是我的《论"文学是人学"》!

台下学生先是愕然不解,继而忍俊不禁,终于捧腹大笑……

接着的学术报告就令人如行山阴道上,山川自相映发,目不暇接:伯牙学琴技艺纯熟后的移情,雍门周弹琴如何令孟尝君落泪,管仲怎样为车夫唱歌而脱险,黄筌为何另画《锺馗捉鬼图》……一个个鲜活灵动的艺术故事把听众引导到深奥的学术殿堂而不自觉,钱谷融老师就在这生动的讲述中揭示了其内在蕴涵的深刻哲理,从容掌控了整个会场的气氛,为我们这些成长于动乱年代的无知学子洞开了心灵中美丽的文学殿堂大门……

第二天,我们又聆听了更为精彩的《〈雷雨〉人物谈》,钱谷融老师对于曹禺剧作人物心理的细微阐发和精妙点拨,使我们醍醐灌顶,如饮琼浆……

此后不久,《〈雷雨〉人物谈》就由上海文艺出版社出版,一时洛阳纸贵,许多人借来之后就精心抄写,借以巩固自己的理解和感悟。

毕业后执教,一直都把钱先生的这些故事重温讲述,感动自己并感动我的学生,那本在新华书店订购的《文学的魅力》也在他们的传阅中不翼而飞,面对我的责问,他们低头不语,无人应承……我沉思有顷却哑然失笑。

许多年过去了,昔日的青年早已步入中年,然而那种最初被触动的情愫却深深镌刻在心头,以至有幸成为策划编辑的时候,就潜萌心愿,"学术精舍"就是要出版那些深深打动自己的学术精品著作……

值得庆幸的是,毕业于华东师范大学的王鹏飞博士在新闻传播学院从事编辑教学,我们曾在《师陀全集》的编辑中有过文字上的交往,他对于上海名家十分熟稔,自告奋勇为我引线搭桥,一拍即合,使我喜出望外……

好的故事又一次延续,相信读者也会与我们一道感到兴奋和愉悦的……

1979年11月21日,先生赴河南开封讲学,与在中文系工作的学生合影。左起:王介平、赵明、钱谷融、孟宪法、章秀定、张如法、王怀通。

总　目

对人的信心，对诗意的追求（代序）
　　——答友人关于我的文学观问

论文学
　　论"文学是人学" ……………………………（ 3 ）
　　文学的魅力 ……………………………………（ 67 ）
论曹禺
　　《雷雨》人物谈 …………………………………（ 3 ）
　　曹禺剧作谈 ……………………………………（ 97 ）
论鲁迅

艺术·人·真诚

对人的信心，对诗意的追求（代序）
——答友人关于我的文学观问

朋友给我出了个题目，要我谈谈我的文学观，使我感到有点为难。

首先，什么是文学就是个不容易说清楚的问题，大家的意见恐怕也很难一致。因为历来就存在着各种各样的文学，你要给文学下定义，究竟以什么为标准呢？譬如说吧，《诗经》、《楚辞》是文学，《三国演义》、《水浒传》也是文学；《全唐诗》、《全宋词》是文学，《全上古三代秦汉三国六朝文》也是文学；《天方夜谭》、《伊索寓言》、《格林童话》是文学，《世说新语》、《游仙窟》、《聊斋志异》也是文学；莎士比亚、巴尔扎克、托尔斯泰的作品是文学，鲁迅、老舍、沈从文乃至张恨水、还珠楼主、金庸的作品也是文学。想用几句简单的话，把这么多纷纭复杂、多姿多彩的文学现象统统概括起来，总觉得不免顾此失彼，很难说得周全。既然我对什么是文学还缺乏一个明确的概念，那么，要我清楚地说出自己的文学观来，岂不是有点强人所难吗？

我想，还是从自己的经验和爱好出发，谈谈我所喜欢的文学是什么样的，最最打动我的作品是哪一类作品吧。这样，也许可以使人对我的文学观多少有一些了解，说不定还能了解得比较具体些。

最先培养起我对文学的爱好来的是小说。早在小学读书时，我就接触了《三国演义》、《水浒》等名著，也看了一些文学价值不高的如《七侠五义》、《施公案》、《彭公案》之类的作品。尽管这时不懂得好坏，更不知道分别高下，但这些作品都激起了我对故事的兴趣，使我如饥如渴地要去找各种各样的旧小说来读。进了中学，语文课本中所选收的唐诗、宋词以及历代的散文名篇，给了我莫大的享受，觉得它们都写得很美，使我或者感到喜悦,或者感到惆怅,但精神上则始终有一种超越于现实生活之上的愉快之感,仿佛自己的心灵也得到了升华与提高。于是在课外,除了继续喜欢阅读故事性强的小说以外,对教科书中提到的一些诗词与散文作家的其他名篇,也尽量努力地去找了来读,这样就逐渐培养了我对文学的纯正趣味,并使我开始对文学有了真正的爱好。与此同时,我也读了一些五四以后的新文学作品,并逐渐与外国文学有了接触。外国文学作品在我眼前打开了一片新的天地,那里的风土人情,那里的人物和思想,都跟我过去所读的中国作品里写到的有很大的不同。但我同样能够理解,并且也能引起我的爱好。因为在那些作品里,同我们中国的作品一样,也是既有好人也有坏人,既有丑恶的东西,也有美好的东西。读着读着,总要在我心头激发起一种强烈的爱憎感情,使我要全身心地去爱那些好人和美好的东西,而满怀愤怒地去恨那些坏人和丑恶的东西。并且相信前者必定会战胜后者,消灭后者。因为我对人,对人的世界,充满了信心,深信事情应该会是这样的,自己也为此而感到快慰和幸福。

后来作品读得多了,渐渐能够分出其间的好坏和高下来了。这就开始懂得了选择,并有所偏爱。我最爱读的首先是那种能从感情上吸引和打动我的作品,爱好的程度则与我被吸引和被打动的程度成正比。那种吸引和打动我最强烈、最深刻的作品,常常能使我超越平凡的现实生活,摆脱肤泛琐屑的感情的纠缠,使我的心灵得到升华和提高;虽然有时它也会给我带来痛苦和忧伤——能够具有这种力量的,往往就是那些最伟大的作品。

我们的教科书和评论文章告诉我们,文学作品有认识作用、教育作用和审美作用。这是不错的,文学作品确实具有这三种作用(或者说性能)。但这三种作用(性能)是结合在一起而不是各自分离的。作为文学作品,它的认识作用与教育作用决不能离开审美作用而存在,否则,它就丧失了作为文学作品的品格。而上述两种作用,也将是空洞的、苍白无力的。人们之所以喜欢阅读文学作品,首先并不是为了要获取知识,得到教育,而是为了满足自己的审美需要,求得感情上的满足和心灵上的愉快。一部文学作品所具有的认识、教育和审美三种作用(性能),虽然是结合在一起的,却也常常有畸轻畸重的现象,很难达到浑然一体的程度。有的作品善于刻画世态人情和社会的风尚习俗,读了能使我扩大见闻,增长知识;有的作品长于展示社会矛盾,抨击黑暗,歌颂光明,读了能使我知所惩劝,得到教育。这两类作品,只要它们有一定的审美价值,能够吸引我读下去,而不是直白地向我灌输知识,进行教育,成为变相的教科书或者露骨的教训文学,我都欢迎,并且也愿意阅读。但是,只有那些真正的艺术作品,才能熔知识性、教育性与审美性于一炉,使这三者如水乳交融,互相渗透,不可分拆。而作为一部完整的文学作品的总体作用,也只有在这样的情形下,才能发挥到它的极致,才能把读者带到一个更高的境界里去,使他们在心灵上得到升华和极大的满足。我所最爱读的也就是这一类作品。

我觉得文学作品应该富有情致和诗意,使人感到美,能够激起人们的某种憧憬和向往。使我遗憾的是,最近一百年来,从世界范围来说,作家们的思想和技巧虽然日新月异,时显奇彩,可是在他们的作品中却少有丰厚的情致和浓郁的诗意。那令人憧憬、惹人向往,永远使人类的灵魂无限渴望的美,则更是日见其杳如了。众多享有世界声誉的名家的作品,虽然有些确也写得颇有深度,很能启发人们去思考;但总觉得缺乏吸引人的魅力,并不怎么使人喜爱。它们虽然也能引人去思考,但如果你不愿去思考,不想去思考,那也完全可以放得下,它们并没有那种逼得你非思考不行的强制力量。不像过去时代的作品那样,能够深深搅动你的心魂。在那些作品中,人物的命运遭遇和他们的坎坷的生活道路,常常会苦苦地纠缠着你,使你魂牵梦萦,寝食难安。而本世纪的作品,就很少能有这样的力量。为什么会有这样的差别,这道理很值得我们去探寻。我觉得,我们这个世纪的作家,似乎理智远胜于感情,好像他们更多的是在用他们的头脑而不是用他们的整个心灵在写作。因此他们的作品最打动我们的也往往是偏重在思想上,而不能使我们全身心地激动。我无论读卡夫卡、海明威、加西亚·马尔克斯乃至米兰·昆德拉的作品,都决不能引起像读巴尔扎克、狄更斯、托尔斯泰的作品那样的兴趣来。难道是他们的感情的力量比前人衰退了?还是因为他们的思想的力量太强大了呢?我想情形不见得会是这样。在文学作品中,无论感情还是思想,都应该蕴涵诗意。这样的感情和思想,是无法把它们分拆开来的。如果可以分拆,其中就不可能包孕诗意,那就不是文学(艺术)的思想感情,也不会有文学(艺术)所具有的力量。在一个真正的作家(艺术家)身上,思想的力量与感情的力量是凝为一体的,一个的强大只会增加另一个的力度,而不是相反会使另一个削弱。假使出现了一个削弱另一个的情况,那么这时的思想感情必然已经越出了文学(艺术)的疆界,写出来的东西也就不再是艺术品了。其中当然也不会有什么诗意。

为什么在我们这个时代所产生的作品中,诗意会愈来愈稀薄呢?一种解释是归罪于我们这个时代的生活,说因为生活里充满了竞争残杀,尔虞我诈,使得诗意无处栖身,作品里自然就难得见到它了。这可能是一个理由,但我对此不能没有怀疑。因为我想,每一个时代每一个社会总都是既有黑暗也有光明,同样,也必然都会各有它们自己的诗意和自己的美。诗意和美决不是天生的纯客观的东西,正是生活在这个时代和这个社会里的人创造了这个时代和这个社会的诗意和美。所以单从客观生活方面去找原因是不行的,还得同时从作家的主观一方面去进行考虑。今天由于科学技术的进步,物质文明异常发达,在强大的物质力量前,人处处显得无能为力。作家们生活在这样的时代这样的社会里,目睹人们所处的窘困境地,虽深感不安而又无可奈何。其所以觉得无可奈何,乃是因为他们对自己、对整个人类已经失去了信心,找不到抵制和驾驭强大的物质力量的办法。只感到前途茫茫,看不到希望,看不到理想。在这样的情况下,哪里还会有什么诗意和美呢?其实,我想事实不会是这样的。今天的物质文明是人类所创造的,人类始终是我们这个世界的主人。物质与精神,精神与物质,必将同步前进,人类决不会找不到对付物质力量的办法。问题是在于我们必须建立起对人的信心。这一点,对我们的作家们来说尤其重要。有了这样的信心,我们的前景就会显得光明起来,什么样的困难,什么样的挫折,也阻挡不了我们为人类的进步和幸福而奋斗的勇气和决心。这样,在我们的文学艺术作品中,就决不会缺少诗意和美了。这种对人的信心,就是我多少年来所一直呼吁的人道主义精神。文学作品是决不能缺少这种人道主义精神的。大家不妨考察一下,在古往今来的所有伟大作品中,有哪一部是缺少这种人道主义精神的呢?而有些虽然轰动一时,写得也确实颇有特点的作品,其所以过不了多久(几年或者几十年),就渐渐为人们所淡忘,终于不能进入伟大作品之林者,不正是因为其中缺少深厚的人道主义精神的缘故吗?

虽然我认为文学作品必须有诗意和美,最好还要能使我们的精神得到升华,心灵得到提高。但这样的作品毕竟是不可多得的。不得已而求其次,我也喜欢读一些故事性强、富有吸引力而又不是违情背理的胡编乱造的作品。这样的作品虽然意义和价值不一定很大,却也能满足我们精神上的需要,而且读后也不会是全无所得。近年来,人们不断在为严肃文学的市场日渐为通俗作品所占领而忧心忡忡。其实,且不说严肃文学与通俗文学的名称与界限,还大可讨论,而且通俗文学也决不是可以轻视的。《三国演义》、《水浒传》等书,最初原是说书艺人的话本,关汉卿和莎士比亚的戏剧,里巷小民、贩夫走卒也能欣赏,它们都是很通俗的。我觉得我们的作家正应该在作品的通俗性上多下功夫,要使广大群众都能爱看。一部小说,自然也可以不重故事情节,但故事情节毕竟是很有吸引力的。如果我们的作家能在编故事的技巧上多留意一些,使他的作品更容易走入群众中去,该有多好呢?消遣的观点,一向为我们所不取,但人们有时还是需要消遣、需要娱乐的。试问,究竟有多少人是为了受教育、学知识而去看戏、看电影、看小说的呢?应该承认,他们首先大都还是为了消遣,为了娱乐。那么,我们的文学艺术作品怎么可以不重视趣味性,不讲究吸引人的艺术魅力,不在使人爱看爱读上多下功夫呢?在这一点上,严肃文学的作者们倒是应该多多向成功的通俗作家学习的。

以上我拉拉杂杂地谈了一些我对文学作品的看法,也可以说就是我的文学观吧。

论文学

1961年游黄山

目　录

论"文学是人学"

论"文学是人学"……………………………………（ 3 ）
文艺创作的生命与动力……………………………（ 41 ）
管窥蠡测
　　——人物创造探秘………………………………（ 55 ）
后记…………………………………………………（ 64 ）

文学的魅力

文学的魅力…………………………………………（ 69 ）
关于文艺特征的断想………………………………（ 87 ）
谈文艺批评问题……………………………………（ 95 ）
关于艺术性问题
　　——兼评"有意味的形式"……………………（107）
论托尔斯泰创作的具体性…………………………（114）
文学问题杂谈………………………………………（137）
文学评论散谈………………………………………（154）
文学研究漫谈………………………………………（168）

论"文学是人学"

《论"文学是人学"》(人民文学出版社1981年10月初版),为"新文学论丛"丛书,共收论文三篇,附录、后记各一。今据正文及后记,单独成章。

新文学论丛丛书

论"文学是人学"

钱谷融

人民文学出版社

论"文学是人学"

高尔基曾经作过这样的建议：把文学叫做"人学"。我们在说明文学必须以人为描写的中心，必须创造出生动的典型形象时，也常常引用高尔基的这一意见。但我们的理解也就到此为止——只知道逗留在强调写人的重要一点上，再也不能向前多走一步。其实，这句话的含义是极为深广的。我们简直可以把它当做理解一切文学问题的一把总钥匙，谁要想深入文艺的堂奥，不管他是创作家也好，理论家也好，就非得掌握这把钥匙不可。理论家离开了这把钥匙，就无法解释文艺上的一系列的现象；创作家忘记了这把钥匙，就写不出激动人心的真正的艺术作品来。这句话也并不是高尔基一个人的新发明，过去许许多多的哲人，许许多多的文学大师都曾表示过类似的意见。而过去所有杰出的文学作品，也都充分证明着这一意见的正确。高尔基正是在大量地阅读了过去杰出的文学作品，和广泛地吸收了过去的哲人们、文学大师们关于文学的意见后，才能以这样明确简括的语句，说出了文学的根本特点的。

我这篇文章，就是想为高尔基的这一意见作一些必要的阐释；并根据这一意见，来观察目前文艺界所争论的一些问题。

一

文学的对象，文学的题材，应该是人，应该是时时在行动中的人，应该是处在各种各样复杂的社会关系中的人，这已经成了常识，毋须再加说明了。但一般人往往把描写人仅仅看做是文学的一种手段,一种工具,如季摩菲耶夫在《文学原理》中这样说:"人的描写是艺术家反映整体现实所使用的工具。"①这就是说,艺术家的目的,艺术家的任务,是在反映"整体现实",他之所以要描写人,不过是为了达到他要反映"整体现实"的目的,完成他要反映"整体现实"的任务罢了。这样,人在作品中,就只居于从属的地位,作家对人本身并无兴趣,他的笔下在描画着人,但心目中所想的,所注意的,却是所谓"整体现实",那么这个人又怎么能成为活生生的、有血有肉的、有着自己的真正个性的人呢? 而且,所谓"整体现实",这又是何等空洞、何等抽象的一个概念! 假使一个作家给自己规定的任务是"反映整体的现实",假使他是从这样一个抽象空洞的原则出发来进行创作的,那么,为了使他的人物能够适合这一原则,能够充分体现这一原则,他就只能使他的人物成为他心目中的现实现象的图解,他就只能抽去这个人物的思想感情,抽去这个人物的灵魂,把他写成一个十足的傀儡了。应该说,季摩菲耶夫还是比较重视文学艺术的特征的。在他的那本《文学原理》中,有着很多精辟的见解。那本书,在苏联虽然受到很多人的非常严厉的批评和指责,但我以为这些批评和指责未必都是正确的,然而这里所提到的一点,却是一向毫无异议地为人家所接受的。在苏联是如此,在中国也是如此。正因为这种理论是一种支配性的理论,在我们的文坛上也就多的是这样的作品:就其对现实的反映来说,那是既"正确"又"全面"的,但那被当做反映现实的工具的人,却真正成了一把毫无灵性的工具,丝毫也引不起人们的兴趣了。

我这样说,是不是意味着我认为文学不能够或者不必要反映现实呢? 不是的。文学当然是能够,而且也是必须反映现实的。但我反对把反映现实当做文学的直接的、首要的任务,尤其反对把描写人仅仅当做是反映现实的一种工具,一种手段。我认为这样来理解文学的任务,是把文学和一般社会科学等同起来了,是违反文学的性质、特点的。这样来对待人的描写,是决写不出真正的人来的,是会使作品流于概念化的。

---

① 季摩菲耶夫:《文学原理》第24页。

那么,究竟应该怎样来理解文学的任务,怎样来对待人的描写呢?

过去的杰出的哲人,杰出的作家们,都是把文学当做影响人、教育人的利器来看待的。一切都是从人出发,一切都是为了人。鲁迅在他早年写的《摩罗诗力说》中,以"能宣彼妙音,传其灵觉,以美善吾人之性情,崇大吾人之思理者"①,为诗人之极致。他之所以推崇荷马以来的伟大的文学作品,是因为读了这些作品后,能够使人更加接近人生,"历历见其优胜缺陷之所存,更力自就于圆满"②。这种看法并不是鲁迅一个人所独有的,而可以说是过去所有杰出的、热爱人生的诗人们的一种共同的看法。车尔尼雪夫斯基在谈到文学的作用时也这样说:"诗人指导人们趋向于高尚的生活概念和情感的高贵形象;我们读诗人的作品,就会厌恶那庸俗的和恶劣的事物,就会看出所有美和善的迷人的地方,爱好所有高贵的东西;他们会使我们变得更好,更善良,更高贵。"③一切艺术,当然也包括文学在内,它的最最基本的推动力,就是改善人生、把人类生活提高到至善至美的境界的那种热切的向往和崇高的理想。伟大的诗人,都是本着这样的理想来从事写作的。要改善人的生活,必须先改善人自己,必须清除人身上的弱点和邪恶,培养和提高人的坚毅、勇敢的战斗精神。高尔基在他的一篇题名《读者》的特写中,是这样来说到文学的目的和任务的:

> 文学的目的是要帮助人了解他自己,提高他的自信心,并且发展他追求真理的意向,和人们身上的庸俗习气作斗争,发现他们身上好的品质,在他们心灵中激发起羞耻、愤怒、勇气,竭力使人们变为强有力的、高尚的、并且使人们能够用美的神圣的精神鼓舞自己的生活。④

而历来一切伟大的文学作品,也的确是以赞美和歌颂好人好事,鞭挞和

---

① 《鲁迅全集》第一卷,第 201 页。
② 同上书,第 204 页。
③ 转引自季摩菲耶夫:《文学原理》,第 18 页。
④ 转引自伏尔科夫:《高尔基》,第 11 页,人民文学出版社版。

斥责坏人坏事为其职责的。善恶邪正的斗争,成了文学的基本主题,而且善总是战胜了恶,正总是压倒了邪。即使邪恶在作品中得胜了,但人们的同情也必然是在善和正一方面的。正像高耐依在论到戏剧的作用时所说的:"好人虽然遭到不幸,大家一定是爱他的,同情他的;坏人虽然得志,大家一定是恨他的,讨厌他的。"这是因为,作者在描述作品中的这些人物时,并不是把他们当做自己的一个工具,而是把他们当做和自己一样的人。他不能不爱那些他所认为善良和正直的人,而恨那些他所认为奸邪和凶恶的人。他和他笔下的好人一同欢笑,一同哭泣,为他们的高兴而高兴,为他们的忧愁而忧愁。而对于那些坏人,则总是带着极大的憎恶与轻蔑,去揭露他们的虚伪,刻画他们的丑态。作者就用他的这种热烈分明的爱憎,给了他的人物以生命;又通过他的人物来感染读者,影响读者。使得读者和他一起来爱那些好人,恨那些坏人,并进而鼓舞读者积极地在现实生活中帮助好人去和邪恶战斗,去扑灭邪恶,肃清邪恶。也正是为了这个缘故,人们在提到那些为我们创造了杰出的文学作品的大师的名字时,才总是怀着无限崇敬与感激的心情的。假使作家所着眼的是所谓"整体的现实",或者像另一些人所说的是所谓"生活的本质"、"生活发展的规律",而把人仅仅当做是借以反映这些东西的一种工具的话,那么,他就再也写不出这样激动人心的作品来,再也收不到这样巨大的效果了。

我这样说,是不是会斩断了文学与现实之间的联系,取消了文学反映生活的职能呢?这种顾虑(或者简直是对我的责难),其实是不必有的。除非作家写不出真正的人来,假如写出了真正的人,就必然也写出了这个人所生活的时代、社会和当时的复杂的社会阶级关系。因为,人是不能脱离一定的时代、社会和一定的社会阶级关系而存在的;离开了这些,就没有所谓"人",没有人的性格。我们从每一个具体的人身上,都可以看到时代、社会和阶级的烙印。这些烙印,是谁也无法给他除去的。曹雪芹难道是为了要反映封建社会的日趋崩溃的征兆,为了要反映官僚士大夫阶级的必然没落的命运而写《红楼梦》的吗?当然不是的。他是因为受到了对于贾宝玉、林黛玉等人(这里不谈这些人是怎样闯进他的心海里去的问题)的一种无法排解的、异常深厚复杂的感情的驱迫,才来写《红楼梦》的。但是我们通过这部作品所看到的,却决不是贾宝玉等人的个人生活史,而是当时的整个时代,整个社会。对于《哈姆雷特》、《堂·吉诃德》、《奥勃洛莫夫》以及《阿Q正传》等等,我们都可以这样说。

人和人的生活,本来是无法加以割裂的,但是,这中间有主从之分。人是生活的主人,是社会现实的主人,抓住了人,也就抓住了生活,抓住了社会现实。反过来,你假如把反映社会现实,揭示生活本质,作为你创作的目标,那么你不但写不出真正的人来,所反映的现实也将是零碎的、不完整的;而所谓生活本质,也很难揭示出来了。所以,文学要达到教育人、改善人的目的,固然必须从人出发,必须以人为注意的中心;就是要达到反映生活、揭示现实本质的目的,也还必须从人出发,必须以人为注意的中心。说文学的目的任务是在于揭示生活本质,在于反映生活发展的规律,这种说法,恰恰是抽掉了文学的核心,取消了文学与其他社会科学的区别,因而也就必然要扼杀文学的生命。

现在大家都已经知道把典型归结为一定社会历史现象的本质这种理论的错误了。然而,对于我们这里所论述的——把揭示生活的本质、反映生活发展的规律当做文学的任务,而把描写人仅仅当做为完成这一任务所使用的工具,对于这种理论的错误,却迄今还是习焉不察。其实,这两种错误是相互联系,其性质也是极为类似的。因为,既然把文学的任务确定为揭示生活的本质,反映生活发展的规律,而在文学中,这一任务又必须通过典型化,通过典型形象的塑造来完成的,那么,为了保证这一任务的完成,最好自然就莫如干脆把典型归结为一定社会历史现象的本质了。本来,这两种理论,假如只把它们当做结论来看,是并没有什么荒谬可笑之处的,事实上倒还是符合实际的。但现在却把它们当做一个前提,当做一个要求提出来,那就成了有害无益的东西了。因为,它们叫人们去注意一些本来不必注意的事情,结果就必然使人忽略了应该注意的事情。正如,假使我们说食物是从食道而不是从气管进入肠胃去的,这是完全正确的。但假如我们对一个孩子说:"当心!必须使食物通过食道进入肠胃,而不能使它跑到气管里去!"结果会怎样呢?结果反而会使孩子受呛,会使孩子感到吃饭是一件苦差使,这就是这种多余的好心所招致的必然结果。上述这两种理论在文艺上所引起的后果是与此颇相类似的。

高尔基一向认为消极的任务是文学所不足取的。把文艺的意义、作用,局限在反映生活这一点上,就等于是否定了文艺的存在的必要。因为,如果我们所要求于文艺的只是在于概括地反映现实现象,揭示现实生活的本质的话,那么,科学会把这些作得更精确、更可靠的。这样,文艺就失却了它作为人类精神活动的一个特殊领域而存在的意义了。然而,人们却并不因为有了科学就不需要文艺,而文艺也并没有因为科学的日益发达而渐趋衰落,可见文艺一定是有它的特殊的、不是科学所能代替的任务的(这种任务,在高尔基看来,就是影响人,教育人,就是鼓舞人们去改造现实,改造世界,使人们生活得更好)。而且,假如我们把反映现实当做文学的首要任务,那么,对于那些杰出的抒情诗篇,以及从个人主观的热情与理想出发的伟大的浪漫主义作品之如此为人喜爱,如此受人重视,就很难解释了。① 所以,高尔基把文学叫做"人学",就不但说明了文学的对象是什么,而且,还把文学的对象和它的性质、特点,和它的任务、作用等等相统一起来了。我觉得,在今天,对于高尔基把文学叫做"人学"的意见,是有特别加以强调的必要的。

二

前面我们说:对于人的描写,在文学中不仅是作为一种工具,一种手段,同时也是文学的目的所在,任务所在。这是有充分的根据的。整个世界文学的历史,都可以为这句话作证。全人类共有的文学宝库,是一长列的人物的画廊,把这些人物的画像(他们或者戴着诗人自己的名字,或者叫做别的什么)从宝库中抽去,这个宝库也就空无所有了。古往今来的一切伟大的诗人都把他一生的心血,交付给了他所创造的人

---

① 假如说这些作品之所以为我们所喜爱,也是因为它们通过作家心灵的折射而反映了现实的缘故,那么,这正好说明了文学作品原是必然要反映现实的;把反映现实当做文学的任务而提出来就没有什么积极的意义了。

物,他是通过他所创造的人物来为自己的祖国、为自己的人民服务的。而我们也就根据诗人在他的作品中是怎样描写人,怎样对待人,来判定诗人的作品的好坏,判定诗人的品格的高下的。我们为什么要斥责颓废派的和自然主义的作家呢?主要就是因为他们在他们的作品中歪曲了人,诬蔑了人。而我们对于所有充满着伟大的人道主义精神的作家们,则永远怀着深深的敬仰与感激的心情,因为他们在他们的作品里赞美了人,润饰了人,使得人的形象在地球上站得更高大了。高尔基把文学当做"人学",就是意味着:不仅要把人当做文学描写的中心,而且还要把怎样描写人、怎样对待人作为评价作家和他的作品的标准。

怎样描写人,怎样对待人,这当然与作家的思想,与作家的世界观有关。但所谓世界观,是人的各种观点的总和,它本身是既统一而又有矛盾的。在对待每一个具体问题上,并不是全部世界观中的每一种观点都起着同等的作用,而是有主从轻重之分的。在文学领域内,既然一切都决定于怎样描写人、怎样对待人,那么,作家的对人的看法,作家的美学理想和人道主义精神,就是作家世界观中起决定作用的部分了。

最能用来说明这一点的,莫如巴尔扎克和托尔斯泰两人的例子。

这两个人,就他们的阶级立场、政治理想来说,都是落后的、违反历史前进的方向的。但是他们的作品,就其主要倾向来说,却是有利于人民的,却是起着进步的作用的。这应该怎样解释呢?过去,都是根据恩格斯对巴尔扎克的评论,认为是他们的先进的创作方法突破了他们的落后的世界观,把这种现象归结为现实主义的胜利。但是这种解释总不能十分令人信服。因为,这等于是说,创作方法和世界观是可以割裂的了;等于是说,一个作家对现实的理解明明是这样,但他却可以把它写成那样,而且还仍然可以是好作品,仍然可以收到影响人、教育人的效果。这即使就常识上来说,也是很难说得过去的。有一些人就抓住了恩格斯的这一说法,极力宣扬他们的否定世界观对创作方法的决定作用的那套理论。另一些人则从作家的主观思想与作品的客观思想之间的矛盾来说明这一问题,但这仍然是说不通的。因为,作家的主观思想与作品的客观思想之间,尽管确乎存在着矛盾,但这种矛盾主要也只是深度和广度方面的互有差别,而决不会是属于全然抵触的性质。因此又有一些人企图从这两位作家的世界观的本身找寻说明。他们引证了大量的材料，来证明这两个人的世界观内部原就存在着矛盾，其中既有反动的成分，也有进步的成分；并且断定，起主导作用的还是其进步的一面。于是得出结论说：他们的创作方法是和他们的世界观完全一致的。但这依然缺乏具体的分析。究竟在他们的世界观中有哪些是属于进步的因素？又有哪些是属于反动的因素？又是根据什么理由来断定他们的世界观主要是进步的呢？狭义的世界观主要是指哲学观点而言，按照我们一般的理解，是很难把巴尔扎克和托尔斯泰的哲学观点说成是进步的观点的。

最近出版的第四册的《文学研究集刊》上，发表了王智量、文美惠两同志所写的两篇关于托尔斯泰的世界观与创作方法之间的关系问题的论文。这两篇文章，分别根据托尔斯泰的三部主要作品（王智量同志根据《安娜·卡列尼娜》和《复活》，文美惠同志根据《战争与和平》），从各个不同的方面去探讨托尔斯泰的世界观和创作方法之间的具体联系，最后得出了如下的完全一致的结论①：托尔斯泰的世界观和他的艺术创作方法之间有着基本上的一致性，但是也有矛盾。这种矛盾的表现就是作品中反动消极因素所占的比重小于它们在作家思想中的比重。而造成这种矛盾的原因则是由于作家对于生活现实的忠实、对于艺术规律的严格遵循。换句话说，就是他的现实主义的创作方法的胜利。

这一结论，大家知道，并不是只在这两篇文章中才第一次被提了出来的，我们前面也已经提到过这样的看法了。但这两篇论文仍有很大的价值，这价值并不在于它们为已有的看法提供了具体的论证，使得这种看法似乎更有根据，似乎更有成为科学的结论的可能了；而是在于别的方面，属于别一种性质的。由于这两位同志研究态度的严肃，引证材料的可靠以及分析方法的正确，因而，他们不但把我们的注意力引导到了这一问题的关键所在，而且还为应该如何打开这一关键，提供了许多

---

① 不但他们的结论是完全一致的，就是论证的方法，以及每一个具体论点都非常类似。所以，他们虽没有说明这两篇文章之间的关系，我们却完全有理由推测，这是一种共同研究中的分工关系。因此，我在下面提到他们的论点的时候，如非必要，就不一一指出哪是属于王智量同志的，哪是属于文美惠同志的了。

极为有益的线索。令人遗憾的是,他们并没有从他们的正确的分析中,得出可以得到、应该得到的结论。他们还是囿于先入之见,在一个紧要关头,就匆匆地用一个已有的现成结论,结束了更进一步的探索。我这里指的是,当他们根据充分的材料,十分令人信服地分析了托尔斯泰世界观中所存在的矛盾,指出其中有哪些是反动的因素,有哪些是进步的因素,并进一步证明他的反动思想在他的作品中所占的比重,不如在他的思想中所占的比重大时,本可以自然而然地得出关于作家的世界观与其创作方法之间的具体关系的正确结论来的;本可以明白指出世界观中的哪些因素在文艺创作中起着直接的、主导的作用,而哪些因素则只起着间接的、次要的作用来的。但这时,他们的眼睛却从已经涌出来了的结论前滑过去了。因为,他们这时忽然看见了他们出发时所预先设定了的终点,尽管这个终点并不是在他们的前面,而是在旁边的什么地方,他们也就一脚跨过去了。最后,他们就立定在如上面所说的"现实主义创作方法的胜利"这一现成结论的前面了。

难道托尔斯泰的反动思想在他的创作过程中之所以常常受到排挤和压制,在他的作品中之所以占不到像在他的思想中所占的那么大的地位,真是由于他十分忠实于生活现实,由于他严格遵循着艺术规律的缘故吗?真是所谓现实主义创作方法的胜利吗?我看是不能这样说的。至少,这样说是不够充分、不够圆满的。

假如我们把这原因归结于托尔斯泰对生活的忠实,归结于生活真实的客观力量,就很难说明:为什么在他的作品中是那么地忠实于现实,而且往往能从生活现实中得出正确的结论来的托尔斯泰,在他的论文(哲学的和文学的)中却常常会歪曲生活,常常会从生活中得出错误的结论来呢?难道托尔斯泰只有当他在进行创作的时候,才是忠实于生活的吗?而且,正如王智量、文美惠两位同志自己所指出的。在托尔斯泰作品中所表现出来的先进思想,并不只是存在于他的作品中,在他的思想中也是存在的。那么,可见得这里的问题,就并不是托尔斯泰为什么能有这样一些先进思想的问题,而是为什么这些先进思想能在他的作品中起主导作用,而另一些反动的思想在他的作品中却只能退居于次要的地位的问题了;而是为什么这两种思想的比重在作品中比之在思想里会起了个相反的变化的问题了。用忠实于生活这样的理由，是不能说明这一问题的。两位同志还引用了高尔基所说的、托尔斯泰在《复活》中"不能不承认，而且……几乎证实了积极斗争的正确性"，和恩格斯所说的、巴尔扎克"不得不违反他自己的阶级同情和政治偏见"这样的语句，来证明生活真实对作家的强制力量。但是，这里说的既然是托尔斯泰"不能不"，巴尔扎克"不得不"，那就不能单纯从客观生活一方面去解释，而是也应该、甚至是更应该从两位作家的主观意识一方面去找寻原因的。

王智量、文美惠两同志自己也认识到"仅仅用生活或生活经验来解说作品的客观意义压倒了作者主观偏见的原因还是不够的"，他们也知道有很多这样的作家，虽然他们的生活经验很丰富，但他们创作出的作品，却并没有能超过其世界观的限制。因此，他们在生活经验的丰富和对生活的忠实以外，又提出了对现实主义艺术法则的严格遵循一点来。关于这一点，王智量同志说得很好：

> 但是在作家的艺术创造过程（而不是手艺匠式的编造过程）中，随着作品主题和情节的展开，当艺术形象开始获得了一个真实的轮廓，逐渐具有比较明确的个性，开始和它的生活环境形成一个有机的整体，并且形象和形象之间也渐渐有了基本真实的关系的时候，这时，形象在作家的笔下形成起来的个性化了的生命就会开始产生出一种力量来，这种力量就会要求艺术家在它已经获得的这种真实性和统一性的基础上把它写下去，要求它不仅考虑自己的构思，也要考虑形象本身已经开始显示出来的这种个性的完整性，而不要任意地去破坏它。这就是一种现实主义艺术的力量。这时，如果这是一位真正伟大的艺术家，他熟悉并且尊重艺术的这种规律性，再加上他笔下跃跃欲生的艺术形象带给他的兴奋和鼓舞，他便往往会顺乎这种形象本身的逻辑把它写下去，而不自觉地把自己的主观构思中某些不符合这种逻辑的东西排挤到次要的地

位。这样是会出现我们所说的现实主义的胜利的情况。①

大家都会承认,在文艺创作中的确有这样的情形。最明显的、为大家所熟知的例子,就是托尔斯泰的《安娜·卡列尼娜》。托尔斯泰原来是想把安娜当做"有罪的妻子"而加以贬责的,但结果他却"不得不"寄给她以深深的同情,甚至还赞扬了她。然而,王智量同志对这一现象的解释,却颇有些神秘的意味。像"个性化了的生命就会开始产生出一种力量来,这种力量就会要求艺术家……要求他不仅考虑……也要考虑……"这里所说的这种力量究竟是一种什么样的力量呢?它难道是脱离作家的主观意识而存在的吗?难道是完全不受作家的思想、态度的影响的吗?当然并不是这样的。假如王智量同志肯用一种浅显明白的、人人能懂的语言来说,就一点也没有什么神秘。不过这样一来,他所作的结论,也就必须另换一个样子了。

我们说过,在文学领域内,一切都决定于怎样描写人,怎样对待人,真正的艺术家决不把他的人物当做工具,当做傀儡,而是把他当成一个人,当成一个和他自己一样的有着一定的思想感情、有着独立的个性的人来看待的。他一定是充分尊重这个人的个性的,他可以通过他自己的是非爱憎之感来描写这个人物;他可以在他的描写中表示他对这个人物的赞扬或是贬责,肯定或是否定;正像在生活中,他可以通过自己对一个人的评价来介绍这个人一样。但他决不能把自己的意志强加到他的人物身上去,强使他的人物来屈从自己的意志。在生活中是如此,在作品中也是如此。这样一说,王智量同志所说的这种力量,就原来只是人物的性格的力量了,就一点没有什么神秘了。而所谓"熟悉并尊重艺术的这种规律性",其实是应该说做"熟悉并且尊重他的人物的个性"的!所以,这里,重要的倒是在于作家对于人物的态度,在于作家对于人物的评价。作家对于他的人物的性格是不是够尊重的?作家对于他的人物所作的评价是不是公允的、正确的?假使作家并不尊重他笔下的人物,假使对他的人物作出了错误的评价,也就不会有所谓现实主义

---

① 《文学研究集刊》第四册,第154页。

艺术的力量了。而对人物的态度问题、评价问题,就与其说是现实主义的问题,不如说是作家的美学理想问题、人道主义问题了。所以,我们与其把托尔斯泰之所以由原来的想贬责安娜,终于变成同情安娜、赞扬安娜,说成是现实主义的胜利,倒不如把它当做人道主义的胜利来得更恰当些,更容易理解些。一个真正的人道主义者,怎么能对安娜这样的女子,对安娜这样的遭遇,不深深地寄予同情反而加以贬责呢?任何人都可以看到,在《安娜·卡列尼娜》中,是托尔斯泰对不幸的安娜的人道主义的同情,战胜了他在妇女问题上和家庭问题上的反动思想的。

在《复活》中所表现出来的情形也是一样。

托尔斯泰对待人民的革命斗争一贯是采取反对态度的。虽然后来在1905年的革命中,也曾表示过某些赞同的意见,但这些意见在他的全部观点中所占的比重是很小的。然而,在《复活》中,他却把革命家们主要描写为一群勇敢、正直的,"为了人民而牺牲自己的特权、自由的生命"的人。甚至,他还违反了他一贯主张的"勿以暴力抗恶"的教义,同情并赞扬起革命者的暴力斗争手段来,认为这"不但不是罪恶,而且是光荣的行为"。① 为什么会这样的呢?因为,这时托尔斯泰所面对的,已经不是他自己的思想,不是什么抽象的原则、教条,不是政治主张或社会理想的问题了,而是一些具体的人的具体行为。他看到这些革命者是"在损失自由、生命和一切人所宝贵的东西的危险中"才采取这样的暴力手段的;是在别人十分残忍地对待他们时,他们才"自然而然地采用别人用来对付他们的那同样的方法"的。一个真正的人道主义者能够对这些革命者的行动表示反对吗?在这里,又是表现出作为"暴虐与奴役的敌人,被迫害者的友人"的托尔斯泰的伟大的人道主义精神,战胜了他对革命所持的反动观点的。

不但托尔斯泰的情形是如此,就是恩格斯所评论过的巴尔扎克的情形也是如此的。

---

① 这里以及下面引号中的话,都是托尔斯泰的《复活》中的语句,我是从王智量同志的文章中转引过来的。关于托尔斯泰对待革命的态度,也多采用王智量同志的说法。因此,我就很难逃避"入室操戈"之讥。

巴尔扎克虽然出身平民，却钦慕着贵族，偏要在他的姓氏前加一个"德"(de)字。在政治上，他更是一个保皇党，他的同情是完全在贵族一方面的。然而，他在他的作品里，却以"最尖刻的讽刺"、"最辛辣的嘲弄"来对付他所同情的阶级，而带着"不可掩饰的赞赏"去描述他政治上的死敌。为什么会是这样的呢？那就是因为：伟大的人道主义者的巴尔扎克，决不能用别一种态度对待他笔下的人物。贵族，作为一个阶级来说，是他所同情的，寄以希望的；共和主义，作为一种政治主张来说，是他所仇恨的，坚决反对的。然而，他在他的作品里所描写的、所评论的，却既不是作为一个阶级的贵族，也不是作为一种政治主张的共和主义，而是一些具体的人和他的具体的行动。他就是根据这些人的具体的行动来确定对待他们的态度，给他们以一定的评价的。他嘲笑了应该嘲笑的人，赞扬了应该赞扬的人，而我们也因此喜爱他的作品，因此尊敬他为伟大的作家。

巴尔扎克和托尔斯泰两个人的例子，充分向我们证明：在文艺创作中，一切都是以具体的感性的形式出现的，一切都是以人来对待人，以心来接触心的。抽象空洞的信念，笼统一般的原则，在这里没有它们的用武之地。因此，在《人间喜剧》中，保皇党的巴尔扎克，天主教徒的巴尔扎克，就不得不让位于人道主义者的巴尔扎克。同样，在《战争与和平》中，在《安娜·卡列尼娜》和《复活》中，清晰地呈现在我们眼前的也是充满了对被压迫者和被剥削者的同情的托尔斯泰，而那"基督教无政府主义者"的托尔斯泰，就只能留下一个淡淡的影子了。

三

我是不是过分推崇了人道主义，过高地估计了人道主义精神的作用呢？我以为，如果是就文艺而论，那么，人道主义精神的作用，恐怕还要远比我上面所说的大得多。

一切被我们当做宝贵的遗产而继承下来的过去的文学作品，其所以到今天还能为我们所喜爱、所珍视，原因可能是很多的，但最基本的一点，却是因为其中浸润着深厚的人道主义精神，因为它们是用一种尊重人同情人的态度来描写人、对待人的。假如人民性、爱国主义、现实主义等等概念,并不是在每一篇古典文学作品的评价上都是适用的话,那么,人道主义这一概念,却是永远可以适用于任何一篇古典文学作品上的。人民性应该是我们评价文学作品的最高标准①,最高标准并不是任何时候都能适用的,也不是任何人都会运用的。而人道主义精神则是我们评价文学作品的最低标准,最低标准却是任何时候都必须坚持的,而且是任何人都在自觉地或不自觉地运用着的。够不上最低标准,就是不及格,就是坏作品。达到了最低标准,就应该基本上肯定它是一篇好作品,就一定是有其可取之处的。至于好到什么程度?可取之处究竟有多大?那就得运用人民性等标准去衡量了。

谁能够从古典文学作品中,举出一篇,不管是属于哪一个时代、哪一个国家的,缺乏人道主义精神的作品来呢?但是,我们却可以举出很多既不是用现实主义的创作方法写的,也并没有什么人民性和爱国主义精神的作品来。像不久以前我们的文艺界所争论的李后主的词,就是属于这一类。要在李后主的词中去找什么人民性和爱国主义精神是很困难的,除非我们把这两个概念的含义无限制地加以扩大。但这样做的结果,就等于是取消了这两个概念的实际作用,对我们只有坏处而不会有任何好处。那么,我们应该怎样来解释有很多人喜爱着李后主的词的现象呢?如果充分估计了人道主义精神在文学作品中以及在人民对文学作品的评价中所起的作用,这一现象就没有什么可怪了。

诚然,在李后主的诗词里,所写的都是他个人的哀乐,既没有为人民之意,也绝少为国家之心。亡国以后,更是充满了哀愁、感伤,充满了对旧日生活的追忆和怀恋,很少有什么积极的意义。但是,文学作品本来主要就是表现人的悲欢离合的感情,表现人对于幸福生活的憧憬、向往,对于不幸的遭遇的悲叹、不平的。它正是通过了这些思想感情的艺术的表现,而发挥其作为阶级斗争的武器的作用的。即使作家所要表

---

① 季摩菲耶夫在《论人民性的概念》一文中,因为历来"提到人民性这个概念,就习惯地指作家已达到了艺术性的最高水平",都"把这个概念归于我们最杰出的作家",因而,他认为:"从这个意义来说,人民性是艺术性的最高形式。"我是同意他这种说法的。

现的是广大人民的生活,是广大人民的理想、愿望等等,也必须通过作者个人的感受而反映出来,否则就不成其为文学作品。而且,每一个人既都必有其独特的生活遭遇、独特的思想感情,为什么又不能把他个人的哀乐唱出来呢?假如他唱得很真挚,很动听,为什么又不能引起我们的喜爱,激起我们的同情呢?只要这个人不是人人痛恨的恶人!一种深厚纯真的感情,不管它是对人的,对自然的,也不管它是对个人的,还是对广大人民的,或者是对国家民族的,都是能够引起我们的赞许的。因为他使得我们对人、对自然界更加接近了;使得我们更加热爱我们的生活,更加热爱我们的国家、民族了。而李后主就是不缺乏这种感情的人。王国维非常称道李后主的赤子之心,其实,岂但王国维呢?所有喜爱李后主的诗词的人,最欣赏的,恐怕也就是他那点赤子之心。

试看如下的诗篇:

又见桐花发旧枝,一楼烟雨暮凄凄。
凭栏惆怅人谁会,不觉潸然泪眼低!

层城无复见娇姿,佳节缠哀不自持。
空有当年旧烟月,芙蓉池上哭蛾眉。

这是为怀念昭惠后而作的。又如:

一重山,两重山,山远天高烟水寒,相思枫叶丹。菊花开,菊花残,塞雁高飞人未还,一帘风月闲。(**长相思**)
别来春半,触目愁肠断。砌下落梅如雪乱,拂了一身还满。雁来音信无凭,路遥归梦难成。离恨恰如春草,更行更远还生。(**清平乐**)

这两首据说是为思念他留宋不归的弟弟从善而作的。所有这些,感情是这样的醇厚真挚,造语是这样的清新自然,怎么能够不引起我们的喜爱,不激起我们的同情呢?更不必说那些最脍炙人口的亡国以后所作的悲叹自己身世的作品了。

　　如果评价一切作品都要用人民性、爱国主义、现实主义等等标准，那么李后主的词，王维、孟浩然以及许多别的诗人的许多诗篇，就都只能被排除在古典作品之外。这样，不但会大大削弱我们的文学宝库，而且，还是违反人民的爱好，违反人民的感情的。反过来，我们对于那些颓废派的和自然主义者的作品，难道还需要先从里面去找寻一下，等到看出其中的确并无人民性、并无爱国主义精神才能加以否定吗？他们的作品的非人性和反人道主义性，是这样的鲜明、触目，每一个正常而善良的人看了，都会立即发生极大的反感而加以唾弃的。人民可能并不懂得什么叫人民性，什么叫现实主义，但是他们却都有一定的欣赏和鉴别文学作品的能力。他们的唯一的标准（往往也是最可靠的标准），就是看作品是怎样描写人，怎样对待人的？是不是尊重人、同情人，是不是用一种积极的态度来对待人的？一句话，是不是合于人道主义的原则的？虽然他们也不一定懂得什么叫人道主义。

　　这里，我就难免会遭到如下的许许多多的责难：你是不是想用人道主义的原则来抹煞、推翻人民性原则和现实主义原则呢？你这种说法，是不是一种超阶级的文学观、一种近乎人性论的文学论呢？是不是等于否认了文学是阶级斗争的武器的说法呢？

　　为了回答这些可能发生的责难，我必须作如下的声明与辩解：第一，如我上面所说，我决不是否认人民性原则和现实主义原则的重大意义，我只是认为这两个原则不能作为评价文学作品的最根本的和普遍适用的原则。我也并不认为人道主义原则就是评价文学作品的唯一可靠的、充分有效的标准，而只是把它当做一个最基本的、最必要的标准。至于说到人道主义与人民性、人道主义与现实主义之间的关系，那么，我认为它们决不是互相对立的，而是有着异常紧密的联系的。可以这样说，人道主义是构成人民性与现实主义的必不可少的条件，哪儿没有人道主义，哪儿也就不会有人民性和现实主义。第二，真正的人道主义者，必然是同情被压迫者和被剥削者而痛恨压迫者和剥削者的，他必然会站在被压迫者和被剥削者一面来反对压迫者和剥削者。所以，人道主义和阶级观点并不矛盾，和抽象的人性论倒是格格不入的。第三，文学既是人们的思想感情的反映，在阶级社会里，就必不可免地带有阶级性，就不可能完全超脱于阶级斗争之外，完全与阶级斗争无关。不管有一些人是怎样竭力在反对这一观点。但我们也不能忘记，对于大部分古典作家来说，以至对于今天在世界范围内的一些还没有消除掉超阶级的幻想的小资产阶级作家来说，是并不能认为他们是有意识地把文学当做阶级斗争的武器来使用的。我们不能混淆了我们与他们之间的区别，用我们对文学的看法，来代替了他们的看法。至于对我们的作家来说，那么，我们当然应该要求他们自觉地把文学当做无产阶级影响人、改造人的武器来使用，而且还要要求他们有效地来使用这一武器。

人道主义这一名词，今天虽然已经被资产阶级糟蹋得不成样子，虽然常常被资产阶级用来作为反对无产阶级革命，反对无产阶级专政的工具，但是我们决不能因此就抛弃这一名词，正如我们决不能因为资产阶级糟蹋了自由、民主等等名词，就不再使用这些名词一样。相反的，我们应该用力去揭穿资产阶级所作所为的反人道主义性质，用力来保卫真正的人道主义。

人道主义，作为一种思潮来说，虽是十六、十七世纪时在欧洲为了反对中世纪的专制主义而兴起的。但人道主义精神、人道主义理想，却是从古以来一直活在人们的心里，一直流行、传播在人们的口头、笔下的。我们无论从东方的孔子、墨子，还是从西方的苏格拉底、柏拉图等人的言论著作中，都可以发现这种精神、这种理想。虽然随着时代、社会等等条件的不同，人道主义的内容也时时有所变动，有所损益，但我们还是可以从其中找出一点共同的东西来的，那就是：把人当做人。把人当做人，对自己来说，就意味着要维护自己的独立自主的权利；对别人来说，又意味着人与人之间要互相承认、互相尊重。所以，所谓人道主义精神，在积极方面说，就是要争取自由，争取平等，争取民主；在消极方面说，就是要反对一切人压迫人、人剥削人的不合理现象，就是要反对不把劳动人民当做人的专制与奴役制度。几千年来，人民是一直在为着这种理想，为着争取实现真正的人道主义——马克思说过，真正的人道主义也就是共产主义——而斗争的。而古今中外的一切伟大的文学作品，就是人民的这种理想和斗争的最鲜明、最充分的反映。

在《我怎样学习写作》一文里,高尔基劝初学写作者必须学习文学史。不但要学习本国文学史,也要学习外国文学史。"因为",他说,"文学的创造,从它的本质上讲起来,在所有的国家、所有的民族中都是一样的。"而这所谓一样,并不是指"形式上的外表的关联",也不是指的"题材的一致"。这些是并不重要的。什么才是重要的呢?他说:

> 重要地是要使人相信,就是自古以来,到处就都张着"摄取人的心灵"的网子,而且现在还是张着的;那些在过去想把人从迷信、偏见和误解中解放出来的事情作为自己工作的人,而且现在还这样做着的人,是无论什么时候,无论什么地方都有过的,而现在还是到处都有的。重要的,就是要知道在过去想使人在愉快的琐事中得到安慰的人,而且现在还这样做着的人,是到处都有的;那些过去企图鼓起暴动来反对污秽无耻的现实的叛逆者,而且现在还这样企图着的人,是到处永远都有过,而且现在还是有着的。而最后极重要地,就是要知道这些叛逆者的工作;他们最后的目的是要向人们指出一条前进的道路,把他们推向这条大路,而且要战胜那些劝人和由阶级的国家、由资产阶级的社会所创造出的现实之丑恶平息与妥协的说教者的工作,因为这种国家和社会在过去和现在都想使得劳动的人民传染上贪婪、嫉妒、懒惰、厌恶劳动的各种最卑鄙的恶德。①

这些话,最好地说明了文学创作的动力,说明了在文学作品中一切都是从解放人、美化人的理想出发的,一切都是为了人的。同时也说明了,伟大的文学家必然也是个伟大的人道主义者。美国的进步作家马尔兹(Albert Maltz),在他的《作家——人民的良心》一文中,也指出:在文学史上占主要地位的作家,都是以"对人民的同情和热爱著称"的。他说:

---

① 《我怎样学习写作》,第3页,三联书店1951年版。

怎么能不是呢？作家是一个人，他被别人的苦难感动了。假如一个作者不采取人们的生活作为素材，他将采取什么呢？假如他的心充满同情，他的智力善于探索，他的眼光敏锐——他怎么能避免描绘一个不完美的世界呢？——或者死心塌地，不再向往一个更好的世界？从有作者开始写作的日子起，人类一直过着动荡的生活，世界一直在行动或者震荡中。没有一天平静过，每天都有人受难！每天都有些人心在希望、梦想变更。①

而世界文学中的大部分作品，他认为，就是从这种基本情势中产生的。事实的确如此。我们可以看到，世界文学中的杰出作品，大概不外如下的两类：一类是对于"不完美的世界"进行揭露与鞭挞；一类是对于"更好的世界"表示向往与憧憬的。大部分的现实主义作品属于前者，一切积极的浪漫主义作品属于后者②。而两者的出发点，则都是基于对人民的同情和热爱，都是为了改善人民的生活，为了帮助人民争取精神上的解放。世界文学史上的伟人，差不多每一个都是像俄国的工人阶级给予托尔斯泰的光荣称号一样，是"暴虐与奴役的敌人，被迫害者的友人"。如果一个作者不是这样的人道主义者，他就决写不出能够感动人、能够为人民所喜爱的作品来。不管他是个现实主义者也好，还是个浪漫主义者也好。

伟大的现实主义者巴尔扎克和狄更斯，是伟大的人道主义者。伟大的浪漫主义者拜伦与雨果也是伟大的人道主义者。我们并不是因为巴尔扎克和狄更斯是现实主义者，才喜欢他们、尊敬他们的。同样，我们之所以喜欢和尊敬拜伦、雨果，也并不是因为他们是浪漫主义者的缘故。这四个人之所以受我们的称颂，是因为他们在他们的作品里，对剥削阶级进行了严厉的抨击，对被压迫者表示了深厚的同情；是因为他们的作品渗透着尊敬人、关怀人的人道主义精神的缘故。列宁说："艺术

---

① 《作家——人民的良心》，第39—40页，自由出版社版。
② 这只是就其大体的倾向而言，并不是说现实主义作品就没有对于"更好的世界"的向往与憧憬，而浪漫主义作品就不会去对于"不完美的世界"进行揭露与鞭挞。

是属于人民的。它的最深的根源,应该是出自广大劳动群众的最底层。它应该是为这些群众所了解和为他们所挚爱的。它应该将这些群众的感情、思想和意志联合起来,并把他们提高起来。"① 而把人当做人,承认人的正当的权利,尊重人的健康的感情,这种人道主义的理想就是在人民群众中有着最深的根底,最广的基础的。

假如我们承认文学是"人学";假如我们知道文学作品的历史地位与社会意义,首先是从它描写人、对待人的态度上表现出来的;假如我们明白一切时代的进步艺术跟颓废派艺术之所以针锋相对,主要就在于他们描写人的态度的不同、对人的理想的不同,那么,我们就不会怀疑人道主义精神在文学领域内的崇高地位了。

四

不但作品的历史地位与社会意义可以从它描写人、对待人的态度上来估量,就是各种创作方法之间的区别,也可以从它们描写人、对待人的态度和方法的不同上来加以说明。

现实主义的创作方法与浪漫主义的创作方法之间的区别,是很显著的。从题材的来源,到表现的方法,以至描写人、对待人的态度,都是不相同的。要区别它们并不困难。但是,要想仅仅从题材的来源上,从表现的方法上,去说明浪漫主义与一切颓废主义的区别,说明现实主义与自然主义,以及过去的现实主义与社会主义现实主义的区别,就不是那么容易的事了。它们之间的区别,是只有从它们描述人、对待人的态度上,从它们有没有人道主义精神以及是什么样的人道主义精神上,才能找到说明的。

象征主义、超现实主义、存在主义等等,作为一种文学流派来说,是颓废的,是蔑视现实、远离人生的。但象征主义者的巴勃罗·聂鲁达,超现实主义者的路易·阿拉贡,存在主义者的保尔·萨特,却终于脱离了他们原来的流派,而被融合到社会主义现实主义的阵营里来了。因

---

① 《马克思主义与文艺》,第206页,解放社版。

为,他们毕竟是一个人道主义者。他们毕竟是热爱人,热爱生活的。人道主义的火焰在他们的心头炽燃着,强烈地灼痛着他们,使他们不能不起来为保护人的尊严而与灭绝人性的法西斯主义、与反人道主义的资本主义制度斗争。就是这种斗争的热情,使他们与其他的象征主义者、超现实主义者和存在主义者区别开来了。虽然他们的创作方法,基本上并没有什么改变。

现实主义与自然主义的区别,在我们的文学理论著作中,常常说不大清楚。有许多学者甚至常常把这两个名词混用。提到一些著名的作家,如:福洛贝尔(福楼拜)、亨利·曼、易卜生、哈代、德莱塞等人时,也一会儿把他们算做现实主义作家,一会儿又说他们是自然主义作家。茅盾在1930年用方璧的名字写的《西洋文学》一书,也并没有把现实主义与自然主义明白地区别开来。他把英国的狄更斯、萨克莱和俄国的冈察洛夫、屠格涅夫等杰出的现实主义作家,都归在自然主义的总标题下。提到契诃夫时,他更用这样明白的语句说:"契诃夫是俄国文学家中最近似的自然主义者。我们不妨说他是俄国的自然主义者。"① 就是在季摩菲耶夫的《文学原理》中,也有把自然主义和现实主义混为一谈的倾向。例如,他认为自然主义就是"降格的、有缺陷的现实主义"。他并且从自然主义一词的语源上来证明它是与现实主义的涵义相同的。他说:"拉丁文 Natura 是自然的意思,自然主义就是忠实于自然,在本质上也就是现实主义的意思。"他认为"文学潮流上的自然主义",也是要"向艺术家要求忠实于生活,要求深刻地研究生活"的,因而,"它是具有现实主义的涵义的"。② 在苏联,抱这样看法的,还不止是季摩菲耶夫一个人,像雕刻家凯明洛夫、艺术批评家米海伊洛夫等人,都说过类似的话(**参看布洛夫著:《马克思列宁主义的美学反对艺术中的自然主义》一文,"文艺理论学习小译丛"第一辑之六**)。这种说法,当然是不妥当的、有害的。因为,正如布洛夫所说,这样讲,不但是"宽恕了自然主义",而且在另一方面,还"降低了现实主义"。但这种说法却并不是全无根据的。如果

---

① 方璧:《西洋文学》,第208页,世界书局1930年版。
② 季摩菲耶夫:《文学原理》,第289、291页。

单就表面上、形式上来看,自然主义与现实主义的确是很难区别的。因为两者都是从客观现实出发,都是以生活本身的形式来反映现实的。左拉甚至还称自然主义为"真正的现实主义"哩。对于有一些作家,也的确很难断然把他们划入自然主义类里,或者现实主义类里。

它们之间的区别,仍旧只能从它们描写人、对待人的态度上去找寻。

现实主义者是把人当做世界的主人来看待,当做"社会关系的总和"来理解的。他是用一种尊重的、同情的、充满人道主义精神的态度来描写人、对待人的。自然主义者则是把人当做地球上的生物之一,当做一种具有一切"原始感情"——即兽性——的动物来看待的。因而是用蔑视人、仇恨人的反人道主义的态度来描写人、对待人的。布洛夫说自然主义者拒绝概括、拒绝典型化,其实,不通过概括,不通过典型化,是无法进行创作的。纯粹的"事实文学"、"照相文学"是没有,而且也不可能有的。如果是说自然主义的方法,创造不出真正的典型来,那倒是不错的。因为,自然主义者所概括的,本来就不是人的社会关系,而是人的生物本能。他们心目中的人的典型,也并不是作为"社会关系的总和"的"人"的典型,而是作为生物学上的"人"的典型。当然也就不会有我们所说的典型意义了。

左拉、莫泊桑,都是有名的自然主义大师,他们都有一套自然主义的理论。但是,他们的许多作品,却并不能归在自然主义类里,而是具有很大的社会意义的。这又是什么道理呢?这就是因为,左拉和莫泊桑,毕竟是个人道主义者,无论在生活实践中,或是在创作实践中,他们都不能不作为一个"暴虐与奴役的敌人,被迫害者的友人"而出现。只有当他们不是从生活实感出发,而是从他们的错误的理论出发时,也就是说,只有当他们面对的并不是具体的、生活中的人,而是抽象的、理论概念中的"人"时,他们的作品才是自然主义的作品。因为在这种时候,他们已不再是艺术家,而是个自然主义理论家了,而他们的人道主义精神,人道主义的火焰,也就消隐了、熄灭了。

所以,假如一个自然主义者而同时又是个人道主义者的话,那么他的作品就很难成为严格的自然主义的作品,就必然要散发出浓厚的现实主义的气息来。反过来,假如一个服膺现实主义创作原则的人,而缺少人道主义的精神,他就只能成为一个自然主义者,而无法成为一个现实主义者。或者,当一个现实主义者在对待某一种人生现象,刻画某一个具体人物的时候,假如他的人道主义的热情忽然衰退下去了,那么,他的作品,也就不免要降低为自然主义的作品了。在这一意义上说,季摩菲耶夫把自然主义解释为"降格的、有缺陷的现实主义",是有他的道理的。

因此,关于自然主义与现实主义,我们可以这样说:在它们之间,横隔着一条人道主义的鸿沟,这就标明了两者的原则性的区别。但这条鸿沟也并不是不可逾越的,例如左拉与莫泊桑,就常常跨过了它。不过,我们也应该指出,假如左拉与莫泊桑,不接受自然主义的理论,没有受到实证主义哲学的有害影响,那他们的成就,一定要远较现在所达到的为大。所以自然主义仍是我们所必须反对的。

关于过去的现实主义与社会主义的现实主义之间的区别,那几乎要比现实主义与自然主义之间的区别,更难说得清楚。按照苏联作家协会章程的规定,社会主义现实主义向艺术家提出如下的两个(有机统一的)基本要求:一、要从现实的革命发展中去真实地描写现实。二、要用社会主义精神去教育劳动人民。历来,大家就是根据这两点来对社会主义现实主义进行阐释的。但是,大家也都感觉到,这前面一点,其实并不只是社会主义现实主义的要求,过去的现实主义,也是这样要求艺术家的。不这样,就写不出历史的真实来。而且,过去有很多作品,它们对现实描写所达到的高度真实性,甚至还超过了今天一般的社会主义现实主义作品的水平,这是谁都承认的事实。譬如托尔斯泰,他要不是"从现实的革命发展中真实地、历史地和具体地去描写现实"的,他怎么能成为列宁所说的"俄国革命的镜子"呢?这后面一点,应该说是社会主义现实主义的特点了,但这实际上已越出了艺术上的表现方法的范围,因而在实践上,就发生了许多流弊。正如西蒙诺夫在苏联第二次作家代表大会上所说的:

……这个本意是想作明确规定的第二句是不够确切的,甚至反而容许有歪曲原意的可能。这可能被了解为一种附带条件：是的，社会主义现实主义要求艺术家真实地描写现实，但是"同时"这种描写必须与用社会主义精神从思想上改造人民的任务结合起来。那就是说，好像真实性和历史具体性能够与这个任务结合，也能够不结合；换句话说，并不是任何的真实性和任何的历史具体性都能够为这个目标服务的。正是对这条定义的这种任意的了解在战后时期在一部分我们的作家和批评家的作品里特别经常地发生，他们借口现实要从发展的趋向来表现，力图"改善"现实。①

在苏联一度流行过的粉饰生活的"无冲突论"，以及在社会主义阵营各国较为普遍地存在着的公式化、概念化现象，不能不说就是与这定义里面的后一句的规定有联系的。

就这样，在苏联作家协会章程中所指出的社会主义现实主义的两个基本特征，真正能够成为它的特点的，其本身却是站不住脚的；能够站得住脚的，却又不能算是它的真正特点。于是，有一些人就把社会主义现实主义给根本否定了。他们不承认在过去的现实主义之外，还另有一种叫做社会主义现实主义的创作方法的存在。抱这样看法的人，在我们中国有，在人民民主国家有，甚至在苏联也有。因此，目前在我们的文艺界就发生了这样的争论：究竟还要不要社会主义现实主义？

究竟还要不要社会主义现实主义呢？我认为还是要的。但是我并不像张光年同志一样，好像为了保卫社会主义现实主义就非保卫社会主义现实主义的定义不可（虽然他也说，他并不以为这个定义就是"十全十美"的，甚至还说，"要不要一个详尽的定义，究竟是次要的问题"。但就其整个精神来看，却是竭力在为这一定义，特别是其后面一句辩护的）②。这个定义，假如说它在过去曾经是必要的、有益的话（对于这一点，我也很感怀疑），那么，它也已经完成了它的任务，今天已是它应该

---

① 西蒙诺夫：《苏联散文发展的几个问题》，《人民文学》1955年2月号，第7页。着重号原有。

② 张光年同志的意见，见他所写的《社会主义现实主义存在着、发展着》一文，载《文艺报》1956年第24期。

跟我们"含笑告别"的时候了。我也反对那种想为社会主义现实主义另外作一个"更完美的"新的定义的企图。为文学现象下定义,总是一种不聪明的徒劳之举。特别是,假如要把这种定义当做清规戒律,来要求每一个艺术家严格遵守,那就更会流弊百出、贻害无穷。我之所以主张还是要社会主义现实主义,不但是因为社会主义现实主义的文学,的确存在着,发展着。而且还因为,这种文学正是我们的先辈所梦想的文学,正是我们的人民长时期来所要争取实现的文学。只有这种文学,才是真正自由的文学;才是能够最大限度地满足人民精神上的需要的文学;才是能够激发起人们无比的创造潜力来的文学。虽然这种文学在今天还很年轻,还远没有起到它应该起的、能够起的作用。但也正因为这样,我们更非加紧保护它,努力帮助它成长不可。

假如我们承认,在文学史上确乎有古典现实主义和批判现实主义的存在,那么我们也就不能否认今天的社会主义现实主义的存在。假如我们说,巴尔扎克、狄更斯、果戈理的现实主义,与勒·萨日、斐尔亭、冯维逊的现实主义是有区别的话,那么我们也得说,高尔基、斯梯、林赛、法斯特的现实主义,与巴尔扎克等人的现实主义也是有区别的。事实上,关于这一点,大家也都是可以点头承认的。因为争论并不在这里。争论是在对于这种区别的来源的认识上。就是:这种区别,究竟是由于创作方法的不同而来的呢,还是由于时代的不同而来?不承认社会主义现实主义是一种新的创作方法的人,就认为这种区别完全是由于时代的不同而来的;因此他们才主张用"社会主义时代的现实主义"来代替"社会主义的现实主义"的。当然,谁也不能否认,社会主义现实主义是只有在有了科学的社会主义思想以后,有了社会主义的革命运动以后,才能产生的。因而它的许多特色,正像过去的古典现实主义、批判现实主义的许多特色一样,是与时代所加于它的影响不可分的。但是,除了时代的影响而外,是不是在作家的创作方法方面,也还可以找出某种本质的不同来呢?假如把这种区别都归之于时代的影响,那么,在十月革命胜利以后的苏联的现实主义作家,就都应该是社会主义现实主义作家了,但是事实上却仍有像谢尔盖耶夫-青斯基这样的批判现实主义作家的存在。萧伯纳、罗曼·罗兰、托马斯·曼这样一些杰出的与高尔基同时代的作家（他们都比高尔基死得迟），也终其身没有能成为社会主义现实主义的作家。又如，在今天的英国、美国、法国，遵循着现实主义的创作原则的作家，当然是并不在少的，但我们却只说林赛、法斯特、斯梯等少数几个人才是社会主义现实主义作家，而其余的更多的人，仍只能算是批判现实主义的作家。可见我们是不能把这种区别的来源，完全归之于时代的不同的。

那么，我们应该怎样从创作方法上来说明社会主义现实主义与过去的现实主义的不同呢？我们知道，所谓创作方法，并不是仅仅指狭义的表现手法而言，我们是不能把它与作家的美学理想，与作家的描写人、对待人的态度分割开来的。社会主义现实主义之所以是一种新的现实主义，首先就是因为它体现了社会主义的美学理想，因为它是按照社会主义的人道主义的原则来描写人、对待人的。

社会主义现实主义的伟大奠基人——高尔基的文艺论著和创作，最足以用来说明这一点。

假如说，毁灭与死亡的主题是一切颓废派艺术的特色的话，那么高尔基的创作的特色，就可以说是对于人的歌颂，对于生活的赞美。《人的诞生》，这是高尔基早年所写的一篇短篇小说的题目，我们简直可以把这一题目当做高尔基的全部作品的总标题。高尔基心目中的"人"，是"生活的主人"，是"伟大的创造者"，是能够征服第一自然而创造"第二自然"的人。他一生的活动，就是在为促进这种"人"的诞生，帮助这种"人"的成长而斗争着的。他之所以要那么坚决地、充满愤怒地与自然主义的和颓废派的文艺进行斗争，就是因为他们歪曲了人、贬低了人，就是因为他们的作品使人丧失自信力、阻碍着新人的诞生的缘故。我们从他的小说《母亲》里，就具体地看到了一个这样的新人的诞生和成长的过程。在小说开始的时候，母亲尼洛芙娜是以一个充满着奴隶式的顺从性与被动性的角色而出现的，最后她却成了一个无产阶级革命斗争的自觉的、英勇的战士了。事实上，高尔基并不是在《母亲》中才开始来描写这种新人的形象的。譬如在1901年写成的剧本《小市民》中，就出现了具有布尔什维克气质的革命无产者的形象——尼尔。甚至在他的更早的充满浪漫主义精神的作品里，就把这种新人的理想透露出来了。如1892年所写的长诗《少女与死神》，1895年所写的《鹰之歌》、《伊席吉尔老婆婆》，和1901年所写的《海燕之歌》，在这些作品中所创造的一些形象身上，都"充满了为人民的幸福而决心斗争和自我牺牲的精神，充满了对集体主义，'对人们伟大之爱'的热情"①。这些作品都充分体现了高尔基的强烈的乐观主义和积极的无产阶级人道主义精神。高尔基就是因为是第一个用这种无产阶级人道主义精神来对待他的作品中的人物的，所以他就成了社会主义现实主义文学的创始人，就使得他和过去的现实主义者区别开来了。

在过去的现实主义者的作品中，人，人民，都是作为一个被剥削、被压迫者，作为一个在物质上和精神上受到各种各样的束缚和折磨的人而被同情着的。而在高尔基以及我们今天所有的社会主义现实主义作品中，人，人民，却是作为一个剥削与奴役制度的掘墓人，作为一个美好生活的创造者而被赞美着的。这就是新旧现实主义之间的最显明同时也是最根本的区别，这种区别是谁都可以清楚地看得出来的。如果把这种区别完全归之于时代的影响，那就不能回答如下的问题：为什么高尔基在无产阶级革命胜利以前，在劳动人民实际上掌握政权以前，就能够把人民作为生活的必然的主人，作为旧制度的掘墓人来赞美；而另外一些作家，虽然也是现实主义的作家，却在社会主义已经在全世界的六分之一的土地上取得胜利以后的今天，还只能把人民作为被侮辱、被损害者来同情呢？

所以，过去的现实主义与社会主义现实主义之间的区别，仍旧应该是从作家描写人、对待人的态度上，从作品所透露的人道主义精神的性质上去找寻的。其实，早在1934年，在苏联第一次作家代表大会上，高尔基就已说明了这一点了。他在那一次有名的报告中这样说：

> 社会主义的现实主义认定存在是一种行动、一种创造，它的目的是为着人类之征服自然力量，为着人类底健康和长寿，为着住在大地上的伟大的幸福，而不断地发展人类底最有价值的个别的才

---

① 《高尔基》，苏联大百科全书选译，第12页，人民出版社。

能。人们按照自己的要求底不断增长,愿意把大地彻底改造为那联合成一家的全体人类底美妙的住宅。①

这十分明白地说明了社会主义现实主义文学的社会主义人道主义性质。在作这报告的前一年,即1933年,高尔基还在《关于社会主义现实主义》一文中,召号作家同时担当起"产婆和掘墓人"两种任务来。他认为我们的文学应该"杀掉和葬送那对于人类具有敌意的一切东西",并且在人身上培养这样一种爱情,这种爱情应该是"从对于人类创造的活力的惊异底感情中,从对于那创造着无限的劳动的集团的社会主义的生活样式的人类相互的尊敬中"发生出来的。② 这更具体地说明了社会主义现实主义应该怎样来对待人;应该爱什么,恨什么。而这样的对待人的态度,这样的爱和恨,正是社会主义人道主义精神的表现。

西蒙诺夫在我们上面提到过的他的那个报告中,通过一个具体的例子,也很好地说明了社会主义现实主义与社会主义人道主义的不可分的关系。他举的例子是卡扎凯维奇的一篇短篇小说。这篇小说里的主人公,一个青年,由于一时的胆怯没有把一个撤退的命令送到师团去,因此把这个师团葬送了。后来这个青年被判处了死刑,但是他想活,非常地想活。作者卡扎凯维奇就在这一点上集中了他的全部才力,他想打动读者的感情,使读者相信:这个青年除了使师团覆灭这件事以外,一般地说是个非常好的青年,他还有一个疼爱他的母亲,而现在,他渴望着能活下去。西蒙诺夫认为:只要想象一下,对国家说来,损失一个师团具有怎样的意义?对一万个母亲——不是对一个母亲——说来,丧失自己的儿子具有怎样的意义?我们就会明白,作者把同情给予那个青年,是怎样地违背了人民的利益,怎样地远离了人民的感情!因而,西蒙诺夫断言:在这个时期卡扎凯维奇已经完全脱离了社会主义现实主义方法的实质了。③ 这里,西蒙诺夫虽然并没有使用社会主义的

---

① 《苏联的文学》,第58页,新华书店1950年版。
② 林林译:《关于社会主义的现实主义》,《高尔基选集》第5卷第136页、142页,世界文化研究社版。
③ 《人民文学》1955年2月号,第2-3页。

人道主义这个概念,但显然他就是因为卡扎凯维奇在他的作品中所流露出来的感情,所作出的判断,违反了社会主义人道主义的原则,这才断定他的创作方法是已经完全脱离了社会主义现实主义的实质了的。可见,西蒙诺夫是把社会主义的人道主义精神当做社会主义现实主义方法的一种实质的。

过去,我们为了要从鲁迅的作品中去找寻社会主义现实主义的因素,就出现了各种各样的穿凿附会的说法,假如我们能从鲁迅的作品中所透露出的社会主义人道主义精神上去着眼,是不是就可以比较地有眉目些呢?

五

自从《共产党人》杂志关于典型问题的专论发表以后,把典型归结为一定社会历史现象本质的理论,就遭到了大家的唾弃。近两年来,报章杂志上所发表的文艺论文,差不多每一篇都要批判一下这种理论的错误。然而,事实上,这种理论并没有就此死亡,它还拥有相当强大的潜势力(因为这种理论其实并不是在苏共十九次代表大会以后才产生的,而是早就存在了的。不过是,在那次大会以后,它就更加取得了无上的威力罢了)。

我们不是还常常看到:因为某一篇文艺作品讽刺了某一行业、某一阶级的个别的人和事,就被认为是对这整个行业、整个阶级的讽刺而受到指责的事例吗?例如,相声《买猴儿》因为讽刺了百货公司的一个工作人员,就被认为是对所有百货公司工作人员的糟蹋。《新观察》上发表了一幅讽刺言行不一致的教师的漫画,就有读者来信指责说,这是对于可敬的人民教师的侮辱。影片《新局长到来之前》上映后,又有人写文章反对把片中的牛科长写成转业军人。最近在《文艺学习》上展开的关于《组织部新来的青年人》的讨论中,有人因为这篇小说把一个老干部刘世吾写成了一个对一切都处之泰然的官僚主义者,就指责作者"这样来刻画老干部老同志,简直是对老干部的污蔑"①。这种论调,难道不是和把典型归结为一定社会历史现象的本质的理论相一致的吗②?

在关于阿Q的典型性问题的争论中,也可以看到这种错误的典型论确是余威犹存的。

关于阿Q的典型性问题,已经争论了好几十年了,但是直到现在,大家的意见仍很分歧。何其芳同志一语中的地道出了这个问题的症结所在:"困难和矛盾主要在这里:阿Q是一个农民,但阿Q精神却是一个消极的可耻的现象。"许多理论家都想来解释这个矛盾,结果却都失败了。

难道这真是一个不可克服的困难,无法解决的矛盾吗?事实上一点也不是如此,对于一个没有受过错误的典型论的影响的人,是既不会感到困难,也不会觉得有什么矛盾的。为什么农民身上就不会有或者不能有消极的可耻的现象呢?是谁做过这样的规定?你无论从实际生活中,或者从马列主义经典著作中,都找不到这种根据。这依旧是那种把典型归结为社会本质、阶级本质的观念在作祟。好像,不谈典型则已,一谈典型,就必然得是某一个特定阶级的典型。就要首先要求他必须充分体现出他所从属的阶级的阶级本质,必须符合这一阶级在当时的历史条件下的客观动向。否则,那就是非典型的,就要被认为是歪曲了这一阶级,歪曲了现实。解放初期,不是就有许多人认为:说阿Q是一个农民,是一种农民的典型,是对我们勤劳英勇的农民的侮辱吗?群众之所以会提出这种指责,正是受了理论家的"熏陶"的缘故。因此,理论家就不得不自食其果了。针对这种指责,理论家赶快声明说:阿Q只是个落后农民的典型,并不是一般农民的典型(幸喜没有人肯自居于落后农民之列,不然,恐怕也会要有人出来抗议的)。同时,又特别强调阿Q的革命性,以期使他虽然有着那么多的缺点,终于还能配得上他光荣的农民身份。对艺术中的典型抱着这样机械狭隘的看法,这就无

---

① 《文艺学习》1956年第12期,第6页。

② 当然,造成这类现象的原因,可能是很多的,不能完全归咎于上述的错误理论。但这类现象的所以会如此经常地发生,那就不能不说是与这种理论的影响有关了。

怪乎今天的漫画家和相声艺人之所以要常常陷于触处荆棘,动辄得咎的境地中了。

但把阿Q说成是落后农民的典型,问题依旧并没有解决。落后农民毕竟还是个农民,而且,他的落后决不是天生的,正是因为有了阿Q精神,才使他成为一个落后农民的。那么,他身上的阿Q精神,究竟是怎样产生的呢?按照阶级本质论的典型论,农民身上是决不会有这些缺点的。即使有,那也是偶然的、个别的,因而就是非本质、非典型的;就是不值得写、不应该写的。然而,我们的鲁迅先生竟然把它写了出来了,而且写得这样成功,令人无法怀疑,无法推翻。怎么办呢?理论就必须能说明这种现象。过去,冯雪峰同志是把阿Q和阿Q主义分开来看的。认为阿Q主义是属于封建统治阶级的东西,不过由《阿Q正传》的作者把它"寄植"在阿Q的身上罢了(在他后来写的一篇关于《阿Q正传》的论文中,雪峰同志并没有提到阿Q主义的形成问题,不知他是否仍持此说)。李希凡同志认为雪峰同志这种说法,实质上仍然是"把典型仅仅看作是一定社会力量的本质的体现"的观点在作祟。但是,他自己的说法,其实与雪峰同志的说法,并无多大的差别。不过他不用"寄植"的字眼,而说是受了"统治阶级的统治思想毒害的结果"。他说:"鲁迅通过雇农阿Q的精神状态,不仅是为了抨击封建统治阶级的阿Q主义,更深的意义在于控诉封建统治阶级在阿Q身上所造成的这种精神病态的罪恶。"又说:"鲁迅通过落后农民的阿Q来体现阿Q精神,这正表明了鲁迅对于这种腐朽的精神状态所给予人民危害性的发掘和强调,这是和他的革命民主主义的立场相关联的。"①足见他也是把阿Q主义主要看做是封建统治阶级的东西的。何其芳同志看出了这种说法无论在理论上在实际上都是不大说得通的,因而又提出了另外的看法。他认为阿Q精神"并非一个阶级的特有的现象",而是"在许多不同阶级不同时代的人物身上都可以见到的","似人类的普通弱点之一种"(这最后一句是三十多年前茅盾同志的话,但为何其芳同志所同意的)。何其芳同志这种说法一出来以后,就立即遭到了李希凡同志的反

---

① 《新建设》1956年4月号,第27页;着重号是我加的。

驳,认为这种说法和被何其芳同志自己在同一篇文章中所批评过的"某种精神的性格化和典型化"的观点,并没有什么区别。并且指责这种看法是一种超阶级的人性论的观点。在去年年底中国科学院文学研究所举办的讨论会上,有更多的人给了何其芳同志以同样的指责。

其实,何其芳同志在提出这种看法时,是十分谨慎小心的。他虽然认为典型性并不等于阶级性,但也并不否认"文学作品所描写的阶级社会的人物"是"有阶级性"的。而且,还指出了剥削阶级和劳动人民中间的主观主义和阿Q精神的差别所在。尽管如此,他还是免不了要受到"超阶级观点"的指责。原来,批评他的人,虽然不见得就在典型性与阶级性之间"划一个数学上的全等号",然而却都认为典型性首先是体现阶级性的。如李希凡同志一再强调,典型必须是一个特定阶级的典型。罗大冈同志认为:"典型是通过各种不同的角度表现一个阶级的特性"的①。钱学熙同志认为:"一个典型有共性和个性,但个性是不能和共性分开。共性是体现阶级性的;个性就是共性在特殊的时间和地点的条件下的具体表现。"②而现在,何其芳同志却把阿Q典型性格中的最突出的特点精神胜利法,说成是在不同阶级的人物身上都可以见到的人类的一种普通弱点,自然就不能不被认为是一种超阶级观点了。很明显,李希凡等同志,尽管也反对把典型"归结为一定社会历史现象的本质",然而事实上他们还是在受着这种理论的支配的。

文学作品中的典型人物,必须是一个在一定历史条件下的具体的、活生生的人。在阶级社会里,他必然要从属于一定的阶级,因而也就不能不带着他所属阶级的阶级性。这是不成问题的。譬如,阿Q是农民,就不能没有农民的特性;奥勃洛莫夫是地主,就不能没有地主的特性;福玛·高尔杰耶夫是商人,就不能没有商人的特性。但我们能不能就说,所有阿Q的特性,都是农民的共性;所有奥勃洛莫夫的特性,都是地主的共性;所有福玛·高尔杰耶夫的特性,都是商人的共性呢?把阿Q当做农民的阶级性的体现者,谁都要说是对农民的诬蔑。而把奥勃洛莫夫当做是地主的阶级性的体现者,那更是对现实的严重歪曲,地

---

①② 《光明日报》1956年12月30日第2版。

主难道都像奥勃洛莫夫那样的善良仁慈吗？同样,商业资本家假如都像福玛·高尔杰耶夫那样的纯洁、真诚,那样地反对人压迫人、人剥削人,阶级斗争就真的可以熄灭了。阿Q、奥勃洛莫夫、福玛·高尔杰耶夫,以及文学作品中的所有的典型,正像我们现实生活中的每一个人一样,他们身上,除了阶级的共性以外,难道就不能有他们各自所特有的个性吗？难道就不能有作为一个人所共有的人性吗？假如说,个性只是阶级性"在特殊时间和地点条件下的具体表现",那么,我们也可以说,阶级性只是人性"在特殊的时间、地点和条件下的具体表现"。这样,不但否定了个性,就连阶级性也给否定掉了。

资产阶级学者说,文学是写永恒不变的人性的。这种论调当然是荒谬的,应当反对的。但反对写抽象的人性,是不是就意味着必须强调写人的阶级性呢？我看是不应该得出这样的结论来的。所谓阶级性,是我们运用抽象的能力,从同一阶级的各个成员身上概括出来的共同性。纯粹的阶级性,只存在于人们的头脑中,在实际生活中的具体的人身上是不存在的。文学的对象,既是具体的在行动中的人,那就应该写他的活生生的、独特的个性,写出他与周围的人和事的具体联系。而不应该去写那只存在于抽象概念中的阶级性。不应该把人物的活动作为他的阶级性的图解。阶级性是从具体的人身上概括出来的,而不是具体的人按照阶级性来制造的。从每一个具体的人的身上,我们可以看到他所属阶级的阶级性,但是从一个特定阶级的阶级共性上,我们却无法看到任何具体的人。过去的杰出的古典作家,绝大多数都是不知道有阶级性这样的观念的,但是,他们却都写出了不朽的典型。而且,我们从这些典型人物身上,也可以清楚地看出这些人物所属阶级的阶级特性来。所以,在文学领域内,正像列宁所说的,一切都决定于"个别的情况",决定于"一定典型的性格和心情的分析"。用一个抽象的阶级和阶级性的概念,是不能解决任何问题的。

屠格涅夫在谈到他自己的创作过程时,这样说:

> 起初在想象里孕育的是书中人物之一个。这些人物,在我大半都有实在人物为根据。首先使你注意的人物时常不是主角,而

是副角;但没有副角作伴是不会生出主角来的。你开始对于性格,他的出身,学历,加以构思,在第一人身旁便渐渐地聚拢其他的人物来。在想象内孕育着,交叉着模糊的形象的那个时候——是艺术家最有趣的时间。随后才感觉到有将这些形象加以系住,给予定形的需要!……

在另一个地方,他更明确地解释道:

譬如说,我在社会里遇见某费克拉·安得列夫纳,某彼得,某伊凡,忽然在这费克拉·安得列夫纳,在这彼得,在这伊凡的身上,有一点特别的东西,以前我从未在别人方面见到、听到的东西,使我发生惊讶。于是我对他注视,他或她使我引起特别的印象;我开始加以深思,然而这个费克拉,这个彼得,这个伊凡,随后渐渐的后退了,不知消失到何处去了,只有他们所引起的印象遗留着,渐渐的成熟。我将这些人物与别人对照相比,引他们走进不同的行动的范围内,我心里整个的小世界都是这么造成的。……随后,突然地,无从猜到地,会发生描写这小世界的需要。①

可见他的创作都是从具体的人、具体的事和具体的印象出发的。根据研究家所提供的材料,我们知道许多古典文学名著中的典型人物,在过去的现实生活中,都是有着他们的原型的。鲁迅也说,他笔下的人物大抵都有模特儿。所以,作家们都是从现实生活的感受出发,都是因为在现实生活中所看到、所接触到的具体的人具体的事打动了他,才进入创作过程的。从抽象的阶级性出发,在写作过程中处处想着这个人物的性格是不是合乎他的阶级特征,像这样的作家是很少的。——也许很多,但结果他们是决成不了作家的。

高尔基的如下一段话,时常被人们引用,差不多已成了公式化概念

---

① 季摩菲耶夫:《怎样创造文学的形象》,见《给青年作家》一书第94、95页,生活书店版。也见《文学原理》第183、184页,译文小有出入。

化作家的理论根据：

> 假如一个作家能从二十个到五十个，以至从几百个小商人、官吏、工人的每个人身上，抽出他们最特征的阶级特点、性癖、趣味、动作、信仰和谈风等等，把这些东西抽取出来，再把它们综合在一个小商人、官吏、工人的身上——那么这个作家靠了这种手法就创造出"典型"来——而这才是艺术。①

在其他地方，高尔基也曾说过类似的话。应该说，这些话是说得不顶确切的。如果从字面上来了解和接受这些话，确乎会使创作走上概念化的道路的。高尔基自己却明明并不是按照这样的方法来创造典型的；可见我们是不应该这样来理解这些话的意义的。我认为高尔基在这里是告诉初学写作的人：要创造典型，是不能专门模写一个人的，必须有想象、推测和"虚构"。这就要求作者熟悉人、熟悉生活，要求作者多观察，多分析。所以，在这几句话下面，他紧接着说："观察的广博，生活经验的丰富，时常可以用克服艺术家对于事物的个人态度及主观主义的力量，把他武装起来。"可见，他所强调的，正是"观察要广博"、"生活经验要丰富"这层意思。

也许有人会说：作家的创作固然不应该从抽象的阶级性出发，但是，他在创作过程中，难道也可以不去考虑他的人物的阶级性，不去发掘他的人物的阶级本质吗？这不是等于说只要写个性，而可以不必写共性了吗？这样，人物的典型性、作品的典型意义，又从哪里来呢？

像这样发问的人，我相信一定是很多的。因为，正是在个性与共性的关系上，正是在作品的典型意义的来源上，大家的思想最为混乱。

在理论上，大家都知道，个性与共性是不可分割的有机统一体。但是在具体运用上，却常常把二者对立起来。例如我们常常可以听到这样的说法：典型包括个性与共性两个方面，必须同时写出人物的个性与共性，才能写出典型来。单有个性而没有共性，或者单有共性而没有个

---

① 《我怎样学习写作》，第6页，三联书店版。

性,都不能构成典型。上面的发问者就是根据这样的理解提出问题的。其实,天下并没有脱离个性而存在的共性,也没有不体现共性的个性。因此,那种只有个性而没有共性的人,或者只有共性而没有个性的人,是不会有的。在文学创作中,也并不存在"写个性与写共性孰为重要"、"在写个性的时候应该怎样同时顾到他的共性"等等的问题,这些问题,是只有在理论家的笔下才会出现的。创作家所注意的,只是具体的人和他的具体的活动。差不多所有作家的创作过程都是和前面所提到过的屠格涅夫的相类似的:因为生活中的某一个人某一件事打动了他,他对这个人这件事形成了一定的印象、看法,丰富的生活经验又使他把这个人这件事和其他人其他事联系了起来,这些人和这些事碰在一起,于是发生了种种的矛盾纠葛,搅动着作家的心魂,激起了他的异常复杂的思想感情,使他无法摆脱。就是在这种思想感情的驱迫下,他才来进行创作的。他根据他的立场、观点,根据他对生活的理解和一定的美学理想,来描绘激动着他的人和事,对他们作出一定的评价。什么阶级性、阶级本质等等抽象的概念,他是很少考虑的。但是也决不会因为他的不考虑,他的人物身上就缺乏了这些东西,假如他真正写出了人物的话。《水浒》的作者,总该是个没有阶级观点的人吧?他在描绘他的人物时,是并不知道,也并不去考虑,他们的阶级性、阶级本质等等的东西的,但是他笔下的人物,却无一不合于他们的出身、经历,无一不合于他们的阶级地位。他在有着相同的阶级本质的同一个阶层中,写出来了不是一个,而是几十个活生生的典型。假如他也接受了"写人要写阶级本质"的理论的影响,时时想着他的人物的阶级本质,那他就恐怕只能写出一个,不,甚至一个典型也写不出来了。

  我这样说,并不就是认为作品中的人物可以不必在一定程度上体现出他的阶级本质的某些方面;也不是说我们在评论作品中的人物的时候,不应该从他有没有表现出他的阶级特征上去检查;相反的,我认为这些都是必要的、应该的。我只是反对把"写人要写出他的阶级本质"作为一种创作原则,作为一种向作家提出的前提要求。然而,很明显,一向大家却的确是把它当做创作原则、当做向作家提出的前提要求的。一般人都把这种"写人物要写出他的阶级本质"的理论,当做是马克思主义的理论,其实却是一种反马克思主义的,尤其是反文学的理论。马克思主义没有告诉我们人的思想、性格,与他所属的阶级之间永远保持着固定不变的关系;也没有告诉我们阶级的思想、阶级的客观动向就是阶级个别成员的思想,就是阶级个别成员的客观动向。福玛·高尔杰耶夫,葛利高里·麦列霍夫这样的人,并不只是在文学作品中才有,在现实生活中也是有着他们的根据。因此,想用揭示抽象的阶级本质来代替刻画千差万别的个性的企图,实质上只是一种典型的机械论和庸俗社会学的观点。这里,根本没有什么阶级观点,有的只是成分决定论。①

那么,人物的典型性,作品的典型意义,从哪里来呢?

人物之所以有典型性,并不是因为作家揭示出了他的阶级本质的缘故②;作品的典型意义,也不是仅仅存在于典型人物本人的身上的。人物之所以有典型性,乃是因为在他的周围集结着各种各样的人和事;乃是因为通过他的活动,展开了一幅广阔的社会生活的图景,概括出那一时代的错综复杂的社会阶级关系的缘故。而作品的典型意义,也不应该仅仅从作品中的个别人物身上去找,而是应该从作品所构成的整个画面、所揭示的生活的总的动向中去找寻的。阿Q之所以有典型性,难道是因为鲁迅揭示了阿Q作为一个农民(或者说落后农民,或者说流浪雇农)的阶级本质的缘故吗?《阿Q正传》的典型意义,难道是仅仅存在于阿Q个人的身上,仅仅存在于他的精神胜利法上吗?假使离开了未庄的典型环境,离开了他与王胡、小D、吴妈,以及赵太爷、假洋鬼子等人之间的关系,阿Q的典型性又从哪里产生出来呢?即使你把他的阶级本质揭露得再鲜明、再深刻些?如果《阿Q正传》的典型意

---

① 当然,提出这种理论的人的用意是好的。他提醒作家要注意人物的阶级本质,因为只有当我们认识了一个人的阶级本质以后,才更能了解这个人。如果意思只是这样,那我是完全同意并且竭诚拥护的。但是,这样也就不必提出什么"写人要写出他的阶级本质"这样的理论来,而只需告诉作家应该熟悉人、了解人,应该透过人的阶级本质去了解人就好了。

② 概念化的作品中的人物,他的一举一动是处处合于、处处体现出他的阶级性、阶级本质来的,然而却并不能成为典型,并没有典型性。可见关键并不在这里。

义,仅仅在于阿Q的精神胜利法上,而不同时也在它对于中国半殖民地半封建时代的农村生活和阶级关系的反映上,也在它对于封建地主阶级对农民的残酷剥削和压迫的揭露上,也在它对于辛亥革命的深刻的反映和批判上(而这些,都是通过阿Q的具体活动来完成的),那么,这篇作品就决不会被我们这样的推崇了。

马克思主义教导我们,在观察社会现象的时候,应该运用阶级分析的方法。我们在理解和分析文学作品的时候,当然也要运用阶级分析的方法。但进行阶级分析,决不是只要简单地为作品中的人物划上个阶级就算,它要比这复杂得多,艰难得多。但是我们过去在评论作品时,却就存在着这种简单的"阶级分析"方法。这难道是种偶然的、孤立的现象吗?它是与"典型必须是某一特定阶级的典型"等等的理论密切联系着的。大家时常嘲笑那种把对某一行业的个别的人的讽刺,误认为就是对整个行业的讽刺的人。然而这样的人,却仍旧时常要涌现出来。不久前,甚至还发生了中华护士学会总会向长春电影制片厂提出抗议的事件。原因不过是为了"长影"拍摄的讽刺喜剧片《带刺的玫瑰》中的主角,恰恰是个护士。我们难道能够过分责备中华护士学会总会吗?至少,我们在责备这个团体的时候,是不是也应该好好追寻一下根源,检查一下我们的庸俗社会学的典型论呢?资产阶级学者时常恶意地称文艺领域为马克思主义的"致命伤",假如我们的一些自以为是马克思主义者的文艺理论家们,只知道把马克思主义关于哲学、政治、社会等等方面的理论、原则,直接转入文艺领域的话,那么,这一领域虽然不见得真会成了个"致命伤",恐怕也就不免要成为一个多灾多难的领域了。

车尔尼雪夫斯基曾经十分明确地表达过这样的意思,他认为:艺术之所以别于历史,是在于历史讲的是人类的生活,而艺术讲的是人的生活。高尔基把文学叫做"人学",这个"人",当然也并不是整个人类之"人",或者某一整个阶级之"人",而是具体的、个别的人。记住文学是"人学",那么,我们在文艺方面所犯的许多错误,所招致的许多不健康的现象,或者就都可以避免了。

1957年2月8日写完

文艺创作的生命与动力

在《人民文学》编辑部召开的一次"短篇小说创作座谈会"上,沙汀同志曾经说过这样的话:"找故事容易,找零件难。"李凖同志引用了这句话,并解释说:"'零件'就是细节。"我觉得沙汀同志这句话,看似寻常,却很有深意,不是深知创作甘苦的人是说不出来的。一般人也许会想,文学作品固然少不了细节描写,但细节毕竟只是细节,决不能把它同贯串整个作品的故事情节相提并论。沙汀同志这句话,却不仅给人以细节描写在文学作品中很重要的印象,还明白地表示了好的细节比好的故事更为难得的意思。而且,他在这样说的时候,语调中还颇含感叹的意味:"找故事容易,找零件难!"隐隐地透露出了他在创作过程中所经历的苦恼。人们可能会问:这样的苦恼是不是必要?把精力耗费在这种细枝末节上,岂不是舍本逐末吗?不,完全不是。我并且要说,这样的苦恼,是一个真正的艺术家的苦恼,谁要是不愿意尝味这种苦恼,他就休想走进艺术的堂奥。不错,细节之于故事,犹如枝叶之于树干,它只是从属的、次要的东西。但是,树干的生气,不就是靠枝叶来体现的吗?我们种树栽花,虽然意在花果,但正如鲁迅所说:"删夷枝叶的人,决定得不到花果"①,枝叶又哪能轻视!何况,在艺术领域里,由于一切都必须以个别的具体的形式来显现,细节的作用,细节的重要性,更远不是树干上的枝叶所能比拟的。砍去了树干上的枝叶,树干仍旧可以存活,仍不失其为树干。砍去了艺术作品中的细节,纵然基本情节

---

① 《"这也是生活……"》,见《且介亭杂文末编》。

还在,故事轮廓依旧,这部作品也就不成其为艺术作品了。

"那么,找细节难道就真比找故事更困难吗?"人们不免又会有这样的疑问。我说,是的,是更困难。岂但更困难而已,事实是,细节是根本找不到的,它只能靠你自己去发现,靠你自己去创造。果戈理可以从普希金那里得到关于《死魂灵》和《钦差大臣》的故事传说,但是,这两部作品中的许多生动逼真、引人入胜的细节,却都是果戈理自己、也只有果戈理自己才能创造的。在王实甫写出他的《西厢记》以前,在莎士比亚写出他的《哈姆雷特》以前,关于崔莺莺的爱情故事和那个丹麦王子的复仇传说,早已流传了好几百年了。就故事情节来说,这两部作品同过去的传说,同他们前人的作品,大体上还是轮廓依旧的,然而却又是大为改观,面目一新了。不同在哪里呢?首先,当然是作品的思想精神的不同。但这种不同,又是(而且只能是)通过一系列具体的细节来体现的。这些栩栩如生、千姿百态的细节,都是由王实甫和莎士比亚两个人,各自根据他们对生活的理解,对作品中人物性格的把握,匠心独运地创造出来的。有一些细节,则是在过去的传说中,在他们前人的作品中,已透露出了一些根苗,他们发现了这些根苗,再经过自己的一番加工陶铸,辛勤培育,才从他们手里开出灿烂的花朵来的。

说细节根本找不到,只能去发现,只能去创造,那么,"找到"与"发现"的区别在哪里呢?

区别是在这里:有时,你所需要的细节,具体的、生动的、富有说服力而又发人深省的细节,可能本来就是客观存在着的。而且,它可能就展现在你的面前,你已经亲自接触到它了。可是,由于你自己的心灵之门并未打开,你却并不理解它,不知道这个细节的意义何在,不懂得它同你所要反映的生活之间有什么具体联系。这样,你虽然已经接触到它了,"找到"它了,然而,对你来说,它还是陌生的,你还并不认识它,就还不能算是已经"发现"了它。你就还是没有能力来描写它。即使写了,也是写不真切、写不活的。常常有这样的情形:有的作者花了不少笔墨,不厌其烦地描写一个人的衣着服色,容貌特点,甚至也没有少写他的言论行动,但就是不能给人留下什么印象。这个人对于我们还是陌生的,他一点也不能打动我们。有的作者却只消三言两语,寥寥几笔,就使得描写对象跃然纸上,紧紧地抓住我们,引起了我们极大的兴趣。这是什么道理呢?大家都会说,这是因为前者只写出了这个人的一些表面现象,没有能够揭示他的内在本质;而后者却能一下子抓住了描写对象的性格特点,深入他的内心世界的缘故。这个回答当然是不错的。不过,问题并没有解决。人们会进一步问:那么,为什么前者只能写出一些表面现象,而后者却能够一下子抓住人物的性格特点,深入他的内心世界呢?关键究竟在哪里呢?

关键就在于能不能以及是不是已经有所"发现"上。

科学告诉我们,要认识一个事物,重要的是要抓住它的本质,不能只停留在表面现象上。这是一个有普遍意义的原则,在文艺领域里,在人物形象的塑造上,当然也要遵循这个原则。可是,要把握事物的本质,到底应该从哪里入手呢?能不能离开事物的现象去把握呢?显然是不能够的。只有通过事物的现象,通过事物的外在表现,我们才能够去把握事物的内在本质,去认识事物的客观意义。本质和现象是紧紧联系在一起的,统一而不可分的,正如列宁在《哲学笔记》里所说:"本质现象着,现象本质的。"(一译:"本质要表现出来,现象是本质的")外在的现象是我们理解内在本质的唯一可靠的凭借,正因为有了这种凭借,世界才是可知的,歌德才把宇宙的奥秘称做"公开的秘密"。文艺要用生活本身的形式来反映生活,而在生活中,现象与本质是一个不可分割的整体,因此,凡是不能从现象与本质的有机统一中来把握事物,不能把事物当做一个活的整体来感知、来认识的人,就决不能成为一个艺术家,就决创造不出生动的艺术形象来。譬如,青年男女的一颦一笑,在不相干的人的眼里,无非是一颦一笑而已。但在他(或她)的情人眼里,这一颦一笑之中该是包含着多少丰富深厚的情意呵!如果只把这一颦一笑作为简单的面部变化——如眼帘的开合,嘴角的牵动——来写,而看不出这一颦一笑之中所包含的丰富深厚的情意,看不出"颦笑"这种外部表现与"情意"这种内在本质之间的具体联系,那就决写不好这一颦一笑。这样的描写,甚至根本不能算艺术描写,它还没有跨进艺术的门槛。而且,现象与本质虽是经常密切地联系着,但它们联系的形式却是千变万化的,甚至它们之间还常常会有不一致的情形发生,并不总是直接符合的。将哭而反笑,因爱而生嗔的复杂场面,在生活中并不少见。一个粗心的人面对这种情景,就不免要感到惘然失措了,他当然就无法来反映这些场景。只有那些能够"发现"现象与本质之间的这种具体的独特的联系形式的人,才能来进行描写。也就是说,要能描写它,先要"发现"它。

至于"创造",那就比"发现"更要进一步了。"发现",还只是一种对客观上实际存在的事物能够有所理解、有所认识的能力;"创造",则除了能够正确理解和认识客观上实际存在的事物以外,还必须能够在这个客观上实际存在的事物之中,加上一点别的什么。这一点"别的什么"加进去以后,就会使这个事物大为改观,面貌一新;甚至发生质的变化,成为一个新的事物。在一切真正的艺术家那里,在"发现"与"创造"之间,是很难有什么界线的。他通过"发现"之门,必然要踏入"创造"之境,想要阻挡也阻挡不住。这里就存在着艺术家与科学家的根本区别。

假如说,一个科学家在透过事物的现象而认识了事物的本质以后,就把这本质从现象中抽取了出来,而制定出一定的概念、原理的话,那么,一个艺术家通过事物的现象把握了事物的本质以后,在发现了事物的现象与本质之间的具体联系以后,他决不把这本质从现象中抽出来,而是对这一事物的整体理解得更深刻了,这一事物在他的眼里、心里就真正活起来了;他对这一事物,就会产生一定的是非爱憎之感,就会形成一种明确的思想感情。而当他动手来描写这一事物的时候,他就再也无法把这种既经形成的思想感情排除开去,他就一定要把他这种思想感情熔铸到对这一事物的描写中去了。这就是创作的真正的秘密,就是艺术思维不同于科学思维的地方。而我上面所说的"创造"必须能在客观上实际存在的事物中,加进一点别的什么去,这一点"别的什么",无非就是这种作家艺术家在生活实践中所形成的独特的思想感情。

思想与感情,当然不是一回事,它们是有区别的。但真正的思想与真正的感情,又常常是融合在一起的。特别是在艺术领域里,由于思想和感情都是包含在艺术形象之中,都是通过艺术形象的形式来表现的,两者更是互相渗透,彼此交织,简直无法加以分拆。可以说,在艺术作品中,思想就是感情的升华与结晶,而感情,则就是渗透灵魂的思想。

两者是一而二、二而一的东西。这样的思想感情,只有通过劳动,通过斗争,通过踏踏实实的生活实践才能获得。而一些缺乏艺术价值的艺术作品,一些公式化概念化作品中的所谓思想感情,却往往是通过借贷、剽窃或者人云亦云得来的。在那里,思想归思想,感情归感情,彼此脱节,互不相干。被作者生硬地插到作品中去的思想,正像在生活中它本来是游离在作者的实践经验之外,并没有跟他的感情相结合一样,在作品中,它也是游离在形象组织之外,是一种抽象的、空洞的东西,完全缺乏艺术所应有的具体性。而那里的感情,则或者是虚假的、矫揉造作的,或者是琐碎的、杂乱无章的,丝毫也不能打动人。这样的思想感情,就决不是真正的思想感情。它们就像小孩子玩弄的肥皂泡一样,是一种虚幻、空洞的东西,只要空气稍一振荡,它就会立刻破灭,化为乌有的。艺术创作中所需要的那一点十分可贵的"别的什么",就决不能是这样的东西。

王愿坚同志在谈到他读过的一些好小说时说:"读着作品,立时就被引进了所描写的那个天地,环境实实在在,是真的;形象结结实实,是活的。仿佛作者正和自己的描写对象在一起生活和斗争着,干着干着,随手掰下了一块来,连根带土,甚至露水珠儿也没抖掉,就放进刊物,送到我的面前。"[①]这是说得很好的。为什么这些作者,能够把环境写得实实在在,令人信以为真;能够把形象写得结结实实,使人读之觉活呢?这当然首先是因为,这些作品都是直接从生活中来,而不是出自作者的主观臆造。但更重要的,我觉得还是在于"仿佛作者正和自己的描写对象在一起生活和斗争着",作者不是生活的旁观者,他从思想感情上参与进去了。他是亲见亲闻,亲身感受、体验了这段生活,同自己的对象一同尝味了生活中所有的悲苦与欢笑,并且是带着自己强烈的爱憎感情来写这些的。艺术形象之所以能够使我们觉得真、觉得活,所以能够具有感染人的力量,正是靠着作家艺术家的思想感情的孕育。正是作家艺术家用自己的整个心灵,给了他所创造的形象以生命、以感染人的力量。许多伟大的作品之所以往往带有作者的自叙传的性质,其故

[①]《人民文学》1977年第12期,第87页。

也就在此。科学家在对他观察、研究的对象进行分析、解剖,进行概括的时候,他的态度愈是冷静、愈是客观,愈少掺杂主观感情,他将愈容易得出正确的、令人信服的结论。所以,从科学家的著作中,我们很难看到科学家本人的面貌、特色。但是,对于艺术家和艺术作品,情形就完全不同。艺术家对现实的认识愈是透彻,他的感情就愈是强烈,爱憎就愈是分明,他就愈有可能对生活现象作出广泛而深入的概括,他的作品也就愈有力量。透过每一部伟大的艺术作品,我们总可以清楚地看到作品背后的艺术家本人,看到他的灵魂,他的思想、品德。这就是因为,艺术创作不能缺乏由艺术家的思想感情所点燃起来的火焰。没有这种火焰,就无法对生活现象进行陶铸熔炼的工作,就只能拼拼凑凑,缝缝补补,就决创造不出巧夺天工的完美的艺术作品来的。列宁强调地指出:在文学事业中,"绝对必须保证有个人创造性和个人爱好的广阔天地,有思想和幻想、形式和内容的广阔天地"。这就是因为文学创作的特殊规律,决定了它离不开作家的个人特色,离不开作家的是非好恶和爱憎感情。取消了作家的个人特色,排除了作家的爱憎感情,也就无所谓创作,也就没有文学。果戈理在谈到他的剧本《钦差大臣》的创作过程时,曾这样说:"在《钦差大臣》中,我决定把当时所知道的俄罗斯的一切丑恶的东西,一切非正义的行为都集中在一起加以嘲笑,而那些非正义的行为恰恰是在最需要人们表示正义的地方和场合下干出来的。"[①]为什么他要把那些非正义的行为摆在最需要人们表示正义的地方和场合下来表现呢?是什么力量驱使他这样做的呢?那就是他对于一切丑恶的非正义的行为的烈火一样的憎恨,就是他对于人民命运,对于祖国前途的深切的关怀与忧虑。换句话说,也就是伟大的作家在生活实践中所形成的一种真挚而强烈的思想感情。没有这种思想感情,他就不会有创作的冲动;他的思想感情如果没有这样强烈,他也就不能作出这样广泛而深刻的概括,他的作品就不会写得这样尖锐有力。"朱门酒肉臭,路有冻死骨。"这是杜甫的名句。在现实生活中,酒肉的臭味和冻死的骸骨,不见得真的就同时同地出现在同一个人的眼前,它们之所以会

[①] 转引自《论情节的典型化与提炼》,第19页,作家出版社1956年版。

紧紧地联系在一起,组合成这样一幅震撼人心的画面,是出于诗人的创造,是诗人对生活现象所作的艺术概括。通过这种概括,我们看到的不仅是残酷的人吃人的社会现实,同时也看到了诗人杜甫的强烈的爱憎和深广的忧愤,才使得杜甫能够孕育铸炼出这样惊心动魄的诗句来的。

刚才提到果戈理,不禁又使我想起 E. 多宾那两篇颇获好评的研究论文来。我指的就是 1956 年我国曾作过翻译介绍的《论情节的典型化》和《论情节的提炼》两篇文章[1]。我以为,从这两篇文章的论证过程中,可以使我们进一步看清作家在生活实践中所形成的思想认识,特别是他的强烈的爱憎感情——审美感情,在艺术创作中所起的特殊作用。可以说,这种审美感情就是艺术创作的生命与动力。在作者心头要是还没有形成这种审美感情,他就不会有创作的冲动;在他的作品中要是没有灌注进这种审美感情,这作品就不会有什么生命。虽然这种说法并不符合多宾原文的意思,因为他所着重强调的完全是另外的东西。

多宾在他的这两篇文章中,通过一些具体而生动的例子,说明一些古典作家是怎样从现实生活中选取他的题材,又怎样加以提炼,使之更加典型化的。他谈得非常细致,而且娓娓动听,引人入胜,很有启发性。例如,他根据安年科夫的回忆录所提供的材料,提出果戈理的《外套》是根据当时流传的一件官场逸闻写成的[2]。不过果戈理改变了事件的原来的结尾,从而也改变了那个当事人的命运。在那个官场逸闻中,那个丢失了猎枪的小公务员的结局是顺利的——由同事们凑钱为他买了一支新的贵重的猎枪。在果戈理的小说中,结局却是悲惨的——阿卡基·阿卡基耶维奇不但丢掉了他的外套,而且也丢掉了他的生命。为什么果戈理要把情节做这样的改动呢?多宾认为,这是因为这个顺利的结局是"虚假的",没有根据的,从"典型性"的观点看来是不恰当的[3]。整

---

[1] 两文均黄大峰译,作家出版社把它们合印在一起,总称《论情节的典型化与提炼》。

[2] 安年科夫在他的《文坛回忆录》里所提到的这则故事,在魏列萨耶夫的《果戈理怎样写作的》和多宾《论情节的典型化》中,都曾加以引用。前者有孟十还译文,文化生活出版社版;后者有黄大峰译文,作家出版社版,可以参看。

[3] 《论情节的典型化与提炼》,第 7 页。

个地来说,我认为多宾这两篇文章是写得很好的,其中确有不少精辟的意见。但是这里所提到的这几句关键性的话,却大可争论。譬如,如我们上面所说,在那个官场逸闻中,那个小公务员的结局事实上确乎是顺利的——他虽丢失了一支猎枪,却由他的同事们凑钱为他另买了一支。这明明是实际情况,怎么说是"虚假的",没有根据的呢?这样的指责倒显然是没有根据的,说不通的。其实,我也懂得,他的着重点主要在下面一句,意思无非是说,这种顺利的结局,虽然是事实,但它只是生活中偶然发生的极个别的现象,不能显示社会的本质真实。因此,从"典型化"的观点来看是不恰当的。这种说法当然是有道理的。假使果戈理真把这个官场逸闻不加改动地照原来的样子写下来了,那就除了可以供人作为茶余饭后的谈话资料以外,还有什么意义呢?然而,我们现在讨论的问题是果戈理为什么要做这样的改动,重点应该放在作家主观世界的研究上。多宾的回答却完全脱离了艺术家果戈理的内心感受、内在要求,脱离了作家的创作冲动,而完全是从外面,从作品的客观意义上来立论,仿佛把艺术创作完全当做纯理智的事情来看待了。艺术创作自然决不是与理智无关的事,相反,它总是要受思想的指导,要受世界观的约束的。所以我也坚决反对把艺术创作完全当做只是属于感情领域的事。如果这样,就有陷入神秘主义泥坑的危险。但是,应该承认,一个作家总是从他的内在要求出发来进行创作的,他的创作冲动首先总是来自社会现实在他内心所激起的感情的波澜上。这种感情的波澜,不但激动着他,逼迫着他,使他不能不提起笔来;而且他的作品的倾向,就决定于这种感情的波澜是朝哪个方向奔涌的;他的作品的音调和力量,就决定于这种感情的波澜具有怎样的气势和多大的规模。这就是艺术创作的动力学原则。离开这个原则来谈艺术创作,只能是隔靴搔痒,触不着实处。

就拿果戈理的《外套》来说吧,那个官场逸闻最使果戈理激动的,显然并不是猎枪的忽得忽失,也不是那个有头有尾的故事本身,而是那个小公务员在丢失猎枪时所感受到的剧烈痛苦。据安年科夫说,当时一同听这个故事的,除了果戈理外,还有很多其他人。所有在场的人,都把这事当做一则有趣的奇闻,听完以后都哈哈大笑。只有果戈理一个人默默地倾听着,并且低下了头,陷入悲哀的沉思中。他在想些什么呢?究竟是什么东西打动了他呢?很清楚,正是这个小公务员生活中的这段插曲,正是这个小公务员丢失猎枪时所感受到的剧烈震动,在猛烈地冲击着艺术家果戈理的心灵,使他看到了许许多多卑微的小公务员的辛酸的遭遇和可怜的处境。也许,就在这一刹那间,像《外套》中的主人公那样的一个"被侮辱与损害的人"的面影,一个"谁也不可怜的人"的面影,就已经清晰地浮现在他的脑海里了。再联系到他平日对沙皇官僚集团的残暴统治的强烈憎恨,对劳动人民的悲惨生活的深切同情,他心海里所掀起的波澜就再也无法平静,他就不得不提起笔来把他这种真切的感受,把他心头所蓄积的爱和恨,通过艺术形象的创造尽情倾吐出来。《外套》的主题就是在这样一种感情的火焰的烧灼下孕育陶铸出来的。他的阿卡基·阿卡基耶维奇的面貌之所以会是现在这个样子而不是别的样子,原因也应该从这里去找。

当然,多宾的这样的说法也是完全正确的:假如阿卡基·阿卡基耶维奇的外套也失而复得,或者他所失掉的并不是外套而是如原来的轶事中那样的猎枪,那么,这个作品就失去了"典型性",就不会有这样大的意义了。不过,我总觉得,从艺术家果戈理来说,他首先考虑的恐怕不会是作品的"典型性"的问题,而是怎样才能写出他的真切感受的问题,怎样才能恰当地表达他对现实的理解,充分地抒发那在他心头激荡着的强烈的思想感情的问题。他之所以要对故事情节做这样一些改动,正是为了要突出那个出现在他心目中的可怜的小人物的形象。我这种说法同多宾的那种说法,尽管殊途同归,要达到的是同一目的,都是为了说明《外套》这一作品之所以会写得这样成功,具有这样深刻的思想意义的原因。但是,这中间却也有着关系重大的区别:一是以人物形象的创造为核心;一是以"典型性"的要求为枢纽。一是从作家本身的感受,从他对现实的理解、认识,从他在生活实践中所形成的思想感情出发;一是从作品对现实反映的深广程度,从作品的思想意义的要求出发。从前一说来看,人物形象的胚胎是在作家的心灵中孕育出来的。从后一说来看,则人物形象仿佛是可以根据作品的典型性的需要而随心所欲地加以捏制的。显然,前者是符合文学艺术的特点和规律的,后者则有导致公式化概念化的危险。我并不是说作品的典型意义不重要,并不是说作家不必考虑作品的典型性的问题。作家为了使他的作品能够更深刻、更全面地反映现实,是应该不断地对他的题材,对他作品中的故事情节进行提炼的。而且这种提炼工作,做得愈深入、愈细致,愈好。但是,这种提炼决不能离开作品中人物形象的塑造来进行,决不能脱离他对作品中的人物的是非爱憎、审美感情来进行。作家提炼他的题材,提炼他的故事情节,其实也就是提炼他对生活的认识,提炼他对人物性格的理解。一句话,也就是提炼他自己的思想感情。所以,决不应该撇开作家的思想感情,特别是撇开他对作品主人公的审美感情,而单纯从典型性的要求去谈题材和故事情节的提炼。即使是从作品对现实的反映这一方面来说,我们在要求作家能够对现实作出深刻、全面的反映以前,也必须首先要求他能对现实作出深刻、全面的认识。只有有了这种认识,才能作出这种反映;没有这种认识,那就随便你怎么要求他,怎么不断地提醒他,也是枉然。应该公平地说一句,我所强调的那一面,多宾并不是没有看到,他也看到了,而且也指出来了。但显然并不受他的重视,他主要是从作品的典型性的要求这一观点来立论的。这当然也与他设定的题目有关,他的论文的任务本来就在于研究创作的典型化问题的。但他至少应该花一些笔墨把这两者的关系点清楚,像现在这样子,未免有点本末倒置,而且是容易驱使作家去走公式化概念化之路的。

假使多宾只是在谈果戈理的《外套》时偶然表现了这一倾向,我也许就不会想到要向他提出异议了。他在谈屠格涅夫的《木木》时,同样也表示了类似的意见。

屠格涅夫的中篇小说《木木》,也是根据一件实际发生过的事件写成的。据屠格涅夫母亲的养女席托娃在一篇回忆文章中指出,作品中的加拉新就是按照屠格涅夫母亲的农奴、看门的哑巴安德烈的原样,不差分毫地刻画出来的。这个安德烈有一只十分心爱的小狗,屠格涅夫的母亲尽管一向对安德烈很好,但是有一次,在她脾气发作的时候,竟十分残酷地强迫安德烈亲手把自己的爱犬溺死。一切经过情形,就像屠格涅夫的《木木》中所写的一样。所不同的是,安德烈在把小狗溺死之后,并没有离开他的女东家,他"对于女主人的忠心依然如故。不管安德烈心里有多么痛苦,他对女主人还是忠心耿耿,替她效劳,直到她去世之日"①。而《木木》中的加拉新却头也不回地抛开了他的女主人连同她的慷慨的赠与物永远出走了。

屠格涅夫为什么要把情节的结局做这样的改动呢?据多宾的意见,是因为:"他看得很清楚,如果认为艺术不是偶然事物的体现,而是合乎规律的事物的体现,那么,这个中篇小说采用同样一团和气的结局,就是不真实的。屠格涅夫描写加拉新离开女地主出走——沉默地但是有力地表示了自己的顽强不屈,这就是反映出农民对贵族的放肆行为是越来越愤慨了。"②就是说,多宾认为:假如作品中的加拉新也像生活中的安德烈那样逆来顺受了,仍旧服服帖帖地为女地主效劳,那就不合乎事物的规律,就是不真实的。只有写加拉新离开女主人出走,才能反映出农民对贵族的愤慨,才是真实的,有典型性的。单从结论来说,多宾的意见是不错的。但他的这种说法,听起来总觉得不大顺当,而且也太空泛,并不切合实际。说到事物的规律,人们不免要问,在沙皇俄国的农奴制专制政体的统治下,农奴对地主的日常的压迫和欺凌,究竟是采取逆来顺受的态度,还是采取直接的、激烈的反抗态度,更合乎事物的规律?农奴对地主的压迫和欺凌,当然是愤怒的、要反抗的。但是,在专制政体的残酷统治下,他们清楚地知道,个人的反抗通常会带来什么样的结果。因此,在一般情况下,采取像安德烈那样的逆来顺受的态度,不能认为它不合乎事物的规律。以合不合乎事物的规律来说明屠格涅夫笔下的加拉新之应该走还是留,是不能令人信服的。但是,如果屠格涅夫真的也把作品中的加拉新写成像生活中的安德烈一样留下来了,而且同安德烈一样仍旧对女主人忠心耿耿,那么,不但这个作品将失去它的典型意义,而且也将的确使我们感到不真实。不过,这并不是事实上的不真实,而是感情上的不真实。因为,我们会觉得,

---

① 席托娃:《回忆屠格涅夫及其家庭》。转引自《论情节的典型化与提炼》,第68页。

② 《论情节的典型化与提炼》,第68-89页。

加拉新既然这样爱他的小狗,既然对木木有那样深厚的感情,怎么还能同那个如此残酷地强迫他溺死木木的女主人平安地相处在一起呢?更不要说仍对她"忠心耿耿"了。假如屠格涅夫真这样写了,只会引起我们的不满,我们一定会鄙弃这样的作家的。但屠格涅夫并不是这样的作家。他在实际生活中深切地体察到了安德烈的巨大痛苦,对他母亲的残暴行为产生了强烈的不满。他面对这样的生活现象,决不能漠然置之。在他心头有一股汹涌的感情的激流,迫使他提起笔来,迫使他不得不写下安德烈的痛苦,不能不对他母亲的那种残暴行为进行揭露。而且他是带着自己的强烈的痛苦和愤懑之情来加以描写,加以揭露的。在加拉新这个形象身上所表现出来的,不只是属于安德烈的东西,屠格涅夫把他自己在生活实践中所形成的思想感情,也凝注、渗透到加拉新的形象里去了。而且,正因为有了屠格涅夫的东西,加拉新这个形象才活起来了,才使人感到真实、可信,比安德烈更真实、更可信;才具有这样强烈的激动人心的力量。所以,我觉得,屠格涅夫之所以要让《木木》中的加拉新出走,而不是像生活中的安德烈那样留下来,原因首先应该从现实生活在屠格涅夫的内心所激起的强烈的思想感情中去找,决不能脱离了安德烈的痛苦遭遇给予屠格涅夫心灵上的冲击,而单纯从典型性的客观要求方面去谈加拉新的塑造。

在多宾所引述的席托娃的回忆中,对于安德烈所感受的内心痛苦,以及屠格涅夫对安德烈的痛苦的深切的了解和同情,都是有所涉及的,多宾不可能不注意到这一点,在他的文章中也是指出来了的。但这些,在多宾所持的典型化理论看来,都只是次要的东西,因此就被他轻轻带过,并没有受到足够的重视。但在我看来,这些却正是创作过程中的最重要的东西,是决不应该轻忽的。

在艺术领域里,不管是创作,还是鉴赏,人们总是带着自己的情绪色彩来观察对象的,总是要将观察对象跟自己的生活、兴趣,跟自己的整个个性联系起来。那种冷冰冰的、漠不关心的态度是同艺术创作、同审美感受水火不相容的。如果脱离了人物性格的刻画而去追求对社会本质的更全面的揭示,脱离了作者的审美态度而去追求作品的更深刻的典型意义,那就必然会使作品流于概念化的说教,而不会有什么艺术的魅力了。

总之，艺术离不开感情。在艺术领域里所出现的，被作为艺术对象来加以描写的事物，在艺术家的心目中，都是有生命的，都是要激起人们的一定的爱憎感情的。譬如，单是一张桌子，一张普通的单有实用价值的桌子，在文学作品里虽然也可以作为房间的陈设而被提到，但它本身并不是艺术描写的对象，并不能进入艺术的领域。如果这张桌子是一个自己十分亲近的人所使用过的，而现在这个人已经溘然长逝了，如今睹物思人，不禁勾起了万千往事的回忆，激起他对这个亲人的难以排解的无限深情。这时这张桌子就超出了实用关系而进入了感情领域，就作为一种艺术对象而出现了。据说，许广平同志解放以后到绍兴去，当人们把鲁迅在三味书屋读书时所使用过、并亲自刻了个"早"字的那张桌子指给她看时，她抚摸着这张桌子，一时激动得几乎不能自持。这张桌子在许广平同志的眼里，就决不是一张普通的桌子，而是一张有生命有情意的桌子了，它就进入了艺术的领域了。所谓艺术地把握现实，所谓对现实抱着审美态度，对现实作出美学评价，其根本之点，就在于是把现实当做和自己一样的有生命有情意的东西来对待，就在于是用一种充满爱憎好恶的感情态度来加以对待的。就说形象思维吧，又何尝能离得开感情？前一个时期，我们的报纸杂志上出现了不少关于形象思维问题的研究论文，这些文章虽然提出了许多很好的意见，但我觉得它们有一个共同的缺点，就是太抽象了，太"理论化"了，尽在概念里兜圈子，联系艺术实践太少。在我看来，形象思维作为一种艺术的特殊思维方式，它的特点正像艺术的特点一样，就在于它是饱含着感情色彩的，就在于它是一点也不能离开感情的，我们简直可以给它另起一个名字，可以把它就叫做"有情思维"。其实，形象思维也就是我们通常所说的想象。想象的运转，要有动力。而感情，可以说就是想象的发条。没有感情的推动，想象是不会奔驰的。是感情给了想象以翅膀，感情使得想象飞腾起来的。关于这个问题，当然还需要作进一步的论证，但这篇文章已经写得够长了，只能留待以后再说了。

在结束这篇文章以前，我还想说明一点，就是，强调感情对于艺术的重要性，决不是什么新鲜意见，相反，它真是陈旧得不能再陈旧了。

从有文学艺术以来,古今中外不知道有多少人都曾说过类似的话,特别是托尔斯泰说得最有系统。我们决不能因为这些人都是属于封建阶级和资产阶级队伍里的人物,都是些唯心主义者,就把他们的意见一脚踢开。应该用实践来检验一下,如果其中确有合理的东西,为什么不能加以吸收呢?高尔基,以及我们的鲁迅、郭沫若,不都是十分重视文学艺术领域里的感情问题的吗?不要把感情只跟地主阶级资产阶级联系在一起,更不要把感情同人性论混为一谈。强调感情也决不是否定思想、否定世界观的作用。前面早已说过,感情总是要受思想的约束,要受世界观的指导的。我们也并不是不加区别地、一视同仁地对待无论什么样的感情的。我们尊重、歌颂无产阶级的、人民大众的感情,高尚的共产主义感情;而反对封建阶级的、资产阶级的腐朽感情,反对一切没落倒退的反动感情。而且,感情决不是凭空产生的。正像毛泽东所说:"世上决没有无缘无故的爱,也没有无缘无故的恨。"爱和恨都是从社会实践中来的。作家、艺术家要形成无产阶级的和人民大众的感情,必须使自己深深扎根于无产阶级和人民大众之中,和他们打成一片,同时努力学习马克思列宁主义,在世界观方面起一个根本的、彻底的变化。除此之外,没有什么仙丹灵药,更不是随心所欲地自己说变就能变的。所以,强调感情问题,其实也就是强调立场、世界观的问题,是决不会堕入唯心主义和神秘主义的泥坑的。不过,既然感情问题是文学艺术和形象思维的一个最根本的核心问题,而感情又是最难作假的,因此,对于作家、艺术家来说,立场世界观的转变,必须鲜明地从感情上体现出来。也只有真正从感情上体现出来了,立场、世界观的问题才算真正解决了,才能创造出真正为人民大众所欢迎的艺术作品来,才能成为一个名副其实的无产阶级的作家。

1979年3月6日

管窥蠡测

——人物创造探秘

艺术家的奇思妙想,艺术家的创造才能,常常引起我无限的惊奇和不尽的赞叹。

也许两百多年前,真有过一个和《红楼梦》中的贾宝玉的身世大致相同的人吧,但这个人和我是不相干的,我对他也并无兴趣。然而曹雪芹笔下的贾宝玉,对于我却是这样的亲近,他的遭际强烈地激动着我,使我不由得要和他一同分担他的欢喜和悲哀。那个被曹雪芹当做贾宝玉的原型的人,是早已死去了,一点也没有留下什么给我们;就连他的姓名,也还有待于红学家们的考证。而贾宝玉却依旧活着,依旧活在今天的舞台上,活在今天人们的心里。而且在今后很长的一段时期里,还将永远活下去,不断地给人们以各种不同的影响。历史上确实有过一个名叫张飞的人,《三国志》中有他的传记。对于这个张飞,真是邈哉遥哉,于我万分疏远,甚至引不起我一点想象。可是,那另一个张飞——《三国演义》中的张飞,今天舞台上的张飞,他的音容笑貌,却时时在我的脑际萦绕,只要我一合上眼,他那粗犷而又妩媚的形象便仿佛矗立在我面前,惹我注意,逗我喜爱。这两个张飞,实际上本是一个,却又分明是两个。前一个是真实的、确乎生存过的张飞,不过如今他早已死了。后一个是在前一个基础上虚构出来的、实际上从未存在过的张飞,然而他却至今还活着。前一个张飞是有父母生养的,后一个张飞却只是艺术家的创造。真实的张飞不能不遵循自然规律而死亡,虚构的张飞却可以超越新陈代谢的原则而永存。这样看来,那被称为第二造物主的莎士比亚以及他的杰出的同行们,比起宗教家所信奉的第一造物主上帝来,应该是更为伟大的。上帝造人之说,不过是这么一句话,谁也没有真见过。莎士比亚和他的杰出的同行们,却确实用他们的笔创造了许许多多栩栩如生的人物,而且这些人物至今还活着。对于那些创造了不朽的艺术珍品的大师们,我真是说不尽的感激与敬佩。

但是,这些大师们是怎样塑造他们的人物的呢?是怎样赋予他们的人物以生命的呢?陆机说他"每观才士之所作",而能"有以得其用心",我面对着这些大师们的巧夺天工的铸造品,于惊叹之余,不禁也动了寻幽探奇之思,亟欲一窥他们炉中的奥秘。然而,大师们的才能是那样的浩瀚无极,大师们的匠心是那样的变化无穷,叫我从何处着眼,哪里入手呢?似乎人物形象与其周围环境的关系问题,还比较是有迹可循的,那么让我就先从这里来试探一下吧。我所能做的恐怕主要只能是谈一谈自己平素在阅读中所得的一点理解和体会,要说这也算是对大师们的用心的探索与揣摩,那么,就譬如是以管窥天,以蠡测海,实在不足尽其万一的。

屠格涅夫曾经说过这样一句话:"如果被描写的人物,在某一个时期来说,是最具体的个人,那就是典型。"①这真是要言不烦,一语道出了典型塑造的关键。"某一个时期来说","最具体的个人",这意味着:典型不但须是最具体的个人,而且须是某一特定时期下的最具体的个人;就是说,它既要有个人的具体性,又要有时代环境的具体性。这与恩格斯的名言"典型环境中的典型性格"之说就很相接近。车尔尼雪夫斯基在谈到艺术的任务时,也把它确定为:揭示"环境怎样影响人",而"人又怎样影响他周围的世界"。这与上引的屠格涅夫的话,显然也是有相通之处的。这三个人在世界观上尽管有着质的区别,他们所说的也并不完全是同一回事:一个说的是典型塑造的原则,一个说的是现实主义的特征,第三个则是说的艺术的任务。但由于这三者之间原是脉络相通的,因而他们的话里也就有了一个明显的共同点,即都十分强调人和环境之间的联系。这个共同点不能不引起我们的重视。

---

① 转引自《译文》1956年1月号,第154页。

事实上，我们的文艺工作者对于这一点，也的确是十分重视的。恩格斯的那句经典性的名言更是屡被引用，大家早都耳熟能详了。不管是创作家也好，评论家也好，今天已经没有人不知道人物形象与其周围环境的关系问题的重要，已经没有人不注意这一问题了。但我觉得对这一问题的认识和理解，似乎还有一些不够周到深细的地方，所以还想在这里谈谈我对这一问题的一些想法。

人和环境之间的联系，本是一种必然的有机的联系。在什么样的环境下，就会有什么样的人；而从一定的人的身上，也可以看出他周围的一定的时代环境来。然而在大家的认识和理解中，这两者的关系，却有被割裂的迹象。譬如，我们常常可以听到这样一种说法：因为人是不能脱离他的时代环境而存在的，所以写人也必须写出他的时代环境来。这样的说法，本来也不能算错，然而，这里同时就潜伏着很大的误解的可能性。仿佛写人本来也可以不写环境，但因为人总是生活在一定的时代环境下的，所以你也不能不给你的人物装上一个时代环境的框子。这样，写环境就成了是在写人物以外的事，人和环境之间的联系，就成了一种外加的、机械的联系了。即如恩格斯的那句名言吧，大家联系到他对《城市姑娘》这部小说的具体意见，往往特别强调典型环境的重要性，这本来也并不错。但是，如果脱离了具体作品中的具体的人物，脱离了作家为一定的作品所设立的一定的思想主题，而孤立地抽象地强调典型环境的重要性，那就不对了。应该引起我们注意的是，恩格斯之指责《城市姑娘》中的环境不够典型，又是从哪一点着眼的呢？难道不正是为了这部小说里所写的"工人阶级显得是消极的群众"，一点也不想起来进行革命的反抗，不想为解放自己而进行必要的斗争的缘故吗？他正是从作品中的人物的性格着眼，正是从作品所应有的思想倾向着眼，才提出这种指责来的。而因为性格是受环境的包围和驱使的，只有在一定的环境的包围和驱使下，才会形成一定的性格，才能作出一定的行动；而作品的思想倾向则是必须"从场面和情节中流露出来"，必须从人物的具体活动中表现出来的；所以他决不丢开环绕人物和驱使人物活动的环境而孤立地要求人物的性格应该如何如何，也决不脱离作品中的人物的具体活动，脱离作品所描绘的具体的场面和情节，而抽象地要求作品应该有怎样怎样的思想倾向。恩格斯总是把性格和环境,把作品的思想倾向和现实内容,统一起来加以考察的,他的"典型环境中的典型性格"这句名言的精义,正是在这里。我觉得我们是应该首先从这里来领会这句话对我们的伟大的指导意义的。

我们把恩格斯所说的"典型环境"规定为一定历史时期的社会生活和阶级关系的总形势,这当然是不错的。但对于从事文艺创作的人来说,问题是在于如何使这个总形势成为驱使你的人物活动的具体的积极的因素,要在这个总形势与人物的个性之间建立起一种交互影响、彼此渗透的关系,而不能使它们各自孤立,两相游离。应该让人们感觉到,只有在那样的时代环境的总形势下,才能出现你所写的那样的人物;而从你所写的人物的具体活动中,人们也就自然地看到了那个时代的社会生活和阶级关系的总形势。而不能是先勾勒出了一个"典型"的环境,然后再来刻画"典型的"个性;也不能是一面刻画个性,一面勾勒说明这个个性所处的时代环境。所以我很赞赏屠格涅夫的"某一个时期""最具体的个人"的说法,觉得他的"最具体的"几个字下得真好。所谓"最具体的个人",意味着不但他的活动要是具体的,思想感情要是具体的,就是驱使他活动,驱使他产生这样的思想感情的环境,也要是具体的。只有把个人安放在一定的、具体的环境中,显示出他和环境之间的必然的、具体的联系来,这个人才是真实可信的、具体的、有生命力的人,才有可能成为文学上的典型。

在文艺创作中,人物与环境之间的关系,确实是个关键性的问题。一个作家的艺术匠心的高下,创造人物形象的才能的大小,在我看来,主要就要看他所创造的人物的个性与其周围环境融合到何种程度而定。

在杰出的大师们的笔下,每一个人物都是充分可信的"如此相",不可重复的"这一个",而同时却又都体现出了远远超出于他们本身之外的某种普遍的意义。其所以是充分可信的,乃是因为,人们觉得,在这样的环境下,是会产生出这样的人物来的;其所以是不可重复的,是因为,人们觉得,又只有这样的人物,在这样的环境下,才会作出这样的行动来的。而通过这种人物和环境之间的具体的、有机的联系,人们所看到的,又不止是个别的人物、个别的生活场景、个别的现象,而同时也看到了围绕在这一人物周围的许多其他的人和其他的生活现象,看到了他们之间的相互联系和联系的规律,看到了一定社会历史现象的本质。所以,这里的关键,就是说,能不能写出既具有不可重复的个人特色,又具有广泛的社会意义的典型人物来的关键,就在于能不能真实地、具体地写出人物与环境之间的深刻的、有机的联系来;就在于能不能使他笔下的人物与其周围的环境处在一种相互依存、相互影响的统一而不可分割的关系中。

许多作家的创作经验都告诉我们,当作家的头脑中有了某一个人物的胚胎而要想把他具体化时,首先碰到的一个问题常常是:怎样为这个人物布置一个合适的活动圈子,就是说,究竟把这个人物放在什么样的具体环境下去加以刻画?梁山上的一百零八位好汉,都生活在同一个时代、同一个社会里,都处在同一种社会生活和阶级关系的总形势下,然而在他们上山以前,所碰到的人和事——他们的具体的环境,却是各各不同的。鲁智深所碰到的是这样一些人和这样一些事,武松所碰到的是那样一些人和那样一些事,宋江和李逵所碰到的又是另一些人和另一些事。而《水浒》的作者的高明处,就在于他在这些人周围所布置的人和事,他为这些人所安排的活动圈子,都是很合适的,都能成为推动他们的个性发展的一种积极的动力:或是鼓励他们、助长他们,或是限制他们、束缚他们;或是给他们以启发、诱导,或是给他们以阻碍、挫折;其目的则都是为了使他们的个性能够最充分、最鲜明地表现出来。而同时,这些人和事,这些活动圈子,又都是笼罩在当时的社会生活和阶级关系的总形势下的,又都清楚地体现出、说明着当时的社会生活和阶级关系的总形势。他没有把李逵和阎婆惜扯在一起,也不使宋江和浪里白条张顺发生像李逵和张顺之间那样的纠葛。因为洞明世事、熟谙人情的作者,不但知道只有在什么样的生活圈子里才会有什么样的人,而且也知道什么样的人到了什么样的生活圈子里才会有什么样的行动。在实际生活中,李逵当然也可能遇到像阎婆惜那样的女人,但他决不可能跟她建立起像宋江和阎婆惜之间的那种关系来;宋江在浔阳江边和李逵一样地遇到了张顺,但他就不可能像李逵那样为了抢鱼而和张顺互相厮打起来。在《水浒》中,阎婆惜是为了刻画宋江的个性的需要而创造的,而浔阳江边的张顺则主要是为了刻画李逵的个性的需要而出现的(当然,反过来我们也可以说,宋江同时也为阎婆惜的性格描写服务,李逵在抢鱼的一场中同时也为张顺而存在)。所以阎婆惜不出现在李逵的生活圈子里,而浔阳江边的张顺虽也出现在宋江的生活圈子里,主要却只是李逵的对象,只和李逵发生互相映衬、互相烘托的关系。可见,在文艺作品中,每一个具体的个性,必有他具体的不同于任何其他人的环境与社会关系,而作家就要善于为他的人物找到这种独特的,与他的个性互相制约、互相影响、经常扭结在一起而不可分割的环境和社会关系。

曾经有过这样一种争论:有些人认为作家应该让他的主人公处在极端突出的情势中,应该让他在特别紧张的场合下去表现自己;而另一些人则认为作家应该把他的主人公放在日常生活中,让他通过一些普通的随时可能发生的事件来展示自己的性格。这种争论,不但是把性格与环境割裂开来并使它们各自绝对化了,而且也把突出的非常情势与普通的日常生活对立起来了。

我们无法按照一个统一的标准,把各个不同的人的不同的生活划分成寻常的与非常的两类。同样一件事情,发生在你身上,也许是普通的寻常事件,发生在他身上,就可能是突出的非常事件了。甚至同一件事发生在同一个人的身上,也可能有时是普通的寻常事件,有时就成了突出的非常事件了。例如,《三国演义》中煮酒论英雄一节,就曹操来说,无非因见枝头梅子青青,想起征张绣时的"望梅止渴"的佳话,不禁意兴勃然,就邀约刘备来一同饮酒闲谈,以助雅兴,这实在是一件很普通很平常的事。但对刘备来说,却因他不久前刚参与了董承等的密谋,共立了讨伐曹操的义状,现在曹操忽然邀他一同喝酒,就难免战战兢兢,心怀畏惧,就成了一件突出的不同寻常的事件了。又如,《红楼梦》第五回中本说薛宝钗平日心情宽和,"便是那些小丫头们,亦多与宝钗顽笑"①。但是在第三十回里,当小丫头靓儿因不见了扇子,以为是宝

---

① 一作"就是小丫头们,亦多和宝钗亲近"。此据《金玉缘》本。

钗和她开玩笑把它藏起来了,因而向宝钗笑着说:"必是宝姑娘藏了我的,好姑娘,赏我吧。"这应该说是很普通很平常的事,靓儿的话也说得很婉转,很恭顺。不料却被宝钗用手指着骂道:"你要仔细,我和谁顽过,你来疑我?和你素日嘻皮笑脸的那些姑娘们,你该问她们去!"这就完全是一种与宝钗平日为人不合的不同寻常的举动了。为什么同一个薛宝钗在举止态度上前后会这样的不同呢?原来是因为宝钗刚被宝玉比做杨贵妃,心中非常恼怒,又不便发作,靓儿正撞在这个当口,因此,一句本来很平常的话,就引起了很不平常的后果,一桩本来很普通的寻常事件,就变成了很突出的非常事件了。这一转变,对刻画宝钗的性格,揭示宝钗与宝玉、黛玉等人之间的关系,是极为有力的。这种把一桩本来是极平常的、常常会发生的事件,在特定的情势、特定的场合下,转变成一桩突出的、非常的事件,以便更充分地揭示人物性格的才能,是许多天才作家所同具的;特别是《红楼梦》的作者曹雪芹,更擅长于此。

当然,的确也有一些作家是善于把他们的人物放在一种极端紧张、尖锐而又复杂的矛盾斗争中来刻画的。这些作家常常使他们的人物遭遇到一些最意外的,但同时又几乎是不可避免的事件,常常使他们的人物在一种对那人物来说是最难应付的场合下出现,这种场合是最能够表现出人物的性格、品质以及他的智慧才能来的。例如,《水浒》写石秀奉了宋江之命,去北京打听卢俊义的消息,等他到了北京城里,听到的第一个消息,却是卢俊义就要在当天开斩。这时他独自一个,不但没个帮手,就连可共商量的人都没有。便只有踱上一家酒楼喝闷酒。不想这酒楼下面就是法场,卢俊义正被刽子手们押着跪在这酒楼下。一会儿午时三刻已到,当案孔目读罢犯由牌,行刑的人已经做好了准备动作,只消一刀下去,眼看卢俊义的头颅就要落地。正在这千钧一发的当儿,忽听得一声大喊:"梁山泊好汉全伙在此!"楼上的石秀手执钢刀跳了下来。石秀这一跳,该要有多少的胆气!同时又是跳得何等的鲁莽、欠思虑?然而,处在石秀当时的情况下,他除了这鲁莽的一跳,还能有什么别的办法呢?妙的是作者此时全不写他的心理活动,假如石秀在这个时候,运用一下思想的话,他恐怕就跳不下去了。因为这明明是白白地去送死,于事情丝毫不会有什么补益的。但他居然跳了下去,而我们也竟相信他这一跳，因为我们体会到，像石秀这样一个英雄人物，处在这样一种间不容发、纵有满腹智谋也全无施展处的情况下，他的一个最强烈的冲动，就只会是不能眼看卢员外身首异处，此外更不会有别的考虑，他就是在这种冲动的状态中跳下去的。但这种冲动，又只是石秀那样的英雄人物才会有的，这是一种英雄性的冲动，在一般人身上，是不可能出现这样的冲动的。所以作者写出这冲动性的一跳，就使我们看到了真正的石秀。如果作者在他跳下去以前，为了着力地刻画这个英雄人物的内心活动，先要给他来上一大段心理描写，以显示他是如何的英勇，如何的奋不顾身，那么，石秀虽然跳下去了，读者却会怀疑这一跳，因为真实感被破坏了，他跳得不合乎情理，而石秀的英勇行为也将反而被冲淡了，降低了。施耐庵之所以称得上是高手、大师，正在这种地方。在他的笔下，人物的行动与他周围的环境，与他所处的规定情境，总是严丝密缝、契合无间的。又如，《悲惨世界》中，苦役犯冉阿让变成了海滨蒙特猗市长马德兰先生，又为探长沙威识破，被重新投入了狱中。冉阿让为了要赶办一些未了之事，又越狱出来回到了自己的住所。当他正在自己房间里整理着东西时，沙威已经追踪而至了。这时，这所房子里除了冉阿让外，还有两个人，一个是冉阿让的守门妇人，一个则是修女散普丽斯嬷嬷。这个散普丽斯嬷嬷，是个从不说谎的人，哪怕是好心的、于人有益无损的谎，她也决不肯说。这，作者在前面，已经通过好几件突出的事例，生动地证明给我们看过了。这样，你看当时的情况该是多么紧张，形势该是多么危急，谁都会以为冉阿让是完了。所以，当沙威询问着散普丽斯嬷嬷时，那个守门妇人简直吓得魂不附体。然而，出人意外的，那个从不说谎的嬷嬷，却说了谎话，而且一连两次，一句接着一句。她毫不踌躇，直截了当地告诉沙威房间里没有别的人，她没有看见有男人进来，没有看见冉阿让。沙威是很知道这位嬷嬷的诚实的德性的，于是就退出去了。这样，冉阿让就化险为夷，一桩极端紧张的非常事件，终于平安地渡过去了。雨果在这种场合让散普丽斯嬷嬷出场，人们起初一定会担心会因她而毁了冉阿让的，结果却是因她而救了冉阿让。这样的安排，真是既出人意想之外，而又无不在情理之中。而通过这一场面，作者不但歌颂了散普丽斯嬷嬷（他赞叹道："呵，圣女！……愿你这次的谎话上达天堂！"），而且再一次有力地突出了冉阿让的为人，显示出他平素的受人爱戴之深。这样的表现方法，是很值得我们仔细揣摩的。这种把人物放在一种意外的、最难应付的场合下来刻画的办法，除了能十分鲜明地突出他的性格、品质以及智慧才能以外，还有一个好处，就是故事情节非常生动紧张，具有很大的吸引人的魅力。我国的许多古典小说，如《水浒》、《三国演义》等，就是如此。在现代小说中，则《林海雪原》和《红岩》是颇能继承这个传统的。

可见，不论是普通的寻常事件，还是突出的非常事件；不论是把人物放在日常的平静的情势下，还是放在意外的危急的情势下，都是可以表现人物的性格的。问题是在于这样的事件、这样的情势，是否与你所要刻画的人物的性格相适合，在于你是否能使两者融合在一起并发生相互映衬、相得益彰的作用。而不管是哪一种情形，作家都必须非常熟悉人，熟悉生活，必须有丰富的生活经验和社会知识。一个生活面狭窄的人，一个不善于了解人的人，就不可能为他的主人公提供多种多样的活动场所，不可能为他的主人公找到最足以表现他的性格的生活圈子和特定的事件、特定的情势。生活知识不仅应该丰富，而且还必须深刻、透彻，假如作家对生活了解得不深刻、不透彻，他就决写不具体、真切，而主人公的性格也就不能跟他的环境水乳交融、契合无间，也就不能令人信服了。

艺术家究竟是怎样创造他们的人物、怎样赋予他们的人物以生命的，对于我始终是一个秘密，是一个时时强烈地打动着我的好奇心的秘密。上面我虽然企图从性格与环境的关系上着眼去窥探一下这个秘密，但心余力绌，所见甚少。而且说不定由于自己的视力不济，所看到的都不过是些靠不住的假象，那么，我以上所说，不但是管窥蠡测之论，简直就只能算是妄谈臆测了。

1962年9月15日

后　记

　　这里共收了三篇论文，写作时间前后相隔达二十二年之久。二十余年来，我所写的东西自然不止这三篇，但此外也实在不多，像这样纯粹理论性的文章尤其少，为使这本小册子能有一个中心，保持一定的特色，我就只选了这三篇。

　　我一向是教书的，很少而且也不大会写文章，只在外界的催逼下，万不得已时才偶一提笔。但不幸的是，在那些年代里，我每写一篇，几乎都要给我带来一些麻烦甚至灾难。第一篇《论"文学是人学"》，写于1957年2月，原是因为我所在的学校要举行科学讨论会，响应号召而写。发表后的遭遇是大家知道的。但后来，批判文章铺天盖地而来，而且调子愈来愈高，我便只能沉默了。1962年，公布了《文艺八条》，文艺界又开始活跃起来，我在各方面的鼓励和敦促下，又动笔写了几篇东西，《管窥蠡测》就是这年9月间写的。但不久，气氛又变了，各种各样的指责又朝着我飞来，我照例只有逆来顺受，闭门思过。接着，就是十年浩劫，于是我几年来所写的为数不多的几篇文章，以及在教室里所宣扬的一些类似的观点，就成了我背上的还不清的债和赎不完的罪，我自然更只能钳口结舌、恭听呵斥了。感谢党，感谢人民，终于把万恶的"四人帮"反革命集团粉碎了，我真有重见天日之感。在欢喜雀跃之余，遂又情不自禁地重新提起了我搁置多年的钝笔，陆续写了一些文章，《文艺创作的生命与动力》就是其中的一篇。这篇东西，在《文汇报》发表时，因篇幅关系，编者征得我的同意作了删节，删掉的部分后来以《〈木木〉与典型化问题》为题发表在《上海文学》上，现在仍把它们合并在一起,恢复原来的面目。

以上所说,好像净是在诉苦;而且大有如鲁迅所嘲笑过的一种人那样,把明明是自己无能、写不出文章来的责任完全推给外界的批评之嫌。实际情形,当然并非如此。我虽素来愚昧,却还没有这样狂妄,会认为自己的文章都是正确的,不能批评;而且,我也并不认为过去对我的批判,一概都是错误的。对于严肃切实的批评,不管它是多么尖锐,我都是热诚地欢迎,衷心地愿意认真听取的。但是有一点我想总该是明明白白、不容有任何怀疑的,就是,我所写的都是一些关于文艺问题的文章,其中当然免不了会有这样那样的错误,那也是属于文艺观点和思想意识方面的问题,决没有抱着什么不可告人的政治目的。可是在那一段漫长的岁月里,对我的批判,却大都是把它当做一种政治上的反动罪行来批的,并且是不由分说的。现在回过头去看那一段时期的历史,似乎有许多现象之居然能够发生与存在,都会使人感到无限惊诧,甚至简直不可思议。然而,它们却的确曾经是事实。但愿类似的现象,以后永远不要再出现在中国以至世界的任何一块土地上了!

几十年来,我虽然一直是从事文艺教学工作的,但对于文艺,实在所知有限,尤其不敢说已经真正懂得了它的规律。我的一个基本看法是,文艺当然决没有旋乾转坤的力量,但它却能影响世道人心,在人民生活中发挥很大的作用。因此,认为文艺总该有益于人生,总该能给人以愉悦。不过,我又认为,文艺必须首先是文艺,只有真正的文艺作品才能起到文艺所能起的作用,否则,就只能是事与愿违了。那么,究竟怎样的作品才算是真正的文艺作品呢?我觉得这正是需要大家来认真进行探讨的问题。我在这三篇文章里,多少谈了我的一些看法,这些看法很可能是错误的,我恳切地希望能得到同志们的批评和指正。

1981 年 1 月 28 日

文学的魅力

《文学的魅力》(山东文艺出版社1986年8月初版),是1980年代收录先生著作最全的一个版本。今以为底本,参考《艺术·人·真诚——钱谷融论文自选集》(华东师范大学出版社1995年4月初版),选编八题计二十篇文章。

文学的魅力

钱谷融

文学的魅力①

一、艺术使人入迷

文艺作品的确有一种吸引人的魅力。不是有这样一句俗话吗:"演戏的是疯子,看戏的是傻子。"但奇怪的是不但总有一些人愿意当疯子,而且差不多所有的人都喜欢争着去当傻子,还常常要为买不到戏票当不成傻子而感到懊恼。有幸拿到戏票进入剧场以后,台上的幕布一揭开,就屏息凝神,一心贯注在舞台上,并且在不知不觉间自己也仿佛进入了戏中,亲自参加到剧中人的斗争中去了。据说有一次在美国的一个城市里演出《哈姆雷特》,演到哈姆雷特跟奥菲丽亚的哥哥比剑的那一场时,因为哈姆雷特的叔父,那个杀兄夺嫂的丹麦国王,一心想除掉哈姆雷特,事先曾叫人把他们的剑放在毒药里浸过。这时,观众席上的一位老太太,不由得紧张地站起来大声警告哈姆雷特说:"当心,那剑是上过毒的!"有一次,安徽一个剧场演出京剧《秦香莲》,演到包公起先因为挡不住皇太后一再施加的压力,为求息事宁人计,只得包了二百两银子送给秦香莲,劝她放弃惩处陈世美的念头,还是带了孩子回乡好好度日时,也是一位老太太气愤地站起来大声喊道:"香莲,俺们不要他的臭钱!"看戏竟能使人忘情到这种程度,戏剧的魅力该有多大?

小说的魅力又何尝小呢?而且小说还有一个方便处,只要一卷在

---

① 这是我在一次会上的讲演,根据记录稿整理。

手,便随时可以阅读享受。没有买票进剧场之烦,而又可领受与看戏同样之乐。因此,人们常把小说书称做"袖珍剧场"(Pocket Theatre)。当我们读到一本好的小说时,那种如醉如痴、废寝忘食的劲儿,甚至连看戏都难与相比。作品中人物的遭遇命运深深地吸引着我们,使我们与他们同喜忧、共哀乐。他们悲伤,我们掉泪;他们欢笑,我们高兴。小时候看《三国演义》,看到诸葛亮之死,不知掉了多少眼泪,下面就简直没有心思再看下去了。

文艺当然没有旋乾转坤的力量,但是伟大的作品却的确如契诃夫所说,能够激发起人们的热情,叫人跟着它走的。不过,却也并不是所有被称为文艺的作品都能具有这样大的魅力。有的小说叫人看不下去,即使硬着头皮看下去了,看过也就忘记了,留不下什么印象。看戏看电影也是如此。有时进了剧场,看着看着忽然打起瞌睡来了;或者演员演他的戏,观众管自己谈天,台上台下是两个世界,各不相干。

为什么会出现这样的现象呢?原因多半是在于这些作品的创作违反了文艺的特点、规律,作者不是从生活出发,不是用形象思维的方法,而是出于主观臆造,流于公式化概念化。那么,什么是文艺的特点、规律?所谓形象思维的方法又是怎么一回事呢?这就不是一下子说得清楚的,我尤其没有能力来从理论上作科学的说明。这里只能东拉西扯地谈一点个人在阅读过程中的粗浅的体会和想法。

二、魅力从何而来

我想从清人焦循的一段话说起。焦循在一篇文章中用三句话来解释作为"诗教"的"温柔敦厚"四个字,即:"不质直言之而比兴言之,不言理而言情,不务胜人而务感人。"其实,他这几句话也正说明了他对诗(文学)的特点的看法,而且我觉得是说得很有道理的。下面我们不妨略作一些说明。

先说"不质直言之而比兴言之"。诗的确常常是通过比兴的办法而不是用平铺直叙的办法来刻画人物、抒写思想感情的。比如白居易在《琵琶行》中,用"间关莺语花底滑,幽咽泉流冰下难"这样的比喻来描写琵琶声。王昌龄在《长信秋怨》中用"玉颜不及寒鸦色,犹带昭阳日影来"来为失宠的妃子抒发其怨望自伤之情。汉乐府《陌上桑》在形容罗敷的美时,虽然也直接描写了她的服饰和容貌,但最有力的却是这样几句:"行者见罗敷,下担捋髭须。少年见罗敷,脱帽著帩头。耕者忘其犁,锄者忘其锄,来归相怨怒,但坐观罗敷!"荷马在他的著名史诗中写到海伦的美时,给人印象最深的,也只是特洛亚老将们在战争结束后看到海伦在城楼上走过时发出的一句情不自禁的赞叹:"唉,无怪希腊人和我们特洛亚人要打了这么多年仗呀!"他们写罗敷或海伦的美,都不是从罗敷或海伦本身着笔,而是写她们在旁人身上所引起的影响、效果。这都证明了诗确乎常常是"不质直言之而比兴言之"的。

再说"不言理而言情"。譬如你到杭州西湖的岳坟去游览,就会看到坟前有秦桧夫妇和张俊、万俟卨四个奸佞的铁铸像跪在那里,还有一副对联写着:"青山有幸埋忠骨,白铁无辜铸佞臣。"对联的意思是要告诉人们:忠良是人人敬仰的,奸佞则是人人痛恨的。但它不用讲道理的办法,而是把人们的爱憎感情渗透进去,仿佛青山都因为能埋葬岳飞而感到光彩,白铁则因自己竟被用来浇铸秦桧等人的形象而不免抱屈含愤。通过这种抒发人们的爱憎感情的方法,就充分地说明了忠良当受尊敬,奸佞必遭唾骂的道理。虽不言理,理也就因情而显了。

第三句话"不务胜人而务感人"。譬如《红楼梦》写贾宝玉被他父亲打了,伤势很重,许多人都来探望他。后来薛宝钗来了,她是很爱慕贾宝玉、希望能和贾宝玉婚配的。她来了,不但说了很多劝慰的话,还给他带来了治伤的药,曹雪芹花了很多笔墨来写薛宝钗对贾宝玉的殷勤的情意。最后林黛玉来了,林黛玉跟贾宝玉的关系又不同于薛宝钗,在贾宝玉的心上,林黛玉的分量远远地超过了薛宝钗。曹雪芹又是怎么写的呢?他却写林黛玉只说了一句话:"你从此可都改了吧?"而且来了就走、不肯久留。可这一句话,却以少许胜人多许,其分量、浓度都远过于薛宝钗的千言万语。当然,前面也写了她正在低泣,眼睛肿得像核桃那么大,显然哭得很厉害。曹雪芹就用这样的办法来写林黛玉,把她感情的浓度、强度表现出来,而不是写她讲的话胜过薛宝钗、送的礼多于薛宝钗。这就是"不务胜人而务感人"。

焦循这三句话,如果用科学的眼光来看,当然是未必精当的,我们不能把它绝对化。但这三句话却的确抓住了文学艺术的一个根本特点,那就是:文学艺术主要是从感情上去打动人的。这和托尔斯泰认为艺术的作用主要是感染的作用的说法是一致的,也同我们自己在观赏和阅读文艺作品时所得的感受完全相符。艺术作品是诉诸人的整个心灵的,不是单纯诉诸理智。在艺术作品中,作者的思想、感情是渗透在艺术形象中,与艺术形象凝为一体的,它们不是各自游离,不是可以互相分割的。那种脱离了形象、缺乏热情,一味抽象地讲道理的作品,不会有艺术的生命力,也算不得艺术作品。

三、作家、艺术家必须有强烈真挚的感情

要从感情上去打动别人,必须自己先有强烈真挚的感情,一个冷漠无情的人,对什么都不感兴趣、都漠不关心的人,不可能成为作家、艺术家。张定璜在他所写的《鲁迅先生》一文里,曾经说鲁迅有三个特色:第一个,冷静;第二个,还是冷静;第三个,还是冷静。他就强调鲁迅的冷静。鲁迅当然有他冷静的一面,但你说他就只有冷静,这即使是单从他的表现手法上来讲,也是皮相之论。其实鲁迅是最热情不过的。他的冷是冷峻,是热之至。正因为他热到了极点,到了白热化的程度,人们所看到的就只是从他那里外射出来的白色的光芒,而看不见在他内心炽燃着的红色的火焰了。他无论是写祥林嫂,写闰土,还是写魏连殳,写涓生、子君,甚至是写那个既可怜又可笑的阿Q,内心都无一不是充满着强烈的悲愤和难忍的痛苦的,哪里是什么一味的冷静呢?总之,作家、艺术家必须具有强烈真挚的感情,缺少了这一个条件,他就成不了作家、艺术家。

譬如音乐都有一定的曲调,无论弹钢琴、吹笛子,都是按谱演奏的。为什么一样的曲调,不同的人演奏会有不同的效果呢?有人弹起来很好听,有人却弹得毫无味道。这里当然有个技巧问题,但主要决不仅仅是个技巧问题。有的人弹琴弹了一辈子,练习也不算不勤奋,但他终于成不了钢琴家,只能是一个会弹钢琴的人,充其量只是一个琴弹得相当

不错的人。原因在哪里呢？原因可能是多方面的。但其中很重要的一点恐怕是在于他不能很好地领会乐曲的思想感情。乐曲对于他，就像过去小孩练字的描红板，他只能依样画葫芦地步步紧跟曲谱的规定。曲谱同他是对立的，是从外面加于他的东西，他完全是被动的。而艺术则必须是创造性的、自由的劳动。真正的钢琴家则不然。曲谱虽是别人作的，他却能很好地领会它的思想感情，掌握它的神理气韵，他演奏起来，曲调仿佛就是从他的内心流泻出来似的。而且，还不只是他的思想感情与作曲者的思想感情十分谐和、合拍而已，艺术贵在独创，总要有自己的特色，除了作曲者的东西以外，演奏者还要能在其中加进一点别的什么，加进他个人的音调，个人的感情色彩，使这作品在他手里能另有一种不同于他人的特别的风味，这才是艺术。

演戏也是如此。同一个剧本，这个剧团演，那个剧团演，味道就不同。甚至有的可以演得很好，有的可以演得很糟。譬如契诃夫的名剧《海鸥》，第一次在皇家剧院上演时，遭到了极其悲惨的失败。契诃夫的富有诗意的台词，只能引起观众的哄堂大笑，评论家甚至毫不客气地说："这出戏是坏到无可再坏的了。"契诃夫在受到这次的打击以后，痛苦万分，他写信给朋友说："即或我活到七百岁，我也永远不再写戏，永远不再叫这些戏上演了。"① 可是后来，这同一个剧本，由斯坦尼斯拉夫斯基和丹钦柯领导的剧团演出时，却取得了巨大的成功，成为莫斯科艺术剧院的胜利的标志。尽管皇家剧院的导演、演员也都是第一流的，但因为他们并没有真正理解这个剧本，自己的思想感情与这个剧本并不合拍，没有能找到恰当的节奏、色调，所以演出失败了。艺术这东西，差不得一点点。演员念台词，同一个字，早出来一秒钟、半秒钟同迟出来一秒钟、半秒钟，效果就不同；说得高一点、低一点，效果也不一样。俄国画家勃留洛夫曾经说过："艺术起于至微。"就是说，艺术常常是从最微细的地方显示出来的。艺术要求具体而精细，有时就不能差那么一点点。"失之毫厘，谬以千里。"这在艺术上表现得尤其明显。

艺术上也没有什么唯一正确的表现方法，因此也不可能有什么固

---

① 丹钦柯：《文艺·戏剧·生活》，第84页，文化生活出版社1946年版。

定的"样板"。大师一写出来，我们就好像以为这是唯一正确的写法了。其实呢，真正的高手还是可以找到别的写法的。因为生活丰富得很、复杂得很，真是千变万化，无有穷极。作为生活的形象反映的艺术，应该也是异常丰富复杂、变化多端的，没有一样东西可以说是到了头了，不能再前进了。因此，作家、艺术家在艺术上应精益求精、永无止境。

但是，如果作家、艺术家缺乏热情，如果对艺术没有深厚的爱，他就不会肯劳神焦思地去作精益求精的琢磨探索。王国维在《人间词话》里关于要成大学问大事业必须经过三种境界的说法是很有道理的。首先是什么东西（这可以是一桩事业、一门学问，或者是一个人）打动了你，吸引了你，使你有了一个目标。目标确定之后就要专精致诚，念兹在兹地向着这个目标去努力，去不断的追求探索。甚至为之而食不甘味、寝不安席，也毫无尤悔。这样，你在历尽艰险、备尝辛苦以后，就必能有所成就，必能品尝胜利的嘉果。这里面的一个关键问题，就在于你对你所追求的那个目标，有没有足够的热情，有没有真正的爱。如果没有，那你就很难始终坚持下去，就很可能半途而废，当然也就难以获得成功。

王国维所说的第三种境界："众里寻他千百度。蓦然回首，那人却在，灯火阑珊处。"大有"踏破铁鞋无觅处，得来全不费工夫"的意味，仿佛灵感来了，就会出现所谓神来之笔一样。据说法国作曲家柏辽兹（Hector Berlioz）为贝朗瑞（Pierre-Jean de Béranger）的一首诗谱曲，前面都已谱好，只剩最后两句总是找不到合适的音调，只得搁下了。直到两年以后，他去罗马游览，有一次失足落水，在被人们救上岸来的时候，他嘴里忽然哼出了两句，这两句就是他长期以来所要找寻的。过去百思不得，这时却自动跑来了。真是其来无迹，仿佛全出意外，纯属偶然。其实呢？他先前虽然是好像把它放下了，而在他的内心深处，在他的潜意识里，却仍始终记挂着它，仍在不断地探索、搜寻。这会儿突然涌出来，正是他长期潜思冥搜的结果。所谓灵感，大抵就是这么一回事。譬如在我们身上，就决不可能有柏辽兹这样的灵感光临。"文章本天成，妙手偶得之。"也只有"妙手"才能"偶得"，"妙手"决不是天生的，而是长期艰苦地磨炼出来的。所以重要的还是要有坚持不懈的刻苦的努力。

四、强烈真挚的感情从哪里来?

要能坚持不懈,得有热情、有兴趣。做事情当然不能专讲兴趣,兴趣主义是我们所反对的。但是兴趣还是需要的,没有兴趣,做起事来就不会有劲,更难持久。而且兴趣是可以培养的。马克思说一切与人有关的东西他都有兴趣。对我们来说,则只要是跟人民、跟社会主义事业有关的事物,我们都会感兴趣。有了兴趣,你就能够把你的全部精力扑上去,工作就一定能够做好。同样,感情也不是天生的,它来源于现实生活,来源于社会实践,也是可以培养的。伯牙的《水仙操》的创作就是一个例子。相传伯牙跟成连学琴,学了三年都学会了,就是不能动人,因为他缺少感情。成连说,我只能教你弹琴,却不能使你有感情。不过我有一个老师叫方子春,住在东海,他也许可以帮你的忙。于是他们就驾了一只小船去东海找他去了。船到了蓬莱山下,成连对伯牙说:"你在这里等着,我上山去迎请我的老师。"谁知成连一去,竟好几天不见回来。伯牙一个人被丢在船上,周围只有海水汩没,波涛汹涌。遥望蓬莱山,但见树木葱茏,山林杳冥,野兽出没,群鸟悲号。伯牙心头有一种说不出的悲怆寂寥的感觉,他恍然大悟地叹息着说:"我的老师引我到此,原来是为了要移动我的感情呵!"就在这种感情激动之中,他拿起琴来一弹,就弹出了名曲《水仙操》。这虽然只是一个传说,它却说明了艺术创作必须有真切的感受,以及作家、艺术家必须深入生活的道理。司马迁的下面一段话大家都是记得很熟的:"盖文王拘而演周易,仲尼厄而作春秋,屈原放逐,乃赋离骚;左丘失明,厥有国语;孙子膑脚,兵法修列;不韦迁蜀,世传吕览;韩非囚秦,说难孤愤;诗三百篇,大抵圣贤发愤之所为作也。"这都说明了创作必须有生活,必须有激情的道理。

清末民国初的王闿运谈到作诗,曾经说:"无所感则不能诗,有所感而不能微妙则亦不能诗。"什么叫"微妙"呢?我想,这恐怕就是要有独创性的意思。艺术贵在独创,总要有点新鲜的味道,总要有个人特色,那种人云亦云的陈辞滥调是没有人要看的。要有独创性,首先就必须是你确实有话要说,而不能是无病呻吟。而且不但是有话要说,还得有独特的话要说,这种话,只有你才说得出,别人是见不到、说不出的。这就要求你是个眼光敏锐的人,思想深刻的人,要能对生活现象、万事万物有真知灼见。真知灼见的获得,也不能没有感情的帮助,不然你的观察就深入不下去。感情真、观察细、所见深,也就有了诗。如鲁迅在《我们现在怎样做父亲》一文中的下面几句话:"自己背着因袭的重担、肩住了黑暗的闸门,放他们到宽阔光明的地方去;此后幸福的度日,合理的做人。"这虽是用散文写的,却是真正的诗,这里面包含着多么深厚的感情呵。要是没有对祖国、对下一代的深切的爱,是决说不出这样美好、这样动人的深刻的话来的。

不过,对文学艺术来说,"说什么"固然非常重要,而"怎么说"却也几乎是同样重要的。文学艺术不但要求你能有独特的话要说,而且还要求你能够独特地说。即使是同样意思的话,在你嘴里说出来,也应有不同的味道。因为你有你独特的说话方式,只有你才能那样说,任何其他人是不会这样说的。这样,你所说的虽是意思大致相同的话,就也能给人以一定的新鲜感。譬如六朝时谢庄(希逸)的《月赋》里有这样两句:"美人迈兮音尘阙,隔千里兮共明月。"创造了一个很好的意境:美人去了,她的音容笑貌、衣香尘迹,眼前就不再能见到,这是很叫人思念的。可是今夜月色很好,我在这里赏月,遥想我所思念的那个美人,一定也在她那里赏月。那么,我们虽然相隔千里之遥,却共赏着同一轮明月,通过这轮明月,我们也就两情相牵,两心相印,如同见面一般了。这的确写得很好,而且这样的经验、感受,是任何人都可能会有的。但你在抒写自己的感受时,一定得有自己独特的方式,决不能照搬别人的说法。唐朝张九龄的《望月怀远》的头四句:"海上生明月,天涯共此时,情人怨遥夜,竟夕起相思。"意境与谢庄那两句相通,说不定就是从那两句化生出来的,但表达的方式却完全不同。苏东坡那首为中秋欢饮并怀念他弟弟苏辙而写的《水调歌头》的最后两句:"但愿人长久,千里共婵娟",意思恐怕也是从谢庄那里来的,但感情是自己的,语言也是自己的,这就是创造,这就是艺术。还有,陈子昂那首《登幽州台歌》:"前不见古人,后不见来者,念天地之悠悠,独怆然而涕下!"是千古名篇,当你登高望远时,心头就难免会产生同样的感慨。但大家如果读过屈原的

《远游》就会记得其中有这样的几句:"惟天地之无穷兮,哀人生之长勤;往者余弗及兮,来者余弗闻。"这不是跟陈子昂那首诗完全是一样的意思吗?不过句子的次序颠倒了一下而已。陈子昂想来一定是读过《远游》的,但当他脱口而出地吟出这几句诗来时,他也许根本就没有想到《远游》中的那几句,因为像这样的感慨,原是谁都可能会有的。即便他曾想到过,甚至确乎是在屈原诗句的启发影响下写出这几句来的,我们还是要赞美他、欣赏他,因为这里有他自己的独特的感情、独特的色调,是一种新的创造,是真正的诗。"说什么"是个内容问题,"怎么说"则是形式问题,文学艺术必须讲究形式,假使对形式没有兴趣,不愿意在形式上多花功夫,那就干脆不必搞文学艺术。尽管文艺作品的价值,主要是由内容来决定的,但这种内容如果没有得到充分的表现,没有被包容在完美的形式里,它的价值也就无由得到人们的承认,就起不了什么作用。形式主义当然应该反对,但讲究形式并不是形式主义,只有脱离了内容去玩弄形式的才叫形式主义。我们讲究形式却正是为了对内容的重视,希望内容能得到完满的表现,使它的价值能充分得到人们的承认,从而对社会发挥它最大的作用。为了在艺术上精益求精,我们都应该学习杜甫那种"语不惊人死不休"的精神。

五、作家要在实践中磨炼

要能出语惊人,这首先当然要求你的思想、见解,你作品的内容确有不同凡响、确有出众的地方才成。但这里也有个艺术上的问题。同样的内容,表达方式不同,所产生的效果也会不同。不是有很多作品,内容尽管很不错,就是一点也引不起人们的兴趣吗?表达方式决不仅仅是个技巧问题,这是与作家的生活基础,与他对世态人情的熟悉、了解的程度直接有关的。有些作品写英雄人物,就让这些人物塞满了一嘴巴的豪言壮语,随时随地喷吐不休。不知英雄人物也并不是一天到晚、不管什么时候、什么场合都是讲豪言壮语的。作品要使人相信,总要写得合情合理,总要有生活实感。只有这样的人,在这样的时候,这样的场合,才会说这样的话,一切要看具体的情景。做事、说话、写文章,要效果好必须掌握适当的时机,俗话说:烧菜要看火候;说话要说在刀口上。记得陆机的《豪士赋序》中有这样两句:"落叶俟微风以殒,而风之力盖寡;孟尝遭雍门而泣,而琴之感以末。"就是讲时机的重要,这对我们的写作是很有启发意义的。秋天的黄叶,虽然要有微风的振荡才会掉下来,但风所起的作用其实是很小的;要是在夏天,即使刮六七级的大风,树叶也不见得会掉。同样,孟尝君虽然听了雍门周的弹琴而掉泪,但琴声所起的作用其实也是很微薄的。后面这一句是引用了桓谭的《新论》里的这样一则故事:善于鼓琴的雍门周去见孟尝君,孟尝君问他,你弹琴能使我悲伤吗?雍门周说:我弹琴是想使你愉悦,怎能使你悲伤?但我替你想想,确也很有可以悲伤的事。譬如百年以后,你的坟上长满了荆棘,放牛的、樵柴的在上面跳跳蹦蹦地唱起歌来,他们将唱道:"唉,像孟尝君那样尊贵的人,竟也会这样呵?"孟尝君听了,不禁悲从中来,眼泪已涌到了睫毛边,不过还没有掉下来,这时,雍门周拨动弦子,轻轻的一弹,孟尝君睫毛边的眼泪就不由得噗嗒一声落下来了。陆机这两句话使我们体会到,写文章要注意气氛情调的渲染,要做好铺垫。铺垫工作做好了,到时候只要轻轻一点,效果就出来了。

这,当然也可以说是个技巧问题。但这样的技巧是由对生活的熟悉,对世态人情的了解而来的,所谓"世事洞明皆学问,人情练达即文章"。对作家来说,确是一句最应记取的至理名言。我们都爱读鲁迅的文章,因为鲁迅的文章写得实在好。不说别的,单就他行文的从容一点上来说,就令人钦羡不已。他似乎只是随随便便地信手写来,却总能吸引着我们兴味盎然地读下去。他无论谈什么问题,总是挥洒自如,游刃有余,丝毫没有忙迫、吃力之感。而我们自己写起文章来,就常常有一种生硬局促、捉襟见肘之感,显得非常吃力。这原因就在于我们的生活底子太薄,知识太贫乏,对中国的历史和社会缺乏了解,而语言修养又太差的缘故。不从这些方面去努力,只是就技巧论技巧地单纯从技巧方面去考虑,要想提高自己的艺术技巧,往往是不能奏效的。

纯技巧性的问题,当然也是应该重视的。但这除了苦练以外没有别的办法,不经过长期的刻苦的磨炼,是不可能掌握高超的技巧的。法国一个画家(不记得是柯罗,还是米勒)有一次去野外写生,看到两头牛在相斗，就拿起笔来画了一幅速写，只寥寥几笔，两头牛的神态就跃然纸上了。旁边那个放牛孩子看了，非常佩服。晚上，他回到家里，就也伏案铺纸，认认真真地来画牛了。不想画来画去总是不像。后来他又遇到了那位画家，就向他请教说："先生，那天我看你画牛，只花了几分钟，就画得十分生动、逼真，可我为什么足足画了一个晚上，还是一点也画不像呢？"那位画家听了，就拍着孩子的肩膀对他说："孩子，我虽然只画了几分钟，可我二十年的功夫全用在这几分钟上面了。你没有我那二十年，自然也就不会有那几分钟了！"还有关于俄国画家费特托夫的一则故事。据说有一次几个画家到费特托夫的画室参观，在一幅名叫《小寡妇》的画像前，这几位画家不由得都立定了，他们异口同声地称赞这幅画用笔的简洁。费特托夫听了，微笑着说：你只要画上一百次，自然也会简洁的呀！意思就是告诉人们：他的成功是从不断琢磨、反复修改中得来的。艺术一定要舍得花功夫，一定要求得内容与形式的完美统一，那种只注意内容不讲究形式，以为形式是无关紧要的想法，是非常错误的。

六、形象思维是有情思维

艺术创作当然应该用形象思维的方法，但什么叫形象思维呢？我实在讲不清楚。不过我以为，形象思维作为艺术方法，它的一个根本特点正像艺术的根本特点一样，应该是在于它是饱含着感情色彩、一刻也离不开感情的。形象思维，既是形象又是思维，形象怎么能够思维呢？关键就在于形象的联系与组合上，看这一形象与哪些现象联系、组合在一起，又是如何联系与组合的？在这联系与组合的过程中，以及从这联系与组合所构成的完整的画面上，我们就可以感知到一种事理、意境和情态，一种经过艺术家心灵折射的、意识形态化了的现实关系。因此也就是说，它是一种思维。这种联系和组合都是通过想象和联想的作用来实现的。所以形象思维其实就是想象。想象的运转得靠感情的推动。好比钟表的走动要靠发条、鸟类的飞翔要靠翅膀，感情就是想象的发条，感情就是想象的翅膀。无论是艺术，无论是形象思维，都是离不开感情的。所谓艺术地把握现实,所谓对现实的审美态度、美学评价,其根本的一点就在于是带着爱憎好恶的态度来对待现实,就在于要对现实作出感情上的评价。

艺术形象我觉得应该有三个特点:一是具体性;二是独特性;第三个更重要,它应是有生命的。

什么叫具体性呢?马克思在《政治经济学批判》"导言"中说:"具体之所以为具体,因为它是许多规定的总结,因而是复杂物的统一(Einheit des Mannigfa tigen)。"①艺术形象主要是人物形象,写人必须写出他的性格,而人的性格是复杂的,在不同的场合,不同的条件下会有不同的表现。但表现尽管多种多样,其间又必然有着内在的统一。因为人,也是个马克思所说的"复杂物的统一"。你要具体地描写一个人,必须多方面地来表现他,写出他所面临的种种复杂的现实关系,以及他在这些复杂关系中的复杂表现,而且还要从他的种种复杂表现中显示出它们的内在的统一性来。譬如《子夜》写吴荪甫,不但写他在厂里的情况,也写他在家里的情况;不但写他跟几个实力比他小的资本家的关系,也写他跟赵伯韬这样的买办资本家的关系;不但写他办事顺利时候的态度,也写他在遭受挫折时候的态度。而不管他是处在什么样的关系中,面临着什么样的情况,他的表现,又是如何的各各不同,吴荪甫总还是吴荪甫,他总有着性格上的统一。这就使我们感到这个人物写得很具体、仿佛可以触摸得到一样。凡是不能多方面地来描写一个人,不能把人作为一个整体写出他的完整的性格来的,都不能认为是具体的。

至于独特性,那就是说,成功的艺术形象都是独一无二的,不可重复的。只有他这个人才会是这样的,其他任何人都不会像他这样来思想、说话、行事,都不会同他一模一样。譬如《水浒》写了那么多英雄好汉,论他们的阶级出身和社会地位,有许多人都是差不多的,但他们的性格却是各式各样,决不雷同。即使同样是粗犷鲁莽的人吧,鲁智深与李逵也决不相同。鲁智深的粗多半出于豪气,李逵的粗却只是一种蛮气。譬如拳打镇关西那场戏,鲁达为了要打郑屠,就先去找郑屠的岔

---

① 马克思:《政治经济学批判》,第163页,人民出版社1955年版。

子,挑动郑屠发火,然后再动手打他。这事要落在李逵手里,想打他就去打呗,哪用得着这么啰嗦?施耐庵抓住了人物性格的独特性,他笔下的人物,各有各的特点,写一个是一个,决不含糊,这才是高手。又如《红楼梦》里那些丫头、小姐们,虽然同住在一个大观园里,她们性格的差别是多么明显,林黛玉是一个样子,薛宝钗又是一个样子,晴雯、袭人乃至探春、王熙凤都各是各的样子,作者不用先说出她们的姓名,只要她们开出口来,我们就知道这是林黛玉,这是薛宝钗,这是王熙凤……决不会认错,因为曹雪芹真正写出了人物的独特的个性。我认为,成功的艺术形象就必须能写出人物的独特的个性来。

但具体性、独特性还不是一个艺术形象的最重要之点,艺术形象的最重要之点在于它是有生命的,活的,它能够使我们要用像对待一个同我们一样的人那种态度来对待它。我们读《红楼梦》,能够对大观园里的一些女子的命运漠不关心吗?林黛玉、晴雯的不幸夭折,不知道激起过人们的多少眼泪。一直到今天,尽管已经到了社会主义时代,人们依旧在为她们的悲惨遭遇而伤心落泪,而且我们相信,以后的人面对她们的悲剧命运,也会同我们一样地为她们而感到伤心的。因为她们虽然是虚构出来的人物,但在作者的笔下,她们却取得了生命,就像一个真的活人一样,我们就不能不像对待一个活人那样来对待她们。真正的文艺作品之所以能够紧紧抓住我们的心灵,使我们忽悲忽喜,如醉如痴,就因为我们真切地感觉到作品中的人物都是有血有肉有生命的人,他们跟我们是那样的亲近,我们不能不对他们的遭遇、命运感到关切,不能不为他们而焦虑、激动。而一些公式化、概念化的作品,由于写不出成功的艺术形象,只能让一些没有生命的傀儡式的人物在里面跳来跳去,自然也就不能吸引我们,打动我们了。

七、艺术形象的生命从何而来?

那么,艺术形象的生命是从哪里来的呢?正像我们现实生活中的人都是有父母生养的一样,艺术形象同样也有他的双亲,他是客观现实界(自然和社会)同主观心灵界(艺术家的思想感情)之间所发生的交感作用的结晶。首先是现实的社会生活吸引了作家,作家被生活中的一些人物的命运、遭遇深深地激动了,他对这些人物无限关切,产生了要用自己的笔墨来描写、表现这些人物的强烈冲动,他设想着这些人物在不同的情况下可能有的种种不同的遭遇、不同的命运变化,他在对这些人物的描写表现中,在展现这些人物同他们所处的社会的具体关系中,渗透着自己的爱和恨,自己的欢喜和悲哀,自己对社会和人生的看法。这就是说,作家、艺术家笔下的人物形象,首先都是从社会生活中来的,但他又是经过了作者心灵的陶铸、感情的孕育的。缺乏生活基础,违反生活的客观真实,以及不经过作家、艺术家的意匠经营、感情冶炼,是创造不出成功的艺术形象来的,即使写了,也决不会有生命。

所以,艺术形象是主客观的统一。单是生活现象的罗列,或是人物、景色的纯客观的描绘,都构不成艺术形象。艺术形象必须是灌注着作者的感情,渗透着作者的爱憎态度,包含着作者的美学评价的。譬如马致远的《天净沙》:"枯藤老树昏鸦,小桥流水人家,古道西风瘦马。夕阳西下,断肠人在天涯。"一上来写了一系列的景物,要是没有最后一句,就真不知道他把这些众多的现象堆砌在一起有什么意思。但有了最后一句,前面的种种景物,也就一一活起来了。原来,所有这一切,都是一个他乡游子、旅途征人的眼中所见。这个人长途跋涉路过此地,举目所见,尽是些凄凉的景色:藤是枯的,树是老的,鸦是昏黑的。当然这里也有幽静、恬适的所在,有小桥,有清浅的流水,也有安乐的人家,一家人可能正在共叙天伦之乐。可自己呢,却正骑着瘦马,在西风的吹拂下,独自奔波在这苍凉的古道上,今夜还不知将在何处投宿?何况现在又是夕阳西下的时候了,叫这个天涯游子怎能不为之肠断呢?这样,前面出现的各种各样的景物,本来仿佛只是随便堆积在一起的,现在就构成了一个统一的画面,一种完整的意境,就是可以理解的了。因为这里出现了人,而且这个人是有着强烈、真切的感情的,而他的感情又是与他眼前的景色,与他所处的现实情境,十分和谐一致的——景色和情境激起了他的感情,他的感情又给这景色和他所处的情境,涂抹上一种特别的色调,渲染起一种特别的气氛。所谓"物以动情,情以寄物",客观现实界与主观心灵界密切结合,凝为一体,就构成了一个生动的艺术意境,一个具体而独特的充满生命力的艺术形象。

苏东坡有一首《琴诗》说:"若言琴上有琴声,放在匣中何不鸣?若言声在指头上,何不于君指上听?"就是说明艺术必须有客观与主观两方面因素的结合,任何强调一面而忽略另一面的理论都是难免失之偏颇的。

不过,说到艺术创作,我觉得我们是不是应该在作家、艺术家的主观一方面更多留意一些?因为,尽管作家、艺术家如果没有生活,没有客观现实的触发,他就不能进入创作;而且生活底子的厚薄,客观现实触发程度的深浅,也直接影响着他的创作的质量;但是创作毕竟是作家、艺术家的心灵的事业,所说的生活底子,是他(作家、艺术家)的生活底子,客观现实的触发程度,也是对他的触发程度。对作家、艺术家来说,生活、客观现实都不仅是外在的纯客观之物,而是必须经过他的心灵观照的,与他的心灵凝化在一起的东西。我们常说,文艺作品是现实生活的形象反映。其实,文艺作品中所出现的现实生活,与客观上存在着的现实生活并不是一回事,它并不是现实生活的机械反映,而是经过作家、艺术家的心灵的折射的,是作家、艺术家本人所认识所理解的现实生活,而且其中还渗透着作家、艺术家的爱憎感情,包含着作家艺术家的理想和愿望在内的。所以列宁的《哲学笔记》中记录着这样的话:"艺术并不要求把它的作品当作现实。"假如艺术作品中的现实同客观生活中的现实完全一样,那么,我们既然已经有了现实生活,还要艺术干什么呢?艺术作品中的现实,不但是经过了作家艺术家的选择的,而且是被加进了一些作家艺术家的个人的东西进去的。艺术之所以使我们感到可贵,不正是因为有了这些作家艺术家的个人的东西吗?当然,这些作家、艺术家的个人的东西,决不能是游离在作品所反映的生活现实之外,而是必须与这生活现实结合在一起的;它不但是从这生活现实中滋生出来,而且是与这生活现实凝为一体的。但它毕竟是属于作家、艺术家个人的东西,它振响着只属于这一个作家或艺术家的特有的音调,涂抹着只属于这一个作家或艺术家的特有的色彩,它是这一个作家或艺术家的心血——思想感情的结晶。

艺术作品之所以具有打动我们的力量,不正是因为在艺术形象中渗透着作者的强烈而真挚的思想感情吗？作者在创作过程中,把他从生活中得来的思想感情,凝铸到艺术形象中去,我们在接触到他所创造的艺术形象时,便也接触到了他的思想感情,感受到了他所经历到的激动,他所尝味的欢喜和悲哀。当我们读着杜甫的"剑外忽传收蓟北,初闻涕泪满衣裳。却看妻子愁何在？漫卷诗书喜欲狂。白日放歌须纵酒,青春作伴好还乡。即从巴峡穿巫峡,便下襄阳向洛阳。"(《闻官军收河南河北》)这样的诗句时,能够不为他那种激动、喜悦和轻快的心情所深深地感染吗？而李白的《蜀道难》,一上来就嗟叹着:"噫吁嚱,危乎高哉,蜀道之难难于上青天！"出言吐语是这样的艰难、沉重,又使我们仿佛有一种自己正在一步步地攀登着四川险峻的高山的感觉。托尔斯泰所说的艺术的感染作用,就是以作家、艺术家的思想感情来感染读者观众的意思。当你接触到的是一部真正的艺术作品时,你是不可能不受到它的感染的,它几乎有一种强制的力量,使你的心脏要不由自主地应和着作者的情绪节奏而一起跳动。《吕氏春秋》里记载着这样一件事,说管仲早年曾为鲁国所得,鲁君把他用槛车载了送还齐国。送回齐国,管仲倒并不怕,他怕鲁君忽然改变主意要把他留在鲁国,所以只想能赶快跑出鲁国的国境,早一点回到齐国。可是那位车夫却一点也不着急,一面拉车,一面还唱起歌来,这歌的曲调又是十分舒缓,因此走得很慢。管仲心里很焦急,可又不敢催他。就对他说:"你又要拉车,又要唱歌,太辛苦了。你看,我给你唱歌,你给我拉车,好不好呢？"车夫当然说:"那很好。"于是管仲就唱起来了,他唱的是一支节奏急速的曲调,车夫一面听着,一面两只脚就自然而然地应和着曲调的节奏而加快起速度来了。这当然是一个极端的例子。艺术对人的影响,一般不见得会像这样地直接而明显,但道理是一样的,影响的力量甚至还可以远比这个更巨大更经久,因为真正的艺术作品,里面灌注着更多的属于作者自己的东西——作者的思想感情,作者的心血。

尼采说,一切书籍中他最爱读的是用血写的那一类,伟大的艺术作品就都是作家艺术家的呕心沥血之作。艺术大师把他们心灵中的最美好的东西都倾注到了他的作品中,他在写作的时候是整个身心都扑在他的作品上的。托尔斯泰曾经说过:"只有当你每一次浸下了笔,像把一块肉留在墨水瓶里的时候,那时你才应该写作。"① 艺术家在创作过程中所经历的感愤愁苦,他的劳神焦思、惨淡经营,局外人是不大能体会的。汤显祖在写《牡丹亭》时,有一次家里人找他吃饭,找来找去找不到,后来才发现他一个人正坐在一间堆柴的屋子里哭泣。因为他写到《忆女》那一出中,春香悼念杜丽娘的唱词"赏春香还是你旧罗裙"一句时,也情不自禁地十分伤心起来了。霍桑在给他朋友的信中曾谈到,他在《红字》的写作过程中,心海里多次经历过剧烈的震荡,他深深同情着女主人公赫斯脱(Hester)的不幸遭遇,总想能使她逃出这清教徒统治的地方,但是他不能够,经常为此而感到非常痛苦。② 唐代诗人李贺整天像着了魔似地沉湎在寻诗觅句之中,他母亲曾十分心痛地责怪说:"这孩子一定要呕出心来才完!"曹雪芹的《红楼梦》,我们相信,那确是他"十年辛苦不寻常",用自己的血泪凝铸成的。好像是某一个英国人吧,他曾说过这样的话:有才能的作家写他所能够写的,而天才作家则写他所不得不写的。意思就是说,一切伟大的作品都是作家、艺术家内心经历过强烈的震动,感情受到了巨大的驱迫以后的产物。托尔斯泰在他的《艺术论》中,把艺术家的感情的真挚程度看做是决定艺术感染力的大小的一个最重要的条件,在我看来是很有道理的。艺术的魅力,我觉得主要就是从作家、艺术家灌注到艺术形象中去的他的强烈真挚的感情中来的。这里只说感情而不提思想,似乎有轻视思想性之嫌。其实,在艺术作品中,思想与感情是不能分离的。在那里,思想是感情的升华,感情则是思想的结晶,两者是一而二、二而一的东西,我们是无法把它们分开的。如果可以分开,那就不是具体的思想感情,而只是抽象空洞的思想感情,就不会有什么力量。

我们强调作家艺术家的思想感情的重要性,而思想感情当然不会是平空产生的,它只能是从社会实践中来。对作家、艺术家来说,他的思想感情更必须是经过自己的认真观察、深入体验,在长期切实的生活

---

① 古德济:《托尔斯泰评传》,第 160-161 页,时代出版社 1950 年版。

② Clayton Hamilton, *A Manual of the Art of Fiction* (New York: Doubleday. Page & Company, 1920), P. 15.

实践中形成的。只有这样的思想感情,才能有打动人的力量。还有,不消说,作家主要当然并不是写自己的思想感情,而是写的社会生活。他的思想感情也只能寄寓在艺术形象中,通过对他所描写的社会生活的是非爱憎之感而表现出来。所以不能把强调思想感情的重要性同重视社会实践的观点,同艺术必须真实地反映客观生活的理论对立起来,它们不但是紧密地联系在一起的,而且是互相统一、完全一致的。我们也决不是只要求作家、艺术家有强烈真挚的感情就行,而不去管他们所有的究竟是什么样的感情。我们当然希望他们能有美好的感情、高尚的感情,并能用这种美好、高尚的感情去感染人们,去引导人们前进,促使人们幸福。而在今天来说,一个作家、艺术家,只有真正热爱祖国、热爱人民、热爱社会主义,愿意把自己的一切毫无保留地贡献给祖国、给人民、给社会主义时,才能在他的生活实践中切实树立起这种美好、高尚的感情,才能使他的作品具有强大的艺术魅力,为祖国,为人民,为社会主义事业作出巨大的贡献!愿我们的作家、艺术家都能向着这一目标去努力!

1978 年 6 月

关于文艺特征的断想

　　艺术与社会科学都是反映生活的。所不同的是，在艺术作品中生活是以它本身的形式——即是以它的综合性、整体性、流动性，以充满着生命的活力的形式出现的。在科学中所出现的生活，却只是从生活中抽取出来的某一特定的方面，某一孤立的部分。它是被局限的、经过特殊处理的生活。它仿佛是被肢解了似的，不再生气勃勃了。

　　艺术和社会科学都有教育作用，但它们完成教育作用的方法是不同的。科学是晓之以理，艺术是动之以情。科学家用分析、解释、证明等等方法，告诉人们应该怎样行动才是正确的、合理的。艺术家用再现丰富多彩的生活图景，创造鲜明生动的典型形象的方法，在人们内心激起强烈的是非爱憎之感，从潜移默化中来改善人们的品质，美化人们的灵魂。科学家是冷静的，物是物，我是我，在物象面前，决不丧失理智的清明。而艺术家则是多情的，他把物也看做是一个同自己一样的生命，因而对它就产生了一定的爱憎感情。他在观察它、研究它、分析它的时候，就不能摆脱这种爱憎感情的影响，就不能采取一种纯理智的态度。艺术作品的感染力，就是来源于作者的这种感情态度，就是由作者灌注进去的强烈的感情中产生出来的。

　　对于艺术来说，任何现象都是一种生命存在的形式，它的意义与价值是多方面的。当某一事物或生活现象出现在艺术作品里的时候，在一定的场合、一定的条件下，人们所注意的可能只是它的全部意义与价值的某一或某些方面，但它作为一种有独立生命的客观存在，并不因此就丧失了它的其他方面的意义。例如一片绿荫浓密的树林，可以是旅人避风息凉的地方,也可以是情侣散步幽会的去处。而在另外一个时候,另外一种场合,它又可以成为决斗仇杀的场所,或者作战时的埋伏掩蔽地带;当然,有时它也可以成为买卖或争夺的对象。又如房间里的一张桌子,它本是供主人写字、读书或工作之用的,但它也可以成为这个房间里所发生的事件的见证人,而当主人悄然远去,或者溘然长逝以后,它也会表示它深沉的怀念。总之,艺术作品里的事物、现象,都是有生命的。它们不但有知觉,而且也有感情——人的感情。

科学则不然。对于某一特定的科学来说,任何现象都只有某一方面的意义,它本身并没有独立的生命。科学家把一切的个别现象都当做他进行研究工作的材料,他只着眼于对他的研究有实际意义的那一面,其他一切就不在他的考虑之中,因而,对他来说,就是不存在的。例如,同是一片树林,生物学家、地理学家、经济学家都只看到了它与自己的研究有关的某一特定方面的意义。因此,树林在科学著作里丧失了它本身的独立意义,它的生命被肢解了,它不再是一个有生命的独立自主的整体,它除了科学家所着眼的特定方面以外,不再有任何其他方面的意义。

艺术与科学都要求真。科学的真愈少主观色彩愈好。艺术的真离开主观色彩就像走了气的陈酒,淡乎寡味了。逻辑思维与形象思维的区别,就应该从这里去求。

逻辑思维与形象思维,前者从具体到抽象,从现象到本质,从感性到理性,最后丢弃一切具体感性的表面现象,形成抽象的理性概念,使事物的本质以最鲜明的形式展现出来。如果把本质比做事物的灵魂,那么,现象就是其躯壳,没有躯壳的灵魂,只能是幽灵,也就失去生气了。后者则是在接触到事物的表面的感性特征的同时,也接触到了包孕在感性特征内部的本质,现象与本质在那里是有机地结合在一起的,是个完整统一的生动整体。因此这个事物是有躯体有灵魂的,是活的,有生命力的。

理论工作者、哲学社会科学家,仿佛是在实验室里研究生活,研究社会现象的。他要寻求的是生活和社会现象的最一般的规律。对他来说,愈能排除偶然现象的干扰,愈能显示稳定性和普遍性愈好。他是把生活和社会现象当做一种现成的、已经存在的东西来研究、来对待的。当他进行研究的时候,生活和社会现象已经定型,不再活动了、不再前进了。作家、艺术家则不然,他们笔下的生活和社会现象,是正在发展前进中的生活和社会现象,是在不断活动着的。他们所把捉的也许只是一刹那间的情景,但这一刹那是前有所承、后有所启的一刹那,是流动中的一刹那,并非凝固着的一刹那。他们不是抽象地揭示生活和社会现象的本质,冷静地总结生活和社会现象之间的相互关系的规律,而是具体地通过人的活动来表现生活,反映社会现象的。而且他们还总是带着他们各自所特有的情绪色彩,热烈地全身心地参与到这种表现、反映中去的。生活和社会现象包围着人,不断影响着、刺激着人,有时阻碍他,有时帮助他,而人也不断地在生活和各种各样的社会现象的包围中挣扎着、斗争着,努力想按照他自己的愿望来影响生活,改造生活。而作家、艺术家对他们笔下所描写的这些人,也决不会抱着冷冰冰的、漠不关心的态度,他们热烈地同情着这些人的遭遇,真诚地关怀着这些人的命运,他们为这些人担惊受怕,跟这些人一同欢喜和忧伤。他们在这些人身上倾注了全部的感情,耗尽了所有的心血。这些被描写的人,虽然是从现实生活中来的,却仿佛是在他们的怀中孕育的,是由他们的精血凝成的他们自己的亲生儿女。因此,在这些人物身上,我们也清楚地看到了他们自己的面影,他们自己的个性色彩。而在理论工作者、哲学社会科学家的产品上,是看不到这样的印记的。

  黑格尔把人类思维的发展分为艺术、宗教、哲学三个阶段。艺术阶段是与人类的幼年相联系的。从孩子眼里看来,一切都是有生命的:一根竹竿可以当做一匹马,在地上画一条线,就成为一条河。艺术家有时就像孩子那样天真、轻信。花花草草,山山水水,在他眼里都是有生命有灵性的(所谓有生命有灵性,在艺术家看来,也就是有感情——人的感情——的意思),同自己平等的。理论家则是以一种高傲的态度对待周围的一切,他仿佛居高临下地俯视万物,分析研究万物。万物同他不是处在平等的地位,而是被当做无生命无灵性的东西来被对待、被摆弄的。对于艺术家来说,他的感情愈真挚,愈强烈,愈能把周围的万事万物当做与自己一样的有生命的东西来看待,他的作品就愈能把握客观真实,愈能打动人。对于理论家来说,只有当他的态度愈客观、愈少掺杂个人的主观感情,他对周围事物的把握、理解,他所总结出的理论才愈深刻、愈可靠、愈能令人信服。

艺术家以尊重、信赖的态度来对待生活,生活对艺术家也常常报以善意的微笑。哲学家、理论家以傲慢的态度来对待生活,生活仿佛只是他手中任意摆弄的筹码。这样生活有时就跟他开个小小的玩笑,来给以报复,有时甚至对他进行严厉的惩罚。历史上,这类事例是不少的。

在《歌德谈话录》中记着,1824年2月24日,歌德指着一块宝石雕刻问艾克曼:"喂,你喜欢它吗?我们近代人对这样一派自然朴素的作品也会感到它极美;对它是怎样造成的,我们也有些认识和概念,可是自己却造不出来;因为我们靠的主要是理智,总是缺乏这样迷人的魅力。"创作当然不是与理智无关的事,但歌德的这番话告诉我们,如果全凭理智,或以理智为主,那就决不会有迷人的魅力。因为理智的态度使我们"超然物外",把我们同描写对象隔开了,我们只是冷静地观察着对象的一般的品性,研究着对象与其他事物间的抽象的关系。艺术家却必须把对象当做有生命的东西,要使自己能为它所吸引,能钻到它里面去,把它作为一个完整的、有生命的个体来对待,要能运用你那门艺术所特有的媒介、手段,把它的一切具体性生动地表现出来。而假如你不能带着它在你身上所激起的鲜明的情感来写,是决写不具体、写不真切的,当然也就不会有迷人的魅力了。

文学艺术是通过形象来反映现实的,形象是具体的生活画面,具有感性特征。这在绘画、雕塑、舞蹈等造型艺术来说,是很容易理解的,它们主要是以艺术形象本身的色彩、线条和形体的美来打动人的。对于文学这种借助于语言来描绘的艺术来说,它的形象的感性特征,主要就不是表现在形象的外貌和形体上,更重要的是要通过揭示人物的精神面貌、揭示人物的性格特征来表现的。要把人物的精神面貌和性格特征展示得这样具体、清晰,使人读后能产生一种仿佛这个人物就像矗立在你眼前一样,使你有如见其人、如闻其声那样的真切感觉。高尔基在谈到托尔斯泰时曾这样说:"托尔斯泰描写出来的人物多么生动,多么真实,以致'想用手指去碰'他们一下。"① 这就决不是用静止的工笔画式的肖像描写方法所能做到的,一定要通过人物的多方面的活动,把他放在错综复杂的社会关系中,从行动中来展现他的生动、丰富的内心面貌,他的独一无二的个性。即使是写人物的容貌的美吧,你与其去惟妙惟肖地刻画这美丽的容貌本身,还不如去表现这美丽的容貌在周围人物身上所引起的效果。汉乐府《陌上桑》写罗敷的美,虽也具体地描绘了她的服饰打扮,但给人印象最深、表现力最强的却是下面这几句:"行者见罗敷,下担捋髭须。少年见罗敷,脱帽著帩头。耕者忘其犁,锄者忘其锄,来归相怨怒,但坐观罗敷。"荷马的史诗《伊利亚特》写海伦的美,只用特洛亚老将们的一声轻轻的赞叹:"唉,无怪希腊人和我们特洛亚人要打了这么多年的仗呀!"就写尽了海伦的倾国倾城之美,其表现力是赛过千言万语的,是再细致逼真的肖像描写也无法与之相比的。

艺术形象的力量,首先当然是在于它是现实的正确反映,在于它的客观真实性;但同时也来源于作者对他所反映的客观生活的评价,来源于作者的是非爱憎感情。客观真实性的程度和作者主观感情的强度都是参差不一的,两者相结合,更会形成千差万别的变化,有的作品真实性的程度并不高,但由于作者感情的真挚强烈,也有相当大的感染力。甚至也有这样的作品,论它对客观生活的反映,从某些方面来说,部分地来说,是符合实际的,但就其主要方面来说,就整体来说,却是不符合实际的,是歪曲现实的。但由于作者赋予他的作品以强烈的感情色彩,也由于描写表现的技巧的高超,这作品就也可以有一定的艺术力量。这就是毛泽东所谓思想反动的作品也可以有某种艺术性的例子。

艺术家必须注意描写对象的感性特征,但并不是任何特征的忠实记录,都可以成为成功的艺术品的。感性特征之所以值得重视,是因为它是显示对象本质的有效途径。如果作者没有看出特征与本质之间的联系,没有懂得描写对象的社会意义(也即这一对象与整个社会现实的关系),不能对它形成一定的是非爱憎观念,不能作出评价,那是写不好的,写了也不会打动人,不会有什么艺术力量。如自然主义的细节描写

---

① 转引自《论托尔斯泰创作》,第 64 页,上海文艺出版社。

就是如此。

高尔基在《论文学》一文中说："事实，还不是全部真实。事实，这只是原料,应该从这个原料中提炼、抽出真正的艺术真实……必须善于从事实中抽取意义。"但是,要能抽取它,先要认识它。天下决没有脱离艺术家的主观意识而独立存在的纯客观的艺术真实。艺术真实呀,美呀,总是主观与客观,心灵与自然相结合的产物,总是两者的对立统一,任何想在艺术活动中贬低主观作用的企图,都是直接违反艺术本性的。

艺术容许夸张和突出刻画。夸张什么,突出刻画什么,取决于作家对现实的理解、认识,取决于作家的立场、态度。夸张和突出刻画得是否令人信服,是否能打动人,以及其力量如何,则不但取决于描写表现的技巧,还取决于作家的是非爱憎感情。

写人要使人如见其人,如闻其声,要使读者感到同作品中的人物痛痒相关、休戚与共,为他们的悲哀而悲哀,欢喜而欢喜,这主要需由作者先在人物身上注入了这样的感情,然后才能在读者身上产生这样的效果。这就是感染作用。

歌德的下面三段话,可以联系起来理解：

> 一件真正的艺术作品,像一件真正的大自然的作品一样,能够在心目中不停地扩展,永无止境。我们观察,——我们被深深地感动,——它产生了它的效果;然而,它永远不能为人完全理解,它的本质、它的价值,更不能用文字来说明。①
>
> 当自然开始把它的公开的秘密给人显示出来的时候,人就对自然的最称职的解释者——艺术,感到情不自禁的思念。②
>
> 在艺术中,无论艺术家体会到什么,自然都回答"是的"和"阿门！"③

---

① 《论拉奥孔》,《古典文艺理论译丛》(八),第105页。
② 《歌德文学语录选》,同上书,第118页。
③ 转引自季摩菲耶夫:《文学原理》,第26页。

这三段话说明了：一、真正的艺术作品和真正的大自然的作品一样，都是有生命的，时时在发展变化着的，而且也像真正的大自然的作品一样，它是意蕴无穷、情味无限的。它的真谛发掘不尽，它的价值不可估量。随着时间的推移，条件的变化，它的内容在人们的心目中也时时更新，不断扩展，因而它正同生活之树一样是长青的。二、只有艺术才是自然的最称职的解释者，因为只有艺术才能把捉住自然的生命，才能把自然景色生气勃勃地呈现在我们面前，毫无保留地向我们展露它含蕴的无限的美。三、自然对于艺术家常常报以善意的微笑，不管艺术家从它体会到什么，它都可以默许首肯。这不但因为自然是无比的博大与宽容，如同一个母亲，不管自己的孩子怎样对待她，她都会给以拥抱和抚爱。而且也因为自然与艺术，原是一对欢喜冤家。它们是你中有我，我中有你，心心相印，息息相通，经常难解难分地纠缠在一起的。艺术家从自然那里所得到的体会，原是艺术家自己灌注到自然身上去的；自然从艺术家那里赢得的赞美，原是自然本身从艺术家心底唤召起来的。譬如李白的诗句："相看两不厌，只有敬亭山。"从诗人看来，自然也同自己一样，是有生命，有知觉，有情趣的。不但我在看敬亭山，敬亭山必定也在看我。而且，"我见青山多妩媚，料青山见我应如是"（辛弃疾）。敬亭山作为一座山来说，虽是相对稳定，始终如一的。但作为一片自然风景来说，它却是随着时间的推移，光影的变化，在阴阳风雨晦明各种不同的条件下，有其各不相同的姿容，甚至可以说是瞬息万变的，当然它也就是光景常新、久看不厌的了。我看敬亭山，敬亭山是如此的千姿万态，变化无穷。山色的变化，必定也引起了我的情绪的变化。敬亭山看我，我的情绪的变化，必定也要在它身上产生反应，这就又进一步促成了它的景色的变化。这样我看它，它看我，彼此目注心赏，递相酬答，欣悦之情，可以无穷期。一位瑞士哲学家曾经说过："一片自然风景就是一种心情。"当然，这句话在我们这里，恐怕应该被说作"一种心情是一片自然风景的反映"才算正确的。但我不想来讨论这个问题。不管怎样说吧，反正自然风景与我们的心情是互为影响、交相作用的，彼此都是变动不居、气象常新的。那么物我两方都只会唯恐看之不尽，看不胜看，哪会有互相厌倦的时候呢？艺术家要能用这样的眼光来看待自然,艺术与自然之间要能保持这样一种生动活泼、互相酬答的关系,那么,两者就能相得益彰,不但我们的自然景色将愈益显得美好,我们的文艺园地也将更加丰富多彩,而我们的人民生活也将日见其灿烂辉煌了。

1979年8月

谈文艺批评问题[①]

现代文学研究,跟作家作品评论的关系很大。如果没有认真的作家作品评论,现代文学的研究也就难以深入。所以我今天讲讲文艺批评的问题。

我们的文艺批评,应该承认,是比较落后的,而且名声也不大好。多少年来,也没有出过比较杰出的批评家。我觉得最好的还是茅盾先生。他从从事文学活动开始到晚年,写了一些批评文章,都是很有见地的,对作家作品的确有真知灼见。可惜这样的批评家太少了。

本来,批评是在创作的基础上进行的,没有创作的繁荣,就不会有批评的热潮。创作的水平,也影响到批评的质量。但是,敏锐深刻,真正创造性的批评,却也能对创作起引导的作用,提高创作的质量,促进创作的繁荣。历史上这种情况是很多的。比如果戈理写出《密尔格拉德》和《小品集》以后,当时俄国的批评家们提出了很多指责、攻击,后来别林斯基给他作了恰当的分析,肯定了这个作品,不但鼓舞了果戈理,也提高了读者的理解和欣赏水平,同时对当时俄国的整个文艺创作也起了有益的作用。又比如19世纪法国文学的兴旺跟圣·伯符等大批评家的功绩也是分不开的,勃兰兑斯则对当时北欧的文学有很大的影响。就是莎士比亚,要没有一代一代的批评家,不断地进行分析,不断地揄扬他,称赞他,他也不见得会有今天这样的崇高地位,他作品的好

[①] 1981年4月26日在"现代文学思潮、流派问题"讨论会上的发言。根据录音稿整理。

处,也不一定能被大家所充分认识的。但是我们的批评,过去在极"左"思潮的影响下,它的功业,却只在于砍杀、摧残,这对于创作的发展是很不利的。

本来,作家、批评家之间,是难免会有些矛盾的。因为作家面对的是生活,而生活是日新月异、不断发展变化的。作家常常从生活中得到一些新的启发、新的印象、新的思想。一个真正的作家总是能够跟着生活一同前进的,甚至常常能稍稍跑到生活的前面一些,因为他能预感到生活前进的信息,他比较敏感,能带领生活更快地前进。为了表现新的生活、新的力量、新的人物,作家总要不断地探索新的表现方法,建立新的形式。批评家面对的主要是作品,对作品的评价,总要根据一定的标准、一定的原则,这标准和原则从哪里来呢？只能是从总结过去的经验中来,从过去的创作中归纳出来。这样批评总不免有些保守性。它总要竭力维护固有的标准,总要拿固定的尺子去套新的作品。英国的爱迭孙(J. Addison)批评密尔敦的《失乐园》,他所用的标准,是亚里士多德《诗学》的标准,亚里士多德认为史诗的结局,应是幸福的结局,《失乐园》结局不幸福,他就说不好。法国浪漫主义兴起的时候,受到古典主义者多大的辱骂、攻击,他们简直把浪漫主义者当做疯子、野蛮人,浪漫主义的发展受到多大的阻力！我们中国也一样,诗教要"温柔敦厚",因此班固批评屈原"露才扬己"。五四时期,郁达夫的《沉沦》、汪静之《蕙的风》,当时也受到攻击。但是,时代毕竟不同了,无论古典主义怎样攻击,浪漫主义还是兴起来了,郁达夫、汪静之的作品也传播开来了。但也有的作品不这么幸运,在当时的压力下,沉沦了多少年,比如英国班扬的《天路历程》,用了很多人民的口语,想象丰富,风格比较自然、淳朴,跟18世纪当时讲究的严正、庄重的风格是不合的,因此当时的批评界对它贬低得厉害,被斥为"文体卑俗",杨格(E. Young)和休谟(D. Hume)都贬低他。甚至到18世纪末,1797年出版的《袖珍丛书》中还说它"不得入于古典之林"。直到19世纪30年代经过麦考莱的赞扬,才得到公正的评价,才为大家所承认所认识。中国的《诗品》,作者锺嵘懂得诗,也喜欢陶渊明,所下的评语也很好,但由于时代的风气要求华丽,只好把陶渊明摆在中品。所以,时代的要求,也左右着批评家。《水浒》、《红楼梦》、《儒林外史》等都很好,但只有在五四以后才能给它们以很高的地位。

我这里讲的作家与批评家的矛盾,不是讲个别的批评家与个别的作家或某一派批评家与某一派作家之间的矛盾,那总是有的,不足为怪的。值得注意的是,当整个批评界成为对创作的一种威压力量,批评家讲了一句话,就成了板上钉钉了,作品命运决定于一个批评家的几句话,这对创作是不利的。十年浩劫期间不去讲它了。即使是"文革"以前的十七年当中,一篇作品只要受到一篇文章的批评,这篇作品也就完了。报上不大发表不同意见的。反过来,一篇作品,不管怎么不高明,只要报上一人说它好,便成了好作品了,也不会有不同意见的。甚至剧团改编,拍成电影,记者访问,于是很多人效仿,从题材到风格都相同,这对创作是不利的。上次在上海参加了一次座谈会,谢晋、秦怡谈起《北国江南》,很有意思。导演沈浮从没想到它会成为毒草,一天早上起来听电台广播说《北国江南》是毒草,很吃惊,他说我怎么会反党,解放后受到人民政府的重视,当了人民代表,我怎么会反党?领导派郑君里、谢晋去帮助他,他搞不通。郑君里、谢晋其实也搞不通,但真心诚意地想帮助沈浮搞通。于是他们就问他有没有资产阶级思想,有没有个人主义?他说,这可能有的。那么好,有资产阶级思想、有个人主义,当然就可能走向反党反社会主义了。他也无话可说了。秦怡呢,人家说她有人性论,她完全承认。因为她说我坐三轮车都不敢往后坐,唯恐工人太累了。这种现象当然与"左"的思想路线有关,与对文艺和政治的关系的不正确看法有关,也跟对文艺批评的职能的片面观点有关。长期以来文艺评论工作者和教学工作者形成了根深蒂固的看法:文艺必须为无产阶级政治服务,而对无产阶级政治的理解又极其抽象,纯而又纯,沾不得半点灰尘,有时甚至就是指某一时期的某些具体政策或某一领导人(包括支部书记)的讲话。对文艺批评,毛泽东讲过是文艺界斗争的主要方法之一,但同时他也说这是一个复杂的问题,需要专门研究。但我们只记得"斗争"这个词,又认为斗争当然是指敌对思想而言,因此评论就是除毒草,浇香花,不是捧就是打,好的捧之上天,坏的就打之入地。认为文艺工作者应该是守卫在文艺阵地上的战士,教师也教学生成为这样的战士。政治标准第一,实际成了政治标准唯一了。政治感觉特别敏锐,政治警惕性非常高,高到神经过敏、捕风捉影的程度,而艺术感觉则被排挤掉了,或者说被压制下去了。艺术感觉在评论中不起作用。所谓文艺批评,实际上是用非艺术的态度来对待艺术作品,不考虑艺术性。文艺作品,不当艺术品看待,只当成一般的社会政治论文看待。批评、评论甚至成了对于作者的政治鉴定或政治判决。当然,文艺评论应当从政治上去考虑,也包括鉴定、判断的意思,当出现反党反社会主义思想时,当然不能听之任之。但有意用文艺作品来反党反社会主义的毕竟是极个别的、罕见的现象,多数是世界观的问题,一时说错,偶尔迷失方向,由某些观点的片面性引起的。在这种情况下,一般都不应因此对作者上纲上线,作政治判决。但过去这种情况太多了。今天值得庆幸,党中央、文艺界领导、文艺工作者、读者、观众,一句话,广大人民都知道了文艺不该这样看,应容许不同意见发表。比如对《天云山传奇》开始风言风语的,但最后群众还是把它评为得奖的好作品。可见今天我们经过多年的教训,大家的思想都已提高了,我们的前途是光明的,文艺界是有希望的。

  对于文艺作品的研究,我觉得应当注意三种关系:第一,作品既然是生活现实的反映,就有一个跟现实的关系问题。所以应该研究作品与现实的关系。第二,作品是作家写的,自然又有一个作品跟作家的关系问题,就应该研究作品与作家的关系。第三,作品一方面跟现实相联系,一方面跟作家相联系,这就产生作家跟现实的关系。现实生活不会自动地跑进作品中去,只有当现实生活跟作家的心灵相遇,发生猛烈的撞击,并在这撞击下,迸发出耀眼的、炽热的火焰时,生活现实才能在这种火焰的陶铸熔炼下,转化为艺术作品。因此,任何作品,都是现实生活与作家心灵相互作用之下所产生的化合物。所以又应当研究作家与现实的关系。这三种关系,不是相互孤立的,而是统一联系的,必须把它们当做一个整体,有机地加以研究。作品的艺术价值的高下,就要看生活现实、作家心灵以及艺术作品这三者的结合,是不是和谐融洽,以及其和谐融洽的程度如何而定。真正的文艺批评,就应该是一种关于艺术与生活、艺术与心灵,以及艺术作品当中的生活与心灵的关系的研究。所以它应承担起分析阐明作品的意义,衡量评定作品的价值(思想价值、艺术价值),以及发掘和再创造作品所包含的美的职能。

作家的创作,总有他的意图,他总是为了对社会、对生活有所爱,有所憎,有所主张,有所匡正才提起笔来的。但他的想法、他的目的意图,又是包容在生活形象当中,通过艺术手法表现出来的。作品往往都是比较含蓄的。一般读者,不一定立刻就能懂得,就能抓住作者的用意(主观意图)和作品的客观思想所在,这即使对批评家来说也并不容易。别林斯基说过,那种以为把一部作品的思想意义说清楚是很容易的事的观念,是不对的,这是件很艰难的事情。只有具有同思考力相结合的深刻审美感觉的人才能做得到。就是说不但要有深刻敏锐的思考力,还要有细致的艺术感觉、审美感觉,而且还要求两者能很好的结合。这不但批评家很难做到,就是作家本人也不一定能说清楚。所以《歌德谈话录》里记着,当爱克曼问歌德:"你在《塔索》里,究竟要表现什么思想呢?"他说:"思想,我怎么知道?我所看见的只是塔索的生活。"他也拒绝回答《浮士德》的思想是什么的问题。托尔斯泰也说过类似的话,他说要让我说出《战争与和平》的思想,除非我再写一遍给你看。他们并不是故弄玄虚,因为作品思想太丰富太复杂了,不是简单几句话所能概括得了的,这是第一种情况。第二种情况,也因为作品太深刻太含蓄太蕴藉了,不是一下能说清楚的。再有,有些内容作家也只是艺术地感觉到了,而还不能清晰地意识到,因此他当然不能用明确的语言把它说出来。比如奥斯特洛夫斯基写的《大雷雨》,他有没有像杜勃罗留波夫所说的意识到是表现了"黑暗王国中的一线光明呢"?不见得。现在我们所理解的《大雷雨》是奥斯特洛夫斯基与杜勃罗留波夫的共同创作。所以在这种情况之下,读者希望批评家能够为他们阐明作者的意图和作品的客观思想,做作者与读者之间的桥梁。在这个意义上讲,批评家起着解释、说明的作用。这是第一种作用。

第二,艺术是现实的反映,作家的作用是把生活现实转化为艺术作品,从而影响现实、推动现实向前发展。实际上,从广泛的意义讲,一切作品都是反映着一定的社会现实的,不但现实主义作品是这样,浪漫主义作品也是有现实内容的,甚至荒诞派的作品,它的一些想法尽管离奇古怪，也还是从生活里面引申出来的。所以都有现实的内容，不过有的是直接地反映生活，有的是间接地反映生活，有的是明白而直率地反映生活，有的是隐蔽而曲折地反映生活，当然还有正确的反映与歪曲的反映，有许多区别。在基本上正确地反映现实生活的作品当中，它们的正确程度也有深浅的不同。这深浅的差别，也不是一般读者所能认识到的，这就又要仰仗于批评家了。而且作者反映生活，不是把生活直接搬上作品，它是经过了作者心灵的折射，经过了作者有意识的加工改造的。歌德讲过，作家的作品，没有一个字不是他亲身体验过的，但他写出的事物，却没有一点与他体验过的生活完全相同。作品既是来自生活，又不同于生活。比如晋朝大画家顾恺之画得很好，一次裴楷（叔则）让他画像，裴楷颊上本来无毛，画完之后，他又给他加上三根毛。人们问他这是什么道理？他说裴叔则俊朗有识具，正此是其识具。看画者再仔细看时，就又觉得加这三根毛，的确比不加好。爱伦堡也讲过一个例子，他去看一个法国艺术家，这位艺术家拿来一个黑人的艺术作品给他看，这是一头大象，愤怒的大象，牙都翘起来了。那艺术家问爱伦堡好不好，爱伦堡说好，法国人说，我也觉得好，可就有个笨蛋批评家说它不真实，说大象的牙哪会翘起来呢。这个黑人雕刻家听了他的话，又另雕了一个，牙是不翘了，但生气也没有了。唐朝有个画家戴嵩，善画牛，与韩干画马一样出名，人称"韩马戴牛"，他有幅《斗牛图》，传下来。到宋朝，一位士大夫家里藏着这幅画，把画挂在中堂。有个牧童见了哈哈大笑，因为画上斗牛尾巴翘起来，牧童说牛斗时是夹着尾巴的，它不会翘起来。我想，戴嵩不见得不知道斗牛夹尾巴的常识，因为他善画牛嘛。这可能和大象的牙翘起是同一个道理。真实性的原则当然是不能违反的，但对真实性的理解却不能简单化，不但有形体的真实还有神态的真实，有种种复杂的情况。马克思在《1844年经济学哲学手稿》里面讲到，动物也会建造，但它们只知道用本身的尺度，我们人呢？晓得许多尺度，而且晓得把自己的尺度(内在的尺度)用到对象身上去①。朱光潜先生认为这里指的都是对象的尺度。我的理解，这里面有两方面的意思，一个是指对象本身的尺度，一个是人的尺度。后面一句是人的尺度。人不但用对象所有的规律去创造它，而且还有人的尺度，把人的理想、愿望、目的加进去，所以朱光潜先生讲自然主义与人道主义结合，一方面尊重事物本身的规律，一方面要有人的理想。我很同意。首先一定要尊重客观真实，但现实主义只有真实是不够的，还要有自己的理想、目的。你为什么要写它，总有你自己的意图。但这理想又不能是外加的，要与符合现实的规律结合起来。这就不只是单有一个真实性的原则就行的。作品既是来源于生活，可又不同于生活。正因为它不同于生活，我们才在生活以外还要有艺术。假如艺术与生活一样，生活中已经有了，还要艺术干什么呢？艺术比生活还多点什么，这一点正是我们所喜爱的，所需要的，对我们有益的。所以歌德说艺术作品存在的价值，就在于它有异于大自然的作品。列宁也讲过，艺术并不要求承认艺术作品就是现实(《哲学笔记》)。所以艺术是反映生活的，但又不同于生活。既不能因为生活是怎样的，就要求作品也要怎样；反过来也不能用作品来硬套生活，说作品里的什么什么就是生活当中的什么什么。我们有些批评却就是这样的。但是，艺术的力量、艺术的价值又取决于它同生活的具体关系。所以批评就应该向读者揭示作品同生活的联系，作者是怎样从生活中撷取他的题材的，看作品是不是正确地反映了生活，正确的程度怎样，他要把生活引向哪里去，方向是不是符合生活的发展规律。一句话，批评是作品与生活之间的桥梁，使读者通过作品来理解生活，认识生活。从这意义上讲，批评就是判断、检验的作用。这是第二种作用。

第三，文艺作品不单是生活的反映，而且是生活的艺术的反映，美的反映。科学给人以知识，而艺术打动人的感情，给人以美、愉快、喜

---

① 马克思的原文是："……动物只按照他所属的那个物种的标准和需要去制造，而人却知道怎样按照每个物种的标准来生产，而且知道怎样把本身固有的(内在的)标准运用到对象上来制造……"据朱光潜先生译文。见《美学》第二期第5页，上海文艺出版社1980年7月版。

悦。高尔基说一切艺术作品,都贯穿了一个共同的追求,追求用语言和思想所抓不到的,就是连感觉都抓不到的一些秘密的东西,这就是美,就是使我们心花怒放的东西。艺术作品总要打动人,给人力量,不仅给人知识。所以艺术不单使人懂得生活,懂得应该怎样生活,有认识作用和教育作用;还能向人们展示出艺术境界,给人一种美的享受,有审美的作用。正因为有这种审美作用,才使它的认识作用、教育作用,格外地深入人心,格外地真切有力。所以契诃夫说,艺术家一喊,人们都会跟他走的。我们的艺术就要有这种力量,否则就没有存在的价值了。可是我们长期以来却忽略了这一点,不去强调这方面,因此削弱了我们的艺术,贬低了我们的艺术。我们的艺术本来可以发挥更大的作用,如果我们多年来做得好,人们的精神面貌会有更大的改变,在建设社会主义中会发挥更大的力量。但是,对于一定的美来讲,必须具备一定的欣赏能力,才能发现,才能享受。这种欣赏能力,也不是所有读者都能具备的。别林斯基有一次写信给一个朋友鲍特金说,你不要相信巴枯宁,巴枯宁没有美的感觉,对艺术作品他只用脑子思考,不用感觉,没有心灵的参与。而对于艺术作品,如果没有心灵的参与,那比用脚板去思考更坏。我们一些同志,恐怕也是只用头脑而不用心灵的。碰到这种只用头脑思考而不用心灵去感觉的批评家,艺术作品的美,只有远走高飞,逃之夭夭了。所以克罗齐说,诗人死在批评家里面,也就是这个意思。因此,要使广大读者都能欣赏某一艺术作品的美,也有赖于批评家的辛勤劳动。批评家应通过自己独特的创造性的劳动,把这作品中所包含的美,转变为比较容易欣赏、容易理解的美。批评家的作用,是美的欣赏的桥梁,沟通美与美的欣赏者。在这意义上,批评家起着美的鉴赏与再创造的作用。

  批评的这三种职能和作用,跟前面讲的文艺作品的三个关系是一致的。作品与现实的关系,主要讲作品的真实性问题,对于批评来讲,是检验、评判的工作;作家跟现实的关系,是倾向性或思想性的问题,对于批评家,是解释、说明的工作;作家与作品的关系,是说作家怎样把他所看到的现实,连同他从这现实中所形成的思想感情,转化为艺术作品,写出他从现实所受到的激动,从而去激动别人。有人说过,有才能的人写他所能够写的,而天才写他所不能不写的,所以艺术家在生活中没有激动是不能写作的,作家与作品的关系问题,是艺术性问题。这三种关系、三个职能是一致的。

正像创作有各种流派一样,批评也存在各种各样的流派:有旅游团的向导式的批评,有展览会的讲解员式的批评,有法庭的审判官式的批评,也有印象派的借题发挥式的批评,譬如法郎士说,批评是灵魂在杰作中的探险,我只是以莎士比亚或密尔敦为题,来谈谈我自己,借题发挥来谈批评家自己。这句话虽偏于主观方面,但也不无道理。批评家总要有自己的看法,假如大家的看法都是这样,也不必烦劳你了。艺术贵在独创,创作如此,批评与鉴赏也是如此。但这种独创性,也不一定要是以前从未有过、只有你才第一次提出来的,这种情形很少。日光之下无新事。生活的感受总是有相通的地方。只要你讲这番话,确实是你自己亲身体验过、领会过、感受过,是从你内心深处讲出来的,带上你自己的情绪色彩的,是你自己说的话,这样,虽然人家也说过,但还是你自己的创新。因为你有独特的方式,只有你才会这样讲,别人是不会这样来讲的。愈是个人的,愈是深刻的,就愈带普遍的意义。而且也愈会给人一种既亲切又新鲜的感觉。正如创作有许多流派一样,批评也有许多流派。不同流派的指导思想不同,出发点不同,运用批评的方式方法不同,批评的着重点不同,你着眼于作家与现实的关系,他重视的却是作家的心理……但批评的范围、职能,总超不出上面所讲的三种关系、三种作用。泰纳在《艺术哲学》第五编当中,提出区分艺术作品的等级的三个原则(这些原则是根据西方的传统观念,认为艺术的目的在于模仿,模仿就必须能抓住事物的基本的和显著的特征而得出来的。但他也说,绝对正确的模仿并非艺术的目的,要适当的加以改变,要注入理想。自然不够完美的地方,要艺术来加以补充)。这三条原则就是:1.特征重要的程度(最能体现事物本质的特征);2.特征有益的程度(有利于自身发展向上的特征);3.效果集中的程度(表现力量的集中)。特征重要的程度,着重于事物的本质,追求"真",相当于我们所说的真实性。特征有益的程度,着重于事物的发展方向,追求的是"善",相当于我们所说的倾向性、思想性。效果集中的程度,是关于用来表现特征的手段、因素,是不是向着一个目标集中?这是作品的表现手法和艺术技巧问题,相当于我们所说的艺术性,如结构的严谨、统一等等。我曾以吴道子的《锺馗捉鬼图》为例,来说明结构必须集中统一的道理。在吴道子的画中,锺馗是用食指把小鬼的眼球抠出来的。后来这幅画落到蜀主孟昶的手里,他说这画画得很好,但如果不是用食指这样抠,而是用拇指这样挑,那就更能表现锺馗的狠毒了。所以他要他手下的一个画家黄荃去改一改,把食指改为拇指,抠改为挑。黄荃答应了,但过了半个多月才拿来,拿来的是另外一幅自己画的,吴道子的画并没有改。孟昶说,我只叫你改一改,何必另画呢?黄荃回答说:吴道子的画上,锺馗全身的肌肉力量,眼神气势都集中在食指上面,一改就得伤筋动骨,我无法改。我的这幅画虽然比不上吴道子的,却也有一个好处,就是在我的画中,锺馗的力量、眼神和气势都是集中在拇指上面的。① 结构就是这样,应该顾到整体的和谐。所以有一位戏剧家曾经这样说过:"一出戏应该是一个活的有机体,活到任何一处遭到割裂后便会流血的程度。"②艺术作品都是有生命的,每个细节部分都连通到作品的心脏,是活的。把它离开心脏,作品就没有生命了。所谓牵一发而动全身,效果集中程度就是讲这个,相当于我们所说的艺术性问题。所以。这三点归纳起来,也就是真实性、倾向性和艺术性的问题。但这三者并不是各自孤立,而是互相联系、依存,有机地统一的。本质与方向,真与善,现实与理想,不但是紧密地联系着,而且是有着深刻的内在的统一性的。物各有性,我们决不能离开事物的内在本质来谈事物的发展方向。正如庄子所说:"凫胫虽短,续之则忧;鹤胫虽长,断之则悲。"③善,归根到底是与真相一致的。电影《追鱼》中的假牡丹得到人们的同情,也还是人的思想感情、人的心灵的真与善的统一。理想也不是与现实不相干的东西,它不是胡思乱想,白日做梦,它的根子就扎在现实的土壤之中,它是在现实的基础上生长起来的,是一种终于要成为现实的潜在的可

---

① 见郭若虚《图画见闻志》。
② 圣约翰·欧维恩语,引自《戏剧与电影的剧作理论与技巧》,第224页。
③ 《庄子·骈拇》

能性。所以真实性、倾向性都来源于现实,都与现实有关。从作品与现实的关系看,就表现为真实性的问题;从作家与现实的关系看,就表现为倾向性(思想性)的问题,两者是不能彼此割裂的。至于艺术性,主要是与作家相联系的问题,是作家与作品间的关系的产物。真实性与倾向性决定作品的价值,艺术性则决定作品的命运,从而也决定作品的价值的命运。艺术性不高,作品的价值也无法取得人们的承认。就艺术作品作为艺术作品来看,真实性与倾向性不能离开艺术性而存在。就是说,它们必须通过艺术的表现,必须被艺术地展示出来。反过来,作品的艺术性,又只有在真实性与倾向性的表现过程中才能获得,艺术性就从真实性与倾向性的具体表现当中体现出来,它本身就是真实性与倾向性的和谐的富有魅力的形象显现。所以进行文学批评时,决不能把三者割裂开来,而是必须把这三者结合起来看。目前我们批评界的偏向,恰恰是把三者割裂开来,而又特别不重视艺术性。看起来,我们对作品的真实性、倾向性十分重视,这是应该的。但是由于常常把两者割裂开来,尤其总是脱离艺术性来考察作品的真实性、倾向性,因此这就是用一种非艺术的态度来对待艺术作品,就是用的纯社会学方法。而对艺术作品的分析,单用这种社会学的方法是不够的,必须同时用心理学的方法、美学的方法,而且应该把社会学与心理学、美学结合起来。别林斯基把批评称为"行动着的美学",批评本身就是美学,活的美学。我们的文艺批评,就应当是行动着的马克思主义的美学。应该把马克思主义的美学原理,应用到具体的作家作品评论中去。文艺批评家应该有深刻的观察力与思考力,思想水平要高,但更其不能缺少敏锐细致的艺术感受力。不能单用头脑,一定还要依靠心灵。没有心灵的参与,就不能够领会艺术作品所包含的美,就不能尝味到艺术作品所带给你的喜悦,你的分析就很难说是艺术的分析。大诗人大艺术家没有不重视感受能力的,中国的文论、画论、诗话、词话等都是如此,都非常重视艺术感受力。别林斯基说:"研究一个诗人,不仅意味着要通过努力和反复阅读他的作品来认识他,而且要反复地感受和体验……如果不能在某一个时候处于诗人的巨大的影响之下,那就不可能理解这一个诗人；……这种对诗人的心向神往,是研究他的过程中的重要因素。"①别林斯基这番话也许说得太过分了一些,要对诗人心向神往,当然首先要这个诗人是值得我们心向神往的,是自然而然地能使我们对他产生心向神往的感情的才行。而且,即使在心向神往的状态中,我们也不能丧失理智的清明,也要能保持分析批判的态度。不过,他强调要认识和了解一个诗人,必须反复阅读他的作品,必须反复地感受和体验,这都是对我们十分重要十分有益的意见。因为只有反复阅读、反复感受和体验,才能领略艺术的全部魅力,才能尝味艺术的迷人的美。马克思常反复阅读莎士比亚的作品,列宁常反复阅读托尔斯泰的作品,他们决不仅仅是着眼于作品的思想性,而同时也是为了领略他们的作品的艺术的魅力,尝味他们的作品所蕴涵的艺术的美。我们过去的文学批评的缺点,不就是对艺术作品所包含的美,对作品体现出来的深刻而富有魅力的艺术家的创作个性,缺乏真切的感受和体验吗？而跳过了感受与体验的阶段,不从自己的感受与体验出发的批评,就必然是教条主义的、公式主义的空话、大话、假话,群众是不爱看的,对创作也是有害无益的。

　　长期以来,我们的批评的名声之所以不好,就是因为这类批评实在太多了。粉碎"四人帮"以来,有所改变。但这种风气由来已久,积弊太深,不是一下子就能完全改过来的,这需要我们大家共同努力,来切实地扭转它。如果作品分析,作家评论的水平不提高,整个现代文学研究的水平也就不可能提高,这几年我们的文艺创作空前繁荣,质量也比过去大大的有所提高,这对文艺批评既是有力的促进,也是个强大的压力。我们一定要急起直追,迎头赶上,为促进创作的进一步繁荣和质量的更大的提高贡献我们的一切力量。

---

① 见《别林斯基论文学》。

关于艺术性问题
——兼评"有意味的形式"

要谈艺术性问题,必须首先搞清楚什么是艺术?艺术之所以为艺术的特质是什么?关于这个问题说法很多,多到无法一一列举。但使人遗憾的是,这许许多多的说法,几乎无不存在着这样那样的缺点,很难让人完全同意,让人毫无保留地接受下来。英国美学家克莱夫·贝尔在他的《艺术》一书中,给艺术下了这样一个定义:"有意味的形式。"这曾被另一位英国美学家奥斯本誉之为"现代艺术理论中最令人满意的"一种理论。但奥斯本似乎主要是从逻辑上着眼才这么说的。从逻辑上看来,这个定义的确是无懈可击的。而其所以是无懈可击的,又只是因为它是最最抽象的,等于什么也没有说而已。不过,尽管如此,贝尔这个定义比起另一个关于艺术的抽象定义来,已经有所进步了。另一个定义是说:"艺术是向着形式创造的人类劳动的产物。"这个定义真可以说是什么问题都没有说明。因为,人的劳动总是要创造形式的。劳动总是有目的地作用于一定的对象,总要把对象的面貌加以改变,从而出现新的形式,这也就是创造。物质劳动是如此,精神劳动也是如此。如果撇开内容不谈,单从形式看,都可以说是形体的再组织,结果就是新形式的创造。从这样的意义讲,一切劳动都是形式的再创造。因此,这个定义可以说没有说明艺术的任何问题。但是,这个定义也有它的重要意义。最初,人类的劳动,并不有意地追求形式,他追求的是内容,是实质,形式是自然地出现的。劳动的目的不在于改变事物的形式,而在于要使事物对自己有用。他们首先注意的是事物的实用价值,只是到后来才顾到审美价值的。但对于艺术作品来说,情形却不是这样。在艺术作品中是找不到像一般事物那种实用价值的。艺术作品,既不能吃,又不能穿,也不能当工具。人们不是为了实用目的而从事艺术创造的。我们不能说艺术作品的形式是次要的。因为,艺术作品的形式不是偶然出现的,而是直接追求的。如果认为形式无足轻重,那就等于否定了艺术家的巧思构想、意匠经营,等于否定了艺术。所以上面这个定义中"向着形式创造"这一点,还是很正确、很有意义的。

我为什么说贝尔的"有意味的形式"这句话在逻辑上无懈可击,可又等于什么也没有说呢?因为艺术作品正像一切事物一样,必须以某一种形式的面貌出现,因而它当然也是一种形式。但它并不是一种偶然出现的随便什么的形式,而是一种经过艺术家刻意追求的、并且富有意味的形式。这岂不是说得完全正确,在逻辑上十分严密,简直无懈可击吗?可能有人会指责这个定义只讲形式,不讲内容,是一种形式主义。但内容和形式是相对的概念,不能各自单独存在。形式必须是某种东西的形式,否则便是不可思议的。内容如果存在的话,必须有固定的形式,否则它就不能出现。亨利·詹姆斯说得真好:"惟有形式才具有内容,并且占有和保留住它。"[①]因此内容和形式总是彼此不可分离地联系着的。内容如果不包括在形式里,不能有定型的存在;形式也只有在帮助内容的显现和成形的时候才有意义。而且,形式必须依据内容才能获得和别种内容或别种现象的形式不同的特殊性。而"有意味的形式"则正是标明了这种特殊性,就已经把内容的因素考虑进去了,是不能简单地指责它为形式主义的。何况对于艺术作品,从内容与形式相统一的观点出发,而着重强调一下形式,更是完全正确,而且十分必要的。所以这一理论,不但得到奥斯本的赞赏,我们的李泽厚同志也称之为很有卓见。可是它在实际上,却又确实等于什么也没有说。"有意味的",什么意味呢?当然是艺术意味了。艺术作品是一种有艺术意味的形式,岂不是等于什么都没有说吗?

问题是在于究竟什么叫"有意味的"?所谓"有意味的"究竟是什么意思?必须对此作出明确的解释。只有所作的解释能让人满意,才能

---

① 转引自《现代西方文论选》,第97页,上海译文出版社1983年版。

说这个理论是真正令人满意的。遗憾的是,贝尔并没有能作出令人满意的解释。他的解释是经不起追问的,是含糊不清甚或是自相矛盾的。不过,正像对待一切历史上曾经出现过的有一定影响的理论一样,我们应该认识到,它们即使在总体上是不能自圆其说的,甚或是根本错误的,但亦必有其可取之处,在某些方面可能很有创见,可能为学术的发展和前进作出了有益的贡献。我们不能轻蔑地说一声:"哼,这是唯心主义的!"就把它们一脚踢开,而是应该尽量吸取其中的合理的有益的成分。即使是那些包含着错误的部分,对我们可能也有某种启发意义,我们都应该用分析批判的眼光加以利用借鉴。在贝尔的艺术理论中,的确有许多非常警辟的、充满着邃智和闪光的东西的意见,值得我们认真听取。但我今天不想来评论贝尔这一理论的得失,不想进一步具体地去指出在我看来这一理论的主要问题在哪里?又有哪些地方是很值得我们听取、借鉴的?说实在话,我还缺乏担当这个任务的足够的条件和能力。我只是想借这个机会利用贝尔的理论作为引子来表达我自己的意见罢了。

贝尔认为艺术(或艺术作品)就是有意味的形式,我觉得这说法是可以成立的,不必加以反对。他说他所谓的"有意味的形式",就是指能"给人以审美感受的形式"。[①] 为什么这种形式能给人以审美感受呢?贝尔说,这是因为它包含着并表达了艺术家的审美感情的缘故。这,我也同意。那么,艺术家的审美感情又是从哪里来的呢?贝尔认为是从对对象的观照中来的。而这种对象,据贝尔的意思,又不能是别的,只能是"有意味的形式"。于是,"有意味的形式"来源于人们的"审美感情",人们的"审美感情"来源于"有意味的形式"这就成了被李泽厚同志所指责的循环论证。不过,在贝尔的说法中,有一点还是值得注意的。就是,他认为,在我们对对象进行观照的时候,必须把对象当做纯粹的形式。而所谓把对象当做纯粹的形式,"就是把它们看作自身即目的,而不是手段或工具"。这种说法,大家知道,并不是他的新发明,而是一

[①] 见《美学与艺术评论》第一集译载的《有意味的形式》一文。下引贝尔语均见此文。

种早已存在的老观点。但他重申这一点,我觉得还是有其意义的。这个老观点尽管一直受到严厉的批判,也的确不能认为是正确的。但应该承认,其中恐怕也包含有某些合理的因素。不然,为什么批判归批判,信奉者依旧绵绵不绝呢?当我们骤然面对一片绝美的自然景色,或沉浸在一部杰出的艺术作品的意境中时,不也常常会陷入一种物我两忘、超脱一切的出神状态中吗?或许我们对此还无力作出合理的、令人信服的解释,但我们尽可不必急于一笔抹煞它,不妨继续进行探索,或者留待我们的后人来加以解决。

我当然不能同意贝尔的下面这样的观点。贝尔说:"当我们将任何事物视为自身即目的时候,我们便意识到它的根本实在性,意识到无所不在的上帝,意识到……在万物的表象之后的东西——即给万物以个别意义的、自身即目的的终极实在。"我之所以不能同意这样的观点,不仅因为在我的观念中从来就没有意识到上帝的存在,而且因为我认为对贝尔所重申的这一不无合理因素的观点,即应该把形式看做自身即目的的观点,根本无需用上帝或所谓终极实在来解释,而完全可以作别样的解释。

我一向认为,对于艺术来说,任何对象都是一种生命存在的形式。黑格尔把人类思维的发展分为三个阶段:艺术、宗教、哲学。艺术阶段是与人类的幼年相联系的。从孩子眼里看来,一切都是有生命的:一根竹竿可以当做一匹马,在地上画一条线,就成为一条河。艺术家有时就像孩子那么轻信。花花草草,山山水水,在他眼里都是有生命、有灵性的,也就是有与人相通的感情的。贝尔所谓的自身即目的的纯粹的形式,在艺术家看来,就是一种自在自为、活泼自由的生气灌注的生命的存在形式。艺术家首先是一个人,他只能以人的眼光来看待一切。不管他面对的是现实社会,还是自然山水,或者飞禽走兽、花鸟虫鱼,纷纷攘攘地出现在他眼前的,在他看来都是一些跃动着的生命。或是欢快的生命,或是忧郁、苦恼的生命。这些生命都处在一种或相响相濡,或相争相残的关系之中,它们都有着和人一样的知觉与情趣。正是这些生命的欢乐和苦恼,正是它们之间的或相响相濡,或相争相残的动人心魄的关系,才引发出艺术家的强烈而真挚的审美激情,使他涌腾起无法遏制的创作冲动来的。尤其是我们中国人,一向就有意无意地接受了"天地与我并生,万物与我为一","民吾同胞,物吾与也"的源远流长的观点(这种观点,有人称之为泛神论观点,其实是一种人本主义观点),就更容易在一切物象中,都看到丰厚的人性内容"众鸟欣有托,吾亦爱吾庐"、"依依故乡水,万里送行舟"。鸟也罢,水也罢,都一样地赋有人的感情,都和人的心灵息息相通。其实,即便是外国的艺术家,他们的艺术对象在他们的眼中,又何尝不是充满着人性内容的呢?就拿贝尔所持的这个理论来说吧,他认为在纯粹形式的背后,就存在着无所不在的上帝。而上帝,大家知道,其实是人创造出来的,是人把自己的品性集中起来塑造成了上帝的崇高形象,所以在上帝身上也是充满了人性内容的。上帝所代表的正是人性——至高无上的人性。所以,不管是中国的还是外国的,也不管是古代的还是现代的,在所有的真正具有艺术价值的艺术作品中,都是具有丰富的人性内容的。一切真正的艺术作品之所以可以不受国别、地域的限制,也可以不受时代、历史的限制,只要具有起码的相应的欣赏能力,就人人都能欣赏和享用,就是因为其中贯穿、渗透着人人相通的人性内容的缘故。当然,正如没有抽象的、永恒不变的人性一样,文学作品中所表现的人性内容,也决不可能是一成不变、千篇一律的。因为,具体的人性,现实的人的现实本质,就是"一切社会关系的总和"。具体的人性内容离开了现实的社会关系是无法表现的。我们从作品所体现的人性内容上,看到的正是特定时代的具体的社会历史内容。

不过,同样是对现实的社会关系,即现实生活的反映,在艺术中和在社会科学中的表现形态却是很不相同的。在艺术作品中,生活是以它本身的形式——即是以它的综合性、整体性、流动性,以充满着生命的活力的形式出现的。在社会科学中所出现的生活,却只是从生活中抽取出来的某一特定的方面,某一孤立的部分。它是被局限的,经过特殊处理的,仿佛是被肢解了似的,不再生气勃勃了。同是反映者,科学家是冷静的,物是物,我是我,在物象面前,科学家决不丧失理智的清明,他不会有物我两忘、物我合一的感觉。艺术家则是多情的。他把物也看做是一个同自己一样的生命,因而对它就产生了一定的爱憎感情。

他在观察它、研究它、分析它的时候,就不能摆脱这种爱憎感情的影响,就不能采取一种纯理智的态度。而当他着手来描写它们的时候,就必然要把自己的这种爱憎感情渗透进去。艺术作品的感染力,就是来源于作者的这种感情态度,就是由作者灌注进去的强烈的感情中产生出来的。这就是艺术作品的艺术性的秘密。我们读《红楼梦》,能够对大观园里的一些女子的命运漠不关心吗?林黛玉、晴雯的不幸夭折,不知道激起过人们的多少眼泪。一直到今天,人们依旧在为她们的悲惨遭遇而伤心落泪。而且我相信,以后的人面对她们的悲剧命运,也会同我们一样地为她们而感到伤心的。因为她们虽然是虚构出来的人物,但在作者的笔下,她们却取得了生命,就像一个真的活人一样,我们就不能不像对待一个同我们一样的活人那样来对待她们。真正的艺术作品之所以能够紧紧地抓住我们的心灵,使我们忽悲忽喜,如醉如痴,就因为我们真切地感觉到作品中的人物都是有血有肉、有生命的人;他们跟我们是那样的亲近,我们不能不对他们的遭遇命运感到关切,不能不为他们而焦虑、激动。而一些公式化、概念化的作品,由于作者缺乏审美激情,写不出成功的艺术形象,只能让一些没有生命的傀儡式的人物在里面跳来跳去,自然也就不能吸引我们、打动我们了。

王国维在《人间词话》中说:"大家之作,其言情也必沁人心脾,其写景也必豁人耳目。其辞脱口而出,无矫揉妆束之态。以其所见者真,所知者深也。"言情之所以能沁人心脾,一定是作者有真感情,情深意真,写来真切,这不待说了。就是写景,要能豁人耳目,也必须作者对这景物有真切的感受、爱好,在作者对这景物的描写中,饱含着自己的情绪色彩和强烈的兴趣方可。怎么才能在描写中饱含着自己的情绪色彩和强烈的兴趣呢?只有当你把这些景物看做是和自己一样有生命、有情趣的,把它们当做自在自为、独立自由的生气勃勃的东西时才能做到。如果不能用这样的眼光来看待景物,心头就不可能有艺术激情,你的描写就只能是冷冰冰的,顶多也只是一些美丽的辞藻的堆砌而已,那就决引不起人们的兴趣,甚至什么印象也造不成。这样的作品,就不可能有什么艺术性。

所以,我们可以这样说,艺术作品之所以具有艺术性,之所以具有打动我们的力量,就是因为在艺术形象中渗透着作者的强烈而真挚的思想感情的缘故。作者在创作过程中,把他从生活中得来的思想感情凝注到艺术形象中去,我们在接触到他所创造的艺术形象时,便也接触到了他的思想感情,感受到了他所经历到的激动,他所尝味到的欢喜和悲哀。当我们读着杜甫的《闻官军收河南河北》时,能够不为他那种激动、喜悦和轻快的心情所感染吗?托尔斯泰所说的艺术的感染作用,就是以作家艺术家的思想感情来感染读者观众的意思。当你接触到的是一部真正的艺术作品时,你是不可能不受到它的感染的。它几乎有一种强制的力量,使你的心脏要不由自主地应和着作者的情绪节奏而一起跳动。这就是所谓的"共鸣",托尔斯泰在他的《艺术论》中,把艺术家的感情的真挚程度看做是决定艺术感染力的大小的一个最重要的条件,在我看来是很有道理的。艺术作品的艺术性,艺术作品的动人的魅力,我觉得主要就是从作家艺术家灌注到艺术形象中去的他强烈真挚的感情中来的。

1985 年 8 月

论托尔斯泰创作的具体性

托尔斯泰作为一个艺术家,他的描绘的才能的确是无与伦比的。福楼拜在读了《战争与和平》的开头几卷以后,就喜不自胜地叫了起来:"多么了不起的写生画家,多么了不起的心理学家!"①陀思妥耶夫斯基在他的《一个作家的日记》中说,他在《安娜·卡列尼娜》中听到了一种"新的语言",这种"新的语言",在欧洲是听不到的。"然而,"他说,"不管欧洲多么骄傲,它却必须听一听。"他认为,在现代的欧洲文学中,没有一部同类的作品可以和《安娜·卡列尼娜》相比②。高尔斯华绥对这位大师也是无限倾倒,他认为任何别的小说家都不能像托尔斯泰那样,令人更直接地感触到现实的生活。高尔基更是不胜敬佩地赞叹着:托尔斯泰写出来的人物,是这样的生动,这样的真实,以致他简直想用手指去"碰"他们一下。就是托尔斯泰本人,对自己的作品有时也不免要情不自禁地表示赞赏。在高尔基的那封著名的关于托尔斯泰的未写完的信里,记录了下面这一十分动人的场面:

> 有一晚,在黄昏的时候,他半闭着眼睛,动着眉毛,把《赛尔吉斯神父》的一段变文念给我们听,他念的就是一个女人到隐士那儿去引诱他的那一段;他念完了以后,便抬起头闭上眼睛很清楚地说:

---

① 转引自布罗茨基主编:《俄国文学史》,第1128页,作家出版社版。
② 转引自古德济:《托尔斯泰评传》,第111页,时代出版社版。

"他写得好,这个老头儿,好得很。"①

一般说来,那种沾沾自喜、自我欣赏的神气,看了总是不那么令人愉快的。但我们读了这段文字以后,却也像当时在场的高尔基一样,心头不禁激荡起了一种难以抑制的喜悦之感。这不但因为托尔斯泰的自我赞赏,是表现得那么真诚、纯朴,他就像一个孩子那样,完全进入了忘情、忘我的境界了;而且也因为,他的作品的确写得好,的确有一种不可抗拒的艺术魅力,实在是无论什么人看了都不能不表示赞叹的。

那么,托尔斯泰为什么能够写得那么好呢?他的作品的艺术魅力从何而来呢?

这是一个非常值得我们认真加以探讨的问题,它涉及与创作有关的一切方面,决不是仅凭个人的主观臆想,简单化地提出这样那样的几条抽象的原则所能说明得了的。不过,假如我们把问题仅仅限制在艺术表现的范围以内,那么,从我个人来说,我觉得托尔斯泰的作品给予我的一个最最突出的印象,就是它的描绘的具体性。这种具体性,我以为除了我们的《红楼梦》以外,是没有任何其他作家的作品能够与之相比的。曹雪芹的《红楼梦》,无论翻开哪一页,都能立刻把我们吸引住,都可以看得下去。托尔斯泰的《战争与和平》、《安娜·卡列尼娜》等作品,同样也有这样的力量,也无论翻到哪里,都能够随时把我们吸引住。其他作家的作品就很难做到这一点,如果不了解前后关系,不知道前面的情节,就会摸不着头脑,看不下去。我们知道,文学作品是以生活本身的形式来反映生活的,而生活是无所谓起点,也无所谓终点的,它永远流动着,始终展开在你的眼前,也随时都能吸引你的注意。而曹雪芹、托尔斯泰这样的天才艺术家的作品,的确就像生活本身一样,它们是那样的生动具体,那样的丰富多彩,它们光怪陆离地展现在你的眼前,生气勃勃地向你扑过来,使你目不暇接,使你惊心动魄。

这种描绘的具体性,我以为就是托尔斯泰的作品之所以能够产生如此巨大的艺术魅力的基础。本来,艺术的一个基本特点就是它的具

---

① 高尔基:《回忆托尔斯泰》,第104页,平明出版社1950年版。

体性。在艺术作品中,严格说来,不应该有抽象的东西存在,至少是抽象的东西应该尽可能地加以避免,使它愈少愈好。因为,艺术是通过个别来反映一般,通过局部来表现整体,通过刹那来显示永恒的。不具体就不可能做到这一点。艺术所描绘的,始终是一个具体的"这个"——这一个人,这一件事,这一块地方,这一段时期。所以艺术表现的关键问题,就在于对具体事物、具体对象的具体描绘,就在于它的具体性。《歌德谈话录》里记着,1823年10月29日,歌德在看过爱克曼所写的一些诗以后,对爱克曼说:"到你现在已经达到的地步,你就必须闯艺术的真正高大的难关了,这就是对个别事物的掌握。"①歌德在这里,显然是把"对个别事物的掌握",当做是任何人要想进入艺术创造的胜境所必须攀登的一座险峰来看待的。而所谓"对个别事物的掌握",说的其实就是一个具体性的问题,就是意味着要具体地了解、把握个别事物,并具体地描写、表现它。

那么,是不是"对个别事物的掌握"——即具体地描写、表现一个对象,真是如歌德所说的是"艺术的真正高大的难关"呢?一点不错,确是如此。对艺术来说,我觉得再没有比掌握、驾驭、描写、表现个别事物更困难的了,它其实就包括了典型创造的一切课题。因为,上面说过,艺术所描绘的始终是一个具体的"这个",不管它所写的是一个人、一件事,或是许多人、许多事。这些人和这些事在作品中必须组织成为一个特殊的有机整体,必须以具体的独特的形式出现,相对于包罗万象的整个社会生活来说,就只能算是个别事物,就只是一个具体的"这个"。具体地写好这个个别事物,使它鲜明、生动,使它能够吸引人、打动人,能够给人以愉快,给人以有益的影响,就是艺术的崇高的使命,就是艺术的一切。而其关键、其最大的困难,就在于它的具体性。失去了具体性,一旦描写对象不是作为个别的特殊的事物而存在,不能以具体可感的形式展现在读者面前,那么,它就不再是艺术,也就失去了艺术所拥有的一切力量。

托尔斯泰的创作,首先正是以它的逼真的像生活本身一样的具体

---

① 《歌德谈话录》,第9-10页,人民文学出版社版。

性来吸引我们、打动我们的。他的无与伦比的艺术天才,也正是在这里表现得最为鲜明,最为使人倾倒。他的作品为什么能够写得这样具体呢?他是怎样做到这一点的呢?要具体地、全面地回答这个问题是很困难的,甚至几乎是不可能的。但是,无论什么人,只要他稍稍接触过一些这位大师的如此丰富多彩、如此生气勃勃的艺术作品,对这个问题,一定是都会有一些具体的感受,都或多或少地能谈出一些自己的看法的。如果每一个人都能把他读后的体会谈出来,那么,我想,这个问题是不难取得一个比较圆满的解答的。这里,我就谈谈我的一些不成熟的想法,希望能起到抛砖引玉的作用。

一

我觉得托尔斯泰的作品之所以使人感到非常具体,首先是因为它写得十分真实的缘故。我们知道,具体性的概念和真实性的概念是紧密地联系在一起,有时甚至是很难加以区分的。具体的东西,必然是真实的;只有真实的东西才能写得具体。托尔斯泰把真实看得比什么都重要。他认为艺术形象只有当它是完全真实的时候,才有打动人的力量。他说:"艺术作品,只有在读者不将其想象为别的什么东西,他所想象的正好就是他所见所闻、所理解的真实时,这才是真正的艺术作品。"①因此,他反对对生活的任何的歪曲或粉饰,要求严格的毫不含糊的真实性。他总是照他所看到的那样来写,决不因自己主观的好恶而改变、歪曲对象的真实面貌。譬如,《战争与和平》中的纳塔莎是一个他所十分心爱的人物,他是用他艺术家的全部诗意力量来展示纳塔莎的迷人的美的。但是在他的笔下,纳塔莎的魅力却只是表现在她的青春、她的纯洁、她的浓烈的感情和充沛的活力上。他并不说她的容貌是如何如何的美丽。相反,他还明白地说她"不漂亮",而且还长着一张"大嘴巴"。大家知道,对一个女孩子来说,大嘴巴决不是值得称道的,决不是一个优点。不但如此,他还写她甚至想和阿纳托尔这个道德败坏的

---

① 转引自《论托尔斯泰创作》,第 64—65 页,上海文艺出版社版。

花花公子一同私奔,而且还是在她刚和安德列订婚后不久。这应该说是纳塔莎性格上的一个缺点,是她在生活道路上所犯的一个不小的错误。托尔斯泰尽管是十分偏爱纳塔莎的,但对她的这个缺点和错误,他决不回避,并且敢于毫不含糊地写出来。而写了以后,非但没有削弱这个形象的艺术力量,反而使她更有力、更动人了。① 原因就在于他写得很真实,他使读者感到生活中的纳塔莎是会像这个样子的,觉得这个形象是充分可信的。

当然,我们说托尔斯泰总是照他所看到的那样来写,但创作是一种虚构,作品中所写的,并非真是实有其人、实有其事。譬如纳塔莎,实际生活中并不存在这样一个恰好跟《战争与和平》中的同名形象完全相同的人物,托尔斯泰又怎样能看得见呢? 不错,纳塔莎在实际上确实并不存在,肉眼确乎是看不见的。但肉眼看不见,心灵之眼却看得见。心灵是根据现实生活,根据生活的情理、生活的逻辑来进行想象、虚构和创造的。只要他的虚构和创造是合情合理的,是符合生活的逻辑的,就能得到人们的批准,就能为人们所接受,所相信。

作家笔下的人物虽是他自己创造出来的,但他并不能随心所欲地爱怎样写就怎样写。人物一旦创造出来以后,就是一个独立的存在,他有他自己的性格,他是按照他自己对生活的理解,按照他自己的性格逻辑来行事的。托尔斯泰作为一个真正的艺术家,他总是充分尊重生活的逻辑和人物性格的逻辑的。他决不强使他的人物按照他自己的愿望、自己的主观臆想去行动,而总是把人物摆在一定的现实关系中,让他们按照他们自己的性格去行动的。甚至,他笔下的人物也并不总是照他们自己的心意,照他们事先设想好的那样行动的,有时,就像在实际生活中常有的情形那样,他们所做的会完全不是他们所想的;或者他们刚刚说过这样那样的话,而他们的下一个举动,却立即推翻了自己刚才所说过的话。例如,在《安娜·卡列尼娜》中,托尔斯泰写安娜与渥伦斯基同居后,偷偷地回到她原来的家里来看望她和卡列宁所生的孩子谢辽沙。她为了这次探望,特意在前一天怀着无限的宠爱和忧愁,到玩

---

① 不消说,这自然是必须联系她前后一贯的行为来看的。

具店里细心选购了一包玩具,准备送给谢辽沙。结果却是在见到了谢辽沙以后,她就整个身心都扑在谢辽沙身上,把这包玩具全给忘记了,一直到离开的时候,她都没有来得及把包解开,仍是原封不动地带回来了。这真像生活一样的真实。安娜这次来,在她的内心里是充满着痛苦和焦灼,并且夹杂着一种自我谴责之情的。她真诚地觉得自己对不起卡列宁。因此,当她最后不得不离开谢辽沙时,她要谢辽沙爱他的父亲,爱卡列宁。她恳切地叮咛说:"爱他,他比我好,比我仁慈,我对不起他。你大了的时候就会明白的。"但是当她为了避免与卡列宁见面,迈着迅速的步子向门口走去时,却撞见卡列宁正迎着她走过来。卡列宁一看见她,就"突然停住脚步,垂下他的头"。安娜这时怎样呢?托尔斯泰紧接着这样写:

> 虽然她刚才还说过他比她好,比她仁慈,但是在她匆匆地看了他一眼之后——那一眼把他整个的身姿连所有细微之点都看清楚了——对他的嫌恶和憎恨和为她儿子而起的嫉妒心情就占据了她的心。她迅速地拉下面网,于是加快步子,差不多跑一般地走出了房间。①

这该是写得何等的真实,当卡列宁不在她眼前的时候,当他不再跟她生活在一起的时候,他的种种可憎的品质,在她头脑里的印象就渐渐地淡下来了,而觉得自己对不起他的自我谴责的心情,就相对地有所加重。因此,她最后对谢辽沙所说的那几句话,的确是发自内心的,十分真诚的。但忽然,这个人又出现在她眼前,而且一看见她就做作地"垂下他的头"。她原来对他深深厌恶的心理,这时又一下子强烈地涌上来了。何况,她现在之所以不得不撇下谢辽沙匆匆走开,正是因为这个人的缘故;正是这个人把她和她心爱的儿子给活生生地分隔开了,她能不加倍地痛恨他吗?我们读着他的作品,就像真地看到了这一幕一样。这一个场面就像电影镜头一样清晰、逼真地展现在我们眼前,甚至比有些电

---

① 《安娜·卡列尼娜》,第771页,人民文学出版社1956年版。

影形象还要更加有力、更加动人得多。

试看《战争与和平》中写尼古拉·劳斯托夫从部队请假回家初进家门时受到家里所有的人,包括仆人们的热烈欢迎的那一场面,托尔斯泰是写得多么真实,多么动人呵!尼古拉是与他的中队长捷尼索夫一同回家的,可是一进家门:

> 劳斯托夫已经完全忘记了捷尼索夫,他不愿任何人占他的先,抛下皮外衣,踮着脚跑过那个暗黑的大舞厅,一切照旧:有原先的几张老牌桌,有原先的带罩子的灯架;但是什么人已经看见那个小主人,他还未到客厅,一种东西就像一股旋风一般从一道旁门飞出,开始拥抱他,吻他。一个又一个同样的生物从第二个和第三个门口里跳出来;更多的拥抱,更多的吻,更多的叫喊,和欢喜的眼泪。他分辨不出哪个是爸爸,哪个是纳塔莎,哪个是别加了。人人在同时又叫喊,又说话,又吻他。……
> ……………
> 桑妮亚、纳塔莎、别加、安娜·米哈伊罗夫娜、菲拉、老伯爵都来搂抱他,男女家奴们都叫着、嗷着、啊着,聚在客厅里。
> 别加抱着他的腿不断地喊道:"还有我呢!"①

这真是如同我们当时也参与了他们的聚会,耳闻目睹了这些情景一样的真实!正因为他写得这样的真实,所以也就使我们感到十分具体。当然,反过来我们也可以说,正因为他写得这样的具体,所以才使我们感到非常真实,就像生活本身一样的真实。上面说过,真实性与具体性,本来就是紧密地联系在一起,甚至是很难加以区分的。

二

但具体性也像真实性一样,决不能仅仅从表面现象上去理解。一

---

① 《战争与和平》,第491页,人民文学出版社1958年版。

件事物之所以使人感到具体,决不单是因为人们看到了它的外部特征的缘故,而是因为人们在接触到这个事物的外部特征的同时,还认识了它的各种性能,认识了它同其他事物之间的关系的缘故。马克思说:"具体之所以为具体,因为它是许多规定的总结"①,只有在理解、认识了事物内部和外部的各种规定性之后,这个事物对于我们才算是具体的。而且,"许多规定的总结",决不是各种规定性的简单相加。事物的规定性是在事物与其外部世界的辩证关系中显现出来的,脱离了这一事物与其他事物的生动、具体的联系,把它的这样那样的规定性抽象出来,然后罗列堆积在一起,是决不能表现这个事物的具体性,因而也是决不能使人们具体地认识这个事物的。特别是对于文学来说,它是以人为描写表现的对象的,它写其他事物,也无非是为了表现人。因此,它所描写的事物都应该是活的,有生命的;不但要有知觉,还要有情趣——人的情趣。而活的有生命的东西,有知觉有情趣的东西,是不能分割,不能肢解的。正像泰戈尔所说,一朵花是美丽的,但你如果把它折得一片片的,就什么美也没有了。所以文学作品决不能孤立静止地来描写事物,决不能把事物只当做一种纯物质性的东西来加以刻画。至于说到作为它描写表现的中心对象的人,那更是决不能把描写的重点放在人物的外部特征上,而是应重在刻画他们的精神面貌,表现他们的性格特点。有些作家常常喜欢着力地去模写人物的形体特征和服饰打扮,尽管他们花了不少气力,用了工笔画式的笔触,一笔一笔地、仔仔细细地去照描,但还是不能给人留下什么印象。许多中国旧小说在写到两军对阵,对双方出场将领的容貌、穿着的烦琐描写,就常常有这样的缺点。高明的作家则不然。他所注意的,始终是人物的内心世界,人物的独特性格。因为他们知道,一个形象之所以使人感觉得具体,与其说是由于外表的形体上的逼真,不如说是由于内在的、心灵上的充实。托尔斯泰这位伟大的天才艺术家,创造独一无二的人物形象的圣手,当然更是如此。他的作品的惊人的具体性,正是由于他善于掌握人物心灵的辩证法,善于刻画人物的心理面貌而取得的。

---

① 《政治经济学批判》,第163页,人民出版社1955年版。

对于托尔斯泰来说,写一个人的行为,重要的不在于写出他做什么,而在于写出他怎么做,特别是他究竟为什么要这样做。譬如,假如我们仅仅说"她笑了"或"她哭了",这并不能给人以具体的印象。她笑,是怎么个笑法?是微笑还是大笑?真笑还是假笑?还有善意的笑、恶意的笑、狂笑、狞笑……各种各样的笑。有时,仅仅只有一点不易察觉的笑意,不相干的人或不是十分关心她的人,是完全看不出、感不到的。更重要的是要知道她为什么要笑,她笑的原因和理由何在?笑的内心根据是什么?必须结合这些来写一个人的笑,这个笑才是具体的,可以理解的。托尔斯泰特别爱捕捉那种用不易察觉的微笑和眼睛表现出来的秘密态度。他认为只有写出了人物的这种秘密态度,才能不只是使一些人了解另一些人,而是使所有的人都能了解他们,使你也了解他们,他也了解他们。例如,在《战争与和平》中,紧接在我们上面提到的那个场面以后,当尼古拉第二天又在客厅里与桑妮亚相见时,托尔斯泰这样写:

> ……劳斯托夫在客厅里遇见桑妮亚的时候,他脸红了。他不知道怎样对待她。前一晚,在会合的最初那一快活的刹那,他们彼此吻过,但是今天他们觉得不能那样做了;他觉出,每一个人,连他的母亲和姐妹们在内,都在探问一般地看他,都在注意看他怎样对待她。他吻她的手,不称她作你,而称她作您——桑妮亚。但是他们的眼光遇在一起,说的是你,并且交换热情的吻。……①

这就不但把他们两人之间的特殊的亲密关系,把他们相互间所怀藏的微妙感情,惟妙惟肖、细致入微地表达出来了,而且也写出了他之所以会采取那样的态度的现实环境,写出了他们周围的人对他们的关系的注意。他们本来是两小无猜地生活在一起的,可现在别后重逢却都已长大成人了,他们是否还能像孩子一样地保持过去那种亲密无间的关系呢?如果不能,又该怎样来对待面前这个他自己的最最亲爱的人呢?

---

① 《战争与和平》,第498页,人民文学出版社1958年版。

他不能不感到一些惶惑。这就是尼古拉一见桑妮亚就不由自主地忽然脸红起来了的缘故。何况,这时,他们周围的亲人们正都以异常关切的探问的眼光在注视着他们哩!而且他们也知道,在这些亲人的探问的眼光里是包含着各种不同的心情、各种不同的愿望的。使一些人感到满意、高兴,又会使另一些人失望和伤心。重要的当然是他们自己的感情,自己的忠诚。但周围这些亲人的感情和自己对他们的义务,又岂能全然不顾?于是,他们就只能嘴上说着一番话,眼睛却说着另一番话了。你看,他写得该是何等的深刻,又是何等的贴切、含蓄,耐人寻味!我们从他的这些描写中所体会到的,比他实际用明确的语言所写出的不知要丰富多少倍。要把他这段描写中所包含的内容,全部用文字写出来,不知要费多少笔墨,而且恐怕还是永远也说不周全;即使说周全了,也一定是味同嚼蜡,无人爱看的。托尔斯泰为什么能做到这一点呢?就因为他准确地写出了人物当时所处的现实关系,写出了他们的真实的感受,真实的内心世界的缘故。

又如《安娜·卡列尼娜》中,写吉提为了渥伦斯基而拒绝了她实际上真正爱着的列文的求婚,可又受到渥伦斯基的轻视和冷落,她感到异常的屈辱、痛苦和伤心。她的姐姐杜丽满怀爱怜地跑去安慰她,却反而受到了她的冷淡和抢白。但杜丽理解妹妹的心情,并不计较这些,仍十分关切地拉着吉提的手问她,是不是列文曾向她求过婚?想不到吉提竟然会残忍地用最伤杜丽的心的话来回答杜丽的这一好心的询问。但她这样说了以后,随即又深自疚悔起来,又十分伤心地哭了。

托尔斯泰是这样写的,在杜丽拉着吉提的手,问她:"告诉我,列文对你说了吗?……"以后,紧接着:

> 提起列文的名字似乎使吉提失去了最后的自制力;她从椅子上跳起来,把她的纽扣投掷在地板上,她迅速地用她的两手做着手势,说:
>
> "为什么又把列文扯进来?我真不懂你为什么要折磨我。我对你说过,我再说一遍,我还有点自尊心,我决,决不能像你那样做——回到欺骗了你,爱上了另一个女人的男子那里去。我真不

明白！你可以，我可不能！"

说了这些话，她瞥了她姊姊一眼，看见杜丽默不作声地坐在那里，她的头忧愁地垂着，吉提没有照自己的意思跑出房间，却在门边坐下，用手帕掩住她的脸，低下头来。

沉默继续了两分钟。杜丽在想着她自己的事。她时时意识到的那种屈辱，经她妹妹一提，格外痛切地回到了她的心头。她没有料到她妹妹会这样残酷，因此她生她的气了。但是突然她听到衣服的窸窣声，和随着来的凄恻的、遏制着的呜咽声，而且感到一双手臂搂住了她的颈项。吉提跪在她面前了。

"杜林卡，我是这样地，这样地不幸呀！"她后悔般地低声说。她那满面泪痕的可爱的脸埋在达丽亚·亚历山特罗夫纳裙子里了。①

吉提在前一秒钟里还是那么倔犟，那么高傲，她宣称她没有什么难受，也不需要别人的安慰。可当她一听到杜丽提到列文，她就立刻失去了自制力，竟毫无道理地对杜丽大发起脾气来了。倒像是杜丽在有意跟她为难，有意要折磨她似的。接着就说出了那最使杜丽伤心的话。杜丽的丈夫对杜丽不忠实，而且一再欺骗她。前不久，刚经过安娜的调解，夫妻关系总算没有破裂。可安娜一走，他又继续跟别的女人鬼混去了。杜丽为了孩子的关系，只得满怀痛苦地忍受着这种屈辱的地位。可吉提却偏偏要在她这碰不得的伤口上撒盐巴。她为什么竟会这样地残忍，竟会对一个非常关心自己的亲爱的姊姊来这一手呢？托尔斯泰通过这一细节，就把吉提内心深处所蕴藏的极度的痛苦，全部向我们吐露了出来，把她的心灵的最隐秘的角落清晰无遗地展现在我们的眼前。

原来，最使吉提感到痛苦的，其实并不是渥伦斯基欺骗了她，而是她拒绝了列文；并不是因为渥伦斯基伤了她的心，而是因为她伤了列文的心。她对列文，一向是怀着最良好的感情，是真正爱着他的。可她却糊里糊涂地拒绝了他，残忍地伤了他的心。这一切又都是为着谁呢？

---

① 《安娜·卡列尼娜》，第182页，人民文学出版社1956年版。

又都是为着那个丝毫不关心自己,因而也是丝毫不值得自己爱的渥伦斯基。这是她最感到羞耻,也最不能原谅自己的地方。对于渥伦斯基对她的轻视和冷落,她可以用一种高傲的自尊心来对待。但是对于列文,对于那真正爱着自己而自己也爱着的善良正直的列文,她却怎么也无法去除自己的良心的谴责。假如说,丈夫对自己的不忠是杜丽的碰不得的伤口的话,那么,对列文的忠诚的辜负,就是吉提的碰不得的伤口。所以,吉提之所以那样残忍地去碰杜丽的伤口,只是由于她自己的伤口被杜丽无意地碰痛了的缘故。但,杜丽毕竟是无意的,实在说,还是出于对吉提的关怀,出于真诚的好心。对照之下,吉提实在太不公平了,太不讲道理了。吉提的话一说出口,她自己也就立即感到了它的残忍性,也不禁有点吃惊。所以她随即瞥了姊姊一眼。本来她想说完就立即跑出房间去的,可现在,看到杜丽默不作声地坐在那里,满怀忧愁地低垂着头,她就开始失悔起来了,不由得也在门边坐了下来。时间一秒钟一秒钟地过去,她愈看到杜丽的难过的样子,就愈意识到自己的话的残忍。一颗早已被严重地摧伤了的破碎的心,怎么还能经受得住沉重的内疚的压迫,她就再也支撑不住了。于是她跪在杜丽的面前,用双臂紧紧搂住自己心爱的姊姊的脖子,满面泪痕地低声诉说着:"杜林卡,我是这样地,这样地不幸呀!"这既是在诉说自己的不幸,也是在乞求姊姊的宽恕。这一场面该是写得多么激动人心呵!吉提的言谈举动,看来是这样的自相矛盾,这样的不合逻辑。可又使我们感到是那样的真实,那样的可信。原因就在于这种自相矛盾,正说明了她内心的无可宣说的痛苦;这种不合逻辑,正显示出她感情上有解不开的疙瘩。通过这些描写,使我们看到了真正的吉提,真正的杜丽,以及她们所处的现实关系。托尔斯泰真是心灵的大师,他善于掌握心灵的辩证法,能够深刻地揭示人物的内心世界,他的作品的惊人的具体性,也正是由此而来的。

三

托尔斯泰的心理描写,总是结合着人物的具体行动,总是与清晰地展示人物所处的规定情境同时进行的。他决不对人物的心理作孤立静止的抽象描写,也不像后来有一派作家的常常喜欢脱离人物与其外在世界的具体联系,一味听任人物的心理活动——他的思想和幻想随意奔流,泛滥无归。托尔斯泰的心理描写本身,就是对人物所处的现实关系的生动刻画。我们通过托尔斯泰作品中人物的内心活动,就鲜明地看到了这些人物周围的社会关系和现实形势。本来,人的心理活动都是由外界的客观事物引起的,都是周围现实的反映。问题是同样的客观事物,同样的社会现实,在不同的人身上可以产生不同的反映,引起不同的心理活动。为什么在你所描写的人物身上恰恰产生了这样的心理活动,恰恰引起了这样的反映？对一个作家来说,就必须具体地、令人信服地向人们说明这个为什么,让人们自己清楚地看到这个为什么。正是在这一点上,许多作家都没能很好地做到,没能成功地通过这个考试。也正是在这一点上,托尔斯泰作出的回答最为出色,在每一次的这样的考试中,他总是能名列前茅。而他之所以能做到这一点,所以能取得这样的成就,也决不是很轻易的。

托尔斯泰从很早的时候起,就十分重视对周围的人进行观察、研究和分析,而这种对周围的人的观察、研究和分析,还经常同对自我的观察、研究和分析结合在一起。他从十九岁起就开始记日记,这个习惯他一直保持下来了。他在日记中,不但记下自己一天的活动,还特别重视进行自我分析,自我解剖。他的日记的真诚、坦率的程度,是很少有其他人的日记能与之相比的。他在日记中,总是在探讨怎样才能使自己在精神上和道德上成长起来。车尔尼雪夫斯基曾经指出,托尔斯泰的天才所特有的两个特点是：深刻地了解心理生活的秘密运动和道德感情的真诚纯洁。这两个特点从他早年的创作中就已清楚地显露出来了。我们看到,早在他五十年代初所写的《童年》中,心理描写、心理分析的倾向就很显著。而他的心理描写、心理分析总是结合着对主人公的道德评价来进行的。随着年龄和阅历的增长,他的这两个特点也日益发展,日益深化,结合得也更加完美了。正因为他具备这样两个特点,他笔下的人物才能写得那么生动、具体,才使得我们能够充分了解和想象一个人的真面目,仿佛这个人就站在我们面前一样。

譬如,他对我们上面提到过的纳塔莎、安娜·卡列尼娜、吉提等人的描写,在深刻地展示她们的心理面貌的同时,也从不放松对她们作出道德上的评价。他对人物的道德评价,就包含在人物的心理描写之中;他在人物的心理描写之中,总是渗透着他对人物的道德上的爱憎感情。就拿《战争与和平》中的纳塔莎来说吧,她居然会答应跟阿纳托尔私奔,这当然主要是出于阿纳托尔的勾引。托尔斯泰在他们最初认识、最初接触的当儿,就写出了阿纳托尔的大胆和无耻:他的全不受礼法约束的淫邪的目光,一直注射在纳塔莎的脸上、脖子上和裸露的双臂上。而纳塔莎呢,完全是一个天真烂漫的姑娘,她初看到阿纳托尔时,只觉得这个人长得很俊秀,笑脸也很愉快、很和蔼而已,丝毫没有什么别的想法。后来看到他的眼光始终在自己的脸上、脖子上和裸露的双臂上打转,就使她感到有些慌乱和不安,她不懂得这是什么意思。她一再把询问的眼光投向爱伦和她自己的父亲,希望能得到帮助,得到指点。通过这种描写,他就同时已对阿纳托尔和纳塔莎分别作了道德上的评价。他的褒贬爱憎是表现得很鲜明的。

但在这件事情上,实在说来,纳塔莎也做不全然是被动的,她的心灵也不可能始终是纯洁无瑕的。托尔斯泰在进一步展现纳塔莎的内心活动时,对此做了深刻的揭示,同时也从道德上对她作出了深刻的评价。当她从戏院回到家里,突然想起了安德列(她已跟他订了婚约),这才开始感到有什么东西在苦恼着她,她就苦苦地思索起来了:

"我是否破坏了安德列的爱情呢?"她问自己道,然后用自慰的嘲笑口吻回答道:"问起那个来,我是多么大的一个傻瓜!我遇到了什么呢?什么也没有!我什么都不曾做,我完全没有引诱他。没有人会知道,我永远不会再见他了,"她自言自语道。"如此说来,显然什么都没有遇到,并没有要忏悔的事,安德列还可以爱我。但是为什么'还'呢?上帝呦,上帝呦,他为什么不在这里呢?"纳塔莎使自己安静了一会儿,但是某种本能又对她说,虽然这一切都是真的,虽然什么都没有遇到,但是她先前对安德列公爵的爱情的纯

洁性已经消失了。……①

当时她同阿纳托尔之间,实际上的确"什么也没有",她的确"什么都不曾做",他们既未拥抱、接吻,也未说过相爱的话。但是,她心里为什么会有"没有人会知道"这样的念头呢?"没有人会知道",知道什么呀?这其实就是告诉我们她对阿纳托尔也有点动心了。所以接着她又自我辩解、自我安慰地说:"并没有要忏悔的事,安德列还可以爱我。"可是,立刻她又追问自己道:"但是为什么'还'呢?"是呀,安德列是你的未婚夫,当然是可以爱你的。为什么要说:"'还'可以爱我呢?"而所谓"忏悔",又是要"忏悔"什么呀?所有这些,都十分深刻细致地把她内心深处的最隐秘的东西给揭露出来了。实际上也是同时在对她作着严格的毫不容情的道德上的评价。最后,更通过纳塔莎自己的内心感觉,明确地作出判决说:尽管实际上什么事情也没有发生,"但是她先前对安德列公爵的爱情的纯洁性已经消失了"。

高尔基在他的回忆录里曾经说过:托尔斯泰的那双锐利的眼睛什么都看得见,而且是一直看到底的!因此,他所作出的判决,就是一个严正的明察秋毫的法官的判决,所有的犯人,在这样的法官面前只有老实认罪,一切抵赖、狡辩,都是徒劳的。而我们,借助于他的锐利的眼睛,特别是通过他渗透在他所描写的人物形象中的明确的爱憎感情和道德评价,对这些人物的精神面貌和道德品质,也看得异常清楚,也就比较容易对他们作出我们自己的评价了。

在托尔斯泰1856年的一本记事本中有一段很有意思的话,他说:"当作者稍稍站在事物之外的时候,那就好了,这样他可以不断地怀疑,主观地或客观地怀疑。"②为什么要不断地怀疑呢?他的意思我想是这样:现实主义艺术要求情景和人物性格的真实、合理,为了使他的描写是充分合理、完全可信的,他必须反复推敲,仔细琢磨,设想事件发生发展的种种前因后果,揣测人物心理活动进行的线索和一切细节,去掉那

---

① 《战争与和平》,第950页,人民文学出版社1958年版。
② 转引自《十九世纪俄罗斯文学史》,第575页,高等教育出版社版。

些虚假的,充实那些空洞的,加强那些薄弱的。在这种场合就要求作者的立足点要站得稍稍高一些,视野要尽可能开阔一些。他当然应该深入事物之中,但又不能完全为事物所淹没,要有一定的反省和思考的成分,也就是说要能够有所怀疑,不能全为他的对象牵着鼻子走。这其实也就是中国传统美学中所说的既要能"入",又要能"出";既要能"得其圜中",又要能"超以象外"的意思。俗话说:"不入虎穴,焉得虎子?"不深入事物的根本,就抓不住事物的精髓。但既得虎子,便当归来,如果流连忘返,就有死在穴中的危险。正如齐白石所说:"学我者生,似我者死。"托尔斯泰写纳塔莎,当然必须深入纳塔莎的灵魂,但为了要把纳塔莎心灵深处的最隐秘的东西挖掘出来,他就得追根问底,不断地有所怀疑,从主观和客观两个方面来进行怀疑。就是说,不但要有从他的作者立场出发的怀疑,还要有从他的人物纳塔莎自身出发的怀疑,因为纳塔莎正像所有的人一样,她自己的内心也是充满着各种各样的矛盾的。也只有这样,才能使对纳塔莎的描写,具有一定的普遍意义;才能使艺术描写的具体性与一定的概括性相结合。艺术固然应该具体,但这种具体之所以可贵,又正是因为它能体现一般,说明一般,或是引导我们去想到一般的缘故。如果不能说明一般,一点也不体现一般,这种具体又有什么意义呢?正因为托尔斯泰在创作时能够稍稍站在事物之外,不断地有所怀疑,所以他对人物的心理描写,才能这样地深刻,这样地生动逼真,惟妙惟肖。而且,还因此能使他的艺术描写的具体性与一定的概括性相结合,使他的作品具有广泛的社会意义。

不过要注意,托尔斯泰说的是"稍稍站在事物之外",这"稍稍"二字很重要。艺术家只能稍稍站在事物之外,而决不能完全站在事物之外。"稍稍站在事物之外",意思就是要保持一定程度的清醒,不能全凭热情的驱遣。但艺术创作毕竟不是纯理智的事,在创作中,理智始终只能作为情感的一个诤友。诤友是必不可少的,没有诤友,就容易迷失方向,走入歧途。但诤友决不能喧宾夺主,包办代替。主人仍应该是情感。遗憾的是,喧宾夺主的情形,在创作中却也经常出现,即使托尔斯泰本人也在所不免。他写着写着,有时忽然会以一个说教者的姿态出现。这是对他的艺术家身份的背叛,是不足取的。

四

19世纪英国著名诗人、批评家阿诺德在论到托尔斯泰的《安娜·卡列尼娜》时,曾称赞他写得"十二分的真诚"。其实,托尔斯泰的所有作品都是写得很真诚的。他在他的《艺术论》里,把艺术家的真诚看得比什么都重要,他认为艺术的作用就是感染的作用,而"艺术家的真挚的程度对艺术感染力的大小的影响比什么都大。"①在他的创作实践中,他是贯彻了自己的这一主张的。他决不说谎,决不说他自己并不相信的话。也不肯把话说过头,是七分,决不说成十分;是三分,决不说成五分。他所说的,都是他自己所十分相信的话,而且他是带着他的艺术家的全部热情来说的,所以使我们感到他十分真诚。正因为他异常真诚,我们也就容易相信他所说的是真实,因此他的作品就有很强的感染力、说服力。我们听一个人说话,对他所讲的道理,不一定十分理解,它的可靠性如何,也并不顶清楚,但由于这个人的感情的真挚、态度的诚恳,我们就往往情不由己地、甚至会毫无保留地相信了他。托尔斯泰以及一切真正的艺术家的作品,就都有这样的力量。譬如他的《琉森》,尽管屠格涅夫曾不无讥嘲意味地说它是一篇道德论文。又譬如在他的《克鲁采奏鸣曲》中,在他的《复活》中,以及其他许许多多的作品中,尽管都有很多说教的成分,但他的这些说教不但都是建筑在人物形象已经充分站立起来的基础上的,而且他自己是十分相信他所宣扬的道理的,他是说得很真诚的,因而对我们也有一定的感染力。当然,我这样说,并不是意味着我赞成他在艺术作品中进行说教,更决不是赞成他的说教的内容,而只是在于想说明,作家的真诚态度的确是十分重要的,即使他所宣扬的东西并不正确,但如果他自己非常相信他所宣扬的东西,他的态度又是十分热情、十分真诚的话,也会有一定的感染力的。毛泽东在《在延安文艺座谈会上的讲话》中说:"有些政治上根本反动的东西,也可能有某种艺术性。"这种现象之所以可能存在,作者主观态度

---

① 托尔斯泰:《艺术论》,第150页,人民文学出版社版。

的真诚与热情是其重要的原因之一。反过来,即使你所宣扬的东西确是正确的,确是真理,但如果你自己并不怎样相信,或者你说的时候缺乏热情,并不真诚.那就也是不会有多大的说服力,也是打动不了什么人的。

托尔斯泰在他 1900 年的日记中曾这样说过:"艺术家为了影响别人,应该是一个探求者,应该使他的作品成为一种探求。如果他找到一切,明白一切,并且教导人或者特地安慰人,他就不能起影响了。只有他在探求,观众、听众和读者才会在探求中和他打成一片。"①他的意思就是认为艺术家不应以教育者自居,而应该是个热诚的探求者。因为当他探求的时候,他一心扑在探求对象的身上,目不旁顾,心无杂念,他是专一的,因而也是真诚的;只有这种真诚态度,才最能引起我们的注意,打动我们的兴趣。大家都喜欢天真的孩子,就因为天真的孩子无论做什么,都是很专一,很真诚的。如果一个人已经探求到了他所要探求的东西,他已经有了结论,明白了一切,那么他的精神就松懈下来了,他的态度就不再专一、不再真诚了,他就会以一种冷漠的、无所谓的态度把他所知道的东西去灌输给别人,甚至会沾沾自喜地向人炫耀他的智慧,卖弄他的知识,以教育者自居。而人们总是不大愿意自己被人家当做小学生来对待的,如果一个作品充满了教训,只是把作者所知道的东西(哪怕是他自己探求到的)当做高级补品一样硬塞给人家,人家是不爱看的。艺术活动是种创造性的活动,不但作家的创作活动是创造,读者的欣赏活动也是创造。一个作家的作品愈是能够多给读者一些想象、发挥的余地,让读者和自己共享创造之乐,就愈能受人欢迎。作家如果能作为一个探求者而出现,他就常常能使自己同作品中的主角融合在一起,好像同他们在一同进行着探求,这就会使读者感到亲切,不知不觉地也被吸引到这个探求工作中来,同作者和作品中的人物结合在一起,分享他们的欢欣与愁苦,而得到一种艺术上的满足。所以,托尔斯泰的艺术家"应该是一个探求者"这句话,的确是一句至理名言,是

---

① 转引自《世界文学中的现实主义问题》,第 201-202 页,人民文学出版社版。

十分富有启发性的。

这里,我觉得有必要说明一下的是,我们一方面说托尔斯泰酷爱真实,把真实看得比什么都重要。一方面又说他十二分的真诚,把艺术家的真诚看得比什么都重要。这是不是有点自相矛盾呢?其实是并没有什么矛盾的。真实,是就客观方面而言;真诚,是就主观方面而言。艺术创作则是主观与客观的结合,是两者的对立统一。一个作家总是因为生活现实打动了他,使他产生了一定的是非爱憎感情,他才来进行创作的。他所写的,只能是他所看到的和所理解的生活现实,并且是注入了他的思想感情、又经过了一番陶铸熔炼工夫的生活现实。客观的生活现实和作者主观的思想感情,在作品中是融为一体的,在艺术创作中,决没有纯客观的、未经心灵观照过的真实,也没有独立于客观的描写对象之外的真诚。对现实主义艺术来说,最重要的就是一个"真"字。这"真",就包括客观与主观两个方面在内。就是说,既要求有客观生活方面的真——真实,也要求有主观感情方面的真——真诚,并且要求两者必须密切结合。只有在主观的真诚与客观的真实相统一的时候,才有现实主义。二者缺一,或二者相割裂,都不会有现实主义。所以,把真实与真诚对立起来,并且追问究竟哪一样更重要些,是没有意义的。

托尔斯泰的创作,如我们所看到的,的确既是无比的真实,又是十二分的真诚,而且他的主观上的真诚态度,又常常是和客观真实性相一致的。所以他的作品有很大的艺术感染力,很能打动人。譬如,他在《安娜·卡列尼娜》中,对安娜的描写就是如此。他真实地写出了安娜的美丽,安娜的真诚和纯洁。她虽然对她的丈夫不忠,但她并不想欺骗她丈夫,也不肯安于一种互相欺骗的虚伪关系。她会爱上渥伦斯基,憎厌卡列宁,也是很自然的,托尔斯泰并没有因此而对她进行谴责。但是,她对丈夫不忠的行为,又必然会给卡列宁,给她的家庭,尤其是给她心爱的儿子谢辽沙带来不幸,因而也必然会给她自己招致巨大的不幸,这就是她这种行为的必然的后果,也可以说就是社会(包括她自己的良心)对她的惩罚。他深刻而细致地写出了这些,这是写得很真实的。不过,托尔斯泰却把这种必然的后果,把安娜所受到的不可避免的惩罚,看做是上帝给她的报应。因为他认为安娜作为一个妻子来说,她仍是有罪的,所以他尽管实际上对安娜是同情多于谴责,对她的真诚和纯洁,甚至还给了一定的赞扬,但是他却仍然保留了扉页上的"伸冤在我,我必报应"的题词。他对安娜的态度是同他的思想一致的,他在感情上是很真诚的。而他对安娜所作的评价,与我们对安娜的评价,虽有出发点的不同,但在客观上是相一致的,也是符合社会真实的。

1851年,当托尔斯泰刚刚开始他的文学生涯时,他就在日记中这样写:"任何作品,如果想成为一部好的作品,正如果戈理在他的最后一部小说中讲的一样,那就应该是从作者的心灵里面歌唱出来的。"[①]这一种想法,他是愈到后来愈加笃信不疑。例如在他1889年写给政论家戈里采夫的一封信中,他就说一个艺术家必须热爱自己的对象,他"必须去叙述的决不是使他无动于衷和他可以缄口不谈的事物,而仅仅是他不能不说的和他热爱着的事物"[②]。他认为没有对对象的爱,便没有艺术作品。"只有当你每一次浸下了笔,像把一块肉留在墨水瓶里的时候,那时你才应该写作。"[③]这些都说明了作家进行创作,必须顺应着自己内心的要求,必须有真诚的态度。他的创作,当然必须有益于社会,有益于人民,但如果为社会、为人民的愿望,还并没有在他的灵魂里真正扎下根来,还并没有化为他的内在要求,那么他在写作的时候,就不会有真诚的态度,不会有充沛的热情,他也是写不出激动人心的艺术作品来的。托尔斯泰的这些意见,是很值得我们认真思考和学习的。

五

托尔斯泰的创作,还有一个十分令人注目的特色,那就是他对大自然和对生活中的健康的真正美好的东西的无比热爱。他经常用纯朴的、诗意的眼光来看待自然和生活中的美好的东西,经常带着无限向往的心情来写出他所看到的和渴望看到的美好的东西。这就使他的作品

[①] 转引自古德济:《托尔斯泰评传》,第160页,时代出版社版。
[②] 同上书,第161页。
[③] 同上书,第160-161页。

充满了诗意,在读者心头激发起积极的人生理想,同时又给予人们以莫大的艺术的喜悦。

　　作家们大都是十分热爱大自然的,但是能够像托尔斯泰那样生动地、那样充满感情地来对它进行描绘的,却也是很少有的。即使是一些著名的自然诗人的作品,恐怕也不一定能比托尔斯泰作品中的风景描写更为精确、更为出色,并且包含着更多的诗意。我们读托尔斯泰的作品,就会强烈地感觉到,托尔斯泰决不能以一种冷冰冰的纯客观的态度来对待大自然,似乎当他一投身到自然景色的包围中,他就立刻失去了心头的平静,他就无法摆脱大自然在他心头所引起的强烈的影响,他就不得不以一种深刻的抒情的笔调来写出他从大自然所得到的巨大的欢悦,一种明朗的充满青春活力的欢悦。试看下面这一段文字:

　　　　春天来了,虽然它一再踌躇,但它终于来了。许多的奇迹就在眼前完成。每天都产生了新的奇迹。本来是枯枝,忽然长满了绿叶。从地下面,天知道从哪儿爬出了这些绿色的东西——还有黄的和蓝的。有些小鸟不停地从这个树丛飞入那个树丛,不知为了什么缘故,它们聚起全副的力量高声鸣叫,叫得多么好啊。这会儿就有两只夜莺在窗子附近歌唱……我得承认,春天使我有点儿如醉如痴,虽然我是处在孤独之中……比这更浓重的幸福时刻是常常有的;然而却没有比这更完满、更和谐的幸福。①

这是他在1858年5月1日写给他的姑母 A. A. 托尔斯泰娅的一封信中所说,我是从古德济的《托尔斯泰评传》中转引来的。当时托尔斯泰还未满三十岁,正当壮年。在古德济的这本书中,还摘引了他另一封描写春天的美丽景色的信。这封信是一次他从莫斯科去雅斯那亚·波良纳后写给他的妻子的。这时他已快八十岁,已经是一个身体病弱的老人了,可是当他一接触到大自然的美景,他的心头又充满了青春的欢快,充满了美好的感觉了:

---

　　① 转引自古德济:《托尔斯泰评传》,第153页,时代出版社版。

在出发的那天和一路之上,我感觉到自己既疲倦又衰弱。但是,乡村中今年春天的美可以让一个死了的人醒来。热风在夜晚摇荡着树木上的嫩叶,还有月光和阴影,夜莺的啼声忽低忽高,忽远忽近,此伏彼起。远远的地方有蛙鸣,接着又归于静寂,吹来了一阵芳香的、郁热的风——这一切是突然而来的、出人意外的,是非常奇异而又美好的。一到了早晨,从两行高大的、枝叶繁盛的白桦上落下的光与阴影,又在茂密的暗绿色的草上嬉戏,还有勿忘我花和浓密的荨麻,以及其他的一切;尤其是那两行白桦的摇动,就像六十年以前我第一次发觉了这种美、并且爱上它的时候所感觉到的一样。我觉得很好,毫无悲伤的感觉,因为在体味到这一点之后,我什么也想象不出来了,这是一种美好的感觉,它应当永远存在于人们的心中,然而它却很少存在过。①

　　这种对大自然的美的敏锐感觉,这种生动、细致而又充满着感情的笔触,的确是独一无二,没有人能够跟他相匹敌的。在《战争与和平》、《安娜·卡列尼娜》、《哥萨克》、《哈杰·穆拉特》,以及其他许许多多的作品中,都有不少对大自然的迷人景色的充满诗意的描写。这些描写就连一些杰出的风景画家和田园诗人的作品,甚至都是难与比并的。正像普列汉诺夫所曾经指出过的,托尔斯泰在描写自然上所表现出来的高超技巧,似乎还从来没有人能够达到过。

　　托尔斯泰曾经说过,他喜爱明确而美丽的东西,他对自然景物的描写,就都是既明确而又十分美丽的。至于他常用自然景色来烘托人物的心理,把对于自然风景的描写作为他塑造人物性格的一种手段,那更是大家所十分熟悉的,在他的作品里也是到处可见,这里就不去说它了。正因为他能够异常生动、逼真、富有诗意地写出大自然的壮丽景色,就使他的作品更加惹人喜爱,更加具有激动人心的力量了。

---

① 转引自古德济:《托尔斯泰评传》,第154-155页,时代出版社版。

上面我就托尔斯泰的创作之所以能达到这样惊人的具体性，之所以能具有这样巨大的艺术魅力，谈了我的粗浅的认识。我早已说过，要想全面地、具体地说明这个问题，是很困难的，甚至几乎是不可能的。因为托尔斯泰是这样一个稀有的天才，是这样一个旷世的艺术巨匠，正像高尔基所说："托尔斯泰，就是整个世界。"他的作品，"他的一切长篇和中篇小说"，都是"以惊人而近乎神奇的力量写成的"。① 我们是无法追踪他巨人的足迹，难以寻觅他创造的线索的。但是，尽管如此，在他的作品中，又确有许多宝贵的、可供我们借鉴的经验。为了推动我们的创作事业的发展，为了促使我们的作家能够写出更加完美、更加激动人心的作品来，我们是很有必要向这位大师的作品，包括其思想内容和艺术方法，进行认真的、深入的学习的。假使大家都能把自己学习后的心得提供出来，就可以收到集思广益之效。正是出于这样的考虑，我才不揣浅陋地写了这样一篇东西，希望能得到大家的指正。

1980 年 10 月 20 日

---

① 高尔基：《俄国文学史》，第 504 页，新文艺出版社版。

文学问题杂谈

一 不可无"我"

艺术活动,不管是创作也好,欣赏也好,总离不开一个"我"。在艺术活动中要是抽去了艺术家①的"我",抽去了艺术家个人的思想感情,就不成其为一种艺术活动,也就不会有什么艺术效果,不会有感染人影响人的力量了。

当然,离不开"我",并不是只有"我",只需要"我",艺术活动决不只是艺术家个人的自我表现。"我",是时时处在"非我"的包围影响中的"我",离开了"非我",也就没有"我",也就无法表现"我"。但是,在艺术中,这"非我",又决不是独立自在的"非我",而只能是"我"(艺术家)眼中所见到的"非我",所以,在这"非我"之中,又不能不处处有一个"我"在。因而我们可以说,在创作与欣赏的活动中,都贯串着一个"我"与"非我"的辩证关系。使"我"化为"非我",又从"非我"中来表现"我",就是创作的辩证法;使"我"进入"非我"世界,又从"非我"世界中找回"我"来,就是欣赏的辩证法。

这种说法颇有些像唯心论者的呓语,需要作一些解释。

---

① 艺术贵乎创造,创作如此,欣赏亦复如此。不通过再创造的活动,是不能真正领会艺术作品中的神理妙趣,不能尝味艺术作品中的美的。所以在一定意义上说,欣赏者也是艺术家。

所谓"非我",不但张三李四、王五赵六,"我"以外的一切人都是"非我",就是包围着"我"的、无所不在的客观现实,也是"非我"。文学艺术总应该是生活现实的反映,而不能是作者的自我表现。但文学艺术的反映,不同于其他形式的反映,它必须是具体的、形象的反映。不使自己化为张三李四,不感受体验着张三李四的思想感情,就写不出张三李四来。不使自己融入客观现实之中,不呼吸着客观现实的气息,不感受着客观现实的脉搏,就写不出生动的客观现实来。所以,创作者首先必须要有一个使"我"化为"非我"的过程。但文艺作品之所以要写出张三李四等人物来,所以要反映客观现实,又不是无所为的,不是为写张三李四而写张三李四,为反映客观现实而反映客观现实;它是有目的的,它是为感染人打动人而写张三李四,为影响现实改造现实而反映现实的。所以,艺术家又不能使自己完全化为张三李四,完全没入客观现实之中,而一定仍要不失"我"之所以为"我",要能在张三李四的描写中,在客观现实的反映中,表现出"我"的鲜明的是非爱憎之感来。我所谓要在"非我"之中表现"我",无非就是这样的意思,无非就是要在作品中渗入作者自己的思想感情的意思。而这,我认为正是创作的主要之点。作家艺术家正是为了要表现他对周围人物、对客观现实的态度,表现他对社会的歌颂或是抗争,才来进行创作的。所以,在作家艺术家的创作活动中,决不可无"我"。演员的艺术,最能说明这种创作的辩证法。俗话说:"装龙像龙,装虎像虎。"演员演岳飞就应该像岳飞,演秦桧就应该像秦桧。但只是像岳飞像秦桧,而不能也不应该使自己就变成岳飞,变成秦桧。演员不应该完全丢掉自己。他仍应该让人透过他的表演,而感知到他对他所演的角色的爱憎感情,而完成他的最高任务。

对于欣赏者评论者来说,他所面对的是一件艺术品,是一个艺术世界,要能欣赏它评论它,首先必须走进这个世界中去。不跑进去,而只站在外面,站在旁边,那是既不能领会作品中的人物的思想感情,也不能领会作者创作的意图和甘苦的。但是叫你跑进去,并不就是叫你完全跟着作品中的人物跑,把作品中人物的思想感情,当做你自己的思想感情。也不是叫你完全听任作者的摆布,"象忧亦忧,象喜亦喜",对他所表现的是非爱憎态度,表示绝对的顺从。而是应该走进这个世界,而又不能迷失在这个世界之中,要发现这个艺术世界与现实世界的联系,要能在这个"非我"世界中,找回你的自我来。要对作品中人物的所作所为,对作者所灌注在这作品中的是非爱憎之感,表示出你个人的独立的态度来,显示出你的鲜明的个性——"我"来。所以,在欣赏、评论的活动中,也不可无"我"。

艺术活动不可无"我"这一特点,可以最鲜明地从无论是创作还是欣赏,都首先要有一个体验的过程上看出来。对于创作家来说,不但在他提笔之前,必须先有丰富的生活,真切的体验,就是在他提起笔来之后,他的思维过程,创作过程,也还同时就是体验的过程。他必须有一种如同身临其境、亲见其人的感觉,才能进行创作。对于欣赏者评论者来说,他要是不能首先体验到作家艺术家所灌注在这一作品中、灌注在他的人物身上的思想感情,他就不能领会欣赏这一作品,当然更没有资格来评论这一作品。而他的领会欣赏的过程,同时也就是体验的过程,至少是同体验的过程不可分的。总之,要是没有真实的体验,缺乏一种"感同身受"的态度,不把"我"浸染于其间,那是艺术的门外汉,是既谈不上创作,也谈不上欣赏的。今天,我们的一些评论文章之所以不能使人满意,其中一个很重要的原因,恐怕就是由于写作者跳过了体验阶段,以一种并非热情的态度来对待作家和他的作品的缘故。而一些创作之所以还缺乏激动人心的力量,原因恐怕主要也应该从这种地方去找,恐怕主要也是由于我们的作者和他所描写的人物之间,还没有形成一种如见肺腑、如共痛痒那样的相知相亲的关系的缘故。

二 散文:真诚、自由、散淡

中国是一个诗的国度,从《诗经》、《楚辞》到陶谢李杜,直至宋元明清各代,都有不少风华绮靡、清丽绝伦的佳作。同时,中国也是一个散文的国度,早在先秦时代,就出现了像庄子那种汪洋恣肆,如天马行空般的出神入化之作,以及像孟子那种如长江大河滔滔滚滚、气势雄浑的犀利宏文。后来则既有像司马迁的《史记》那样的鸿篇巨制,也有像刘义庆的《世说新语》那样的情味隽永的小品。自此以后,尽管王朝屡有更迭，国势时有兴衰，但"江山代有才人出"，历代都有不少脍炙人口的名篇。中国的读书人可以说从小就浸染在这些诗文之中，朝夕讽诵，潜移默化，这些名篇的精华，几乎成了他们各自情性的一部分。中国之所以能成为一个人文荟萃的礼仪之邦，以悠久的文明古国享誉全球，正是与这些源远流长、异彩纷呈的诗文传统密切相关的。令人遗憾的是，五四以后的白话新诗，虽也出现过不少名篇佳作，但与我们祖先所创下的辉煌业绩相比，不但黯然失色，简直要令我们无地自容，自叹不肖。至于散文，在二三十年代，尽管文人们已不再使用几千年来用惯了的典雅秀丽的文言，而改用被人讥为引车卖浆者之流所说的粗鄙的白话，却也写出了许多雍容舒徐、意味隽永的佳作，使一班对白话文不屑一顾的遗老遗少们，也不得不缄口结舌，不敢再行轻视了。

不过好景不长。不久，抗日战争爆发，持续八年，继之以三年解放战争。十数年的战乱，文人们奔走救亡，流离失所，连摆一张书桌的地方都难得，哪还有从容为文的心情。而散文，恐怕是最需要一种从容自在的心情的。这种心情，即使在建立了新中国以后，由于运动一个接着一个，似乎始终没有得到恢复。因此，几十年中，可以一读的散文，数量十分有限。新时期以后，实行了改革开放的政策，一切都走上了正常健康的道路，人们又开始能运用自己的头脑来思想，能自由地抒发自己的心情了。这就又逐渐出现了不少令人爱读的散文。连年以来，由于政策的持续稳定，散文的繁荣势头，似乎正方兴未艾，实在令人高兴。

散文的范围、体式，最为广阔无边，门类之广，品种之繁，几乎历数不尽。中国的散文，一向是与韵文、骈文对称的，凡不属于诗、词、歌、赋以及曲子之类的篇什，都称为散文。但现在一般人所爱读的散文，则范围并不这样宽泛，指的只是美文，或者英国人称之为 Essay 的一类。二三十年代的许多人，都把中国当时一些好的散文，溯源于英国的 Charles Lamb、Thomas De Quincey、William Hazlitt 等人的作品。其实，我觉得我们完全毋须到海外去寻根认亲，咱们中国古代，也不乏这一类妙发性灵、独抒怀抱的名篇。不过，五四时代的新文人，在当时为了向沉重地压在头上的古老传统开战，不得不求助于外力，而向异域去搬取救兵，这也是情理中事。特别是英国有一种所谓 Familiar Essay

的,有人译为"絮语散文",因为文体的亲切、随便、侃侃而谈,无拘无束,对大家最有吸引力。我自己也是很欢喜这一类文字的人。记得在中央大学读书的时候,我是读的国文系,却也常常去旁听外文系的课程,像范存忠、俞大纲等先生的课,就都听过。听的最多的,是柳无忌先生的英国散文。柳先生最喜欢 Lamb,我课余也常常把《Essays of Elia》拿来翻阅。今天执笔写此文的时候,半个多世纪前的往事,犹历历在目。柳先生今尚健在,但远处异国,他当然是并不记得我这个学生,尤其不会知道我正在怀着无限的温馨想念他哩。

　　由于散文是最广阔,甚至可说是漫无边际的一种文体,因此它是最自由,最容易写,也是人人能写、人人会写的一种文体。莫里哀作品中的一个人物,起先以为散文是一个十分堂皇的高不可攀的名字,后来知道原来自己每天所讲的就是散文,竟大为惊奇。然而,他当然不但不会写出好的散文来,就是说的话,也不但很少意味,甚至还常常会语无伦次,词不达意。散文,看来是最容易写的,其实也是最难写的。十多年前,我在一篇文章中曾说过这样的话:

> 本来,一切文学作品都是要显示作者的性情和品格的,但在诗歌、小说和戏剧作品中,作者常常用韵律节奏、故事情节等把自己装裹起来,使读者不容易一下子看清他们本人的庐山真面目。散文则不然,作者毫无装扮,甚至不衫不履,径自走了出来。凡有所说,都是直抒胸臆,不假雕饰。他仿佛只是在喁喁独语,自吐心曲;或如面对久别的故人,正在快倾积愫。读者通过他的作品,一下子就看到了作者本人,看到了他的本色本相。所以散文是最见性情之作,既是最容易写的,也是最难写的。一切没有真性情的人,或者不是真有话要说的人,最好不要来写散文。①

这意思就是说,散文要有真性情,它不受拘束,最忌造作,要自由自在,适心而言。我以为散文的"散"字,下得很好。它不但不讲韵律,毋须对

---

① 见《文学的魅力》,第199页,山东文艺出版社1986年8月版。

偶,什么严整、匀称等等都可以在所不计,总之是毋须刻意求工。但是,凡事总难免有一定之规,文章也得有章法,完全不守规矩,就有可能画虎类犬,刻鹄成鹜,不成文章。不过古人也说过:"文无定法,神而明之。"或者说:"文章本天成,妙手偶得之。"难就难在要能入"神",要能成为"妙手"。这还是得靠功夫,就是说需要历练;得有修养,要在学识品性方面使自己能成为一个有滋有味的人。这些都是"功夫在诗外",不是一蹴可及的事。我现在想讲的是,许多人都说散文要"形散神不散",他们是从文章本身立论的。我却想从人的方面来讲这个"散"字。我以为这个"散"字,可以解为散淡的"散"。诸葛亮在司马懿大军压境、直逼城下的时候,万般无奈,只得摆起空城计来。不管历史上是否真有此事,京戏中诸葛亮的一句唱词"我本是卧龙冈散淡的人",听来不但回肠荡气,令人低回流连,咏叹再三;而诸葛亮那种野云孤鹤般的襟怀,潇洒中难免有一点苍凉颓唐,更使人感到天地悠悠,世事沧桑,不由得平添不少感伤。而诸葛亮在这样的时候,能从容地自抒怀抱,说自己是个散淡的人,那是真够"散淡"的了。诸葛亮惟其是个散淡的人,所以后来尽管有违初衷,不得已做了刘备的谋臣,建立了不世的功勋。而他的文章,虽然为数不多,但流传下来的,也都是不乏真性情的好作品。这关键,我以为就在于诸葛亮是一个能够"散淡"的人。能够散淡,才能不失自我,保持自己的本真,任何时候都能不丧失理智的清明:做官能够不忘百姓,写文章能够直抒胸臆,决无矫揉造作,装腔作势之态,这就自然能够写出些别人爱看的好文章来。

  做散淡的人,当然也并非轻而易举的事。在荣利面前,有几个人真能漠然处之,抱"富贵于我如浮云"的态度?尤其在权势面前,谁又能依旧我行我素,昂然挺立,不稍低头?这真是谈何容易!但是,要写出好文章来,特别是要写出好的散文来,就必须先成为一个散淡的人。今天真能散淡的人,不说没有,但也真如凤毛麟角,着实稀罕。好散文之所以难得,其故多半正在于此。

  散文是最自由的。大家都非常希慕自由的境界,都愿意能摆脱一切羁绊,特立独行,任情适性,过一种无往而不逍遥的生活。但这虽不说是决无可能的世上少有之事,总也犹如水中月、镜中花,可望而不可即,只能企慕,而万难得到的东西。不过,说到底,最高的自由,是心智的自由。心智可以说是天生自由的,永远自由的。谁能禁锢、剥夺你的心智的自由呢?不许你这么想,只许你那么想,但思想在你心中、脑里,你偏要这么想,偏不那么想,谁又能奈何你呢?孔子说:"求仁得仁",正如你想做一个仁者,那是任何力量都无法阻止你的。何况,我们现在谈的是写文章,尤其谈的是抒发性灵的散文,又不是叫你去议论朝政,写作一些惹是生非、惑乱人心的东西,谁会来剥夺你这种自由呢?今天是一个开明的时代,散文家完全享有自由的广阔天地。不过,尽管如此,恕我直言,却也不是所有的散文作者,都是善于利用这个自由的气氛,充分发挥散文的自由自在的长处的。原因就在于许多人还有不少私心杂念,想利用散文来达到他某种个人的目的,就是说他还不能做一个"散淡"的人。做一个散淡的人,的确不太容易,尤其是如果想求之于人人,那不但要求过高,甚至是绝对不可能的。不过,散文要写得自由自在,除了人要散淡这个比较艰难的一条路以外,还有一个简便易行、人人能做、人人可走的一条路,那就是做一个"真诚"的人。尽量说自己的话,既不要人云亦云地一昧跟随别人,专拣别人爱听的话说;也不要为了与人争奇斗胜而故意标新立异。当然,为了保护自己,你也大可不必有意触犯时忌,讲一些危言耸听而无补大局的话。但你无论如何决不要发违心之论,说一些自己本不想说而且内心也并不以为然的话。这一点总该是能够做到的吧?能够如此,那么,你的散文即便写得并不怎样好,总也有值得一看的东西在,总还不失为一篇多少有些个性的东西。

所以,概括起来,我对散文,要求的是真诚、自由、散淡。能够成为一个散淡的人,真诚地写作,就可以达到自由的境界,写出真正令人爱读的散文来。果能如此,那么中国的散文,将会日见辉煌,不但可以无愧于我们祖先所创造的如此绚丽灿烂、光彩夺目的优秀散文传统,而且可以在世界的散文园地里,独树一帜,使人仰慕,引人赞叹。

三 谈读书

通常,我们把上学叫做读书。问一个人什么时候开始读书的,就是问他是几岁上学的。因为读书一般总是与上学同时开始的,从最初接触到的最简单的识字课本,到以后中学、大学各门课程所用的各种教材都是书,学习、研读这些书本就是学生的本分。但这样的读书,与我这里所说的读书不同。前者是在老师讲授下按部就班地在课内进行的,后者却是在没有老师讲授的情况下独立自主地在课外进行的。一个人一生上学做学生的时间不过一二十年,读书却是一辈子的事。即使在做学生的时候,往往也是课内所读的书,远没有课外所读得多。知识、学问恐怕主要也不是靠课内得来,而更多的是从课外自己阅读得来的。所以,后者比起前者来,更应该引起我们的重视,更值得、也更需要加以认真的研究。

　　读书有没有什么固定的方法呢？回答是"没有"。那么,在可以有各种各样的方法的情况下,有没有一种"最好的"方法呢？回答仍然是"没有"。因为,不但书是各种各样的,人也是各种各样的。文科的书不同于理科的书,这一本书不同于那一本书。青年人有别于老年人,这一个人有别于那一个人。书有书的性质、特点,人有人的趣味、好尚。再加上书的程度有深浅,人的水平有高低。情况非常复杂,很难一概而论。举例来说,譬如诸葛亮早年游学颍川时,常与徐庶、石广元、孟公威等人在一起,诸葛亮读书"但观其大略",徐庶他们则"务于精熟"。两种读书方法,各有利弊,要结合各种具体情况,才能分辨哪一种好哪一种不好。有的书,只需领会精神、知其大略即可。有的书,却必须反复体味,熟读精练。还有,政治家的要求和学问家的要求也不相同,前者重在要点的掌握,后者务求通体的透彻了解。不能笼统地认为诸葛亮的读书方法就一定比徐庶他们的高明,或者反过来认为诸葛亮的方法不足为训,只有徐庶他们的才是正确的方法。如果不管书的种类、性质,不考虑读者的目的要求,而一味地学习诸葛亮"但观其大略",或总是像徐庶等人那样的"务于精熟",都不见得妥当。陶渊明说自己"好读书,不求甚解",这"不求甚解"一向是被当做缺点而受到指责的。其实,它不一定是缺点。有些书,要彻底读懂很不容易,理解的程度,往往需要随着自己的阅历、水平的增长才能逐渐加深,很难强求。有些书,特别是一些文学作品,本来就是见仁见智,看法不一,究竟要怎样看才算理解透彻了,更是难说。即便是对于一些语言文字方面的疑难问题,一般说来,当然应该尽可能地解释清楚,予以弄懂;最好是自己动手查检工具书,或者向人请教。但如果所遇到的每一个这类问题,都要这样做,将会不胜其烦,容易打断继续读下去的兴致。而且有一些陌生的语词和表达方式,接触多了,自然会理解的,只要大致能懂,不妨暂时由它去。正因为有这样一些具体情况,"不求甚解"的态度,有时也不失为一种明智的态度。至于"好读书",按理说,本来应该是一种值得赞美的优点。但有人会说,假如你读的是坏书呢,难道也值得赞美吗?特别在十年动乱时期,这也是坏书,那也是坏书,几乎除了马、恩、列、斯和毛泽东的著作外,顶多再加上一个鲁迅的,此外就几乎全都被认为是坏书,至少也是十分可疑的。因此,"好读书"就不但不是什么优点,反倒常常被作为一个人的罪状之一,如说他沉湎于封资修的破烂货之中、走白专道路等等。假如再把它同"不求甚解"联系在一起,那就更是一种应该被彻底否定的坏习气。一个人一旦被认为染上了这种坏习气,那就不可救药了,就只有受到人们的鄙弃和嗤笑了。其实呢,世间的坏书决不会有那么多,人类的鉴别力还是比较可以信赖的,坏书虽难免偶或出现,但总不大站得住脚,过不多久就会被人们所淘汰。能够流传下来的,绝大部分都是好书,至少总必有其可取的地方。"开卷有益"这句成语,就是建立在这样一种共同信念的基础上的,所以一向能为多数人所接受。"好读书"在大家的心目中也仍然是一种值得赞美的优点。既然"不求甚解"如我上面所说,有时也不失为一种明智的态度,那么,"好读书"即使与"不求甚解"联系起来,也不一定就是缺点,因而陶渊明就也并不是完全不可效法的。

　　读书本来可以有精读和略读(也称泛读。因为只有读得简略,才能读得广泛)之分。诸葛亮和陶渊明的方法大体上可说是略读,徐庶和孟公威等的方法则接近于精读。两种方法各有优缺点,应该互相结合而不可偏废。我不大相信诸葛亮和陶渊明会对所有的书都只"观其大略",或都采取"不求甚解"的态度。如果真是这样,那么,他们两个人无论作为政治家来说,还是作为文学家来说,都不可能取得他们所已经取得的那样的成就。我更不相信徐庶和孟公威等能够对他们所有读过的书都达到"精熟"的程度,这不但是不可能的,而且也是不必要的。如果他们真这样做,那么,他们很可能最终只能成为爱钻牛角尖的书呆子,对社会来说将不过是一个毫无用处的废物。他们之中的无论哪一位,都必然是既有精读,也有略读的。不过相对来说,可能各有偏重罢了。

　　精读是为了求深,略读(泛读)则便于博览。只有读得精,才能钻得深。不花硬功夫吃透一本书,是难望有通体透彻的了解的。你的所得就往往只能停留在表面上,浮光掠影,一知半解,缺乏坚实牢靠的根基。但一个人的时间和精力毕竟有限,如果本本书都要精读,那你一生就读不了多少本书,你的所知就未免太少了。所知太少,知识面不广,要想专攻一点,深入下去,也往往很难做到。因为,世间的事物都是互相联系的,要想彻底了解一件事物,就必须同时了解与这一事物有关的其他事物。如果对于这一事物有关的其他事物连个起码的知识都没有,那么,对这一事物也就很难有透彻的了解。为了多方面了解一个事物,为了尽量扩大自己的知识范围,就必须广泛地阅读。这样,你就不能不对大多数书籍只采取略读的方法。所以,一个读书人总是精读与略读同时兼采,交替并用的。一般说来,精读有助于培养专家,略读(泛读)则易于造就通才。但专家与通才之间,并无不可逾越的鸿沟。理想的专家,应该同时是个通才;而真正的通才,也总是并不缺乏一定的专门知识的。善读书者必须求得精读与略读的协调配合,不可偏废。困难在于究竟把哪些书作为精读的对象,哪些书作为略读的对象?这也是因人而异,不可一概而论。除了可多向前辈请教以外,主要还得靠自己来定。首先要多读多思考,在多涉猎、广泛阅读的基础上,逐渐确定自己的志趣,不断地培养自己的眼光和鉴别能力。这样,自然会作出适当的选择的。鲁迅先生关于读书谈过很多精辟的意见,他一贯主张阅读的面应该广泛,不要只读与自己的专业有关的那些书,各种各样的书都不妨随便翻翻。理科学生应该读些文科方面的书,文科学生也要读些理科方面书。只有这样,才能开拓思路,扩大知识面,适应日益发展的社会各方面的需要。鲁迅先生的这一意见,今天已为多数人所接受。尤其爱好文科特别是文学的青年,阅读的范围更应该十分广泛。认识能力与鉴别能力就是在不断广泛的阅读的过程中逐渐养成并得到提高的。

有人也许会担心,多方面的广泛阅读固然十分重要,但如果漫无限制地让一些青年去读他所碰到的随便什么书,难免会产生一些很不好的后果。是不是最好能够开列一些书目,使青年可以有所遵循,学习时也可以少走一些弯路。这种担心,自然并不是多余的。开列一些必要的书目的意见也很好。不过我不赞成从消极方面加以限制,那并不是好办法,还可能受一种逆反心理的驱使,你愈是不让他看,他反而愈是争着要看。还是开列一些书目,多从正面积极加以引导的办法比较好。但,一方面如我上面所说,书和人都是各种各样的,适合于这个人读的书,不一定适合于那个人读。要开一张普遍适用或对一切青年人都适用的书单并不容易。即使开出来了,书店也不一定供应得上。你要他读的书,他偏偏找不到;而他手头却正有你并没有要他读、却也很可一读或者不妨一读的书。你开不开书单关系并不大,他反正只能读那些能够找到的书。何况现在也并不缺少各方面推荐的各种书目,有学校老师开的,有出版社开的,有各种组织、各个团体开的,已足够供各种读者的参考采择了。我的意见是,既然绝对不能接触的坏书并不多,那么鲁迅先生的"随便翻翻"的主张,还是比较通达而可行的。积极方面则可以鼓励青年多读适合于自己的兴趣和水平的古今中外已有定评的名著,这样做,既可避免接触过分不健康的东西,同时也最有利于帮助他们建立起自觉读书、爱好读书的良好习惯。

　　读书虽说并没有固定的方法,但读书的人却很有善读书与不善读书之分。两种人读书的效果,最终达到的成就,可以大不相同。那么,怎样的人才算善读书的人呢?特别是,怎样才能做到善读书呢?回答前一个问题并不困难,凡是善于吸取书中的精华,使之为我所用的就是善读书者,要回答后一个问题就不是那么容易了,因为世上并没有一种人人可以服用的仙丹灵药,一服之后就可以立地使人成为一个善读书者。所以这样的答案是很难提供的。前人虽有许多很好的谈读书经验和治学方法的文章,可以供我们参考,给我们启发。但在急于求成、要求能立见神效的读者看来,很可能还是过于笼统而抓不到要领,不会满意的。但对于抱有这样一种要求的读者,我们也实在无法使他们满意。首先,要能善于吸取精华,就先要具备识别精华的眼光与能力。这种眼光与能力,是不可能有什么成套的现成东西,可以由别人提供给你的。它还是只有靠你自己通过广泛的阅读和不断的历练,才能取得的。

我这种说法,很可能会被认为是一种读书方法的取消论。其实不然。读书当然总是有方法的,不过没有固定的方法罢了;譬如上面说的广泛阅读和不断历练就可以说也是一种读书方法,而且是多数人经常在使用的一种方法。不过,这种方法在运用上很有一些讲究,用得好和用得不好差别是很大的,需要多说几句。广泛阅读的意思很清楚,毋须多说。不断历练中的"历练",虽然也有实践锻炼的意思,但主要是偏重在思想方面说的,意思就是要经常把书上所讲的道理同自己的情况,自己各方面的条件联系起来进行思考和对照。这一点非常重要,可以说是这种方法的要点所在,一个人能不能成为一个善读书者,在很大程度上就要看他能不能很好地掌握和实践这一要点。

为什么这一点竟有这么重要呢?

歌德说过:"我们不认识任何世界,除非它对人有关系。"人类的一切学问,一切研究,其目的都是为了促进人自身的幸福和发展。无论是关于人的研究,还是关于自然的研究,或者是关于人和人的关系、人和自然的关系的研究,都离不开这一个根本目的。人是一切研究、一切学问的出发点和归宿。因此,读书、研究学问,首先就要了解人。而了解人的最好的途径就是从了解自己做起,这也就是古希腊的著名谚语"了解你自己"这句话的深刻意义所在。车尔尼雪夫斯基说过:"谁不以自身为对象来研究人,谁就永远不会获得关于人的深邃的知识。"反过来,如果一个人能够这样做,那就比较容易取得对人的深刻了解。人和人是相通的,观人可以知己,推己也可以及人。一个人如果在读书的时候,能够时时联系自己作一些对照反省的功夫,将会有很大的好处。古往今来的一切大学问家,都是一些善于把书本上的东西同自己周围的现实条件,同自己的具体情况密切结合起来进行思考的人;都是善于设身处地、推己及人,经常把自己同别人放在一种对照关系中来进行反思和自省的人。因此,他们善于知人论世,对人和对社会都有极深刻的了解,在学术上也就能够作出十分卓越的贡献。

书籍是保存知识、提供知识的宝库,我们读书是为了从书中得到知识,接受知识。但一个善读书者决不把自己当做一个单纯的接受者,决不把自己完全放在一种消极、被动的地位。书虽是别人写的,但现在来读它的却是我,我读就不同于别人的读。因为我有我的具体情况、具体条件。我的修养水平、趣味好尚都不会与别人完全相同。我从书中只能接受那些对我来说是能理解、感兴趣、有用处的那一部分,我有我自己对书籍及其内容的选择和取舍的标准。这是一方面。再说,书本上的知识,虽然已经是一种现成的固定的东西,它似乎是静止的、凝固不动的、已经是一种死的东西了。其实不然。它一旦与读它的人相接触,把它放到读它的人所处的现实条件中来,它就又会运动起来,又会变成一种活的有生命的东西来的。譬如《山海经》中记载着这样一则神话故事:有个叫刑天的,跟天帝争权,被天帝砍去了头,他就用两乳做眼睛,肚脐当嘴巴,仍继续挥舞着他的武器(干戚)。这则记载,就这样纯客观地、丝毫不加任何评论地叙述了一则故事,也不知是什么时代什么人写的了,早已是一种过去的陈迹了。可后来陶渊明读了这段文字,就写出了"刑天舞干戚,猛志固常在"这样两句诗来,联系他自己当时的现实形势,表达了他对刑天这种不屈不挠的斗争精神的企慕。从陶渊明到今天,又已十几个世纪过去了,可他这两句诗,我们现在读起来,还是虎虎有生气的,并没有随着陶渊明一同死去,每个读它的人都可以从中不断地得到新的体会和启发。又譬如,我们读小说,也经常会发现,在我们今天的现实生活中,就存在着许多与小说中所写到的各种各样的典型人物相类似的人物。对小说中的人物的理解,可以帮助我们对周围人物的认识;而我们对周围人物的认识又可以加深我们对小说中的人物的理解。任何知识,都从来不只是一种简单的知识,它同时也为我们提供一种启示,对我们能够起到举一反三、触类旁通的作用。每一种新的、从未接触过的知识,对我们来说,都展示着世界、社会、人生的一个新的领域、新的方面,能使我们对周围的事物产生一种新的理解、新的认识。当这些知识真正同我们的心灵结合、与我们凝为一体以后,就能使我们产生出新的智慧和新的力量来。

前面说过,善读书者就是善于吸取书中的精华,使之为我所用的人。要使本来不属于我的外来的东西,能为我所用,必须首先要能驾驭它，使它服从我的调遣。如果是属于精神领域的东西，更必须使它与自己的思想认识结合起来，使它与自己结为一体，真正变为自己的东西；只有使它为我所有，才能使它为我所用。我们读书，要像蜜蜂采花酿蜜那样，蜜蜂采的是花粉，酿成的却是蜜。花粉一到蜜蜂体内，经过蜜蜂的消化作用，就发生了质的变化，就不再是花粉了。如果采的是花粉，吐出来的也是花粉，那就毫无意思了。人们读书，不是为了单纯地接受知识而是为了明理，为了指导实践，书本上的知识一和自己的心灵接触，就不再是原来的死的知识，而成为一种活的智慧了。因为它已经同自己的思想认识结为一体，从外在的东西化为内在的东西，真正变成了自己的东西了。如果读书的人只能死记硬背，只能简单地原封不动地记住书上所有的一些东西，而不能使它通过自己心灵的光照，起一种质的变化，那么你就只能作为一座两脚书橱，不过是把书架上的书移动一下位置搬到了自己的记忆中而已。这样的读书，读得再多又有什么用呢？善读书者则不然。他们的体内仿佛有一种特殊的像触媒剂、发酵素那样的东西，书本一与他们接触，其内容就会发生质的变化，酝酿出一种与原来的内容不完全相同的新的东西，有新的特色，能产生新的作用。在人体内怎么会有这种像触媒剂和发酵素之类的东西呢？这话不是说得很有些神秘吗？其实并没有什么神秘，这些东西就是来源于善读书者的博识与睿智，就是通过广泛阅读和不断历练而培养起来的一种开阔而敏锐的眼光。要能具备这样的博识与睿智，要能取得这样一种开阔而敏锐的眼光，关键的一点，就是必须首先确立一种独立自主的自觉意识，在不断地进行广泛阅读的同时，不但要经常把书本上的东西同自己周围的现实条件联系起来加以思考，还要经常把自己作为对象来进行反思与自省，把自己与别人进行对照，通过了解自己来了解别人。只有对人有深切的了解，对周围的现实条件有深切的了解的时候，你的眼前才会豁然开朗，所读的书才会活起来，你才能真正成为一个善读书者。

四　谈治学

治学的道理和做人是一致的,首先必须真诚。对于一个知识分子或以治学为职业的人来说,他的为人可能主要就是从他的治学态度上集中体现出来的。所谓治学和为人的真诚,也就是指他在这两方面的认真严谨与诚心诚意。没有这种对于治学的真诚态度,一个人的学问是不会达到深湛境界的。同时,对于治学的真诚,也意味着不能将其视为手段,当做谋取世俗名誉的途径。因此,"真诚"多少带有某种"为学术而学术"的含义。这实际上也就是指治学必须以执著不断的追求和热爱为首要前提。

如果一个人的治学态度是真诚的,那么他肯定不会排斥学术上的独创与宽容。可以这样说,独创是学术进步的一个最重要的动力,也是学术生命充满了活力的标志。没有独创,我们的学术必将墨守成规,止步不前。从一定意义上看,衡量一个人是否具有治学的才能,一个最主要的参照标准,就是看他是否具有独创能力。当然,有时这种能力是以一种未经发掘的、潜在方式而存在的。与独创有着直接联系的,则是学术上的宽容。宽容意味着兼容并包,意味着思想的自由。宽容是与学术上的孤陋寡闻和专制划一直接对立的。宽容能够刺激、鼓励、帮助并完善独创;反之,则会压制、反对并扼杀独创。显然,前者正是学术发展的一个重要积极因素,后者无疑成为学术前进的绊脚石。我们应该大力提倡独创与宽容,这样,我们的学术研究才能健康地发展,其水平也能更快地提高。

五　谈写作

写作在社会生活中,在人们的交往中,有十分重要的作用。怎样才能把文章写好,是个大家都非常关注的问题。古往今来,不知有多少人在这个问题上曾覃思竭虑地提出过许许多多各种各样的意见和建议,关于这方面的论著真可以说是"汗牛充栋"。可尽管如此,自从这个问题开始引人注意以来,时间已经成百上千年地流逝过去了,然而怎样才能写好文章却依旧是个有待解决的问题。今天人们要求提高自己写作能力的心情,甚至比古人更为迫切了。那么,难道过去人们在这个问题上所说的一切,包括许多文学大师和杰出作家的自述创作甘苦之言,都全然没有起到什么作用,对于人们的写作实践竟是毫无帮助吗?这不能不引起人们的深深怀疑。有许多人很自然地会想到古人早就说过"文无定法,神而明之"这样的话了,觉得写作大概真是没有什么方法可言的。因而对关于谈写作方法、写作指导之类的言论和书籍,不免有某种程度的轻视,甚至不屑一顾。抱有这种想法和态度的人,恐怕不在少数。

其实,任何事物都是有规律可寻的。既有规律,也就可以根据这些规律制订出相应的有效方法来。只要不把这些方法当做什么能够立奏奇功的仙符神咒,或者可以包治百病的灵丹妙药,那么它们必然会给你以切实的帮助,使你在实践中收到事半功倍的效果。我想,人们之所以会对谈写作方法、写作指导之类的言论和书籍产生怀疑,感到失望,原因恐怕多半就在于把它们当做秘方秘诀,以为只要一经掌握就不但可以解决在写作中所遇到的一切难题,而且还能使你立地写出一手好文章来。可惜世间是不会有这样便宜的好事,不会有这种使你一通百通、一了百了的秘方秘诀的。

当然,除了这种主观方面的观念上和态度上的不正确以外,也还存在着客观方面的原因。由于社会在不断的向前发展,人们相互间的关系日益错综复杂,生活的变化也愈来愈频繁而迅速,从而在写作领域里也就会滋生出各种各样的新的问题。例如文章门类和体式的增加变化,写作技巧和手法的日新月异,以及语言习惯的变异更迭等等。这些新因素新现象,必然也会对作者在自身修养方面相应地提出种种新的要求。这就自然会使已有的写作理论、写作方法不能完全满足人们今天的现实需要,因而怎样写好文章就将依旧是、并且将永远成为人们进行探索和渴望解决的问题。

从根本上说,文章要写得好,关键问题当然是要靠作者自身的修养。这修养不仅是知识、技巧方面的,而且更重要的还在于作者的人格和精神境界方面。没有丰富的知识,对社会和人生缺乏深刻的了解,又不具备娴熟和高超的文字表达技巧,是不大可能写出好文章来的。不过,即使你已基本上具备了上面所提到的这些条件,也还不见得就一定能写出真正激动人心的成功的艺术作品来。因为,创作是作家心灵的事业,只有那些具有博大坦诚的胸怀,始终把自己的事业与祖国和人民的命运紧紧联系在一起的作家,才能写出影响深远的具有高度思想艺术水平的伟大作品来。这是早就为世界各国的文学历史事实充分证明了的。所以,要使自己能写出好文章来,首先就必须在自身修养方面下工夫。要努力充实和提高自己:充实自己的社会历史文化知识,提高自己的道德情操和心灵境界,这是使你能写好文章的一条最根本、最有效的途径。在这方面,前人已为我们提供了许多宝贵的经验和教训,有关的名言隽语,早已脍炙人口,久久流传。这是写作理论中最有价值、最具普遍意义的部分,永远值得每一个要想写出真正的好文章来的人去认真地学习领会,深入地钻研借鉴。

文学评论散谈

一 评论家应该首先是读者

近来,大家都感到我们太缺少文艺批评了。

本来,有文艺就会有文艺批评。人们在看了一出戏、一部电影,或者读过一首诗、一篇小说以后,总免不了要发些议论,谈些想法,这是很自然的事。今天我们的文艺创作这样繁荣,照道理讲,文艺批评也一定会很兴旺。然而事实却并非如此。同创作相比,我们的批评却显得相当冷落。即使近年来领导上一再发出号召,群众也十分热烈地在期待着、企盼着,可我们的文艺批评却总还是不能很好地展开,这实在不能不使人感到失望,而且有点奇怪。这究竟是什么道理呢?

前天,在上海作协听了罗马尼亚作家约奈尔·西尔维乌·弗拉德同志的发言,觉得很有启发。他在谈到评论家与作家的关系时,强调地指出:评论家应该首先是读者。我听后眼前仿佛豁然开朗起来,上面那个问题好像已经部分地找到了答案。

"评论家应该首先是读者",这本来是十分自然而简单的道理。可在我们这里,评论家恐怕就常常忘记了这个简单的道理,他甚至很少想到自己也应该是个读者。这当然不是说,他并不去认真阅读他所要评论的作品(不读,怎么能评、能论呢?),而是说,他并不是首先把自己作为一个读者去阅读作品,然后再对作品进行评论的;而是说,他是自始至终把自己作为一个评论家。他读作品、写评论,都是从一个评论家的身份出发,都是在有意识地执行着一个评论家的任务。什么是评论家的任务呢?评论也就是批评。毛泽东说过,文艺批评是"文艺界的主要的斗争方法之一"。尽管毛泽东也曾接着就指出:"文艺批评是一个复杂的问题。需要许多专门的研究。"但我们多年来就一向习惯于把写作文艺评论当做是执行一种思想斗争的任务来看的。对作品的阅读,不是作为一个读者首先去感受它、领会它,而是像一个产品检验员似地去挑毛病、找疵点。写评论,不是谈他读后的认识、体会和意见,而是宣布他的检验结果。这样的评论,不但作家不喜欢,群众也不要看。在党中央拨乱反正、纠正了过去思想路线方面长期存在的"左"的错误以后,人们都不愿再写这样的评论了;即使写了,也因为缺少市场,就只能日渐冷落下去了。

当然,这决不是说评论家不能在作品中挑毛病,找疵点,也不是说评论家不需要对作品中的错误倾向进行斗争。不,这些不但都是可以的,需要的,而且是完全应该的。现在该批评的没有认真的批评,不该大事表扬的却大事吹捧的情况,是存在的,读者也是有意见的,值得评论家们引起注意。但我在这里要提出的问题是,你最好不要事先就抱着这样的目的去阅读作品,把注意力完全集中在找寻作品的缺点、错误上,而是必须把自己当做一个读者首先去感受它,领会它。如果发现它有严重的错误,当然有责任去严肃地与之进行必要的斗争;如果是一般的偏差、缺失,根据它的性质与程度,也可以给予适当的批评。而在这样做的时候,应该始终记住你是一个读者,最好以完全平等的态度来谈谈你的认识、你的读后的体会和意见,而决不要以一种特殊的权威的身份来对作家指手画脚,来对作品作法官式的判决。

评论家如果把自己当做一个产品检验员,或者当做一个法庭审判官,那么他对作品可说的话就不多了。只有或好或坏,有罪无罪,除了肯定就是否定,不是表扬就只有斥责了。假如把自己作为一个读者,那么可说的话就多了。作者所写的,是他所熟悉的生活和人物,他是带着他自己特有的理解和爱憎感情来写这些生活和这些人物的。你在读着这一作品的时候,一定会对这些生活和人物有你自己的理解、自己的爱憎。而且,你会觉得,吸引你的注意,使你产生兴趣的,还不仅是作者写到的生活和人物,还有站在这些生活和人物背后的作者本人。这些都能够打动你的想象,使你对社会、对人生有更广泛更深入的了解,使你产生各种各样的想法,使你对作品所写到的生活和人物、使你对作者本人都有许许多多的话要说。而这些想法,这些话语,如果真是在对作品有真切感受的基础上产生的,又是带着你自己特有的感情真心诚意地说出来的,那么,无论是作者,是读者,都会感到兴趣,并且有所启发的。这样的文艺评论,真是道路广阔,不但谁都能够写、愿意写,而且随时都会感到有写的冲动、写的需要。而且,这样的文艺评论,对繁荣我们的文艺创作,满足人民精神生活的多方面的需要来说,一定能够起到很好的促进作用。

　　文艺评论的确像毛泽东所指出的那样,是一个复杂的问题,需要作多方面的研究,过去,我们对这个问题实在研究得太少了。但我想,评论家应该首先是读者这一点,总是十分正确而有益的意见,相信是能够得到大家的同意。假如评论家以及一切写作评论文章的人,都能在实践中做到这一点,同时,作家也把评论家当做一位读者、一位知心朋友,大家切磋琢磨,不害怕批评、拒绝批评、一批评就跳,那么,我们的文艺批评就一定能够顺利地开展起来,改变冷落的状况,并必然会促使我们的文艺创作得到进一步的更大的繁荣。

二　"真实"与"真诚"

　　赫尔岑在他的回忆录《往事与随想》的序文中说,他在这本书的写作过程中,总竭力"要使某一种往事经过沉淀变成明晰的思想",尽管"这需要花很多时间",使他的写作因此"进行得很慢",但是,他说:"倘使做不到这一点,纵然会有真诚,却不可能有真实!"[①]从他这句话看来,可知要得到真实,是比真诚更困难的。道理也很简单,真诚是主观方面的事,只需求其在我就行。真实却必须使主观认识与客观实际相一致才能达到。做到真诚,只是一个态度问题;求得真实,却还要涉及

[①]　赫尔岑:《往事与随想》第6页。上海译文出版社。着重号原有。

能力和水平的问题。其间的难易之别,是很显然的。

但是,容易做到的事,并不就是无足轻重的事(其实,要做到真诚,也并不容易!)。单有真诚,固然不一定能达到真实;然而要想求得真实,却决不能没有真诚。真诚可以说是求得真实的必不可少的先决条件,没有一个真诚的态度,是决走不到真实的彼岸去的。托尔斯泰在他的《艺术论》中,十分重视艺术家的真挚,他甚至把它看做是对艺术的价值和感染力起决定作用的东西。这当然未免过分夸大了真挚的作用,并非确论。但应该承认,他这意见也有一定的道理的。不要说像文艺创作这样一种与艺术家个人的思想感情和态度密切相关的工作,决不能没有主观上的真诚;就是办事情,做学问,要想认认真真、实事求是地追求一点真理,没有一个真诚的态度也是不行的。因为真理,常常不是浮在表面的,要想得到它,必须下苦功进行深入的钻研;而缺乏真诚的态度,你就深入不下去,也就很难得到真理。

现实主义所追求的,首先当然是"真"。这"真",我觉得,就应该包括"真实"与"真诚"两个方面。或者以为,现实主义所讲究的,主要是个客观真实问题;真诚则是个主观态度问题,与现实主义是两回事。但是,现实主义不是首先要求作家应该忠于现实吗?忠于现实,难道不正是个态度问题?所以,讲现实主义,是决不能够把态度问题撇在一旁的。只有在主观的真诚与客观的真实相统一的时候,才有现实主义。二者缺一,或者二者相割裂,都不会有现实主义。

不过,无论是"真实",还是"真诚",都有各种深浅不同的层次。就"真实"而论,既有表面现象的真实,也有内在本质的真实;既有个别事物的真实,也有整体现实的真实。就"真诚"来说,既有表现肤泛之情的真诚,也有体现至性至情的真诚;既有个人利己主义者的真诚,也有心系国家安危、人民哀乐的真诚。现实主义必须有客观真实与主观真诚的结合,在结合的方式与程度以及其中各种成分的比例上,更会出现千差万别的情况。所以,尽管同是现实主义的作品,但各自所取得的成就和所达到的水平,却可以是迥不相侔的。这里,不但有着如列宁所说的"个人创造性和个人爱好的广阔天地,有思想和幻想、形式和内容的广阔天地",而且也有着作家、艺术家精益求精,不断提高作品的思想艺质量以大显身手的广阔天地。1859年5月,恩格斯在他那封著名的论革命悲剧的信中曾经这样说过:"……巨大的思想深度和意识到的历史内容,同莎士比亚式的情节的生动性和丰富性,这三者的完美的融合大致只有在将来才能完成,而且也许不由德国人来完成。"①要完成恩格斯所提出的这样一个任务,的确是非常不容易的,然而,这却是现实主义艺术所应该树立的目标。处在我们这样一个伟大时代的社会主义的中国的作家们,难道不应该向着这一目标去努力吗?

三 要有"事外远致"

我觉得我们的作家一般都很重视对现实的真实反映,这就杜绝了凌空蹈虚之弊,使我们的创作能够遵循现实主义的道路,健康地向前发展,这是很好的。但作家同时也不应忘记,他自己是个艺术家,他是在进行创作。既然是艺术,是创作,就离不开想象与虚构。决不能亦步亦趋地跟在事实后面专事模写,使他的作品成了枯燥乏味的事实文学。《后汉书》的作者范晔,对自己的文章很自负,认为不让马班。但是他也自认为有一个缺点,用他自己的话来说,就是"但多公家之言,少于事外远致"。意思是嫌自己的文章写得太实在了,太就事论事了,缺乏高远超妙的思理情致。我觉得他的话是很值得我们好好思索一番的。文学作品自然必须从现实出发,必须真实地反映现实。但它的目的,决不仅仅是在于能让人通过作品去认识现实,而是应该让人透过作品所反映的现实看到更多的东西,看到比现实更高的东西。因为,作品对现实的反映,不同于普通镜子的反射式的反映,它是由作家的心灵这面神异的镜子所作的独特的反映。通过这种独特的反映,在被反映的现实中,就能滋生出一种迷人的情致和诗意,就会在读者的心头自然而然地激发起一种对美、对理想的无限向往和追求。这种情致、诗意以及对美和理想的向往和追求,大概就是范晔所说的"事外远致"吧。而这些,也正是古往今来一切真正的作家所万分渴望,所要苦心孤诣地进行追求的东

---

① 《马克思恩格斯论艺术》(一),第37页。人民文学出版社。

西。我们的作家艺术家是不是也应该多多留意于此呢？我知道我们的作家实际上也是一直在默默地做着这方面的努力的，在清除了过去极"左"思潮的影响以后，我相信作家们的这种努力一定会迅速取得成效。

文艺反映现实，这是文艺理论中的一条基本原则，尽管要全面正确地理解这条原则不很容易，尽管我们过去常有把这条原则抽象化的缺点，从而产生了许多偏向，但我们还是应该坚持这条原则，而决不能随便抛弃这条原则。因为这是一条唯物主义的科学原则，它肯定着外部世界的客观存在，而且意味着文艺作品不是人的一种主观随意的产物，而是与现实相应的东西。但是对于现实这一概念，必须有正确的理解，要防止把它抽象化。文艺作品中的现实，就是指的人和人的具体关系，就是指的人的活动，人的性格。一般意义上的现实，只是文学描写的背景而非对象，只是出发点而非归宿。我觉得我们过去通常有一种说法——文艺表现世态人情，这不但很通俗，也像更便于理解和掌握一些，似乎仍是不妨使用的。说世态人情，这里既有世态，又有人情，似乎包括了两个不同的方面。其实，在文学作品中，世态人情是二而一的东西，它们实际上是一回事。文学的着重点是在于写人情，但要写人情非刻画世态不可，而写世态正是为了显人情。要在世态中寓人情，人情中见世态，而作品的社会意义和教育作用也就自然包孕在其中了。只有这样，文学作品才能打动人们的兴趣，才经得起人们去进行咀嚼和寻味。如果把世态和人情割裂开来，世态是世态，人情是人情，又把重点放在反映世态上，写人情只是为了装点世态，那么不但人情将显得造作，世态也将是支离破碎而缺乏统一的整体性了；而所谓社会意义和教育作用，更往往只能成为一种空洞的说教。这样的作品，是没有多少人要看的。

不管是叫做反映现实也好，叫做表现世态人情也好，作家都不应该是个旁观者，不应该置身于他们要反映的现实或所要表现的世态人情之外。他应该跟这个现实，跟这些世态人情，建立起一种痛痒相关、甘苦与共的亲密关系。这个现实，这些世态，不仅是客观地存在着的，而且是他用自己的眼睛和心灵去观照过、感知过，是经过了他自己的独特的认识和理解的现实和世态人情；是使他对之不能漠然无动于衷而不得不在他心头产生一种既爱又恨、欲舍难割的复杂感情的现实和世态人情。《红楼梦》中的大观园是贾宝玉、林黛玉等人的活动场所，也是曹雪芹耳闻目睹、足履手触的现实世界。《呐喊》与《彷徨》中所表现的世态人情，不仅是浮动展现在鲁迅眼前的世态人情，也是渗透了鲁迅自己强烈的爱憎感情的世态人情。曹雪芹和鲁迅当然是置身在他们周围的现实和世态人情的氛围之中的，而他们周围的现实和世态人情又无不包孕在他们心灵的天地之内。他们笔下的人物既是从他们所生活于其中的现实中摄取来的，同时又是经过了他们感情的孕育，是他们自己的心灵的孩子。正因为在这些形象身上渗透着他们炽烈的爱憎、凝注着他们辛酸的血泪，所以贾宝玉、林黛玉、阿Q、祥林嫂、魏连殳们的命运遭遇，才能那样地牵动着人们的感情，搅扰着人们的灵魂。要是他们只是客观地反映他们周围的现实，冷静地表现他们所见的世态人情，那么，他们的作品对于我们，恐怕就只能提供一些认识作用，而决不会产生这样巨大的震撼力量了。

然而事情还不止如此。如果曹雪芹和鲁迅只关心着贾宝玉、林黛玉、阿Q、祥林嫂、魏连殳等人的个人哀乐，把他们的注意力全部集中、局限在这些人身上，对这些人物所置身的社会虽有亲切的感受，却并无深刻的了解，他们自己的思想境界又只停留在同这些人物差不多的水平上，而不能站得更高，看得更远，想到更多的东西，那么，他们的作品虽然也能使我们激动一阵子，但我们就只不过像听了一个现实生活中的悲惨故事，过不多久，也就随即淡忘了。伟大作品之所以具有不朽的魅力，能够不断刺激我们的想象，引起我们要继续进行追求的无限渴望，就因为伟大的诗人不但对他们的社会有真切的了解，对和他们生活在一起的人民有深厚的感情，还因为他们总能立足于现实的高处，能透过今天去瞻望未来，不懈地为他们心爱的人民苦苦地探索着美好的前途。范晔所说的事外远致，恐怕正是在这样的情形下才能取得的。要做到这一点虽然不很容易，但我们的作家都抱有这样的愿望，正在作着各种努力，而今天又是一个应该而且能够产生伟大作品的时代，相信他们的这种愿望，一定是能够实现的。

四　引进与创新

近年来,由于双百方针贯彻得较好,文艺界气氛活跃,无论在创作方面,还是在理论方面,都硕果累累,显示出一派繁荣景象。但同时,在某些问题上,也产生了一些颇为分歧的意见。譬如,对文学理论方面涌现出的许多新名词、新术语、新观念、新方法,人们就议论纷纷,褒贬不一;叫好者固多,摇头者也不少。对此,我觉得我们应该作具体的分析,首先要弄清楚人们褒什么、贬什么,为什么叫好,又对什么摇头:有时候,看似彼此对立,其实分歧并不大;有时候,好像双方意见一致,细究起来,其中却存在着不小的矛盾。所以,我们不应该不加区别地笼统对待。从原则上说来,对于艺术上和学术研究上的探索和创新精神,我们应该表示欢迎。在探索和创新过程中,自然很难一下子就做到尽善尽美,甚至还免不了常常会有失误,我们应该采取宽容的态度,不要匆忙地作出结论,断然加以摒弃。当然,这决不排斥在正常的讨论中,直率地表示自己的不同的甚至反对的意见。对立的双方,都要避免各执一端,自以为是,听不进不同的意见。

面对目前文艺界百家争鸣、异彩纷呈的繁荣景象,人们很自然地会联想到五四时代。因为,五四时代和今天一样,也是一个开放的时代,一个革命创新的时代。我尤其不禁常常要想起五四时代的鲁迅先生。鲁迅作为开创一代新风的大师,他的小说一出现,就给人一种耳目一新的感觉。像《狂人日记》这样的作品,在中国历史上是从来不曾有过的;它显然吸取过异域的营养,带着明显的外来影响。然而,它又毫无疑义地确确实实是真正的中国作品,具有鲜明而浓郁的中国的民族特色。鲁迅在谈到当时人们对自己这一时期的作品的印象时,把它概括为这样两句话:"表现的深切和格式的特别"。我觉得这个概括是非常贴切的。"表现的深切",也就是内容的深刻。这"表现",既包括外界的,也包括内心的。只有外界与内心的一致,客观与主观的交融,才能达到表现的深切,作品才能有深刻的思想内容。"格式的特别",也就是形式的独创。这"格式",既是指作品的体式,也是指文章的风格。只有体式与风格的统一,题材与主题的浑和,这样的"格式的特别"才是值得称道的,才能说得上具有独创的艺术形式。内容与形式是无法割裂的,真正的艺术作品更必须做到思想与艺术的和谐一致,内容与形式的完美结合。单有深刻的思想内容而无独创的艺术形式,或者单有独创的艺术形式而无深刻的思想内容,都不足以成为开创一代新风的经典之作。而这里面,表现的深切,即深刻的思想内容,又是首要的和最起关键作用的。表现的深刻切至,每易导致形式的新颖独创,正因为内容的新,才往往带来形式的新。从鲁迅来说,正因为他对中国的社会现实、历史传统、文化背景以至民族的心理和特性,有十分深切的了解,作为一个坚贞的爱国主义者,他面对祖国的病弱,人民的苦难,胸头满怀忧愤,急需找一个宣泄口。含蕴既深,内积又久,发而为文章,就自然能够找到最合适最有力的表现形式,其感人自然也就至深了。

至于说到外来影响,鲁迅自己也说过他在动手写《狂人日记》时,曾得力于先前看过的百来篇外国作品。但是,对于这些外国作品,他决不是把它们的思想和形式简单地搬过来生硬地套用到自己的作品上去,而是首先经过一个吸收、消化的过程,变外在的东西为内在的东西,使它们和自己融为一体,真正成为自己的东西,并且使它们同自己的题材、自己的描写表现对象密切地结合起来,更好地为表现自己的思想感情、为自己的创作服务。所以,他的作品虽有明显的外国影响,但决不是匠艺式的东拼西凑之作,而是浑然一体的、生气勃勃的真正艺术创造。这是从他的创作来说的。从理论文章来说,1928年顷,鲁迅在和创造社、太阳社关于革命文学的论争中,他的文章虽并不标榜什么革命的主义,但比起论战的另一方文章来,却分明包含了更多更符合马克思主义的东西。即使30年代以后,鲁迅已是一个成熟的马克思主义者了,他的文章也决无不必要地滥用革命的词句,这固然部分的是由于处在国民党的反动统治下,出于斗争策略上的考虑。但更多的还是为了希望他的文章能为更多的读者所理解、接受,能够起到更大的作用。这样做,当然是很不容易的,不是任何人都能轻易做到的。但为了使自己的文章能做到深入浅出,能发挥更大的威力,每一个人都应该向这个目标去努力。

我在目前正在展开的文学理论新观念新方法的讨论声中,特别提起鲁迅的事例,似乎有用鲁迅来压新观念新方法的提倡者之嫌,本意实非如此。我坚决地认为:时代在飞速前进,现实条件在不断变化,一切不再适合今天的文学实际,甚至要阻碍今天的文学向前发展的旧理论旧观念,必然要被淘汰,或者应该加以革新;而凡是有助于解释、阐明新出现的各种文学现象,能促进今天的文学向前发展的新名词、新方法,一定会产生出来,或者被介绍引进过来。对于目前许多同志积极地从国外或自然科学领域介绍或引进一些新观念、新方法、新术语到文学领域中来的工作,我也和许多同志一样,是深表欢迎和感谢的。但是,一种理论的产生,必有它的现实的土壤与基础,从外面引进的理论、方法、名词术语,也一定要能与本身的现实条件相结合才能站得住脚,才能对实践起指导作用。凭主观臆造的理论、不与现实相适应相结合的理论、方法、名词术语,决不能在现实中扎根,也决不会有什么生命力。我提起鲁迅,无非希望大家在创新过程中能认真地向当年的鲁迅学习,并尽量避免一些可能产生的缺点和偏向而已。

五　争鸣三境界

《文艺争鸣》创刊以来,怕已有三年了吧?拿三年前文坛的情况和今天比,显然大有不同。过去是你说你的,我说我的,互不相犯;或者是你好我好大家好,所到的是一片歌颂赞扬之声。今天可不一样了。不但对同一问题可以各抒所见,各是其所是,各非其所非;而且常常你争我辩,互不相让,完全冲破了过去那种令人厌倦的一团和气的局面。这一局面的改变是来之不易的。其中,应该说也有《文艺争鸣》的一份功劳。但其实,恕我直言,不管是《文艺争鸣》也罢,还是其他各种各样的热心倡导争鸣的报刊杂志也罢,对争鸣风气的形成所起的作用,实在是很有限的。功劳主要应该归之于党在这几年来比较认真地执行了"百花齐放,百家争鸣"的政策,归之于党中央对学术民主、创作自由的重要性和必要性,有了比较清醒的认识。这自然也是与学术界、文艺界包括《文艺争鸣》在内的许多刊物的不断呼吁有关。但呼吁是一回事,听不听又是一回事。人们连年大声疾呼而毫无反响的事何止千万？甚至连呼吁一下都要被认为是心存不轨而横遭斥责的也决非少数。现在不但容许呼吁，而且呼吁居然能够生效，足见党中央的开明，同时也充分显示出这几年来我们国家的民主、开放的程度，这真是十分可喜而值得庆幸的事。

本来，学术争鸣是十分自然的事，即使不加提倡也是会经常发生的。对于同一个问题，人们的看法总难以完全一致。何况涉及的是思想精神的领域，在学术是非、科学真理的探讨寻求方面，往往由于取径不同、方法各异；加之认识有深浅，解悟有迟早，因此而出现见人人殊，众说纷纭，莫衷一是的情况，乃是极普通的现象。然而，从建国以后直到新时期以前，在这将近三十年左右的时期内，这种本来应该是十分普通的现象，却变得极为罕见。不管对什么问题，大家的看法似乎都基本一致。十亿人口，只有一个声音，"舆论"完全"一律"，这种状况究竟是可喜还是可悲，显然是一清二楚，无待辨析的。然而，这在过去却被认为是我们形势大好的鲜明标志之一，决不容许改变。非但不容许改变，就连想要加以改变的念头也不容许有。直到十一届三中全会以后，这种情况才逐渐有所改变。有所改变，然而是逐渐的。先是在认识上，然后才在行动上。而且无论是在认识上还是在行动上，其改变也都是逐渐的。在认识上是从认为可以有争鸣，到觉得应该有争鸣，再到懂得不可能没有争鸣；在行动上则是从为了响应争鸣的号召而争鸣，到专唱反调以求得一鸣惊人的效果而争鸣，再到不以立异为高，不求与人争胜，只是自抒所见却产生了良好的争鸣作用的争鸣。从目前的情形看，无论是认识上还是行动上，所到达的似乎都还只是第二个阶段，要达到第三阶段的水平，还有待于今后大家的努力。

近几年来，学术界的争论确乎明显地多起来了，尤其是文艺界显得更为活跃而热闹。但也许是由于我们长时期来一向缺乏自由争论的风气和习惯的缘故吧，争论的开展，总使人感到有许多不够正常和健康的地方。本来，在今天这样的民主和自由的气象下，对待学术问题完全可以各抒所见，是其所是，非其所非；也不妨自是而相非，以己之长，轻人之短；甚至明明自己错了，别人是对的，但由于自己一时认识不到，竟然以己之短,轻人之长;只要态度是诚恳的,能够说出自以为是的道理和根据来,而不是故意文过饰非,胡搅蛮缠,就也可以不加深责。自己既然可以批评别人,别人当然也可以批评自己。批评自然难于做到百分之百的公平正确,被批评者要有能听逆耳之言的雅量,自然也可以提出自己的反批评。无论批评还是反批评,都要实事求是地以学理和事实为根据,不要为了争强斗胜而意气用事,专在语言的尖刻和气势的高傲上用功夫,用藐视对方来显示自己的高明;或者甚至不惜断章取义,歪曲对方的论点,以达到压倒对方、丑化对方的目的。这样做的人也许还自以为得计,其实却是自坏形象、自贬声价的行径,明眼人一望而知,反而难免要为识者所笑。这种有悖争鸣道德的作风,我希望今后能逐渐减少。

对于刊物的编者来说,为了活跃空气,打破沉闷的局面,吸引更多的读者,自然很乐于发表争鸣文章,甚至还要有意识地去加以组织邀约。从以往的经验看,这样做的效果似乎并不好。组织来的稿子的质量往往并不高,大都是为了争鸣而争鸣,内容空洞,只在名词概念上兜圈子,讲不出多少道理,更没有什么新鲜的独到之处。倒是一些并非有意组织来的,而且是个人研究有得又对别人的意见提出自己的不同看法的文章(如最近高尔泰、王若水、杨春时等所写的关于现实主义的讨论文章)倒是写得很有深度,而且颇富启发性的。究竟孰是孰非,也很值得作进一步的探讨,这才是真正的争鸣。我希望文艺刊物的编者们,不要追求表面的热闹,不要人为地去组织争论,而要在来稿的质量上多加用心,多发一些确有真知灼见和有深度、有新意的文章。只有这样的文章,才能推动学术的前进,才能激发真正的争鸣,并且能使争鸣成为一种自然的风气。我上面所说的争鸣的第三个阶段(也可以说是第三种境界),就会不求自来,如水到渠成般地自然形成、自然出现了。

六 保持理智的清明

文学评论是以作家及其作品为对象的,比起作家来,文学评论家在人们心目中的地位总要靠后一些。作家的作品被称为创作,是带创造性的,作家被认为是一些富有天才的聪明人。而评论家的作品不过是议论作家的创作,写得再好,也已落入了第二乘;何况所发的议论,还并不总是很中听的。因此,评论家往往被人们视为一些专爱议论聪明人的笨人而受到讥嘲。但对此,也并非没有不同的意见。如王尔德就认为文学评论甚至比创作更有创造性,更值得重视。文学史上也确有不少作家曾把评论家当做自己的导师和引路人而加以崇敬的。所以,对于文学评论和文学评论家的作用和地位,常常因人因时而异,不能一概而论。它不但与评论家及其文章所表现出来的识见、品格和审美才能有关,也与一个时代的政治形势和社会风尚有关。客观上存在着各种各样的作家,各种各样的作品,而读者的兴趣、爱好和知识文化水平也是各种各样的,那么当然也应该容许各种不同风格、不同写法和不同水平的评论文章的存在,以适应各种不同对象的多方面的不同需要。

活跃文学评论,有两点意见,不妨提出来,供写作评论文章时参考。
第一点,必须从自己的实际感受出发。

这本来是毋须说的,但在过去,特别是在新时期以前,不从自己的感受出发的评论文章,却比比皆是。那时把文学评论当做是政治斗争的一种手段,它的主要任务就是辨别香花和毒草,以服从政治斗争的需要。做这种工作,只需有思想认识上的辨别能力就行,可以完全不必靠艺术感觉。现在大家虽然不这么看了,但长期形成的习惯,往往不能一下子就彻底改变过来。所以那种不从自己实际感受出发的评论文章,并没有完全绝迹。对文学作品进行评论当然必须作思想艺术分析,但文学作品的思想性和艺术性,是融和凝结在一起的,你无法把它们截然分开。文学评论家固然不能没有深刻的观察力和思考力,但尤其不能缺少敏锐细致的艺术感受能力。因为,文学作品并不是单纯诉诸我们的理智,而是诉诸我们的整个心灵的。你要分析它,首先必须用整个心灵去感受它、体验它。脱离了实际的感受,缺乏亲切的体验,那么你的理解必然是肤浅的;所作的分析,也只能是抽象的,是不会有什么说服力的,更谈不上能打动人了。而且这种感受和体验,必须是新鲜的、现时现刻的,只有当你深刻地感受和体验着作品的思想艺术力量,沉浸在这个作品所形成的艺术氛围之中,而又能保持自己理智的清明,不失自己的独立个性,才能写出切实的、较能令人满意的评论文章来。

第二点,必须有好说好,有坏说坏。

这本来也是理应如此,用不到特别提出的。但事实上要真正做到这一点,却也并不容易。困难主要不在于鉴别力的不足或偏差上,而是在于评论者的注意力往往并不落在自己所评论的作品身上,而是另外的考虑太多。如果是由于鉴别力方面的原因,而误将好的当做坏的,坏的当做好的;或者把不怎么好的当做非常好的,并不太坏的当做非常坏的。这都不要紧。而且有的还可能是由于着眼点不同,仁智之见各有所好的缘故,而并非由于鉴别力方面的缺失。这种情况往往是难以避免的。正可因此而各抒所见,通过认真的、严肃的讨论,使大家的理解更丰富、全面,认识更深入、透彻,学术上的进步正是这样取得的。值得担忧的倒是评论者的注意力不在所评作品的身上,而是放在另外的关系上面。这样,即使他有很高的艺术鉴赏力,他首先尊重的也往往是各种各样的关系,而不是自己的鉴赏力。他就不能保持理智的清明,坚持有好说好、有坏说坏的原则,而只能发表一些不切实际的、自己也并不相信的意见。人们自然也就很难把他的评论当真了。这样的评沦,无论对所评作品的作者还是对读者,都不会有什么好处,唯一的后果只是败坏了自己乃至整个文学评论的名声而已。只有坚持有好说好,有坏说坏,才能获得人们的信任。当然,我们也希望与文学评论有关的各种团体和个人,能够更加明智通达一些,不要用自己的意向去影响或束缚评论家,使文学评论树立起应有的威信,那么得益的将是整个社会主义文艺事业,而作家、编辑、出版社等必然也将同受其惠了。

文学研究漫谈

一 文学的社会作用与文学的艺术性

我们一向很重视文学的社会功能,要求文学要能够推动社会生活的前进,有益于人民身心的健康。这是我们的一个优良传统,它保证了我们的文学能够沿着现实主义的道路健康地向前发展,这是很好的。但长时期来,特别是在极"左"思潮的影响下,也不免产生了另外一个偏向,那就是:我们往往忽视或脱离了文学本身的特点而抽象地强调文学的社会作用。过去不管是在我们的现代文学研究和教学工作中,还是在我们的文学评论工作中,我觉得都普遍存在着这种偏向。这自然也不能不对我们的文学创作产生有害的影响。党的十一届三中全会以来,冲破了"左"的思想的束缚,情况开始有了转变,我们从报刊杂志上,经常可以听到对这种倾向表示不满的声音。尤其是我们的文学创作的面貌,并且已经迅速地显示出了明显的变化。但从研究、教学和评论工作方面来说,改变却并不大。我甚至觉得在大家的思想上,对这个问题似乎至今仍没有给予足够的重视。这不知是不是因为大家的认识还没有从长期的"左"的束缚中彻底解放出来呢,还仅仅只是个积重难返的问题?也许是两者兼而有之。但为了我们的研究、教学和评论工作的前进,为了我们整个文学事业的健康发展,这却是一个必须加以重视的问题。

我并不是要大家为了重视文学本身的特点而少强调一些文学的社

会作用,恰恰相反,我正是为了重视文学的社会作用,而希望大家多注意一下文学本身的特点的。因为,道理很明显,我们谈的既然是文学的社会作用,自然就不能离开文学来实现,就必须符合文学本身的特点和规律。如果违反了文学本身的特点和规律,就必然要危及文学自身的存在,那么这文学首先就站不住脚。当文学本身的存在都成了问题时,哪里还谈得上文学的社会作用呢?许多公式化概念化的作品,都宣传了很好的思想,却并没有能起到它的作者所希望起的社会作用。读者读了这种作品,丝毫也引不起兴趣,更不要说思想感情上的激动了。即使有些评论文章也对这类作品进行吹捧,却只能引起读者的惶惑、失望甚至反感,还是产生不了什么良好的社会作用。倒是有一些作品,虽然似乎并没有什么引人注目的先进思想内容,因而常常受到评论界的冷落,但由于它确是通过文学的手段表达了作者对社会、人生的真切的看法和深挚的情思,读者读过以后,却总禁不住要掩卷沉思,不能轻易把它丢开。原因就在于它是一部真正的文学作品,就一定要产生文学作品所必然具有的感染力量和社会作用。至于公式化概念化的作品,严格说来,根本不能算是文学作品,当然也就不能指望它能起到文学所能起的社会作用了。

问题当然不在于我们要求文学能够起良好的社会作用,更不在于我们要求文学必须有健康的思想内容,这些要求无疑都是正当的,必要的。如果不这样要求,那就不对了。而且,人们在作这样的要求时,丝毫不意味着文学可以违反自己的特性来起到良好的社会作用,文学作品可以不注意艺术质量来表达健康的思想内容。问题是在于:我们从事文学研究、教学和评论工作的人,在工作中决不应该忘记文学的性质、特点,决不应该忽视文学作品的艺术质量。而在我们过去的工作中却常常有意无意地把它们忘记了,忽视了。这当然也与当时的政治气氛有关,但从我们自己一方面来说,实在也是应该好好地作一些自我反省的。

研究文学作品,当然必须把它和时代、和社会历史条件联系起来进行考察,要对它进行历史的批评。但同时也不能忘记,文学作品是一种艺术品,它有本身的美学要求,也要对它进行美学的批评。而且这两种批评,应该是统一的、结合在一起的,应该对作品所涉及的现实中的一切因素和方面,同时进行历史的和美学的批评。过去我们却常常把二者分割开来,而且只注意历史的批评而忽视美学的批评,顶多只是在作了历史的批评以后,再加上几句抽象笼统的所谓艺术分析,譬如"结构严谨、语言生动"之类的关于表现手法方面的话。而所谓"历史的批评",也往往只限于勾勒一下时代背景,把作品涉及的社会内容同当时的现实形势作些表面上的联系,然后空泛地指出它有如何如何的思想政治意义,就算能事已尽。美学批评之所以特别被忽视,是因为在那些年代里,强调艺术性,重视美学特点,就会有被说成是重艺术而轻政治,甚至被当做艺术至上主义者的危险,大家都避之唯恐不及。其实重视艺术性,决不意味着就是对政治性的轻视,我们倒正是因为十分重视政治性,希望作品能够起到很好的政治作用,才觉得更应该重视作品的艺术性的。俄国的革命民主主义者别林斯基,总不能被认为是个艺术至上主义者吧,他在谈到必须对文学作品进行历史的和美学的批评时,这样说:"确定作品的美学上的优劣程度,应该是批评家的第一步工作。当一部作品经不住美学分析的时候,也就不值得对它作历史的批评了。"①他甚至把美学批评摆在比历史批评更前的地位上,而我认为他的这一意见是完全正确的。因为文学作品如果经不起美学的批评,就不配称为文学作品,自然就不值得再把它当做文学作品而去进行历史的批评了。

在应该如何看待作品的艺术性的问题上,鲁迅的态度是与别林斯基的态度相类似的。

早在革命文学论争中,鲁迅就对革命文学倡导者把文学单纯当做斗争的工具,轻视作品的艺术性的主张,提出过尖锐的批评。他在《文艺与革命》一文中说过的下面这段话,是大家熟知的:"一说'技巧',革命文学家是又要讨厌的。但我以为一切文艺固是宣传,而一切宣传却并非全是文艺(中略),革命之所以于口号,标语,布告,电报,教科书

---

① 《别林斯基论文学》第261-262页。

……之外,要用文艺者,要因为它是文艺。"①在许多别的文章中,他也曾多次说过这一类的话。在 1935 年 6 月 16 日写给青年木刻家李桦的信中,他更十分剀切地说:"木刻是一种作某用的工具,是不错的,但万不要忘记它是艺术。它之所以是工具,就因为它是艺术的缘故。斧是木匠的工具,但也要它锋利,如果不锋利,则斧形虽存,即非工具,但有人仍称之为斧,看作工具,那是因为他自己并非木匠、不知作工之故。"②在"万不要忘记它是艺术"的下面还特别加了着重号。而尤其值得我们注意的是,他认为只有那些自己并非木匠、不知作工的人,才会把那种徒具斧形而并不锋利的东西仍称之为斧,仍看做工具。这些话显然是说得不无讽刺意味的。而我们过去却正是常常把一些缺乏艺术感染力的作品也当做文学作品,并且还要极力夸说它起了如何如何良好的社会作用。用鲁迅这番话来对照检查一下,我们就不能不羞愧地承认,有时候我们真只能算是个不懂文学的文学工作者了。

不能不使我们感到奇怪的是,尽管我们都非常尊重鲁迅,鲁迅无疑是我们心目中的一个权威,但解放以后,鲁迅的这种应该重视艺术性的意见,却一直没有被放到一个应有的位置上,在我们的文艺思想中占主导地位的,竟始终是当年革命文学倡导者的一些主张——当然是经过了一番科学的说明和必要的修正的。但如果我们在宣扬革命文学倡导者的主张中的合理部分时,不把鲁迅这一意见补充进去,作全面的考虑,那么我们的文学思想就不能认为是正确的,就必然会在我们的工作中造成许多偏差。历史上一切过去了的重大事件,总要在后来留下它的印记,正像原因一定会产生结果一样。文学史上的事实也和一切别的事实一样,必然要仍旧继续保持在它们的结果里。我们研究文学史,就要去发现今天的文学和昨天的文学之间的本质上的联系,文学史的中心意义就要到这种联系里面去寻求。革命文学论争是早已过去了的历史事实,但这一历史事实,却同我们此后几十年来的文学历史仍有着密切的联系。用马克思主义的科学观点去认真考察一下,看这一历史

---

① 《鲁迅全集》第 4 卷第 84 页,1981 年版。
② 《鲁迅书信集》第 831 页。

事实是因为受到哪些因素的牵引,又是通过怎样的特殊方式,而与我们的当代文学发生联系的?又对我们的当代文学产生了哪些影响?这样的考察,我相信对我们一定会有很多启发。在我们开创中国现代文学研究和教学的新局面的工作中,在我们进一步促进整个社会主义文艺事业的繁荣发展的工作中,一定会产生极其有益的影响。

二 怎样学好中国当代文学

我国当代文学已经有将近四十年的历史了,比起从五四到建国的现代文学来,时间还要长一些。而研究著作,特别是关于整个当代文学的历史发展方面的著作,相对来说却要少得多。这就给学习者带来不少困难,尤其对自学者来说更是如此,所以编者给我出了这样一个题目,要我谈点意见,供学习者参考。我自知说不出多少中肯的意见,但又不便推辞,只得勉为其难地谈一点个人粗浅的想法,如果能对自学者多少起一点帮助作用,那就深感荣幸了。

当代文学,当然有别于现代文学和古代文学,它有它自身的特点和具体的发展历程。但我始终认为,它与现代文学、古代文学的共同点,要远远大于它们的不同点。它们的共同点,就是它们同样都是文学。作为文学来说,中国的当代文学不但与中国的现代文学和古代文学,性质上并无根本的差异,就是与外国文学也是基本一致的。我以为,不管是学习中国的当代文学,还是中国的现代文学、古代文学,甚至是学习外国文学,重点都应该摆在文学这个基点上,即首先要学好文学。只有在学好文学的基础上,才能谈到区分文学的时代性、民族性等其他特点。否则,就是本末倒置,就会失去学习这些学科的根本意义,自然也就不会有好的效果。

要学好文学,就首先要知道文学的性质、特点,要了解它有些什么作用?文学的性质、特点,不是简单的几句话所能说得清楚的。笼统地说,它是对生活的形象反映。它不是用抽象的讲道理的方法来说明生活,而是通过一种鲜明的富有感性色彩的形象的形式来具体地表现和再现生活的。所以学习文学,首先要全身心地去感受、领会由生动的艺术形象所组成的完整的富有魅力的生活画面,而不是只要冷静地、纯客观地去求得理解就行。文学作品不是仅仅诉诸我们的理解之门,而是诉诸我们的整个心灵的。至于说到文学的作用,我们过去通常说,它具有认识、教育和审美三种作用。这样说,自然是可以的。但一定要明白,这三种作用不是彼此割裂,而是互相渗透、凝为一体的。教育作用就寓于认识作用之中,而无论是认识作用也好,教育作用也好,就一部文学作品来说,它们都不能离开审美作用而存在。否则,这种认识作用或教育作用,就是抽象的、空洞的、没有任何力量的。读一部真正的文学作品,你会情不自禁地被它所吸引,受到它的感染,它对你的心灵会起到一种潜移默化的作用。然后你掩卷沉思,追求究竟是其中的什么东西打动了你?你又是怎样被它打动的?这么一想,你对作品的思想内容和艺术力量,就开始有了理性上的认识;作品的认识作用、教育作用,在你的心头就逐渐清晰起来;而你对这一作品的艺术魅力和审美价值的认识,也同时得到了进一步的深化。如果只是抽象地、纯理智地去询问这作品反映了什么样的生活,说明了什么样的道理,艺术表现上有什么样的特点,那就不是学习文学的方法,也决不会学好文学。

说过上面这番话以后,我们可以开始涉及怎样学好中国当代文学这个问题了。我觉得学好中国当代文学应该包括两个方面的要求:一是知识的掌握;二是能力的培养。比较起来,后者比前者更为重要,难度也要大一些。下面想分别简单地说一说。

先说知识的掌握方面。这首先要了解四十年来的中国当代文学有哪些重要的作家作品?这些作家作品的特色和成就如何?这四十年来的当代文学同建国以前的三十年的现代文学有什么样的继承和发展的关系?它经过了哪些具体的发展演变的历程?又为什么会是如此这般地发展演变过来的?我们一般将四十年的中国当代文学划分为这样三个阶段,即:一、建国至"文革"前的十七年;二、十年动乱时期;三、新时期以来的十年。这三个阶段的各自的特点十分明显。第一个阶段,当时大家意见似乎比较一致,对作家作品的评价差不多都有定论。但这些意见都明显地受到当时的政治路线的影响,未必都是正确的。今天有一个重新认识和重新估价的问题。第二个阶段比较简单,完全处在林彪和"四人帮"推行文化专制主义时期,文艺园地荆榛遍野,毒草丛生。第三个阶段最为繁荣昌盛,真是百花齐放,异彩纷呈。而且观点不一,音调各异。必须自己放出眼光,进行评价,作出选择和取舍。这就不但需要自己对文学艺术有相当深厚的修养,还要对社会生活有足够的了解,并且要有较高的马克思主义思想水平才行。这些是学好中国当代文学的最根本最重要的条件,必须经过不断的持久的努力才能学到,不是一蹴可就,也没有什么捷径可走。如果只是为了应付考试,那么现在中国当代文学史、中国当代文学作品选之类的书籍,也已出了不少种,随便选一种用心读一读,也是不难通过的。但我们学习中国当代文学的目的,不应该仅仅是为了应付考试。如果只是抱着这样的目的,也是不能学好当代文学的。

再说能力的培养方面。这主要是指对作品的分析和鉴赏的能力,以及文字表达的能力。分析作品,不是一件容易的事。首先要懂得文学作品的性质、特点,懂得创作和生活的关系,还要了解不同的作家对待现实的不同态度,以及他们各自独特的艺术才能。也就是说必须具有一定的文学理论方面的修养和必要的社会历史知识。但是,我上面说过,文学作品不是单纯诉诸我们的理智的。作品分析虽然是一种理性活动,必须进行抽象的思维。但文学作品的感性特点,它的鲜明生动的形象,对我们易感的心灵几乎有一种强制的力量,使我们的感情不能不受到它的推动和控制。我们在进行分析的时候,就很难排除这种感情方面所受的影响。而且,我认为,要对一篇文学作品作认真的思想艺术分析,就必须先经过一个感受的阶段,必须先让自己的心灵受到浸染,然后再去对它进行理智的审视,作出恰当的评价。我们过去的一些作品分析文章之所以不能令人满意,我觉得其重要原因之一,就在于作者大都对他们所评论的作品缺乏一个浸染、感受的过程,把对文学作品的审美评价,完全等同于对一般社会历史现象作抽象的思想分析了。

我们一些从事教学和评论工作的同志,过去分析一部作品,总是先讲一下作品或作者写作的时代背景、然后着重分析作品的思想内容,末了再讲一讲作品的艺术特色。时代背景、思想内容和艺术特色,这的确是分析作品必须涉及的三个方面。问题是不能把这三个方面截然分割开来,它们在作品中是互相渗透、彼此交融在一起的。尽管有时为了行文的方便,也不妨把它们分开来论述,但心目中必须有一个有机联系的整体观点,这样才能避免把作品肢解割裂,破坏形象的完整性,扼杀艺术作品的生命力。这,说起来容易,要能真正做到就难了。但它却是我们必须认真进行锻炼和加以培养的一种能力。有志者事竟成,只要有志于此,肯作出持久的、锲而不舍的努力,就必然会取得成功的。

还有文字表达能力的培养和提高,也是十分重要的。理解了而不能表达,或者表达得不清楚,到底是不是真正理解了还很可疑。尤其我们中文系的学生,不能仅仅以能写清通的文字为满足,还应该力求文字的生动流畅,使人爱读,具有强大的吸引人、感染人、使人信服的艺术魅力。要做到这一点,除了勤学苦练以外,也没有别的办法。平时一定要努力多读、多想、多动笔。多读好文章,多对各种社会人生现象进行深入的思考,包括对经典作家的高超的表现技巧进行反复的体会和琢磨。更重要的是自己一定要经常动笔,多进行写作练习。只有在亲身实践中,在自己不断的练习中,写作能力才能得到有效的提高。

以上所说,似乎有点不着边际,大而无当,并未扣紧学习中国当代文学这个题目,把它套用到学习中国现代文学、古代文学甚至外国文学身上去,都无不可。岂不是太空泛了吗?而且所说的一些道理大都是些老生常谈,一定会使读者们感到大失所望。我很抱歉,自己只能说出这样一些空泛的话。但我的心地是诚恳的,认为在这些似乎非常空泛的话语中,却包含着十分切实的东西,会对大家真正有所帮助的。假使我这种想法不完全是虚妄的,假使大家也能体会到,或者仅只是好心地相信我的说法中确有许多切实有用的东西,那我就将感到无比的欣幸了。

三 个性·启蒙·政治[①]

吴:明年(1989年)是五四新文化运动七十周年纪念。众所周知,

[①] 此文系与吴俊关于中国新文学的对话。

五四新文化运动对于现代中国新文学的发展有着深刻的作用,在文学史上,它被公认为是新文学的真正开端。所以人们常常说,中国新文学的精神就是五四的精神,新文学的传统就是五四的传统。对于五四新文学的这种历史地位,即使在考察中国当代文学的各种重大现象时,人们也是不得不加以注意的。可能可以这样说:现实是历史的延续,而历史就存在于现实中。钱先生,今天我想就这一类问题向您请教一下,特别是想请您谈谈关于中国新文学发展历史的一些看法。

钱:一般来说,一切被称为历史的东西,都是已经过去了的东西。但是一切在历史上曾经存在过的重大事件,必然会在现实中留下它的痕迹,并对后世长久地产生或大或小、或隐或显的影响。五四新文化和新文学也不例外。我们研究历史,就是要弄清楚今天与昨天的联系,弄清楚过去的东西对今天究竟有些什么影响?我们又应该怎样来对待这些影响并使我们变得更聪明一些?

当然,用今天的眼光来议论以往的得失,多少难免有事后诸葛亮之嫌,但是我们往往是只能做个事后诸葛亮的,一定要到事情过去了,我们才会变得聪明起来。有时,甚至连事后也聪明不起来,尽管不断地碰壁,不断地"付学费",就是坚决不改。这样的事例,历史上是颇不少见的。

吴:确实,我们现在来回顾中国新文学的历史,虽然也能感觉到中国文学在短短几十年所取得的成就是如何令人惊喜,但同时却也无法回避其中所暴露出的种种艰难波折与错误。我觉得,从积极一面看,中国新文学的历史是一个不断克服困难而前进的过程;但从消极一面看,则也是一个不断地犯错误或失败的过程。我之所以会有这种想法,主要是联想到建国以后中国文学发展中的风风雨雨,实则是以前新文学风波的继续,其中,人为的或由于主观原因而带来的损失,更是令人心寒的。仿佛总是有一种重要的因素或势力在不断地阻碍着中国新文学健康顺利地发展。还是请先生从五四谈起吧。

钱:只要一谈到五四时代,我们就不禁神采飞扬,向往不已。那的确是一个伟大的思想解放的时代。当时的先驱者们,是那样的意气风发,斗志昂扬,眼看着在他们的努力下,一个前所未有的伟大时代就要降临到沉睡多年、死气沉沉的中华大地上来了。但不幸的是,由于种种原因,先驱者的努力并没有能长久持续下去。过不了多久,《新青年》团体就解体了。新文化战线发生了分化,战友们的目标不一致了。五四新文化和新文学运动的灿烂之花,还没有结成丰硕之果,就忽然凋零了。现在回首往事,真令人不胜感叹。

吴:现在看来,新文化运动似乎确实未能完成它的全部使命,但它毕竟对中国社会产生了巨大影响。那么,钱先生,您看五四新文化运动的基本精神或特征,主要是什么呢?

钱:陈独秀曾称"新文化运动是人的运动"。其他一些五四运动的过来人在以后的文章中,也一直把人的觉醒解放和思想革命当作新文化运动和新文学运动的基本特征。郁达夫在《中国新文学大系·散文二集》的导言中说:"五四运动的最大成功,第一要算'个人'的发现。从前的人是为君而存在,为道而存在,为父母而存在的。现在的人才晓得为我而存在了。"茅盾说:"人的发现,即发展个性,即个人主义,成为'五四'时期新文学运动的主要目标。"(《关于创作》)鲁迅也说:"最初,文学革命者的要求是人性的解放。"(《〈草鞋脚〉小引》)所以,作为五四新文化运动和五四新文学运动的突出标志,是具有现代意识的人的出现。

吴:五四时代的基本精神一般说法是科学主义与人本主义,而以后者为最突出,且有划时代意义。这不仅是相对于以往的中国历史而言,并且对照以后的发展,如50年代巴人的"人情"论和您的"文学是人学"思想,以及80年代的人道主义思潮、刘再复的文学主体性观点等,更能看出从五四绵延至今的人性、人道或个性思想对于中国现当代文学的发展具有何种意义。从反面看,人道主义一直受到极"左"思潮的批判而始终遭压抑,也可以证明它的积极意义。

钱:鸦片战争以后,先进的中国人逐渐认识到中国与资本主义列强的斗争,不仅是军事、政治和经济力量的斗争,同时也是东西文化方面的冲突和较量。在对东西方文化的对比和对中国传统社会的反思中,人们认识到中国传统社会一直是在封闭的以农业为主体的社会里发展起来的,人们在封建宗法和家族的专制统治下,始终受到既定的礼法和伦常道德的束缚,缺乏独立自主的个人人格。这也就是东西方社会的一个根本差异,也是中国之所以积弱不振的根本原因之一。李大钊说:国家窳败,非在一端,存亡之计,应当求之于国民的自觉之心。这种认识,可以说是当时一些先进知识分子(包括鲁迅、陈独秀等在内)的共同认识。他们这些人之所以一时都对尼采发生了极大的兴趣,也就是这个原因。李大钊在1916年就写过《介绍哲人尼采》一文,其中说:"尼采(原文作"杰"——引者)者,乃欲于其自己要求与确信之上,建设真实生活之人也。……其说颇能起衰振敝,而于吾最拘形式,重因袭,囚锢于奴隶道德之国,尤足以鼓舞青年之精神,奋发国民之勇气。"显然,当时的先驱者们是把新文化、新文学运动当做一种唤起人的觉醒、解放人的个性的启蒙运动来对待的。

吴：五四新文化和新文学运动的实质,无疑是一种现代的启蒙运动,这种启蒙运动的核心则是现代西方的科学、民主思想和人道主义、个性解放意识。从今天的水平来看,这些东西不过是一个先进民族和发达社会的最为基本的素质,然而,具有讽刺意味的是,在我们不断地批判这些据说是资产阶级意识的观点以后,却发觉,长期以来我们还远远没有达到这一水平。如果说五四时代的知识分子和一般市民均以科学、民主和个性为口号,那么我们在70年代末以前的大约三十年间,则除了阶级斗争和路线斗争外,就再也没有过真正的与世界发达水平同步的现代思想建设。所以,"十年动乱"结束后在我国文化思想界重又掀起一股现代的启蒙运动和人道主义的讨论,也是势在必然。这是补上五四以后脱节的课。

钱：确实可惜,五四的启蒙运动未能坚持下去,启蒙的使命未能彻底完成,启蒙的成果也未能很好的保存和坚持,历史就又很快翻开了新的一页。

一般来看,现代中国的许多先进知识分子,大都经过了一个由追求个性解放到追求阶级解放、民族解放,由一个民主个人主义者转变为社会主义者的发展历程,这是顺应时代的潮流,与中国革命的发展趋势相一致的。不过,个性解放与阶级解放、民族解放并不是完全矛盾的;在追求阶级、民族解放的时候,并不需要否定和贬斥个性解放。从世界观、人生观来说,个人主义与共产主义当然有根本对立的地方。但从充分发挥人的聪明才智、尊重人的价值和尊严来说,个人民主主义思想的合理部分,又是为马克思的共产主义学说所加以吸收,而不是一概排斥的。毛泽东在1944年8月31日给博古的信中曾指出:"被束缚的个性如不得解放,就没有民主主义,也没有社会主义。"这十分正确而扼要地说明了个性解放、民主主义和社会主义三者是密切相关的。然而,过去长时期来,我们却往往只看到个性解放与阶级解放、民族解放之间,个人民主主义与社会共产主义之间矛盾对立的一面,而看不到或是过分忽视了它们之间联系和相通的一面。因此,对个性解放要求,对民主个人主义思想,往往过早地采取了批判的态度,尤其是对民主个人主义思想,更是彻底加以否定。从文学领域来看,这种现象(即对个性解放要求和个人主义思想采取严厉批判的历史现象)比较明显地是从1928年的"革命文学"运动开始出现的。这种态度,不能认为是马克思主义的态度,它缺乏对社会和人的思想的历史发展的应有的了解和尊重。我们中国,在长期的封建专制主义的统治下,人民缺乏起码的自由,没有独立的人格,要完成反封建的历史任务,非唤醒人民的民主觉悟,解放他们被束缚的个性不可。这就需要展开一个轰轰烈烈的强大的启蒙运动。五四初期曾经形成过这样一个强大的启蒙运动,但终于未能持续多久。由于这次启蒙未能很好完成,革命虽然仍在前进,却往往成了夹生饭,带来许多后遗症。"文化大革命"可以说是这些后遗症的总爆发。

吴:就像先生刚才讲的,五四启蒙运动之所以中途夭折,在很大程度上是由于20年代中后期政治上的"左"倾思想逐渐漫延、扩张的影响所致。以中国新文学来看,最早提出"文学是政治的工具"之类观点的可能是邓中夏,时间是1923年——这个口号最先是由职业革命家而非文学家来提倡,本身就说明了问题。其后,从"革命文学"论争开始,直至"文革",这种极"左"思潮便左右了中国新文学的发展,任何叛逆企图或现象都遭到了无情的打击。同30年代中后期至40年代末的战争因素一样,政治上的极"左"发展正是使五四启蒙难以继续的两大主要原因之一。我看到在您最近的一篇文章中似乎也谈到了这一点。我想,能否这样说:战争因素是新文化和新文学运动不能继续深入发展的客观原因,而极"左"政治路线及其功利主义倾向,则是它的主观原因?对于这段历史,我们今天需要反思的,大概这要算是一个最为基本的问题吧。

钱:可喜的是,最近十年来中国文学的发展是令人高兴的。新时期文学已经给人们创造了一个只有五四文学才堪与之比拟的局面。我希望它能持久地发展下去,争取在不久的将来向世界贡献出我们真正的伟大作品。

四 关于"重写文学史"的讨论①

我历来不主张挂招牌,打旗号,故作惊人之论。但有时出于某种现实针对性的考虑,为了冲破沉闷的气氛,打开僵化的局面,集中力量冲击一下或许也不无好处。因此,我虽然更看重当前对中国现当代文学史进行重新审视和认真反思的具体内容,但对提出这个口号、掀起这场讨论这一举动本身也是颇能理解的。

事实上,文学史总是在不断的重写之中的。从历史上看,对同一作家的评价也常常是千差万别、很不一致的。如李白、杜甫、莎士比亚等大作家在当时,人们对他们的评价,也是或褒或贬,大相径庭的。现在虽说有了比较稳定的意见,但这也是经过了长时期的考验和争论而逐渐形成的。文学史上对作家的评价由分歧尖锐到比较趋于一致需要一个过程,最后是人类的共同理性终于占了上风。因此,在一段时期内出现分歧本来是十分正常的,而我们以往那种简单的一致,相反倒是不正常的。

现在,人们如此集中地对中国现当代文学史重新进行审视和反思,实在是因为我们以往在这方面的研究距离历史真实太远,某些评价实在太不恰当。例如:关于"革命文学"的论争,在这场论争中,攻击鲁迅和茅盾是毫无道理的。在我们看来,鲁迅、茅盾在当时的马克思主义水平(不是词句)比那些攻击者们要高得多,而"革命文学"论争中的一些简单化、教条化的东西后来却得以发展,以往的文学史著作在这方面的评价就很模糊。再如,对沈从文等作家的评价也很不恰当。这些明显

---

① 此文系答《文艺报》记者问,根据记录稿整理。

的错误即使现在不加以扭转,将来也一定要扭转,这是历史的必然,是任何个人的主观意志所无法阻挡的。

在对中国现当代文学史进行重新审视和反思的过程中,关键要看具体怎么评价。假若"重写"变成了新的反过来的一概而论,也不是实事求是,还是应该掌握分寸、坚持科学精神。例如对赵树理就不应该过多贬抑,他的作品力求通俗易懂,走向大众,如《锻炼锻炼》一类的作品,无论是放在当时那种特定路线的条件下来看,还是用今天的眼光来看,都应该说是相当不错的。

非社会化、非历史化的现象在对中国现当代文学进行重新审视和反思时是应该避免的,特别是在涉及到对具体作家的评价时更要注意。对作家在当时社会、历史的特定条件下的种种情况一定要给予充分的理解。不过,理解不等于无原则的宽容,我以为我们不应该采取"理解一切就能原谅一切"的态度,而是应该坚持一定的原则,掌握必要的标准,站在更高的位置上来重新审视历史。对作家主体方面的种种缺点,也不应该忽视。因为作品毕竟是作家自己写出来的。譬如说柳青,他的确是真诚地相信农业合作化政策,他自己也的确是以能为这个政策服务为荣为乐的。但这种毫无保留的真诚显然是缺乏独立自主的自觉意识的表现,是对当前的现实缺乏清醒的认识的表现。对于一个作家来说,就未免失去了理智的清明。我们虽然不应过分苛求作家个人,但确实又应该看到这种失去了理智的清明之后所带来的危害。一个作家如果失去了理智的清明,他也就不可能保持正直的胸怀和人道的眼光,也就不可能有真正深刻的情感体验。应该说,时代、社会、历史的局限,对于同时代的作家来说都是相同的。在这种共同的局限之中,作家们是可以有不同的选择的。例如鲁迅在当时的选择就很独特,始终挺立着自己的脊梁。重视作家主体方面的失误,并不是意在指责个人,而是重在警醒和激励来者。假如没有这一层意义上的审视,对以往的一切,一概给以同情和谅解,历史就很难前进了。

现在,个别年轻人的理论我也不赞成。这也许是因为年龄关系,我对他们缺乏理解。我觉得他们多少有点赶时髦的味道,我自己年轻时就也免不了有这种倾向。但作为刊物,就不能一味赶时髦,追求轰动效应。因此，我觉得在对中国现当代文学史进行重新审视和反思时，应避免空洞的宏观之论，而多一些扎扎实实的建立在具体作家作品基础之上的微观研究，旗号与内容要相称。同时，要造成各种意见的自由讨论，要习惯于不同意见的相互论争。现在真正的、自由的学术争鸣并不多，更多的是一些人为地组织起来的，参加者往往是为争鸣而争鸣。我觉得真正的学术争鸣是不求与人争而自然有争鸣。在这里，自然是至关重要的。

论曹禺

分曹禺

目　　录

《雷雨》人物谈

曹禺和他的剧作（代序）………………………………………（ 3 ）
"你忘了你自己是怎样一个人啦！"
　　——谈周朴园…………………………………………（ 15 ）
"最残酷的爱和最不忍的恨"
　　——谈繁漪……………………………………………（ 26 ）
"哦，你是你父亲的儿子"
　　——谈周萍……………………………………………（ 35 ）
"夏天里一个春梦"
　　——谈周冲……………………………………………（ 46 ）
"不公平的命指使我来的"
　　——谈侍萍……………………………………………（ 55 ）
"那——那天上的雷劈了我"
　　——谈四凤……………………………………………（ 66 ）
"这本帐是要算清楚的"
　　——谈鲁大海…………………………………………（ 76 ）
"哼，他忘了他还是个人"
　　——谈鲁贵……………………………………………（ 85 ）
后记………………………………………………………………（ 93 ）

曹禺剧作谈

"她爱生活，她又厌恶生活"
　　——谈陈白露…………………………………………（ 99 ）

试说话剧台词………………………………………………（105）
关于《雷雨》的命运观念问题
　　——答胡炳光同志…………………………………（112）
曹禺戏剧语言艺术的成就………………………………（119）
曹禺先生追思……………………………………………（159）

《雷雨》人物谈

《〈雷雨〉人物谈》(上海文艺出版社1980年10月初版)。内收代序、后记各一,并有附录两篇。今蒙先生恩准,将附录抽出,另编为《曹禺剧作谈》。

《雷雨》人物谈

钱谷融 著

曹禺和他的剧作(代序)

曹禺,本名万家宝,1910年生,湖北潜江人。他出身于封建官僚家庭,小时候过着很优裕的生活,"有自己的佣人,自己的书房。住的相当舒服"。但是,他却感到"闷得很",觉得"整个家庭都是郁闷的"。① 在《雷雨》的序文中,他也说他自己"素来有些忧郁而暗涩","心里永感着乱云似的匆促切迫",很不宁静。这是因为,曹禺的童年和少年时代,正是中国最动荡不定的时代,新思想虽然已经广泛地传播开了,而守旧的传统势力还是根深蒂固,积重难返。作为一个敏感的知识分子,又生长在一个日趋没落的阶级的家庭里,他内心的矛盾纠葛,他的感愤愁苦,自然是特别复杂、特别深切的。

后来,他进了资本主义气息最浓厚的南开中学和清华大学,为了要解决他的思想同现实的矛盾,驱散他心头的匆促切迫的乱云,他竭力想从西方古代和近代哲学家们的思想中去探索社会和人生的秘密。他"赞美柏拉图神奇的'理想国',同情叔本华对生活的深沉的忧郁。……热爱尼采丰盛的生命力与超人的思想,折服所罗门的智慧,仰叹耶稣对人类所寄予的真诚的慈爱"②。很明显,从这样一些混乱的唯心主义思想中,是决找不到医治他的病症的药方的。相反,倒只有使他的矛盾苦闷更为加深了。就这样,他渴望着光明与宁静,但周围的现实却是那样的黑暗和嘈杂。他上下古今地多方面去求索,结果却只有更增加了心头的不安,顶多也不过带给他一种渺茫的、难以捉摸的希望。他解放前的作品就鲜明地反映着这种情况。

---

① 《曹禺同志谈剧作》,《文艺报》1957年第2期。
② 《作家笔会》,《剧校回忆录》(春秋杂志社发行)。

曹禺从小就很爱好戏剧，不管是京剧，昆腔，河北梆子、山西梆子、唐山落子，以及各种曲艺和文明戏，都喜欢看，而且都能使他入迷。但真正引导他走上戏剧创作的道路，为他今后的戏剧活动打下基础的，却是南开中学和清华大学。我们知道，南开中学在北方话剧运动里是开路的先锋，比陈大悲、汪仲贤等在北京搞"爱美剧"（Amateur）运动还要早得多。每年逢到什么纪念会都要演一次新剧，不仅轰动天津，也刺激和推动了许多其他学校的戏剧活动。而清华大学对中国的话剧运动也有很大的贡献，优秀的戏剧家如洪深、张骏祥等，就都是清华出身的。曹禺在南开和清华求学时代，经常参加演出，最初多演女角，如在南开上演易卜生的《玩偶之家》时，他就扮过娜拉。离开学校后，他仍常常参加演出，前后曾扮演过许多不同的角色，如《雷雨》中的周朴园，《财狂》（据莫里哀的《吝啬鬼》改编）中的财狂，《安魂曲》中的莫札特等，而且都演得很成功。曹禺不但具有演戏的才能，而且还是一位优秀的导演。他曾导演过《日出》、《原野》、《正在想》，以及电影《艳阳天》。他在戏剧理论方面，也有很高的造诣。他极重视作家与观众间的联系。他认为作家决不能忘记作品是写给观众看的，总要使观众能接受。他对莎士比亚的剧作之能够做到雅俗共赏，既能为显宦贵族所接受，也能为贫苦大众所喜爱，非常赞佩。他对演员的培养，认为既应重视基本训练，尤应重视思想修养，二者不能偏废。他的舞台经验和高深的理论修养，对他的戏剧创作有很大的帮助。

但给他的帮助更多，影响更大的，自然还应该数古今中外的大师们所写下的许多精心杰作。他从小就爱读司马迁的《史记》，唐宋的传奇，元、明、清的戏曲、小说，从这些作品中，他说他体会到了"什么是最美的，最有民族气味的东西"[①]。他读得最多的自然是剧本，遇到好剧本，他常常喜欢反复地读，反复地想。他喜欢埃斯库勒斯（Aeschylus）的雄伟浑厚的感情，钦佩欧里庇得斯（Euripides）观察现实的本领和他的现实主义的表现方法，他爱尤金·奥尼尔（Eugene O'neill）的技巧、布局与结构的完整，爱莎士比亚的气魄宏伟与色彩丰富，他尤其爱契诃夫的

---

① 《曹禺同志谈剧作》，《文艺报》1957年第2期。

诗一样美丽的情调与风格。他从这些作家的作品中,吸取了他们各自的优点来丰富自己的创造,并逐渐形成他自己的艺术风格。

1933年,他在即将结束大学生活的时候,完成了他的处女作《雷雨》。这个剧本一出现就立刻吸引了大家的注意。《雷雨》以1923年前后的中国社会为背景,描写了一个以周朴园为代表的带着浓厚封建色彩的资本家的家庭生活的悲剧。在这个家庭和围绕在这个家庭周围的若干人物身上,作者勾勒出了现实的社会阶级关系,反映了当时历史真实的某些方面。作者对生活充满了热情,对善恶有分明的爱憎。他憎恶那些压迫人、剥削人的旧社会的统治者,同情那些受侮辱、受迫害的善良人。虽然由于作者当时生活和思想的限制,他对造成这悲剧的根本原因还不能十分清楚地认识到,但是由于作者忠于现实生活,具有强烈的正义感,对于旧社会、旧家庭的种种黑暗罪恶的现象,感到无比的愤怒,正如作者自己在这个剧本的序言里说的:"隐隐仿佛有一种情感的汹涌的流来推动我,我在发泄着被抑压的愤懑,抨击着中国的家庭和社会。"这就使他能够遵循现实主义的创作原则,而给这一作品确立了一个积极的思想主题。同时,作者对他笔下的人物是相当熟悉的,他懂得这些人的思想感情,他剖视着他们的灵魂,突出地刻画了他们的性格。再加上情节的紧张,对话的精练生动,就使得这作品充满了魅力,紧紧地吸引住读者和观众。这一作品之所以能够在舞台上延续着这样持久的生命,并不是偶然的。

大学毕业后,他踏进了光怪陆离的社会,梦魇一般可怕的人事,使他感到极大的不安,不公平的血腥的事实,像利刃似地扎着他的心,他痛切地感觉到社会的黑暗,渴望着阳光、春天和充满了欢笑的生活。于是,就在1935年,他用愤怒与激动的心情写出了第二个剧本《日出》。在这个剧本中,他无情地揭露了旧社会大都市中黑暗糜烂的一面,向人们控诉这个社会的种种罪恶,控诉它的不公和不义,同时怀着强烈的同情叙述了小人物的悲惨遭遇。通过这个剧本,他向当时统治着黑暗社会的那一群荒淫无耻之徒大声地喊出:"你们的末日就要到了!"

从《雷雨》到《日出》,从绅商家庭到半封建半殖民地上的畸形发展的都市,作者的视野显然是扩大了,思想水平也相应地有所提高。比起

《雷雨》来，《日出》不但揭露的面比较广，对社会的解剖也更深刻了，这无疑是作者的一大进步。但由于他还缺乏先进的思想指导，他还看不出太阳怎样才会出来；尽管他对未来充满着希望与信心，但希望还是空洞而渺茫的，信心也缺乏坚实的、可靠的基础。他把希望寄托在工人身上，把工人作为光明势力的代表；他痛恨金八这类人，把金八作为黑暗势力的代表。但他对这两类人、两种势力的理解和表现的能力，都还是不够充分的，都没有能达到令人信服的程度。这两类人和两种势力，我们知道是势不两立的，在当时的现实社会里，他们事实上也在进行着紧张的激烈的搏斗。要正确地表现这个"损不足以奉有余"的社会形态，揭露它的本质，特别是要展示它的发展趋向，就必须透过这两种力量的尖锐的冲突才能做到。但由于作者当时的世界观和认识水平的限制，他没有能这样做。因而，作者虽然给了他的作品以一个比较乐观的结尾，但这种乐观是廉价取得的，并不是货真价实的。他虽然向黑暗势力叫出了"你们的末日到了"，但这只是一种出于人道、正义的呼声，而不是有充分历史根据的真理。虽然寄希望于象征光明的工人群众，但这种希望也只是一种渺茫的愿望，而不是源于深刻理解基础上的确信。

1936年，他又写了《原野》，笔触从都市转向了农村。主角仇虎本是一个农民，恶霸地主焦阎王把他陷害成土匪关在牢里，害死了他的爸爸和妹妹，抢走了他的爱人给自己做儿媳。这真是血海深仇。复仇的怒火一直在他心头燃烧着，强烈地灼痛着他。后来，仇虎从监狱里逃了出来。但是，焦阎王早已死去，仇虎就杀死了他的儿子，为全家报了仇。这题材原是很有现实意义的。就作者主观意图的某些方面看来，也应该承认，他的思想确有向前发展的倾向。但由于作者认识上的限制，他不能正确理解农村阶级斗争的现实，不能把握住当时广大农民反抗复仇的行动的实质。他想把仇虎写成一个复仇的英雄，但由于对农民生活了解不够，对农民的勇敢、正直和迷信、保守，就不能作恰当的处理。仇虎的勇敢、正直，在某些地方写来就成了粗暴；而他的迷信、保守，则又为他造成了一座心狱，使他受着沉重的良心的谴责。由于作品中存在着许多非现实的成分，人物的行动和性格的发展往往缺乏真实的依据。如仇虎瘸了腿戴着铁镣跳火车，从监狱里出来而身上居然有手枪、金戒子,以及最后竟会逃不出黑林子,而不得不以自杀来作为对命运的反抗等等。尽管如此,但剧本对于当时地主恶霸怎样掠夺、迫害农民的罪行的暴露,以及农民处在一种万分黑暗、痛苦,想反抗而又找不到出路的状况中的反映,却是真实而生动的。这就是这个剧本的积极的一面。而对话的机智生动,动作性与抒情性的紧密结合,也仍保持着《雷雨》、《日出》的固有特色。

把《雷雨》、《日出》、《原野》三个剧本联系起来看,我们可以得出这样一个结论:由于作者一直没有获得科学的世界观的指导,他还不能正确地观察和理解现实,恰当地选择和提炼生活素材,以致在处理作品的情节结构,揭示人物性格的冲突中,就不免存在着矛盾和某些非现实的成分,从而大大地损害和削弱了作品的思想性和艺术性。这也就是在曹禺的创作道路上所以显得那样一波三折、起伏不定的症结所在。

当曹禺写下他的最初的三个剧本的这几年,正是日本帝国主义侵略日益加紧,民族生存万分危急的关头。要求抗日的呼声弥漫全国,民族解放斗争运动正在蓬勃发展。然而曹禺的作品却几乎完全没有接触到这一主题,因而在当时曾受过某些舆论的非难。但是,作为一个爱国主义者,他对当时民族斗争的态度是鲜明的,也要求在作品中反映反帝的题材。1939年,他就和宋之的合作,写成了《黑字二十八》(又名《全民总动员》)一剧。剧本的主题配合当时政治任务,号召全民总动员来参加抗战工作。这个剧本充满了民族感情,歌颂爱国志士,鞭挞民族败类,也讽刺了某些"以抗战做幌子的无耻之徒"。当时,重庆戏剧界为了纪念第一届"戏剧节",曾举行盛大演出,就以《黑字二十八》作为演出剧目。曹禺还亲自参加演出,饰剧中侯先生(一个交际花的父亲)一角。

抗战前,曹禺本在南京戏剧专科学校任教。战争爆发,他就随剧校撤退到四川江安。当时剧校设在江安的一所古旧的文庙内。古城的生活是较为清苦的,但师生的精神却是异常的振奋与愉快,大家都盼望在国难中献出自己的力量。曹禺也同大家一样过着紧张而清苦的生活。在抗战初期的乐观气氛里,他感到异常的亢奋。以迷失在"原野"里的心情,面对眼前的活跃气氛,难免不被认为是一种"蜕"旧"变"新的气象。于是,在1940年他写出了《蜕变》。据他自己说,他这本戏的主题是在写出"我们民族在抗战中一种'蜕'旧'变'新的气象"①。剧本描写了一个省立后方医院在抗战初期迁移到后方一个小城后,"上面的人开始和当地士绅往来密切,先仅仅打牌酗酒,后来便互相勾结,做国难生意。……于是在下面的也逐渐懈怠,习于苟且。久之全院的公务人员仿佛成了一座积满尘垢的老钟,起初只是工作迟缓,以后便索性不动"②。在这种情况下,自动加入后方医院的女医师——丁大夫的救护伤病员的工作,也受到了百般无理的拖延和阻挠。后来因为上面派来了一个正直无私的专员梁公仰,这才进行了彻底的改革,在他和丁大夫的努力整顿下,不久这医院就完全改观了。健全的工作者代替了腐败分子,这象征中国正在"蜕"旧"变"新之中,正在从已经毁坏的废墟上重新建立起来。作者对抗战中的动摇分子和腐朽人物,对一切黑暗丑恶的现象,怀着深深的厌恶和鄙夷的感情,毫不容情地狠狠鞭打了他们。而对那些"新的生命"、新的力量如梁专员、丁大夫等人,则满怀热情地竭力给以颂扬和支持。但由于在国民党统治下的那样的环境里,梁专员、丁大夫这样的人事实上是难以存在的,这种颂扬和支持就不免架空。剧本的比较成功的地方,还是在于对"旧的恶的"的暴露和抨击。

就在写作《蜕变》的这一年,曹禺还根据尼格里(Niggli)的《The Red velvet Coat》的大意改写了一本独幕剧《正在想》,描写一家滑稽戏班,因生意清淡,想迎合时尚,改演话剧,结果闹出许多笑话。剧中对国民党统治下保甲长作威作福、鱼肉人民的事实,作了辛辣的讽刺与有力的抨击。

写过《蜕变》以后,国民党统治区的黑暗愈来愈浓,他一时的兴奋乐观的心情,也为丑恶的现实所驱散了。于是他又转到旧家庭的崩溃的主题上去。1941年,他写了三幕剧《北京人》。这是以抗战前北京一个家庭的纠纷关系为题材,写出家人亲戚之间的矛盾倾轧,以及这些人的昏聩自私的行为,从而反映封建社会的腐烂垂死的情况,和这个没落阶层中一些具有善良灵魂的人物走向了新生的故事。在新版《曹禺选集》

---

① 《蜕变》附录:《关于"蜕变"二字》。
② 《蜕变》第11、12页,文化生活出版社1948年版。

的《后记》中，作者说："也许在写《北京人》的时候，我朦胧地知道革命在什么地方了，但严格地说，那时我仍还根本不懂得革命。"可能正是因为这个缘故，这个剧本使我们感到当作者揭露封建社会的颓败腐朽时，是真切动人的，但当他要提示一种积极的新生活理想，当他要写出通向新的生活的道路时，就不免悬空无力，显得有些渺茫了。

然而，整个地来看，《北京人》无论就思想性或是艺术性来说，都可以算得上是曹禺创作道路上的一个高峰。剧本深刻地揭露了封建大家庭内部的种种倾轧，揭露了封建阶级精神的空虚、生活的腐烂，以及他们的无法挽救的没落、死亡的命运。整个剧本充满了一种深沉的缠绵的诗意。生活，在剧作中缓慢地流动着，读者的心情也应和着剧作的节奏一起跳动。有一点沉重，有一点怅惘，但整个地说来，一种淡淡的喜悦，一种隽永的幽默感，是始终占着上风的。而人物刻画的深细，艺术结构的完整，以及对话的生动、紧凑，富有情致，比起作者过去的作品来，也显然是更加前进了一步。

写过《北京人》之后，曹禺又把巴金的小说《家》改编成话剧。剧本《家》保留了巴金原著中最动人的情节，通过觉新与觉慧在婚姻爱情上的不幸遭遇，揭露了封建大家庭的罪恶。这个改编是创造性的，是改编小说为剧本的一个很好的典范。作者充分运用戏剧形式处理了小说中描写的事件，在小说中简略的几笔，在剧本中化成了丰富的戏剧场面。例如，剧本中的第一幕，在巴金的原著中就几乎是完全没有的。有时，小说中繁复的描写，剧中只用一二个戏剧行动就揭露了人物或事件的本质，如对钱大姨妈和伪善的冯乐山的刻画，就是如此。特别是第一幕的创造更见匠心。那是觉新与瑞珏的新婚之夜，里里外外的人们都是热热闹闹，欢欢喜喜，偏偏这一对新婚夫妇却是冷冷清清的，彼此都感到自己是多么的孤独、多么的凄凉。新郎站在窗边，望着月光和湖水，满心想着的是另一个女子——他的梅表妹。新娘坐在床沿，耳中传来湖滨寂寞而低切的杜鹃的呼唤，她在等待着新郎的第一句话，然而她听到的却只是一声深沉的、饱含酸辛的叹息。呵，多么难堪的静寂！多么折磨人的静寂！这样的场面，即使他们不开口，我们也仿佛听到了他们的灵魂的低诉，内心的颤栗。而如果开出口来，那么从灵魂的最深处，从内心的最隐秘的角落发出来的、充满感情的语言,就必然要转化为诗句。因而,紧接着,我们就听到了大段大段的像珠玉般圆润的诗白。这些美丽的语句,把我们带进了一个意象丰满的诗的境界,使我们饱尝着艺术所给予我们的独一无二的喜悦。全剧都写得非常细腻匀称,觉新与瑞珏的离合则是剧本的中心情节。觉新不爱瑞珏,却娶了瑞珏;觉新热爱瑞珏,却又不能保护瑞珏,只好眼睁睁看着她被折磨以死。这给予读者和观众的感情上的冲击是异常强烈的。看过话剧《家》以后,每一个人的心头都会激荡起一种对那个高家,对那个由冯乐山们把持着的社会的无比的憎恨与愤怒。因而,这剧本是成功的,是收到了良好的效果的。但是,由于剧本把重心偏到了恋爱婚姻的不幸一方面,原来小说比较突出的新生一代的奋斗反抗,就显得只是个微弱的陪衬,这就大大地削弱了剧本的积极意义。特别是,当时人们正在渴望着暴风雨,渴望着新的变动的到来。剧本的这种缠绵悱恻的情调,与时代气氛很不相称。这不能不说是剧本的一个缺点。

同一年,他还翻译了莎士比亚的《柔蜜欧与幽丽叶》。莎翁的这出名剧,国内原已有过几种译本,由于曹禺在戏剧方面的深湛的修养,以及他的艺术家的充沛的感情与独特的才分,就使得它的译本更接近于原作,更能传达出原作的色彩明丽、诗意浓郁的特点。

从改编过《家》以后,在很长的时间里,他几乎无法再写出一部作品。他说在绝望悲愤的日子里,人是容易失掉对生活的信心的,日子久了,也就失掉了创作的信心。他甚至想到要改行。直到1946年,我们才又在郑振铎、李健吾两人主编的《文艺复兴》上,读到了曹禺的另一个剧本《桥》。这是暴露蒋、宋、孔、陈四大家族官僚资本的罪恶的。作者写了一半的时候,政治情况恶化了,蒋介石发动了全面的内战,对进步力量、民主人士的压迫一天天加紧。时局的动荡,再加上作者要在这时出国(他与老舍一同被邀赴美讲学),所以没有把它写完就搁下来了。从发表的两幕(共三场)来看,作者以深恶痛绝的心情描写了官僚资本对于民族工业的掠夺,也悲哀地感到正直的民族工业家是没有出路的。像这样一个剧本,在当时的政治形势下,要写完它也是有困难的。

曹禺从美国回来以后,在1948年又写出了一个电影剧本《艳阳天》。在这个剧本里,作者真实地反映了抗战胜利后国统区人民的痛苦生活,尖锐地揭露了汉奸、流氓、打手在反动政权包庇下继续作威作福的罪行,并热切地表达了作者对艳阳天的焦思渴念。这是这个剧本的积极意义所在。但他企图通过国民党伪法庭的力量来改革社会,却无疑是错误的。事实上,在当时的现实生活中,个别的正直人物如阴兆时律师等,是决不可能斗倒金焕吾这样的当过汉奸的大富商的。这也反映出作者当时的思想进展并不很大,还停留在一般的资产阶级的民主主义和人道主义的水平上。

  1949年全国胜利解放,曹禺参加了全国文学艺术工作者代表大会,并被选进大会主席团。在会上他深深地受到了一次民主思想的教育,开始认识到无产阶级文艺方向的正确,认识到学习马列主义、深入工农群众生活的重要。1951年,他参加了淮河地区的土地改革运动。1952年又随北京市委工作组参加了协和医学院的思想改造运动。在协和医学院的思想改造运动中,他所得的感触、启发和教育最大最深。1954年写出的以反映知识分子的思想改造为主题的剧本《明朗的天》,就是直接与这一段生活经验有关的。

  剧本《明朗的天》的出现,标志着曹禺的创作已经走上了一个新的更高的阶段。作者力求站在工人阶级的立场,用工人阶级的眼光来观察所要描写的对象,通过形形色色的剧中人物的创造,体现了现实主义的党性和爱憎分明的精神。在《明朗的天》中所表现出来的作者对人民政权、人民英雄与人民的热爱,对敌对人物与敌对思想的憎恨,已经不只是一般的爱国主义与人道主义,而是无产阶级的新爱国主义与社会主义的人道主义了。曹禺的思想和创作发展的道路,充分反映出非劳动人民出身的知识分子和作家,走向与工农大众真正结合的道路的艰难与曲折。他之终于能够确立起马克思主义的世界观,抛弃某些旧的情感而建立新的工人阶级的情感,是经过长期的实际生活斗争和几乎是痛苦的思索而达到的,是沿着自己的道路一步一步坚实地走过来的。1956年,他光荣地加入了中国共产党。

  1961年,正当我国国民经济出现暂时困难之际,曹禺与梅阡、于是之合作,由他执笔,写成了历史剧《胆剑篇》,表现春秋时代越国人民在勾践领导下,不畏强暴,艰苦奋斗,终于转弱为强的故事。写的虽是历史题材,却是很有现实意义的。全剧气势磅礴,形象鲜明,而且能够遵循历史唯物主义的原则,对古代人物和古代事件的描写,都十分切合情理,很能令人信服。剧本虽然还有主题不够集中等缺点,但总的来说,写得还是比较成功的。

　　写过《胆剑篇》以后,人们在很长时期内都没有能读到曹禺同志的新作。敬爱的周恩来总理早就建议他以王昭君为题材写一个歌颂民族团结的剧本了。但在林彪、"四人帮"横行的日子里,曹禺只有挨批、挨斗的份,哪有创作的权利。直到"四人帮"被粉碎以后,曹禺才能重新提起笔来,完成周总理交给他的光荣任务。而曹禺也的确没有辜负周总理的嘱托,在他的新作五幕历史剧《王昭君》里,他以奔放的热情、雄伟的笔力,为我们塑造了一个有理想、有抱负的致力于民族团结的美丽、勇敢的汉家姑娘的形象。这样的王昭君同我们历来的诗歌和戏曲作品中的充满悲切怨望的王昭君是迥然不同的。剧本的许多场面都写得十分激动人心,而且充满了诗情画意,富有艺术的魅力。

　　在以上的简单介绍中,我们已经把曹的全部剧作都提到了,从数量上来说,一共不过十部左右,是并不多的。但从艺术质量来说,成就却是很高的。他剧作中的人物,几乎每一个都是有血有肉的可以触摸得到的人物。像蘩漪、陈白露、江泰、觉新……只要我们一闭上眼,他们立刻就会清晰地在脑膜上映现出来。像《北京人》中的曾思懿,简直可以和《红楼梦》中的王熙凤相媲美。至于他的剧作的结构的完整和对话的紧凑,更是有口皆碑,特别惹人注目的。

　　下面想简单地谈一谈曹禺剧作的结构和语言特色。

　　我们知道,任何艺术作品都是个完整的有着内在联系的有机统一体。而矛盾冲突就是这个统一体的心脏,就是作品各个部分、各种因素的联系的枢纽和中心。在戏剧作品中,这一点表现得尤其明显。戏剧作品的结构艺术,就在于如何巧妙地揭示生活中、揭示人们相互间已经存在的冲突,并合情合理地、引人入胜地把它逐步推向高潮,最后,使它得到一个合乎生活的逻辑的解决。曹禺剧作中的矛盾冲突,都是十分集中、十分紧张的。譬如《雷雨》的矛盾冲突,既极尖锐,而又十分复杂。

情节线索也纵横交错，或明或暗，难分难解。周萍同蘩漪和四凤的爱情纠葛是一条明线，周朴园和侍萍的关系则是一条暗线。起先是由明线牵动了暗线（蘩漪为了想从四凤手里夺回周萍的爱，而把侍萍招到了周公馆来），明线占着主导地位；最后却是暗线决定了明线（蘩漪的争夺战已经完全失败，周萍正要偕四凤一同出走，忽然周朴园出现，承认了他同侍萍的关系，完全打乱了已成之局），又是暗线占了主导地位了。这两条线索同时并存，彼此交织，互相影响，互相钳制，使得剧情万分的紧张曲折，引人入胜。读者和观众面对着剧中人的复杂的关系和尖锐的冲突，真不胜惊心动魄之至。其他几个剧本，同样也是冲突非常集中，结构十分紧凑的。《原野》中的主要事件只发生在五个钟头之内（序幕在十天前）。《家》除了觉慧与鸣凤一场戏，有些离开剧中的主要事件以外，写得也是很集中的。《日出》的结构，则另有一种特色，它不是集中于几个人物，或是某一主要事件身上，而是用片段的方法，用多少人生的零碎来阐明一个观念。结构的联系，就体现在剧作的那个基本观念——"人之道损不足以奉有余"上。其余，像《蜕变》、《北京人》、《明朗的天》等作品的结构，也都是非常严密紧凑的。曹禺又善于巧妙地把剧中人物组织到作品的矛盾冲突当中去，让他们各自从性格的内在要求出发与周围人物展开斗争。在曹禺的剧作里，我们看不到什么处在矛盾冲突之外，对矛盾冲突不起作用的人物。而他们所采取的每一种行动，所产生的每一种作用，又都紧紧地与他们自己的身份、地位，与他们自己的内心要求联系着。因此剧情的每一步的发展，都是从人物的性格中，都是从性格的相互冲突中，自然而然地、合情合理地产生出来的。最后的高潮的出现，也有着不可抗拒的逻辑的必然性。特别是《雷雨》这一作品，它的结构的严密紧凑、完整和谐，可说已经到了天衣无缝、浑然一体的境界。

戏剧作品的语言，就是所谓台词。台词应该富有动作性，应该具有对手之间的相互影响和相互作用——即斯坦尼斯拉夫斯基所要求的"言语动作"。怎样的台词才是富有动作性的台词呢？只有从人物的内心发出，受人物的意志和愿望的支配的非说不可的话，而且说出以后，就要发生作用，就要引起一系列的反应，既推动了事件的发展，又进一步揭示了人物性格的那种台词,才是富有动作性的台词。曹禺剧作中的台词,都是有极强烈的动作性的。《日出》中潘月亭与李石清之间的三次交锋,就是最显著的例子。有些对话,即使表面上并不显得怎样剑拔弩张,其实也是充满着性格的冲突,充满着内在的紧张性的。曹禺的戏剧语言,不但有强烈的动作性,还有浓厚的抒情性。因为在他的剧作中,人物所说的每一句话,都是从人物的内心发出的,都是在规定情境里他们自己要说的话,而并不是作者强要他们说的。这样,每一句话中,就必然都充满着说话者个人的情绪色彩,都符合于他们各自的身份地位和性格特点。因此,这些语言就又都是既有浓厚的抒情性,又是充分个性化的。曹禺的戏剧语言的杰出成就,就在于它们是动作性、抒情性和个性化的统一。

曹禺的剧作还充满着诗的气氛和鲜丽明朗的色彩。曹禺本质上是一位诗人,所以他的剧作都有浓郁的诗意,都可以说是诗,而且是最高意义上的诗。不但《家》《王昭君》中两对男女主人公的独白是诗,不但《北京人》中洋溢着缠绵而淡远的诗意,就是一切其他的剧本,其他的对话,都有浓厚的抒情诗的意味。而这种诗的意味,是从曹禺的敏锐而深刻的艺术感受能力中,从他善于深入人物的灵魂,善于揭开人物内心奥秘的能力中来的。他非常企羡与向往契诃夫的才能,他的有些剧作,如《北京人》等,在某种程度上也的确近似契诃夫的风格。但曹禺毕竟是曹禺,他有他自己的特色,他的作品的一个更其令人注目的特点是色彩鲜丽明朗,这是与契诃夫很不相同的,倒是更接近于早期的莎士比亚。

曹禺已经近七十高龄了,又长期受"四人帮"的打击迫害,身体不大好。但是从他去年发表的新作《王昭君》看来,他的创作力还是很旺盛的,宝刀不老,青春常在,这是很使我们感到欣慰的。我们热切地希望曹禺同志能不断有新作问世,用他那支富有魅力的艺术之笔,来描绘、歌唱我们今天的新的生活,以满足广大人民群众在实现四个现代化的斗争中的日益增长的文化生活方面的需要。

1958年9月写
1979年6月改

"你忘了你自己是怎样一个人啦！"
——谈周朴园

周朴园出身于封建家庭而又到德国去留过学，是一个当时所谓"有教养"的人。但他从青年时代起，就干了不少伤天害理的事。他为了赶娶一位有钱有门第的小姐，就逼着和他刚生了孩子才三天的女人冒着大风雪去跳河；为了自己发财，就故意让承包的江堤出险，淹死了两千二百名小工；为了镇压工人运动，他就叫警察开枪打死了几十名工人……而他个人的"事业"、"地位"，就在这伤天害理的过程中蒸蒸日上。他如今是一家煤矿公司的董事长，受到社会上一般人的尊敬，是一个非常"有体面"的人物。

他虽受着资产阶级的教养，却同封建地主阶级的思想感情有着深厚的血缘关系。他不但冷酷、自私，具有专横的统治心理，而且还十分虚伪，深谙假道德。这样一个人，和他周围的人之间自然要发生着尖锐的矛盾。而他，也终于在这些重重的矛盾中，陷入了难以自拔的境地。

周朴园第一次出场，恰好蘩漪、周萍、周冲三个人正在一起，在自己妻儿面前，他的威严、专横就更能给人一个深刻的印象。剧作者安排他在这时与读者、观众见面，是很具匠心的。在介绍他入场时，作者对他作了这样的描绘：

　　……他约莫有五六十上下，鬓发已经斑白，带着椭圆形的金边眼镜。一对沉鸷的眼在底下闪铄着。像一切起家立业的人物，他的威严在儿孙面前格外显得峻厉。……他有些胖，背微微地伛偻，腮肉松弛地垂下来。眼眶下陷，眸子却闪闪地放着光采。他的脸

带着多年的世故和劳碌,一种冷峭的目光和偶然在嘴角上逼出的冷笑,看出他平日的专横,自是和倔强。……①

这寥寥的几笔,就把周朴园的形象非常鲜明地勾勒出来了。专横、自是和倔强,确是周朴园性格中的一个非常突出的方面。

蘩漪和周萍本来正在客厅里进行着一番微妙的口角,周冲虽然不懂得他们话中的含意,但也感觉到了他们之间的不协调,表示很不愿意听他们这样说话。所以,在这三个人之间,空气是很不平静的。特别是蘩漪和周萍之间,更在进行着一场激烈的心对心的战斗。然而,就在这个时候,书房门打开了,周朴园出现在门口。客厅里的这三个人就立刻变得肃静。周朴园缓缓地踱进来,弟兄两个异口同声地喊着"爸",周冲并且问了一句:"客走了?"做父亲的对这些热情而恭敬的招呼,只稍微点了一下头,却转过来用如下的问话招呼了他回来后才第一次见面的妻子——蘩漪:"你怎么今天下楼来了,完全好了吗?"这虽然显示出他对蘩漪的关切,但口吻远不是很热情的。接着,在他用同样缺乏热情的"还好"二字回答了蘩漪对他的问候以后,就要蘩漪回到楼上去。他是这样说的:"你应当再到楼上去休息。"我们听得出他这句话的意思,他并不是怕蘩漪在楼下待久了累,才劝她上去休息一会,而是认为她根本应当在楼上休息,不应该下来。他的逼人的威严,他的专横、冷酷,在他初出场的这一刹那间,就充分表现出来了。而紧接着来的他对周冲的斥责,对蘩漪的威逼(逼她喝药),更把他这种性格刻画得形完神足,淋漓尽致。他就用这种冷酷、专横,维持着他的威严,建立起他引以自豪的家庭的"平静"而"圆满"的秩序。

当然,周朴园也并不是一味的冷酷、专横,他对待妻儿是恩威并施的。他甚至还给他的妻儿以这样一种印象:仿佛他的冷酷、专横,只是对他们的"关心"和"爱护"的一种富有个性色彩的独特的表现形式。因此,他们对他是不能有过多的不满的,而他的冷酷和专横,在他们看来

---

① 《雷雨》第38页,中国戏剧出版社1957年版。本书所有的《雷雨》引文,如不注明出处,皆引自《曹禺选集》,人民文学出版社1961年。

也只应该是威严,而不应该把它当做残暴。这里就显示出了周朴园性格中的另一个突出的方面——伪善。

他对待侍萍的态度,最深刻地暴露了他的伪善的一面。

据他自己向侍萍表白,他三十年来一直没有忘记过她。每年四月十八日,都不忘记为她做生日,一切都照着她是正式嫁过周家的人看待。我们也的确看到他屋子里的家具都还是从前侍萍所喜欢的旧物,他到东到西总都带着,而且陈设布置仍按照三十年前侍萍动用时的样子。甚至因为侍萍在生周萍时受了病,总要关窗户,因此他到现在,即使在夏天,这个房间的窗户还是不许人打开。他穿衣服,不管是雨衣还是衬衫,都爱穿旧的而不爱穿新的。他一听到侍萍的无锡口音,便很有深情地急着打听起所谓"梅小姐"的事来,并说想把她的坟墓修一修。……这些,似乎的确都证明他三十年来一直没有忘记侍萍,而且还是深情缱绻,朝夕怀念着她的。然而,很奇怪,当他知道他所怀念的这个人并没有死,而且现在就站立在他面前,就在跟他面对面地晤谈着时,他却忽然严厉地喝问对方:"你来干什么?"这样极端矛盾的态度,这样前后判若两人的声气,实在令人吃惊。不过,只待稍稍惊定,我们也就恍然大悟了。这"你来干什么?"的一声,含义是无比丰富的,它说明了许多问题。它虽然并没有把周朴园三十多年来对侍萍的种种怀念一笔勾销,却也赋予了这些怀念以一种新的含义。或者,更确切些说,是揭示了这些怀念的一种不易为人察觉的、甚至连周朴园自己也不一定意识到的隐秘的意义(他之所以不一定意识到这一点,乃是因为他不愿意承认这一点;因为不愿意承认它,久而久之,他自己就真以为它并不存在了)。这层意义一揭露,我们对周朴园的灵魂、周朴园的本质,也就看得更清楚,有了更深的理解了。

周朴园三十年来对侍萍的种种怀念,是不是全是假的、虚伪的呢?从他居然能严厉地喝问侍萍"你来干什么?"里,从他前后一贯的为人处世的态度里,以及从他作为一个资产阶级的阶级本性里,我们都可以毫无疑问地作出肯定的回答,说他是假的,虚伪的。但是,我们却不能因此就认为周朴园对侍萍真的一点感情也没有。认为他对侍萍的种种怀念的表示都是故意装出来的,都是有意识地做给别人看的。这样想就把一个人的复杂的心理面貌简单化了,就将阻碍我们对周朴园的资产阶级本质作更深入一步的了解。阶级本质是渗透在具体的个性中,而且只有通过具体的个性才能表现出来的东西。而个性,则总是比较复杂的,总是充满着各种各样的矛盾,而且还常常是盖有各种各样的涂饰物的。吝啬汉可以慷慨于一时,杀人不眨眼的人有时也会大发善心。因为吝啬汉的一时的慷慨,就不承认他是吝啬汉;因为残暴的人的偶发的善心,就说他并不残暴:当然是不对的。但如果以为吝啬汉有的只是吝啬,残暴的人任何时候都是残暴的,也是一种简单化的看法。在一个人的身上,可能有某一种品质是比较突出的,但这一种品质并不能够完全决定这个人的性格。处在复杂的阶级斗争环境中的人,特别是处在社会关系高度复杂化了的现社会中的人,他们的个性总是比较复杂的。个性的复杂性并不否定或削弱个性的阶级性,而恰恰是更生动、更丰富地体现了他的阶级性,更充分、更深刻地揭示了他的阶级性。如果我们不估计到个性的这种复杂性,不去具体地观察研究这种复杂性,那么,我们对他的阶级本质即使也可能有正确的了解,但这种了解必然是抽象的而不是具体的,是肤浅的而不是深刻的。因为这种了解,只是搬用了一个无可争辩的现成结论的结果,而并非自己实地观察的结果。我们说周朴园是虚伪的,乃是因为整个地来看他时,归根到底地来说时,他只能是虚伪的。但这并不等于完全否认周朴园具有任何真正的感情,也决不排斥周朴园对侍萍可以有某种程度的真正的怀念。周朴园对侍萍的某种程度的怀念,不但丝毫不能动摇我们认为周朴园是极端虚伪的看法,而恰恰是——从他的怀念的性质及其具体表现中——只有更其加深了我们的这一看法。我们说周朴园对侍萍是可以有某种程度的真正的怀念的,这也很容易理解:侍萍年轻时是很美的。他确曾喜欢过她,何况她又是周萍的母亲,怎能不常常想起她呢?一个人对于已经失去的东西,总是特别觉得可贵,特别感到恋念的。尤其是他做了那样一件伤天害理的事(我们记得,他是为了赶娶一位有钱有门第的小姐,逼着刚生下孩子才三天的侍萍,在年三十夜冒着大风雪去跳河的),总不能毫无内疚。现在,侍萍既已死去(他一直以为她已经死了),对他就不再有什么威胁、不利,他就更容易想到她的种种可爱处而不胜怀念起来。这种怀念,又因他的灵魂的内疚,又因他的补过赎罪之心而愈益增加了它的重量,以至他自己都为这种"真诚的"怀念所感动了。他觉得自己虽然"荒唐"于前,却能"补过"于后,就仿佛也是个"道德高尚"的人了。这样,他对侍萍的怀念就做得愈益认真起来,并且还以此自豪,以此来教育周萍,来树立家庭的榜样。这样做,在他主观上可能的确是很"真诚"的,并无故意骗人的存心。但是,作为剥削阶级中的一员,他是不可能有什么真正高尚的感情的。他首先考虑的,总是自己的名誉、地位,自己的实际利益。在并不损害他的利益时,他是可以有一点感情的,但当他一发觉这种感情与他的利益相抵触,将要危及他的名誉、地位时,他就会立刻翻脸不认人,把这种感情一脚踢开。"你来干什么?"这一声就充分说明了这一点。在紧接着这一声以后的一长串的对话中,剧作者更进一步地揭露了周朴园的这种丑恶的阶级本质。我们不妨在这里稍停片刻,听一听他们的对话:

周朴园　（忽然严厉地）你来干什么?
鲁侍萍　不是我要来的。
周朴园　谁指使你来的?
鲁侍萍　（悲愤）命,不公平的命指使我来的!
周朴园　（冷冷地）三十年的工夫你还是找到这儿来了。

我们听得出,周朴园在说前两句话时,一定是声色俱厉的,而后一句话又是多么的冷酷无情。

"你来干什么?"他的内心的语言（潜台词）其实是说:"你想来敲诈我吗?"侍萍说"不是我要来的"。他一定想:不是你自己要来敲诈我,那么准是有人指使你来敲诈我的了,所以他接着问:"谁指使你来的?"这一问一答不过是三二秒钟的时间,但是,我们可以想象得到,周朴园的内心变化却是异常剧烈的,他的思想却是经历了很长的路程的。他一定会想到这个人多半是鲁贵,而鲁贵又是那样的狡猾难对付,他就更感到事态的严重。等到听侍萍说了是"不公平的命指使我来的"后,他才觉得还好,还只是她自个儿找来的,总算并没有别人夹在里头,因而他就不像原先那么紧张了。但他还是认定侍萍是有意找上门来的,要摆脱她,解除这个麻烦,他想是总得费些周折,花些钱财的了。但不知她此来的意图究竟如何,且先听听她的口风再说吧。因而他才冷冷地说了一句"三十年的工夫你还是找到这儿来了"。他的潜台词,他的内心的真正意思,其实是:"那么你究竟想怎样呢?"但是,侍萍的思想、心情,却完全走着另一条路,并不是沿着他的内心线索前进的。她这一次到四凤的东家来,想不到竟遇到了三十年前那样毫无心肝地抛弃了自己的那个人。在与这个人的短短的接触中,她发现这个人似乎并不像他过去那样的无情,从他房间里的陈设布置,从他依旧保留着的夏天关窗的习惯,从他对旧衣物的偏爱,特别是从他对"梅小姐"事件所流露出的兴趣与关心里,她知道这个人还是一直在怀念着自己的。本来,她从这个人那里所受到的凌辱、迫害,是说不尽、诉不完,无论如何也忘不了的。但毕竟事情已过去了三十年了,何况这个人还是她的大海和她另一个儿子的爸爸,而他如今又显得这样的多情。像侍萍这样一个心地纯洁而善良的女子,又受着封建伦理观念的严重影响,自然不免又一时"犯胡涂",心软起来。因而,她刹那间几乎已经忘记了这个人过去对自己的种种不情不义、种种灭绝人性的行径,开始想用另外一种眼光来看他了。① 而忽然,这个人重又露出了他的本相,而且把自己看得那样卑鄙、下贱,以为是有意来敲诈他的。这才使她重又清醒过来,她三十年来的悲愤、郁积,三十年来的血泪痛苦,一下子就像开了闸门的洪水一样奔涌出来了。她的这种感情的爆发,使得周朴园有些害怕,怕张扬开去,有损自己的体面。因此,自此以下,他的语调就变了。起先是竭力地想稳住她,想使她的感情平静下来,所以他一则曰:"你可以冷静点。现在你我都是有子女的人。如果你觉得心里有委屈,这么大年纪,我们

---

① 譬如,她在周朴园的面前,有意透露了一些她自己的消息,目的当然是在于试探——良心的试探,一种多少带有谴责意味的试探——周朴园。但这种试探本身,就是一种软弱、动摇的表示,就是她对周朴园的仇恨已有所冲淡的表示。更明显的是,当周朴园对她说了"好,你先下去吧"以后,她竟有些不忍就走。她这时,不但不像先前的急于想避开周朴园,反而问周朴园:"老爷,没有事了?"而且"望着周朴园,泪要涌出"。

先可以不必哭哭啼啼的。"再则曰："从前的旧恩怨,过了几十年,又何必再提呢?"三则曰："我看过去的事不必再提了吧。"但是,侍萍并没有平静下来,她还是要提,她闷了三十年了,非提不可。于是周朴园又采取了另一种办法,想用感情来软化她。这样,我们就听到了他的如下的话:

  你静一静。把脑子放清醒点。你不要以为我的心是死了,你以为一个人做了一件于心不忍的事就会忘了么?你看这些家具都是你从前顶喜欢的东西,多少年我总是留着,为着纪念你。

果然,他这番话立刻生了效。侍萍听到这里,低下了头,开始有些平静了。于是他就以更加恳挚而悔罪的声调接下去说:

  你的生日——四月十八日——每年我总记得。一切都照着你是正式嫁过周家的人看,甚至于你因为生萍儿,受了病,总要关窗户,这些习惯我都保留着,为的是不忘你,弥补我的罪过。

这一下他的目的完全达到了,现在是侍萍反过来请他不必再提这些了。把侍萍的感情稳住以后,他想这就可以谈到正题了。因而他说："那更好了。那么我们可以明明白白地谈一谈。"意思是说:既然你也认为过去的事可以无需再提,那么你就把你此来的目的、意图、要求,直截了当地提出来吧。但是,侍萍完全不理解他话中的意思,因为她从来就不曾有过这一类的心思、打算。因而她说："不过我觉得没有什么可谈的。"从她的这句话里,周朴园才想起了过去侍萍的高傲倔强的性格。再联系到刚才一连串的对话,他就发现侍萍的性情原来并没有什么大改变。这发现叫他安心。但他又想到,她现在是鲁贵的妻子,而鲁贵却是个很不老实的人,假使他夹在中间,事情就麻烦了。所以他就说出了"话很多。我看你的性情好像没有大改,——鲁贵像是个很不老实的人"这样几句看来似乎不大连贯的话来。这一次,侍萍懂了他的意思了,叫他不用怕,满怀轻蔑地告诉他,她决不会让鲁贵知道这件事的。这下,他就完全放心了。在打听过被侍萍带走的他的另一个儿子的消息以后,他要问的都问了,要知道的都知道了,他已解除了一切的恐惧与顾虑。于是他就剥去了一切的伪装,赤裸裸地露出了他的本相。所以他又忽然说:"好!痛痛快快的!你现在要多少钱吧!"在这句话里,充满着令人恶心的铜臭气息,而这个资产阶级的卑鄙丑恶的灵魂,通过这句话也就被揭露无遗了。

不能不令人感到惊异的是,作者曹禺这时才不过二十三岁,他竟能把周朴园这样一个老奸巨猾、深藏不露的伪善者的灵魂,如此清晰、如此细致入微地勾勒出来。这样深刻的观察力,这样高超的艺术才能,真叫人叹赏不置。不过,最后一场中对周朴园的描写、处理,却不能说是同样成功的。在这一场里(其实,前面也或多或少地存在着这种情况),作者思想上的不成熟以及他世界观中的严重弱点,和他的作为一个天才艺术家所特有的感受与表现的能力,同样清晰地呈现在我们眼前。

在周萍与四凤已经取得侍萍的同意,即将一同出走的当儿,周朴园被蘩漪叫了下来。他一下来,忽然又看到了已经说过再也不上周家的门的侍萍、四凤,而且她们还与蘩漪、周萍、周冲在一起,他当时的惊骇是可想而知的。作者这样写:

周朴园 (见鲁侍萍,鲁四凤在一起,惊),啊,你,你们这是做什么?

头上那个"你"字,可能是对着侍萍说的。他可能是一看到侍萍,在万分吃惊的当儿,就几乎脱口而出地说出"你怎么又来了?"这句话来。但他究竟是个老练而深沉的人,所以他终于竭力压住了惊慌,并且强作镇定地、不失他的威严本色地改问了一句:"你们这是做什么?"这时,蘩漪就拉着四凤告诉他:"这是你的媳妇,你见见。"又叫四凤"叫他爸爸"。并且指着侍萍,叫周朴园"也认识认识这位老太太"。接着,她又转过来向周萍说:"萍,过来!当着你的父亲,过来,给这个妈叩头。"周朴园看见侍萍重又回来,本来就已经是说不出的慌乱,如今蘩漪又不怀好意地一会儿叫他认这个,一会儿叫他认那个,而他又完全不知道周萍与四凤之间的事,所以蘩漪一上来说四凤是他的媳妇,他可能没有听清楚;即使听清楚了,在极度的慌乱中,在一心只想着他跟侍萍的关系时,也可能完全不理解"媳妇"两个字的意义。而蘩漪叫周萍给侍萍叩头,——"给这个妈叩头"这句话,在他的耳中却特别响亮清晰。他既然并不知道周萍跟四凤的恋爱关系,当然也就不会想到蘩漪嘴里的这个"妈"字,并不是他心里所想的那个"妈"字的意思。于是,他就一心以为他跟侍萍的关系已被大家知道了(后来蘩漪的:"什么,她是侍萍?"这样由衷的惊奇,不是也被他认为是故意的嘲弄吗?),他当然也就无法再隐瞒了。所以,他之承认侍萍,起先原是被迫的,并非出于自动。这些描写,都是十分真实而深刻的,是符合周朴园这样一个人的性格特色的。然而就在这里,作者却给了周朴园以过多的悔恨沉痛的感情,仿佛他真像所谓"天良发现"似的忽然真正忏悔起过去的罪恶来了。作者写他始而悔恨地对侍萍说:"侍萍,我想你也会回来的。"在这句话里,我们听得出,有的不仅是对自己的行为的悔恨,而且还含有对侍萍终于还是回来了的一种欣慰的感情。继而又沉痛地唤着周萍:"萍儿,你过来。你的生母并没有死,她还在世上。"(着重号为引者所加)这样的口吻,也不像是因为隐瞒不了而只得假意敷衍的人的口吻了。紧接在这句话的后面是:

周　萍　(半狂地)不是她!爸,不是她!

周朴园　(严厉地)混帐!不许胡说!她没有什么好身世,也是你的母亲。

周　萍　(痛苦万分)哦,爸!

周朴园　(尊重地)不要以为你跟四凤同母,觉得脸上不好看,你就忘了人伦天性。

鲁四凤　(痛苦地)哦,妈!

周朴园　(沉重地)萍儿,你原谅我。我一生就做错了这一件事。我万没有想到她今天还在,今天找到这儿。我想这只能说是天命。(向鲁侍萍叹口气)我老了,刚才我叫你走,我很后悔,我预备寄给你两万块钱。现在你既然来了,我想萍儿是个孝顺孩子,他会好好地侍奉你。我对不起你的

> 地方,他会补上的。①

这样的一番话,不但很能迷惑侍萍以及所有其他在场的人,而且也会冲淡读者和观众对周朴园的憎恨,而使整个作品的思想意义受到损害。当然,我们并不是说,周朴园决不会说这样的话,也并不是说,这样一番话就与周朴园的性格存在着怎样的牴牾。像周朴园这样一个人,在眼看真相已万难再行掩盖时,为了维持他的伪善面貌,维持他一向极力装扮的假道德,为了给他的儿子以"良好"榜样,为了维护他的家庭的"平静"而"圆满"的秩序,是完全有可能说出类似的话来的。问题是在于他说这些话时的态度与口吻。像上面这样的态度与口吻,恐怕是很难使人不受到迷惑的。作者应该使这些话成为对周朴园的伪善本质的更深一层的揭露,而这里却似乎是在肯定周朴园的忏悔心情了。这应该说是作者的一些弱笔。而这些弱笔的出现,并不是由于作者艺术表现能力方面的欠缺,而是与作者当时思想上的弱点直接联系着的。

在作者当时的世界观中,占主导地位的是民主主义与人道主义的思想。这种思想有它的进步性,也有它的局限性。在这种思想指导之下,他对当时那种人压迫人、人剥削人的现象,感到极大的愤怒和不平,所以他在作品里能够对充满这种现象的当时的社会,作出深刻的揭露与尖锐的抨击。但是,停留在这样的一个思想水平上,对造成这种现象的原因,是不可能有深刻而明确的认识的。因而,他虽然对社会的真实情况,有敏锐的感觉和强烈的爱憎,但究竟应该怎样正确地对待、批判这种现实,就有些茫然了。因为,正确地对待和批判的能力,是只有在正确的思想指导下才能具备的。他对周朴园这个人物,应该说是了解得相当深的,他洞察他的肺腑,在他的笔下,这一人物的精神面貌可以说是展示得非常清晰了。但究竟应该怎样来评价这个人物呢?这个人当然决不是什么值得同情的好人,而是一个应该被批判、被否定的人物,这一点对曹禺来说,也是不成问题的。但批判应该掌握什么样的分寸?否定应该达到什么样的程度?这在曹禺,恐怕就不是很明确的了。

---

① 《雷雨》第 165、166 页,中国戏剧出版社 1957 年版。

而且,在他当时的世界观中,或多或少还存在有资产阶级的人性论思想,他就自然更加不能彻底否定周朴园这样一个人物了。在鞭打他的时候,他就免不了有一些手软,甚至给他以某种程度的"曲宥",像他在《日出》的跋文(初版本)中提到潘月亭、李石清时所说过的那样。而周朴园这种"天良发现"式的悔罪的声调,正是作者的手软的表现,正是作者对他作了某种程度的"曲宥"的表现。

1959年9月写
1961年9月改

"最残酷的爱和最不忍的恨"
——谈蘩漪

在《日出》的跋文中,曹禺说,他在写《雷雨》时,把剧中的一个最主要的人物,就是那被称为"雷雨"的好汉,漏掉了,其实,我认为他并没有漏掉,还是写进去了。那个人就是蘩漪。在《雷雨》初版本的序言中,曹禺曾说蘩漪是一个最"雷雨的"性格。其实,照我看来,蘩漪不但有"雷雨的"性格,她本人简直就是"雷雨"的化身,她操纵着全剧,她是整个剧本的动力。不是吗?死命地拖住周萍不让他离去的是她,把侍萍(她好比是个定时炸弹)招到周公馆来的是她,关住四凤的窗户使周萍被鲁大海与侍萍发现的也是她,最后在周萍与四凤将要一同出走时,又是她叫来了周朴园,打乱了原来的局面,完成了这出悲剧。这样重要的一个人物,在她出场时,自然是应该特别郑重地介绍一番的。而作者的这段介绍,也真是光彩夺目,奇妙绝伦,实在舍不得不加引录:

……她一望就知道是个果敢阴鸷的女人。她的脸色苍白,只有嘴唇微红,她的大而灰暗的眼睛同高高的鼻梁令人觉得很美,但是有些可怕。在眉目间,在那静静的长的睫毛下面,看出来她是忧郁的。有时为心中的郁积的火燃烧着,她的眼光会充满了一个年轻妇人失望后的痛苦与怨望。她的嘴角向后略弯,显出一个受抑制的女人在管制着自己。她那雪白细长的手,时常在她轻轻咳嗽的时候,按着自己瘦弱的胸。直等自己喘出一口气来,她才摸摸自己胀得红红的面颊。她是一个中国旧式女人,有她的文弱,她的哀静,她的明慧,——她对诗文的爱好,但她也有更原始的一点野性:

在她的心里,她的胆量里,她的狂热的思想里,在她莫名其妙的决断时忽然来的力量里。整个地来看她,她似乎是一个水晶,只能给男人精神的安慰,她的明亮的前额表现出深沉的理解;但是当她陷于情感的冥想中,忽然愉快地笑着;当她见着她所爱的,快乐的红晕散布在脸上,两颊的笑涡也显露出来的时节,你才觉得出她是能被人爱的,应当被人爱的,你才知道她到底是一个女人,跟一切年轻的女人一样。她爱起你来像一团火,那样热烈,恨起你来也会像一团火,把你烧毁的。然而她的外形是沉静的,忧烦的,她像秋天傍晚的树叶轻轻落在你的身旁,她觉得自己的夏天已经过去,生命的晚霞早暗下来了。①

就是这样一个女人,落进了周朴园的魔掌,被他软禁在这个仿佛是与世隔绝的周公馆里,已经一十八年了。寂寞枯淡的生活,沉重窒息的空气,把她闷得气都透不过来,本来她已经不存什么希望,只安安静静地等待着死亡的到来了。忽然,三年前,周萍从乡间跑来了。他对她表示了爱慕。这虽是一株苍白无力、弱不禁风的小草,但因为他如今是出现在荒凉而阴冷的周公馆里,又是刚从乡间来,身上多少总还保留着一些年轻人应有的纯朴清新之气;而且,这个人他有时也会燃烧、发光,正如作者在他的出场介绍中所写的,当他冲动起来的时候,他的热情,他的欲望,也会像潮水般地涌上来。就是在他这种热情奔涌的时候,他赢得了蘩漪的心。而蘩漪犹如一株行将枯死的奇花,得到了点滴雨露的滋润,又逐渐有了些生气。她就按照她自己的性格,把她的生命、名誉,整个地交给了周萍。然而周萍毕竟是周朴园的儿子,他犹疑怯弱,胆小怕事,决不是值得蘩漪爱,值得蘩漪为他牺牲的人。后来,他又爱上了四凤,尽量回避着蘩漪,并且想离开周公馆,撇下蘩漪,一走了事。这样,蘩漪的"雷雨"般的性格,就爆发出来了。而《雷雨》这出悲剧,也就在她的性格力量的爆发下,在她的一手导演下完成了。

蘩漪在剧中的贯串动作,她的种种作为的直接目的,虽然是在于想

---

① 《雷雨》第23、24页,中国戏剧出版社1957年版。

留住周萍,但其结果,却往往是对周朴园的一种揭露。而且,她的揭露是那样的辛辣锋利,那样的痛快彻底。请看下面这一段对话:

周蘩漪　你最对不起的是我,是你曾经引诱过的后母!

周　萍　(有些怕她)你疯了。

周蘩漪　你欠了我一笔债,你对我负着责任,你不能丢下我,就一个人跑。

周　萍　我认为你用的这些字眼,简直可怕。这种话不是在父亲这样——这样体面的家庭里说的。

周蘩漪　(气极)父亲,父亲,你撇开你的父亲吧!体面?你也说体面?(冷笑)我在你们这样体面的家庭已经十八年啦。周家的罪恶,我听过,我见过,我做过。我始终不是你们周家的人。我做的事,我自己负责任。不像你们的祖父,叔祖,同你们的好父亲,背地做出许多可怕的事情,外表还是一副道德面孔,是慈善家,是社会上的好人物。

周　萍　大家庭里自然不能个个都是好人。不过我们这一房……

周蘩漪　都一样,你父亲是第一个伪君子……

在《雷雨》中,周朴园是个罪魁祸首,许多条生命的疯狂和死亡,都是种因在他身上。那么,在这个剧本里,是谁最无情地揭露了他,给他以最有力的打击,让他当众出丑的呢?显然这个人就是蘩漪。蘩漪之所以要那样死命地拖住周萍,与其说是出于对周萍的爱,还不如说是出于对她自己的地位、处境的一种反抗,出于对周朴园所加给她的种种束缚限制,对周朴园的专横统治的一种反抗(这就是《雷雨》这一剧作的冲突的基础,也就是它的思想主题的基础)。从这里,我们就可以清楚地看到蘩漪这个人物的积极意义和局限性。同时,这里也显示出作者当时的世界观的实际水平。在这个作品里,作为周朴园的一个主要的对立形象的,并不是鲁大海,也不是鲁侍萍,而是蘩漪。蘩漪是周家悲剧的导演者,是使得埋藏在周公馆下面的火药爆炸起来的引火人。为什么作者不以鲁大海或者侍萍作为周朴园的主要对立形象呢?鲁大海当然要比繁漪站的高得多,他和周朴园之间的矛盾,也更能反映当时社会的本质的矛盾。就是侍萍,她所受的迫害也远较繁漪为重,她的身世也更易得到人们的同情。而曹禺却偏偏选择了繁漪作为向周朴园进攻的主将。这究竟是什么道理呢?我想,这应该是与他所要表达的思想,与他为作品所确立的思想主题有关的。

我们知道,矛盾冲突是剧情发展的基础,没有冲突,也就不会有戏剧。而一个剧作的艺术深度,也往往要看作者所选择的冲突和他通过作品所要表达的思想之间符合到什么程度而定。曹禺在这个剧本里,主要只是想揭露周家这样一个带着很浓厚的封建色彩的资产阶级家庭,以及这个家庭所赖以存在的社会的罪恶,并表达他的一种被压抑的、无法排解的愤懑。其所以是无法排解的,乃是因为他并未认真追究过这罪恶的最后的根源究竟来自哪里。他从他当时的认识水平出发,把批判的重点特别放在对周朴园的冷酷、专横和伪善的本质的揭露上。剧作的主要冲突的设立,人物关系的配置,都是以此为基准的。我们看,如果以侍萍作为周朴园的主要对立形象,能不能很完满地表达这种思想呢?显然这是不很合适的。因为侍萍所受的迫害,主要是地主阶级对在他奴役下的使女的迫害。而作者在这作品中所要表现的,如我们上面所说,已经不单纯是、而且主要并不是这样一种意义上的反封建思想了。假如以侍萍与周朴园的矛盾作为主要矛盾,那就应该把它放在另外一种背景下来处理;而作品的主题思想,也要与现在有所不同了。那么鲁大海怎样呢?鲁大海与周朴园之间的矛盾,完全是另外一种性质的矛盾,这种矛盾是不可调和的你死我活的矛盾,它最终必然要以周朴园这一阶级的彻底败亡作结束。作者在这个剧本里,显然主要也并不是要来表现这样一种矛盾的。所以他也决不会以鲁大海作为周朴园的主要对立形象。只有繁漪,才能够全面地揭露周家的罪恶,才能够把周朴园的冷酷、自私、专横和伪善的本质充分地揭示出来。我们觉得,《雷雨》的内容和形式之间是很和谐的,艺术上是很完整、很有深度的,这在很大的程度上应该说就是取决于其思想与冲突的一致(当然,如果就这个剧本的思想深度来说,就它对社会矛盾的反映与批判的深刻性来说,那是有很大的局限性的。而这种局限性,又是与作者当时世界观的水平相适应的。作为一个民主主义者和人道主义者,曹禺还只能够把他的注意力首先集中在上面这样一种性质的问题上,而还不能够站得更高,还不能够着眼于一些更重大更根本的问题)。

从作品的具体表现来看,情况也确是如此。鲁大海与周朴园的冲突,侍萍与周朴园的冲突,都只在第二幕中稍稍接触了一下,侍萍甚至很少有要与周朴园斗争的意思。繁漪与周朴园的冲突则不然。它是贯串全剧,始终存在的。单是面对面的正面冲突,在四幕之中就有四次之多。而且每一次的冲突的结果,都使他们的关系发生了变化,都加速了剧情的发展。我们看到他们两方面的力量对比关系,在不断地消长转化。繁漪对周朴园的反抗,由消极逐渐转到积极,而且愈来愈激烈,愈来愈不可遏制,最后终于完全撕毁了周朴园的"尊严",彻底破坏了周家的"平静"而"圆满"的秩序。这四次正面冲突就是:一、周朴园逼繁漪吃药(第一幕);二、周朴园催繁漪去看病(第二幕);三、繁漪从鲁家回来后遇到周朴园(第四幕初);四、繁漪在周萍与四凤将要一同出走的当儿把周朴园叫来(第四幕末)。在第一次冲突中,繁漪的反抗性虽然也表现出来了,但那多半是抵御招架,属于消极的防守性质的。这从她所说的一些话里完全可以看出来。如:"我不愿意喝这种苦东西。""我不想喝。""留着我晚上喝不成么?"等等。而最后,她终于还是屈从了,虽然是带着极大的愤怒,而且主要并不是为了周朴园。第二次,繁漪的态度就不同了,她就已经是以一种挑战的姿态出现了。周朴园早就两次派人催过繁漪去看病了,繁漪都没去。于是周朴园亲自跑来了:

周朴园　你怎么还不去?
周繁漪　(故意地)上哪儿?
周朴园　克大夫还在等着,你不知道么?
周繁漪　克大夫?谁是克大夫?

你看,她岂但不知道克大夫在等着,她甚至连克大夫这名字仿佛还是第一次听到呢!然而事实上,我们知道,克大夫过去曾经给她看过病,几分钟前鲁贵又两次告诉过她克大夫已经来了,她自己也说过周冲也已向她提过要请克大夫来替她看病的事了。周朴园没有办法,只得再向她说明,克大夫就是"从前给你看病的克大夫",她却说她根本没有病,就是有病,也不是医生治得好的。说着,她就自管向饭厅门走去。周朴园还想用他那家长的威严来喝住她,但是完全没有用。

周朴园　(大声喊)站住!你上哪儿去?
周蘩漪　(不在意地)到楼上去。
周朴园　(命令地)你应当听话。
周蘩漪　你!(不经意地打量他)你忘了你自己是怎样一个人啦!
　　　　(径自由饭厅门下)

在这最后的"你!"的一声里,该是包含着多少的轻蔑和嘲弄之意!她的态度与上一次已经很不相同了。但是,在这一次冲突中,周朴园仍还保持着他的优势,尽管蘩漪回到了楼上,他还是让周萍陪着克大夫去替她看了病。到了第三次,优势就转到了蘩漪一方面,蘩漪已经从防御者的地位转变成一个进攻者了。

　　这是一个凄凉的雨夜,已经是半夜两点钟左右了。周朴园在寂寞地拿起了侍萍的相片,注目遐想,悄然出神。这时,蘩漪一声不响地从中门走了进来(她刚从鲁家回来),雨衣上的水还在往下滴,颜色惨白,鬓发也是湿漉漉的。她在这样的时候,突然以这样的姿态出现在周朴园的面前,周朴园的惊愕骇异之状是不难想象的。然而蘩漪却满不在乎。我们甚至可以想象得到,周朴园愈是惊愕,她就会愈显得镇定,愈加感到一种满足的快意。我们看:

周蘩漪　(看见周朴园惊愕地望着她,冷漠地)还没有睡?(立在门前。)
周朴园　你?(走近她)你上哪儿去了?冲儿找你一晚上。
周蘩漪　(平常地)我出去走走。
周朴园　这样大的雨,你出去走?
周蘩漪　嗯,——(忽然报复地)我有神经病。

周朴园　我问你,你刚才在哪儿?

周蘩漪　(厌恶地)你不用管。

周朴园　(打量她)你的衣服都湿了,还不脱了它?

周蘩漪　我心里发热,我要到外面冰一冰。

周朴园　(不耐烦地)不要胡言乱语的,你刚才究竟上哪儿去了?

周蘩漪　(望着他,一字一字地)在你的家里!

周朴园　(烦恶地)在我的家里?

周蘩漪　(微笑)嗯,在花园里赏雨。

周朴园　一夜晚?

周蘩漪　(快意地)嗯,淋了一夜晚。

这真够使周朴园狼狈的了。所以他惊疑地望着她,半晌说不出一句话来。而蘩漪则如一座石像般地矗立在他面前,一动不动。接着她又从周朴园的手里把侍萍的照片拿了过来,并且像逗小孩似地逗弄着周朴园。周朴园实在拿她没有办法,只好摆出家主的威严,命令她走开。然而,立刻就被蘩漪挡了回去。

周朴园　(愠怒)好,你上楼去吧,我要一个人在这儿歇一歇。

周蘩漪　不,我要一个人在这儿歇一歇,你给我出去。

周朴园　(严肃)蘩漪,我叫你上楼去!

周蘩漪　(轻蔑)我不愿意,告诉你,我不愿意。

可见这时两个人的力量对比关系,两个人的优劣地位,已经翻了一个身了。到了最后一场,蘩漪更以一个审判者的姿态,把周朴园叫了出来,当着众人的面,不但是当着剧中人物,而且也是当着广大观众的面,无情地撕毁了周朴园的庄严的外衣,剥落了他的道德的面具,而周朴园此时则已完全处于一个消极的、被动的地位了。

(值得注意的是,蘩漪的力量的不断增强,并不是由于她的斗争更有把握,更有获胜的希望,恰恰相反,倒是由于她愈来愈意识到自己的前途的无望,愈来愈感觉到自己的命运的黯淡。她的斗争一开始就带有一种悲剧的性质,因为,在那样的时代,单纯从个性解放的要求出发,而不把自己的斗争与整个人民大众的解放斗争结合起来,是决不可能有成功的希望的。她自己后来也渐渐地认识到她所作的种种努力,不过是一种徒劳的挣扎。但是,像她这样的性格,是决不能忍受别人的欺侮玩弄,决不能安于失败的命运的。她一定要反抗,要报复。她曾几次三番地对周萍下过警告:"一个女子,你记着,不能受两代的欺侮,你可以想一想。""小心,小心!你不要把一个失望的女人逼得太狠了,她是什么事都做得出来的。""小心,现在风暴就要起来了。"这些就像暴风雨来临前的轰雷闪电,一声紧似一声,一声更比一声震撼人心。但是,我们也听得出,其中固然包藏着咄咄逼人的威势,同时却也蕴含有深沉的绝望的悲哀。)

  这四次冲突,不但每一次都深刻地揭示了周朴园和繁漪两个人的性格,而且也进一步影响了两个人此后的行动,更加推动了事件的发展,把情节一步步地引向高潮。这是真正的戏剧性的冲突。正因为周朴园在威逼繁漪喝药中,露出了那么狰狞的面目,所以才激起了她后来的更大的反抗。而且使她觉得这种生活实在无法忍受,更非死命地拖住周萍不可。她愈是要拖住周萍,又愈使周萍恐惧、厌恶,愈要迅速摆脱她。而在周朴园一面呢,看到她居然当着儿子的面也露出了反抗的意思,就觉得只有用更大的压力来对待她,只有更加防范着她点。而不知道他的压力、防范的每一次的加强,都只是促使她的反抗和"越轨"的行为愈益变本加厉,都只是促使她更要千方百计地甚至是不择手段地拖住周萍。这样,结果就反而只有使他的家庭更失平静,使他自己更失尊严。最后终于在众人面前完全暴露了自己丑恶的原形。

  在这个作品里,周朴园是一个带着浓厚的封建色彩的资本家,他这种身份、地位,最足以代表半封建半殖民地社会里的统治势力,而他在剧中的贯串动作,他所一心追求的目标——维护家庭的秩序,保持自己的尊严——也正是那个社会里的统治势力所最关心,最要竭力撑持的。繁漪的一言一动,所作所为,则无不在破坏这种秩序,撕毁这种尊严,因而繁漪就是那个家庭和那个社会里的叛逆,是值得我们寄予同情,给以支持的。

当然，蘩漪毕竟还只是地主资产阶级队伍中的一员，譬如她对四凤就有着许多"上等人"的偏见。她所反对的，也只是周朴园的家长式的统治，只是对她个人的种种束缚限制，种种她所感到的个人的不自由，而并没有比这更高一些的要求，更进一步的内容；而且，只要周萍能陪伴她，这"闷死人"的屋子也会使她留恋，她也会安于虚伪和欺骗的不自然的关系而不起来反抗。同时，不消说，她当然是个个人主义者，她为达到她的目的可以不择手段，最后甚至把自己的儿子拉出来借以破坏周萍和四凤的结合。这许多地方都是我们所不能不看到，因而不能给她以过高的评价、过多的赞扬的。不过，话又得说回来，在《雷雨》这一作品中，蘩漪的斗争性总算是很强的了，她对周朴园的揭露，也总算是很辛辣、很无情的了。如果我们因为在她身上存在着以上所说的一些缺点和局限性，因而就鄙弃她，否定她，那也是很不对的。

1959年9月写
1961年9月改

"哦,你是你的父亲的儿子"
——谈周萍

在周朴园的三个儿子中,周萍是唯一有可能传他的衣钵的一个。这位周公馆的大少爷,第一步就跨得很有父风。当我们初次和他见面的时候,他不但早已和他的后母发生了乱伦关系,而且还和他家里的使女(其实是他的异父妹)有了暧昧行为。并且正要撇下她们,独自一个到矿上去,进一步学习他父亲的"英雄榜样"。

不过,为了对他公平,我们愿意对上面的话作一些修正。他要撇下繁漪到矿上去是确实的;想独自一个去,也是确实的。但是否存心连四凤也要撇下——假如这撇下就是意味着永久的丢弃,我们认为是应该作一些保留的。

作为周朴园的儿子,周萍自然是很难博得人们的好感或者同情的。而他所做的一些事情,譬如上面所提到的同繁漪乃至四凤的关系,譬如在自己家里恶狠狠地仗势打了鲁大海两个嘴巴,以及他的纵酒放荡、精神颓丧等等,也确乎只能引起人们的憎恶。然而,他又不是那种滥恶而浅薄的、一眼就能看煞的坏人,在他身上甚至还并不缺少足以令人迷惑的地方。要不然,不但四凤的居然会倾心于他,有些不大近情;就是繁漪的竟要那样苦苦纠缠,死不放手,也觉得不易使人信服;除非这两个人的性格并不像作品中所表现的那样。在这个剧本里,周萍的性格恐怕是最复杂的一个了。作者在序文中,曾把《雷雨》中人物的性格分做三类:一类是一切都走向极端,中间不容易有一条折中的路;一类是与此相反,遇事希望着妥协、缓冲与敷衍;再有一类则是介乎这两者之间,仿佛是两者间的阶梯。在过去的版本里,作者一直把周萍归入第一类的,但在1959年出的版本里,却把他归入第二类了。可见这个人物的性格,原是可此可彼,不是那么容易固定的。因而作者认为,这个人物是最难演的,演他的人需要能够化开他性格上的一层云翳,使他轮廓分明,虽复杂而仍简单。他并且提示演他的人要设法替他找同情,不然到后来就会搁了浅,演不下去。要替周萍找同情,这说法也许容易引起误解,所以在新本中,作者就删去了这两句话。其实,大家是不难体会作者的用意的。他无非是要演员不要简单地对待这一个人物,不要把他的性格脸谱化了,把他演成一个传统戏曲中的花花公子式的人物。假如这样,剧中人物间的关系,就会显得牵强而不合情理,就会破坏了剧作的完整性。作者没有把周萍写成这样的人物,正是作者的高明处。这样,就使得这一剧作更加耐人寻味,使得大家不是把憎恨仅仅停留在周萍个人身上,而是要去作进一步的思考与探索。换句话说,也就是更加深化了剧作的主题思想。

　　对待像周萍这样的人物,常常容易出现两种简单化的态度。一种是眼光只停留在一些表面的现象上,对他的所谓"真诚",所谓"不得已的苦衷",表现出过分的轻信,因而不适当地原谅他,同情他。还有一种是从他的思想本质出发,对他深恶而痛绝之,认为他的所言所行,无一不是可鄙而可恨的,因此把他臭骂一顿了事,而不去进一步探索这个人物的性格形成的社会根源,发掘这一形象的深刻的典型意义。这当然都不是正确的态度。但要使抱这两种态度的人改变他们的看法,却并不是很容易的事。因为,他们之所以会采取这种或那种看法,并不是毫无根据,在他们看来,似乎还是满有理由的。

　　就拿前一种看法来说吧,粗粗一看,周萍这个人物,确也好像是大可同情的。他年轻时因为一时的冲动,和自己的后母发生了乱伦关系,铸下了大错。这使他时时追悔,懊恨莫名(作品中关于他的悔恨的描写,给人的印象是很深的。特别是他初出场时,同繁漪重又在人前晤面时的那种坐立不安,正眼都不敢觑她一觑的神情,更表现出他的苦痛之深,悔恨之切,更为他赚取着人们的同情)。因而他竭力回避着繁漪,并且想离开周公馆,到远处的矿上去,以便把这"最后悔的事情"永远埋葬掉。他和繁漪的关系,当然不能认为是种正当的关系。他如今厌恶这种关系,要想摆脱这种关系,总该是可以得到人们的谅解的。他之又爱上四凤,正是当他沉溺在这种悔恨的深渊而不能自拔的时候。他是把四凤当做自己的救星,当做能拯救他跳出这深渊的力量而爱上她的。他既然并不知道四凤就是他的妹妹,这也很难对他有所指责。何况他又是真心地爱着四凤,并不是存心玩弄。就是在他和蘩漪的冲突中,起初他也是一再忍让,竭力抱着息事宁人、委曲求全的态度的。后来之所以会说出一些恶狠狠的绝情弃义的话来,乃是被蘩漪逼出来的。这又怎能过多地责备他呢?何况,想一想吧,他又是有着怎样一个父亲啊!这个父亲说一是一,必须绝对服从。在这个家庭里,周萍同样是处在他父亲的威压之下的。他不但受着他父亲的威压,同时还受着蘩漪的胁逼,受着命运的播弄(四凤竟会是他的同胞妹妹!)。最后他终于只能走上自杀之一途,不是大可悲悯、弥足同情的吗?

在持第二种看法的人看来,则会以为上面所说种种,都只是些细枝末节,表面现象。看人论事,应该从大处着眼,应该抓住关键问题。评价周萍,首先要看他对待周朴园的态度怎样,看他对待鲁大海的态度怎样。只有在这种地方,他的基本立场,他的思想本质,才被鲜明地揭示了出来。周萍是周朴园的肖子,他对周朴园是奉命唯谨,无限恭顺的。周朴园的一言一动,他几乎都是无条件地赞成。周朴园的意志,他从不违抗;周朴园的命令,他一定执行。这如果把他和比他年轻得多的弟弟周冲的态度一对照,就格外分明。譬如,当周冲听到周朴园说已经把鲁大海开除了时,他就提出了抗议,认为"代表罢工的工人并不见得就该开除";对于矿上不给受伤的工人以抚恤金,他也表示了很大的不满。而这时也在一旁的周萍,对于这些却一声不作。譬如,在周朴园逼蘩漪喝药时,周冲就抗议说:"爸,妈不愿意,您何必这样强迫呢?"周朴园命令他端着碗去劝他母亲喝,他也表示了反抗。周萍则非但不支持周冲,反而劝令周冲服从。后来,周朴园要周萍自己跪在蘩漪面前劝她喝,他虽然很觉难堪,但要不是这时蘩漪一口气把药喝完了,他真会跪下去的。又譬如,周朴园要辞掉鲁贵和四凤,这对于周萍来说,该是怎样的一个晴天霹雳,怎样的关系重大的事,可他也只是说了一句:"爸爸,不过四凤同鲁贵在家里都很好,很忠诚的。"算是为他们求情,就再也没有别的举动了。他甚至连第二句求情的话都不敢说。周冲知道了这个消息,则表现了极大的气愤,认为他父亲"太不讲理"了,就立刻要去找父亲评理去。最突出的当然是在对待作为工人代表的鲁大海的态度上。在周朴园和鲁大海谈判的一场里,周萍的态度甚至比周朴园的都更为狰狞可怕。他在旁听了鲁大海对周朴园的理直气壮的指责以后,就冲出来盛气凌人地责问鲁大海:"你是谁?敢在这儿胡说?"后来,当鲁大海揭周朴园的老底,数说他罪恶的发家史的时候,他竟恶狠狠地冲向鲁大海打了他两个嘴巴,并且还喝令仆人们一起打他。这就充分表明他是个十足的工人阶级的敌人,他的资本家的儿子的立场是站得很稳的。对于这样一个人,我们怎么能给他以任何的同情呢?我们也决不能指望这样的人会有什么纯真的感情。他对蘩漪既说不上有什么爱情,对四凤也只是存心玩弄。一个资本家的儿子,是决不会爱上一个"底下人的女儿"的。他们真像鲁大海所说:"……都是吃饭太容易,有劲儿不知道怎样使,就拿着穷人家的女儿开开心,完了事可以不负一点儿责任。"他们的一些貌似真诚的话,都是骗人的玩意儿,如果信以为真,那就未免太天真了。只要看他当初对蘩漪不也曾经是海誓山盟过来的吗?如今又怎样!所以,无论从哪一方面说,周萍都是个卑鄙的、丑恶的人,是应该被狠狠鞭打,彻底否定的。

应该承认,这两种看法,的确都各有他们所见到的一面,都可以说是言之成理,持之有故的。但是,如果各执一端,自是而相非就不免有失偏颇了。就大体而论,后面这种看法能从大处着眼,是比较正确的。但前一种看法指出,在周萍和周朴园之间也有矛盾,并不完全协调,这是应受重视的。此外,在体会人物的心情、处境方面,也有它比较细致、比较近情的地方,也值得我们加以考虑。譬如,周萍之于四凤,无论是直接从他和四凤相处时的言动举止,或者间接从他在蘩漪和鲁大海面前所说的一些话看来,都应该承认确是诚恳的,真心相爱的。不看到这一点,而笼统地根据周萍的思想本质推断出他对四凤决不会有真正的爱情,这是一种脱离作品实际的主观主义的态度,是不能令人信服的。有的同志看到了这一点,却同样从周萍的思想本质出发,不承认这种描写是真实的,而把它归之于作者写作上的缺点,认为这正是有损于作品的思想性和艺术性的地方。这，我觉得，也并非确论，殊有待于作进一步的探讨。

评价周萍，当然首先要看他的思想立场，看他在阶级对立形势中所持的态度如何。从他的某些言论和行动看来，他确也是竭力想做周朴园所代表的那个社会和阶级的忠臣孝子的，我们基本上也只能把他当做那样的人。这样的人，决不值得我们的同情。这一点是没有问题的。问题在于：这样的人是不是就不能与那个社会、那个阶级有一点不协调的地方，是不是就不能对四凤这样的姑娘有一点真正的爱情？如果作者这样写了，是不是就有损于作品的思想性和艺术性？我认为并不是这样。如果结合具体作品来看，结论无宁倒是相反的。

我们试想：假如周萍也像周朴园那样的虚伪卑鄙，极端的自私自利，假使他在那个社会里，也像周朴园那样的心安理得，圆融自在，那么，不但如我们前面所已经指出过的，四凤和蘩漪等人的行为逻辑就失去了真实的依据，作品中人物的关系就会显得牵强而不合情理，而且，这种形象上的重复，不将是意味着作者艺术创造能力的贫乏吗？它除了使我们也像痛恨周朴园一样地痛恨着周萍以外，能给我们什么更多的东西呢？一个典型形象，必须具有丰富的社会内容，必须能揭示出一定社会力量的本质（当然，同时它还必须是具有独特的、不可重复的个人特色的）。譬如在周朴园身上，就体现出了那个社会里的统治势力的某些本质的方面。周朴园可以被认为是那个社会里的统治势力的某一方面的代表人物，对于周朴园的揭露和鞭打，可以说就是对于那个社会里的统治势力的揭露和鞭打。作者通过周萍这一形象的塑造，目的当然也是在于揭露那个社会，鞭打那个社会里的统治势力。但作者显然并不是把周萍直接作为统治势力的代表人物而加以揭露和鞭打的。他是从另一个角度，以另一种方式来实现这一目的的。这一方面显示出作者的艺术表现能力的生动多样和对社会生活的多方面理解，同时也就使得这一作品的内容更加丰富、更加充实，使得这一作品的思想意义更加广阔、更加深刻了。

在作者笔下，周萍是被作为一个由于屈从于当时的统治势力，由于竭力想效忠于这个统治势力，因而变得精神卑下，意志薄弱，无法解开他面对的重重矛盾,终于只能既损害了别人,也葬送了自己这样一个形象来处理的。在周萍身上,我们看到并不缺少一般人的所谓善良、聪明,而且,从他的某些言论和行动看来,他还可能是多少受过一些五四时期的民主思想的洗礼的。譬如,他曾经对蘩漪说过,他恨他的父亲,他愿他父亲死,就是犯了灭伦的罪也干。这虽是他在追求蘩漪时的一时的热情冲动之言,但也可见他对他父亲的专横、不尊重女性等,确也是很不满意的。譬如,当他听到蘩漪把四凤称做"一个下等女人"时,他就怒不可遏地爆发说:"你胡说!你不配说她下等,你不配!"此外,我们还曾听到有人说过"他待人顶好"的话,这话虽说是出自四凤之口,但恐怕也不能认为四凤只是从个人出发,仅仅因为周萍待自己不错就这么说的。譬如周冲在说到他时,就也称过他是一个很重感情的人。我们知道,这句话从周冲的嘴里说出来,是应该被看做一种很大的赞扬的。而从许多地方看来,周萍也的确并不缺少追求新的、更充实的生活的愿望;尽管他所谓的新的更充实的生活,不见得就会是值得我们加以肯定的生活。但至少可以看出,他对自己目前所过的这种空虚而丑恶的生活,是很不满的,他还是极想振作起来的。所以,他和那个社会,和他所出身的阶级,还是并不完全协调的。我们也实在想不通,为什么像这样的人就一定不能对四凤有真正的爱情(他能否永远忠实于这一爱情那是另一问题),假使作者写了他有这样的爱情,为什么这种描写就一定得是不真实的?周萍这个人,就他的思想的起点来说,是和周冲、蘩漪等人颇为接近的;在他身上,也或多或少地反映出一些五四时期的时代特色来(从这里也可看出作品的现实主义的成就,作者笔下的人物是和他们的时代环境相融和的)。如果他能沿着他最初的方向发展下去的话,他是可以成为一个像周冲或蘩漪那样的值得我们同情的人的。然而,他却终于只能使我们用别样的态度来对待他,因为他离开了原来的方向,而走到另外一面去了。

那么,是什么力量使得他从这一个方向转到另一个方向去的呢?促使他发生这种变化的原因何在呢?

我认为这都是一个"怕"字在作祟:对他父亲的怕,对社会舆论的怕,对整个统治势力的怕。

也许有人要提醒我说:"还有对蘩漪的怕。"但我并不认为需要作这样的补充。如果说周萍的确也怕蘩漪的话,那么,这种怕也是由于对周朴园的怕,对社会舆论的怕,对整个统治势力的怕而来的。离开了这些,他其实是并不怕蘩漪的。他假如真怕蘩漪,假如他怕的真是蘩漪本身,真是蘩漪所代表的社会力量的话,他就会以另一种态度来对待他面前的矛盾冲突,他就不会离开我们上面所说的他的思想起点这么远,而我们也要以另一种态度来对待他了。

从表面看来,周萍似乎的确是很怕蘩漪的。他对蘩漪的怕,甚至还似乎超过了对周朴园的怕。譬如,在第二幕开头的地方,当四凤对他说,她怕有一天周朴园会知道他们间的事,他听了却摇着头深沉地说:"可怕的事不在这儿。"他虽然并没有明白说出可怕的事究竟在哪儿,但大家知道,他是指着蘩漪说的。他每次和四凤幽会,总是提心吊胆,连四凤都忍不住要叹着气说:"总是这样偷偷摸摸的","你连叫我都不敢叫。"这当然主要也是为了怕被蘩漪知道。在蘩漪面前,他更总是低声下气,赔尽小心,这都表明他是如何地惧怕着蘩漪。但如果我们进一步思索一下,他究竟怕蘩漪什么呢?那么就会明白,他所怕的其实是在彼而不在此的。他难道是怕蘩漪责他背盟负心,责他不帮助她跳出周朴园的牢笼吗?难道是怕蘩漪吵闹开去,他将被社会当做一个负心汉而加以唾弃吗?显然不是的。他并不是因为自己对蘩漪有所亏负而惧怕她的①,他所担心的,他所顾虑的,并不是他和蘩漪之间的是非曲直问题,而是他和蘩漪之间的关系本身。他是怕这种关系张扬开去,他将不容于他父亲,不容于社会舆论,不容于整个统治势力。他怕的是这些,而并不是怕蘩漪。他之所以会对蘩漪变心,所以要想中断他和蘩漪之间的关系,正是这种惧怕的心理——首先是对他父亲的惧怕在起作用的缘故。

周萍和蘩漪之间的不正当的关系,已经存在了两年以上了,这种关

---

① 事实上,他根本很少想到他是亏负了蘩漪的,这只要听听他在蘩漪面前所说过的这样一番话:"……我后悔,我认为我生平做错一件大事。我对不起自己,对不起弟弟,更对不起父亲。"就可以明白了。他恰如蘩漪所说的,把他所最对不起的人,"反而轻轻地忘了"。

系虽说终是难于长久维持的,但为什么恰恰是在这个时候宣告破裂?这难道能说全是出于偶然吗?显然这是和周朴园的回家直接关联着的。我们想,同一个周萍,在两年多以前,可以当着蘩漪的面说他恨他的父亲,说他愿他父亲死,就是犯了灭伦的罪也干。而现在,当蘩漪向他表明,她已经把她整个的性命、名誉交给他了,她不再是周朴园的妻子了时,他却冷冷地说:"如果你以为你不是父亲的妻子,我自己还承认我是我父亲的儿子。"这中间的变化该是多么惊人!蘩漪听到他说这样的话,也不禁一呆:"哦,你是你的父亲的儿子。"她也是想不到他居然会说出这样的话来的。那么,使周萍发生这样的变化的原因何在呢?难道真是像周萍自己所说,以前是他年轻,一时冲动,才说出这样糊涂的话,而如今因为长了两岁,就明白过来了吗?倒像是一个人必须满了二十八岁才懂得乱伦关系的不正当,如果他只有二十六岁,那就还不能领会这样高深的道理似的。这谁能相信呢?所以,蘩漪立刻也就明白了,他原来是怕他父亲:"——这些日子,你特别不来看我,是怕你的父亲?"我们也只能同意蘩漪的说法,此外的确是很难有别的解释的。周萍之那样急于要离开周公馆到矿上去,也更加证明着这一解释的正确。周朴园三天以前才从六百里外的矿上回来,照情理上说,父子们已分别了两年多,正该多团聚团聚,怎么父亲一到家,就急着要请求他调自己到矿上去工作,而一得他的同意,甚至还来不及等他考虑好究竟让自己干什么工作,就忙着要动身了呢?这不明明是怕在一起待久了,他和蘩漪之间的不自然的关系,就会引起他父亲的怀疑而有被识破的危险吗?①

那么,周萍为什么这样怕父亲呢?恐怕谁都会回答说:这自然是因为他欺骗了父亲,因为他觉得自己对不起父亲。但是,难道我们真能相信周萍仅仅是从所谓"良心"上去考虑的吗?"良心"又是什么呢?在周萍身上,真用得着王尔德这句警语了:"良心与怯懦是同一回事。"周萍

---

① 自然,他有意和蘩漪疏远,他和蘩漪之间的关系之转趋冷淡,并不是最近几天来的事,一开头我们就听四凤说过:"……这半年多,他跟太太不常说话。"但我们是不是有理由设想,也许那时已经有过周朴园要从矿上回来的消息呢?至少从周朴园离家的日子推算起来,那时他要回来的可能性是愈来愈大了,对周萍来说,将与父亲会面的恐惧,就逐渐成为他面临的现实问题了。

实质上不过是怯懦罢了。为什么他只想到自己对不起周朴园,就想不到自己其实是更对不起蘩漪呢?既有今日,何必当初?能这样的随便,这样的不负责任吗?譬如蘩漪她就毫不后悔,她自己做的事她自己负责任。所以拆穿了说,周萍不过是从自私自利的动机出发,从个人的利害关系上着想,因为不敢与周朴园及其所代表的社会力量决裂,就不顾自己对蘩漪所负的责任,而卑怯地背弃了自己的诺言罢了。从这一点上来说,他不愧是周朴园的儿子。而他的种种悔恨的表现,也像周朴园对侍萍的怀念一样,既是为了骗别人(对周萍来说,特别是在于骗蘩漪),也是为了骗自己(安慰他们自己的"良心")。父子二人,真有异曲同工之妙!他对四凤,就目前来看,当然不能否认他确是真心爱她的,但从他的自私自利的卑怯的性格看来,谁能担保他不会像周朴园对待侍萍那样的始乱终弃呢?只要周朴园稍一干预,恐怕他就会立即屈服,而置四凤于不顾了。所以,尽管今天的周萍还不像周朴园那样的卑鄙无耻,甚至还有一些足以迷惑人的地方,但归根到底他和周朴园是同一流的人物,假如不死,发展下去,是不见得会比周朴园好到哪里去。这样的人,当然决不值得我们同情,而只能受到我们的唾弃。

不过,从另一面来看,生长在那样的环境里,受着那样的教养的周萍,他也只能是那样的人。统治阶级总是通过各种各样的(经济的、政治的、伦理的、教育的……)手段,来把自己的子弟纳入他们所设定的轨道,把他们培育成和自己一样的人。一切与他们的利害相抵触的、或是不合于他们的阶级口味的东西,他们是都要加以排斥和摧毁的。周冲的一再受到周朴园的斥责,就是一个明证。在地主资产阶级家庭里成长起来的周萍,不管他最初曾有过怎样善良的愿望,不管他到后来还是怎样地渴望着能过一种新的、较有意义的生活,但是长期以来的地主资产阶级的腐朽的生活方式,早把他的一点青年人的朝气和雄心消磨尽了。假如说过去他对他父亲、对那个社会还曾有过某种程度的仇恨和不满的话,如今也早已化为乌有了,他有的就只是尊敬、只是恭顺了。他就从来也没有作过离开他的父亲、背叛那个家庭和社会,去过一种独立的新的生活的打算。因为这在他是不堪设想的。将近三十年来的寄生生活,已经完全把他培养成了一个徒具空形的废物了。统治阶级即使不能把自己的子弟培养成和自己一样的穷凶极恶、无所不为的人,至少也要使他们成为一个便于驾驭、听任自己摆布的人物。所以,周萍之终于离开他原来的方向而成为现在这样的人,从这一意义上来说,正是周朴园和他所代表的社会一手造成的。而这多少也是符合于他们自己的愿望的。可见,作者这样来塑造周萍的形象,正是更深一层地来揭露周朴园,揭露那个社会,表明周朴园与他所代表的社会是怎样在摧毁着一切与他们的利益相抵触的东西。怎样在虐杀着一切多少有些生气的、不和他们同流合污的东西。不过,尽管如此,也丝毫不意味着可以因此减轻周萍的责任而对他有所宽假,他的行为最后仍是要由他自己负责的。

周萍最后是自杀了。对于他的这样的结局,也有许多同志对作者有微辞。认为这不是周萍性格发展的必然结果;认为这样的死对观众没有教育意义,而只能损害了作品的思想性。我想,说周萍的自杀不符合他的性格发展,恐怕是很难令人折服的。从作品中的周萍的为人看来,他既然暂时还并不完全是周朴园式的人物,既然他还不能像周朴园那样心安理得地做坏事,而同时又没有勇气、没有力量选择另外的道路,过别样的生活,那么他除了自杀,还能做什么呢?我们很难设想此外能有什么别的结局,会比让他自杀显得更合理的。至于说这样的死对观众没有教育意义,只能损害作品的思想性,恐怕也是未曾深思的说法。诚然,作者让周萍以自杀来了结他的一生,似乎显得周萍还不是个十恶不赦的人,对他还有些手下留情似的。但其实,如我们前面所说,像周萍这样性格的人,既然除了自杀不会有什么别的路好走,那么作者以自杀作为他的结局,就没有什么留情不留情的问题。即使他真是有所留情的吧,那么,他之所以对周萍留情,正是为了更无情地揭露周朴园和周朴园所代表的社会,揭露他们的丑恶和腐朽,预示他们的必然没落的命运:——周萍是周朴园的恭顺的儿子,是竭力想为周朴园及其所代表的社会势力效忠的,但在他们自己的培养控驭下,却使他失去了一切的意志和能力,只能把他送上死亡之一途;毁了周萍的一生,就无异是毁了他们自己的未来。这怎能说是损害了作品的思想性呢?除非大家不从这方面看,却去同情起周萍来,那当然是要损害作品的思想性的,但这恐怕也不能说是真正体会了作者的用心的。

　　无可讳言,作者对周萍是具有某种同情的成分的。对他的总的态度,也显得过于温和了些。在这个形象的塑造上,的确也反映出了作者当时思想上的某些局限。但从客观意义上来说,这种局限是不同于反映在周朴园形象塑造上的类似的局限的,我们不应该把它们相提并论,给它们以同样的指责。因为,周萍这一形象的性质和意义是不同于周朴园这一形象的性质和意义的,他们不仅有互相补充的一面(都是腐朽的剥削阶级队伍中的一员),也还有互相对立的一面(在周萍身上还有某些与腐朽的剥削阶级不相协调的东西)。从他们的互相补充这一面来说,对周萍的手下留情,曲予原谅,是不适当的,是作者思想上的局限的表现。从他们的互相对立的一面来说,对周萍的手下留情、曲予原谅,却又有利于更无情地更彻底地揭露和鞭打周朴园,使得这一剧作的思想意义更加丰富,更加深刻。我们既要看到前者,也要看到后者。对于一个评论家来说,我以为,指出后一方面的意义,引导读者和观众多从后一方面去考虑是尤其重要的。

　　周萍这一形象的确是很复杂的,在这样复杂的一个形象面前,人们是难免要感到困惑的。究竟应该怎样来对待周萍这个人物呢?这确是个很费人踌躇的问题。我虽然已经尽量说出了我的看法,但这些看法是否妥当,殊不敢必,只有期待着大家的指正了。

1961年7月

"夏天里一个春梦"
——谈周冲

在《雷雨》里,周冲是一个奇异的存在,一个"不调和的谐音"。然而这一个奇异的、不调和的音符的出现,却使得整个乐曲更加起伏跌宕,更加惊心动魄了。

就他在矛盾冲突中、在剧情发展中的作用来说,周冲似乎是所有人物中最无足轻重的一个了。如果单纯从结构的观点来看,即使把这个人物精简了,也不至于对事件的进程有多大的影响,不至于会使剧本的基本面貌有所改变。然而,这个人物却又是断乎少不得的。少了他,不但繁漪和周朴园两个人物的性格,将因缺少了必要的烘托而大为逊色;就是整个剧本的气氛,也必因得不到应有的渲染而顿减其凄厉阴惨之致。这样,给予观众心头的冲击力,也不会有现在这样的强烈,现在这样的深沉了。

作者说:"周冲是这烦躁多事的夏天里一个春梦"①,"他是在美的梦里活着的。"②像我们这些从旧社会生活过来的人,在孩子时代,谁没有做过周冲式的美梦呢?谁没有尝受过梦境破灭后的悲哀呢?然而,我们的睡眠并不怎样酣甜,入梦也并不太深沉,只要一点略大的声响,一丝意外的惊扰,就会使我们觉醒过来。因而梦醒后的失望、悲哀,也就并不是怎样的不能忍受的了。周冲却是整个地生活在美丽的梦想中的人,一般的声响,普通的惊扰,轻易不能使他觉醒。他像作者所说,需

---

① 《雷雨·序》,中国戏剧出版社1957年版。
② 《雷雨》第47页,文化生活出版社1936年版。

要现实的铁锤来一次一次敲醒他的梦。而且,暂时的觉醒虽给了他以刺心的痛楚,却仍不妨碍他继续入梦。可见他的睡意之浓,入梦之深;可见他对现实是如何的隔膜!像这样一个对现实彻底隔膜的人,在现实生活里是不存在的。周冲完全是曹禺的充满诗意的幻想的创造。在这个人物身上,寄寓着青年曹禺的最纯真的理想,最深挚的憧憬;寄寓着他对真善美的乌托邦世界的无限的渴望和对丑恶的现实社会的极端憎恶;寄寓着他的欢喜和失望;寄寓着他稚弱多感的灵魂所尝味到的一切愤懑和痛苦。作者正是通过这一人物的创造来表达他对当时社会的最沉痛的控诉和最严正的抗议的。所以这一人物的性格,看来尽管是那么简单,似乎是一目了然,极易理解的。其实,在他的心头却有着非一般人所能忍受的负荷。他的灵魂的深度,也不是一般人所能充分地感知和把握的。

在《雷雨》的序文中,作者说起他看过一次《雷雨》的公演,对扮演周冲的演员很感失望。他以为这位演员有些轻视他的角色。但我觉得,在《雷雨》的所有八个人物中,周冲本来就是最难演好的一个,本来就是最难为这一人物找到合适的扮演者的。试看下面这一段对话:

周　冲　妈,我要告诉您一件事——不,我要跟您商量商量。

周蘩漪　你先说给我听听。

周　冲　妈,(神秘地)您不说我么?

周蘩漪　不说,你讲吧。

周　冲　(高兴地)哦,妈……(迟疑着)不,我不说了。

周蘩漪　(笑了)为什么?

周　冲　我,我怕您生气。说了以后,你还是一样地喜欢我么?

周蘩漪　傻孩子,妈永远是喜欢你的。

周　冲　真的?

周蘩漪　真的!

周　冲　妈,我现在喜欢一个人。

周蘩漪　(证实了她的疑惧)哦!

周　冲　(望着蘩漪的凝视的眼睛)妈,您看,您的神气又好像说我不应该似的。

周蘩漪 （摇头）没有啊,没有,你讲吧。（提起兴会）这个女孩子是谁？

周　冲 （拦不住的热情）她是世界上最,最——(看一看蘩漪)反正她是我认为最满意的女孩子。……

周冲这里所说的一些话,在任何一个十七岁的演员嘴里说出来,都将显得是不自然的,矫揉造作的。在现实生活中,你到何处去找寻这样一个稚气满满的十七岁的大孩子呢？说他痴憨,他可又是非常的敏感。虽然敏感,却仍不脱他的痴憨。这就是周冲的难以模仿的纯真的本色。这还只是一些无关宏旨的琐屑处所。到后面,当他对周朴园的行为表示不满和抗争时,当他向四凤诉说他的如梦的爱情,描画他的碧海晴空、白云孤帆的美丽的幻想时,以及当他忍受着鲁大海的侮慢和凌辱时,乃至最后当他的破碎的春梦被彻底轰毁时,在这许多显示出他的灵魂的最底层,展现他的性格的全部深度的地方,他的语言却仍是那样的真率单纯,尽管内心翻滚着惊涛骇浪,经受着难堪的打击,而外表却绝无超越常规的举动：既没有大喊大叫,也没有捶胸顿足。要一个年轻的演员,能把周冲灵魂上所承担的深重的负载,所尝受到的钻心刺骨的痛苦,完满地、恰如其分地表现出来,委实是很困难的。

也许演员可以借助于作者为人物所写的出场介绍吧？也许可以靠作者在出场介绍中所作的提示而把握到理解周冲的心灵的钥匙吧？然而,对于周冲的性格,作者在他的出场介绍中却只说了："他有着一切孩子的空想。"这样短短的,而且是极其笼统的一句。一切还有待于自己的钻研和探索！

周冲虽是周朴园的儿子,却并不是在周朴园的监护和教育下成长的。在他身上,我们完全看不到周朴园的影子。从作品一开始,我们就看到周朴园的言行举止,所作所为,常常引起他的极大的反感。只要他一跟他的父亲在一起,我们就往往可以听到他的不满和抗议的声音。例如,当他听到周朴园说因为鲁大海是罢工代表,已经把他开除了时,他就说："代表罢工的工人并不见得就该开除。"当周朴园逼着蘩漪喝药时,他就很不以为然地抗议道:"妈不愿意,您何必这样强迫呢?"在周朴园跟鲁大海谈判时,尽管周朴园摆出凛不可犯的神气,空气十分紧张,他还是挺身而出,当面指责周朴园说:"这是不公平的。"在第四幕开头,当周朴园的心头正荡漾着一种驱不散的寂寞,遣不开的凄凉,很想和周冲亲近,表示他对儿子的爱抚时,周冲回答他的却是一种使他非常失望、甚至有些难堪的冷淡。一个是竭力的屈就,加意的垂爱,另一个却完全抱着敬鬼神而远之的态度,特别是周冲最后说出:"那是我一时糊涂,以后我不会这样说话了。"我们听得出,他对周朴园已经抛弃了幻想,用的是一种近于决绝的口吻了。

在作品中,我们看到,周冲对周朴园确是常常抱着不满的、反对的态度的。那么,他是从什么立场出发来反对周朴园的呢?他又是根据什么思想原则来对周朴园表示不满的呢?无所肯定,也就不能有所否定,一个人总是根据他的正面的理想来否定、排斥他所认为的反面的东西。那么周冲所信奉的原则究竟是什么呢?他所标榜的理想究竟是什么呢?

在《雷雨》这一作品里,再没有第二个人把他的理想表达得像周冲那样的清楚、那样的完整的了,他差不多随时随地都在向人诉说着他的理想和愿望(他原是在美梦里活着的!)。一开始他就向繁漪吐露,他之所以爱四凤,是因为:

> 她心地单纯,她懂得活着的快乐,她知道同情,她明白劳动有意义。最好的是,她不是小姐堆里娇生惯养出来的人。

他反对周朴园开除鲁大海,他认为"代表罢工的工人并不见得就该开除"。他说:

> 我以为这些人替自己的一群人努力,我们应当同情的。并且我们这样享福,同他们争饭吃,是不对的。……

他并屡次表示愿意和鲁大海做朋友。在第三幕里,他对四凤说:

四凤,你不要为这一点小事来忧愁。世界大的很,你应当读书,你就知道世界上有过许多人跟我们一样地忍受着痛苦,慢慢地苦干,以后又得到快乐。

不,你不是个平常的女人,你有力量,你能吃苦,我们都还年轻,我们将来一定在这世界为着人类谋幸福。我恨这不平等的社会,我恨只讲强权的人,我讨厌我的父亲,我们都是被压迫的,我们是一样。

你不要这样说话,现在的世界是不该存在的。我从来没有把你当做我的底下人,你是我的姐姐,我的引路的人,我们的真世界不在这儿。

对了,我同你,我们可以飞,飞到一个真真干净、快乐的地方。那里没有争执,没有虚伪,没有不平等……没有……(仰着头,好像眼前就是那么一个所在,忽然)你说好么?

从这些话里,我们可以很清楚看出,他所信奉的思想准则,他的正面的理想,不是别的,正是资产阶级上升时期所标榜的"自由、平等、博爱"之类的东西。而且,周冲还是在它们的最抽象的意义上来接受它们的。特别是,再经过了一个十七岁的孩子的诗意的夸张,就使它们染上更多的空想社会主义的色彩。不论是对周朴园的否定,对鲁大海的同情,乃至对四凤的爱慕,他都是从这样一个思想准则出发,都是以这样一种理想作他的指针的。他的言论、行动,没有超越这些准则的地方,要想从他的身上找到比这样的理想更高一些的东西是找不到的。

在周冲所生活的年代,处在中国这样一个半封建半殖民地的社会里,像这样的理想,该是多么的空虚、无力,多么的不顶事呵!所以,不但周朴园要嗤笑他,鲁大海要奚落他,就是四凤也并不相信他的话,知道这不过是他的一些美丽的梦想罢了。

那么,作者曹禺的态度又是怎样呢?从理智一方面来说,当然他是知道这种思想是完全不中用的。在作品中,如我们上面所提到的,他也通过人物相互间的关系,对这种思想作了批判,指出这种思想的不切实际。但是,从感情上来说,我觉得作者对这种思想还不能完全抛弃,甚至还是十分的依恋。这原也不足为奇。因为,只有新的才能挤走旧的,只有树立起了新思想,旧思想才不得不离开你。曹禺当时既还并没有树立起比这更高的新的理想,既还没有掌握住先进的、科学的思想准则,当然也就不能完全抛弃这种思想了。所以,在《雷雨》里,曹禺大体上是持着和周冲相类似的思想观点的,大体上是从与周冲相类似的思想观点出发来表达他的爱和恨、肯定与否定,来对当时的黑暗现实进行批判和抨击的。

当然,我们决不能认为周冲的思想,就是曹禺当时的思想,决不能认为周冲对现实的看法,能够完全代表曹禺当时对现实的看法。但周冲却是曹禺的宠儿,曹禺是以他整个的心灵来哺育这一人物的。在这一人物身上,他施予了无限的爱抚,灌注了最大的同情。周冲所向往着和追求着的一些东西,他当然知道不过是一个孩子的天真的梦想罢了。但毕竟,在他看来,这又是多么美丽的一种梦想,多么值得艳羡的一种梦想!他并不因为这种梦想万无实现之望就舍弃了它,倒正是因为它的不能实现而更加倾向于它,更加执着于它了。至于应该怎样从现实出发来制定他的理想,特别是应该怎样为他的理想的实现,而作一些切实有效的斗争,他就很少考虑到;或者说,这还不在他当时的能力范围之内。

有一位批评家(他本人同时也是一位戏剧家),对曹禺笔下的周冲曾发表过如下的意见:

……作者写他爱一个女孩子,决不透出他爱的只是自己那点儿憧憬,直到最后要紧关头,才叫他硬生生改口,未免突兀。他和他哥哥爱一个女孩子,我们一直希望他们冲突,结局却用他轻轻一改口,抹掉他在戏里的位置,毫无纠纷发生,未免令人失望。那么,

要他干什么,仅仅就为作一个陪衬吗?……①

这是一个很值得讨论的意见,周冲后来的"我好像并不是真爱四凤"的宣告,究竟是一种硬生生的突然的改口呢,还是一种符合他的性格发展的必然的结果?在我看来,是属于后者而非前者的。周冲的这一宣告,骤然听来,自然不免有些出人意外;然而仔细一想,却又是仍在人意中的。他是不是真爱四凤呢?当然是爱的,而且爱得很深。但他是一个耽于梦想的人,他所追求的是彻底的完美。在他心灵里容不得一星不洁,半点残缺。他敏锐地感觉到,当时丑恶的现实氛围,决不是他的爱情成长的理想园地;他的爱情应该是属于别一个世界的。所以,他梦想着在一个冬天的早晨,和四凤俩乘着一只轻得像海燕似的小帆船,在明亮的天空下,在无边的海面上,扬帆疾驶。驶向天边,驶向他理想中的那个没有争执、没有虚伪、没有不平等的天国净土,那个极乐世界。两性之爱,本来是有独占性、排他性的,他却对四凤说就是带着她的意中人一同去也可以的。这是一种多么不同寻常的爱!虽然繁漪在哀求周萍带她离开周公馆时,也说过:"日后,甚至于你要把四凤接来——一块儿住,我都可以"的话,但两个人的心情是完全不同的。在繁漪是出于不得已,是无可奈何之中的一种委曲求全的打算。而周冲的,却是一种由衷的热情表示,他是并不认为这会破坏他的梦的完满性的。周冲所爱的四凤,是个多少被抽象化了的四凤。他所爱的并不是四凤的血肉之躯,而是四凤所代表的一种美的境界,或者,其实还是爱那寄托在四凤身上的他自己的美的憧憬。所以,在他看来,四凤是尽善尽美,莫可名状的;当他要向繁漪描画她时,简直找不出适当的字眼来形容她,最后他只能说:"反正她是我认为最满意的女孩子。"而他心目中的四凤的意中人,同样也是一个抽象化了的人;同样也是一个爱的化身,美的异在。他不是对四凤这样说吗:"那个人他一定也像你,他一定是个可爱的人。"及至后来,当他发现四凤的意中人,并不是一个抽象的美的化身,而是活生生的具体的人,而且就是周萍时,他的完美的梦想就已变

---

① 《咀华集》第 121 页,文化生活出版社 1936 年版。

得残缺不全了。而何况，四凤所愿意跟随的，还正是周萍而并不是他，他这个梦就再也做不下去了。"我好像并不是真爱四凤"，正是他好梦初醒时，还处在疑信参半、真幻莫辨状态中的朦胧恍惚之言。这时的四凤，已经不再是他想象中的被抽象化了的四凤了，而是一个具体的现实的存在。他的神圣的幻象破灭了。我们难道能希望他为了一个已经破灭了的幻象而与周萍冲突吗？这是不可能的。即使他还爱着四凤吧（而他的确是仍旧爱着四凤的），那么，当他亲眼看到四凤的心已另有所属，而且正准备跟着她的意中人一同出走时，他会起来阻拦他们吗？他会和她的意中人发生冲突吗？即使这个人不是他的哥哥，不是周萍？爱情是不能强迫、不可力夺的，何况强迫、力夺，又是多么违反周冲的做人的原则，多么违反他的一贯的理想！所以，如果我们竟希望他为了争夺四凤的爱而与周萍相冲突，那么，这希望是必然要落空的。这决不是作者突然硬生生地叫周冲改了口，而是周冲本身性格的合乎逻辑的发展。我们之所以会有失望之感，也并不是由于受了作者的欺骗，而是由于我们自己还太不了解周冲。

　　既然按照周冲的性格，他本来就是不会与周萍冲突的，那么，"要他干什么，仅仅就为作一个陪衬吗？"从戏剧冲突的观点来看，周冲在戏里的地位的确是不顶重要的。周冲在这个戏里的作用，的确主要是属于陪衬、烘托和渲染的方面的。然而，对于艺术来说，难道能够轻视陪衬、烘托和渲染的作用吗？艺术离不开突出刻画，离不开夸张与强调，没有陪衬，不作烘托，不加渲染，怎样取得突出与夸张的效果呢？试想，《雷雨》中要是缺少了周冲这一人物，周朴园的专横与冷酷，繁漪的火样的激情，怎么能得到充分的表现呢？何况，周冲在《雷雨》中，还不仅是作为一种陪衬，还不仅是起烘托、渲染的作用。他并且还是显示作品的思想性的关键人物，还是《雷雨》这一作品的灵魂的窗眼。通过他，我们可以清楚地看到作品的思想深度，可以看到作者反对什么，拥护什么，以及他的力量来自哪里。通过他，我们也更能把握作品中其他人物的性格，更能理解其他人物在作品中的意义和作用。所以，这一人物在作品中的地位，是不应轻视的。不过，我们也得指出，由于这一人物不是处在矛盾纠葛的中心，而只是在冲突的边缘轻轻擦过，尽管作者用他的整个心灵哺育了他,他的血肉还是不顶丰满的。

关于周冲,我们的话已经说得够多了,该是与他告别的时候了。但在离开他以前,让我们把我们对曹禺所塑造的这一人物的看法,简单地总括一下。

曹禺笔下的周冲,是天真,善良,而富于正义感的。他唯一的缺点,就是他的幼稚,就是他对现实的完全的无知。然而这并不是他的罪过,而正是他的不幸,对于这样一位天真未凿的孩子,对于这样一位有着许多虽然是荒谬的,却也是好心的空想的青年,谁能不给予同情,加以爱抚呢?然而,周冲的遭遇又何其悲惨!他从社会所受到的报施又何其残酷!一个幼稚的青年,一个对社会完全隔膜的青年,本来是必然要处处碰壁,必然要受到现实的无情的打击的。而也只有在一次次的碰壁,一次次的打击下,才能使他对社会的认识逐渐加深,才能使他慢慢地清醒起来,聪明起来。但曹禺通过这一形象所要告诉我们的,并不是一个有着Quixotic病的青年,怎样在现实的教训下,逐渐地觉醒起来,成长起来,并不是要告诉我们一个青年应该怎样认清现实,怎样正确地选择他的道路。在《雷雨》中,现实并不是作为周冲的教科书,并不是作为周冲的严酷的导师而出现的,而是作为周冲的对立物、而且是不能两立的对立物而出现的。周冲是生活在梦想中的,他的梦想是这样的美好,真是纯洁无瑕、纤尘不染。而现实却是这样的丑恶,到处布满着污秽,遍地散发出腥臭。这二者是万难并存的。结果是,丑恶的现实不但摧毁了周冲的美好的梦想,并且还吞噬了周冲的年轻的生命。人们所喜爱的受虐杀,人们所憎恶的在逞威;无辜遭难,罪人逍遥;美丽永逝,丑恶长存:这是个什么世界呵!曹禺正是通过周冲这一形象来表达他对丑恶的现实的沉痛控诉和严正抗议的。周冲这一形象的意义和力量就在这里。而且也仅仅在这里。如果我们不以此为满足而要向他提出一些更高的要求,那么,我们就只能看到他的弱点,只能看到他的局限性了。

1962年5月25日

"不公平的命指使我来的！"
——谈侍萍

在《雷雨》这出悲剧里，身世最悲惨，所受的打击、迫害最深重的，要算侍萍了。因此，她一向也是全剧最惹人同情的一个人物。人们怎么能不格外同情她呢？

三十年前，当她还只有四凤那么大的年纪时，她就被人残忍地遗弃了，无法忍受的屈辱和伤心，逼得她不得不抱着自己刚生下三天的孩子投河自尽。这遭际真可说是惨绝人寰的。想死可又没死成，她被人救活了。但活下去，在那样一个社会里，又真是谈何容易？更何况她还得拖着一个孩子！这三十年来的生活，真不知她是怎样度过的。其中的辛酸，其中的血泪痛苦，局外人实在是很难想象的，恐怕也是每一个稍有同情心的人所不忍设想的呵！然而，谁又料得到，如今，她已到了垂老之年，前面却还有更其残酷的打击在等着她呢？

这次，她在离家两年以后回来度假，又可以看到她两个心爱的孩子了，心情本来是很愉快的。但一下火车，却就听说她最疼爱的女儿四凤，竟也到公馆去帮人了。这是她一向所不愿意的，而且公馆女主人还传下话来要她去见见，这就不能不在她心头投下一层阴影和引起一点疑虑。但这些不确定的阴影和疑虑，毕竟敌不过现实的和孩子们重逢的喜悦。所以当我们初次见到她时，当她和四凤一同上场时，她的神情还是愉快的。但是忽然，她看到了那些熟识的旧家具，觉察到了那不寻常的夏天关窗的习惯，她的心头就不由得像触电一样地产生了剧烈的震动。原来不确定的阴影和疑虑，这时突然以加倍浓重的气势，朝着起先完全没有想到的方向迅速在心头扩展。等到她发现了那只她自己用了多年的旧衣柜,特别是亲眼看到了她自己三十年前的那张旧相片以后,她就再也支持不住了,她的精神几乎要崩溃了。隔了好一会,她才能呻吟着向苍天喊出了她的冤愤:"哦,天底下地方大得很,怎么熬过这几十年,偏偏又把我这个可怜的孩子,放回到他——他的家里?哦,天哪!"

但侍萍毕竟是个坚强的,有着巨大的精神力量的女子,等她稍稍镇定下来以后,就立刻决定要四凤马上跟她回家,她也不准备见那位太太了。然而,就在这个当口,那位太太——蘩漪,却自己出现了,她当然也就不能走了。蘩漪在同侍萍的谈话中,虽然是很有礼貌、很客气的,话也说得很婉转,很有分寸,但谈话的内容,却决不是侍萍所愿意听的。从蘩漪的口中,她知道蘩漪自己的儿子——周公馆的二少爷,很喜欢四凤,甚至表示要娶四凤。至于四凤的态度怎样,蘩漪虽没有明说,但她那有意暧昧的口气和故作曲折的措词,却分明在向侍萍暗示,四凤在这件事情上似乎是很有心计的。这对于四凤,即使不是恶意的诬蔑,至少也是极不公平的。侍萍听了当然很不舒服。为了保卫自己的孩子,也为了维护一个母亲的被刺痛的自尊心,她用很自信的口气回答蘩漪说:"我的女儿,我总相信是个懂事,明白大体的孩子。……我信得过,她不会做出什么胡涂事的。"但不管怎么样,通过这次谈话,她更加坚定了立刻要把四凤带走的决心,而且不但是要她离开周公馆,还要把她带到自己的工作地——济南去。她并向蘩漪保证,四凤不会再见着周家的人。这当然正是蘩漪所希望的,正是蘩漪要找侍萍来的目的。因此,尽管她各有各的用心,但在要带走四凤这一点上,她们的意见是完全一致的。这样,她们要谈的事一下子也就谈妥了。

从侍萍来说,她既经发现她所来到的正是周朴园的公馆时,她是多么想能够就此走开,避免与周朴园见面呵!然而蘩漪的话音刚落,她还没有来得及站起来,周朴园却已经从书房走了进来。接着就出现了周朴园同侍萍见面相认的一场戏。

要让周朴园同侍萍有单独晤对的机会,是很不容易的。而作者不愧是编剧的能手,他高明的技巧实在叫人叹服。他不但把这两个人拉到一块来了,还让他们面对面地交谈起来。而调度安排都极自然,人物的上场下场,情节的穿插发展,都是合情合理,一环扣一环。尽管头绪纷繁,气氛紧张,但写来却是十分从容舒徐,有条不紊,决无匆促忙迫之感。有时,两个人物的谈话正紧张之际,忽然插进一个第三者来,说上一些仿佛是不相干的闲事。而实际上,这个闲事却正为以后剧情的发展埋下了伏笔。例如,蘩漪正在同侍萍谈着四凤的事,说的人是吞吞吐吐,仿佛要说的话很难出口;听的人则是心惊胆颤,不知将要听到什么可怕的消息。正在这万分紧张之际,忽然鲁贵跑来了,通知蘩漪说是"老爷催着太太去看病"。他说完了可又并不走开。他当然是想探听一下蘩漪究竟要跟侍萍说些什么,是不是真要辞退四凤。当蘩漪问他还站着干什么时,他只好推说"等太太还有什么事要吩咐"。这样,蘩漪就忽然想起了花园里藤萝架上的电线落到了地上的事,要他叫个电灯匠来收拾一下。不但因鲁贵来而提到的两件事——即老爷在催太太去看病和花园里的电线需要收拾一下——在后面的剧情发展中都要发生作用,就是鲁贵插进来的本身,表面看来似乎是冲淡了当时的紧张气氛,其实它非但丝毫没有缓和这种紧张,反而只是延长了侍萍内心的焦虑,增加了对她的重压,使得她在经过这一跌宕顿挫以后,心情更加紧张了。而文笔也显得张弛相间,错落有致。曹禺自己在《日出》的跋文中,曾不无过谦地说《雷雨》有些"太像戏"了,不免显出斧凿的痕迹。然而我们看到,他的一斧一凿下的却都是地方,都能恰到好处。这里正可见出大匠的手段,正是艺术的成功之处。

  侍萍本想竭力避免与周朴园见面,但种种凑巧的机缘,一连串由剧作家精心安排的合情合理的偶然性,却使得她最不愿意见到的场面,终于不可避免地出现了。那个三十年前那样残忍地伤害过自己的人,现在就站在自己的面前了,她又亲眼看到了他。本来,在蘩漪走后,她也完全可以随之走开。就是此后也还并不缺少可以脱身的机会。但是她却终于并没有走开。这显然是她后来改变了主意。她想,既然已经见面了,那就索性留下来观察一下吧——看看这个人究竟长着怎样的心肝?何况,她也想看一看,至少是探听一下那个被留在周家的儿子的消息呵!

  在与周朴园的谈话中间,周朴园忽然一下子就提到了那个所谓"梅小姐"的事。他不但称当年的丫头侍萍为小姐,而且说她"很贤慧,也很规矩"。这显然是与事实的客观真相不相符合的,尤其同周朴园自己三十年前的行径更是对不上头。他为什么要这样说呢?他如今心里究竟是怎样想的,是怎样看待当年那件事的?这是侍萍很想知道的。于是她决定把事实的真相摊出来,摊在周朴园的面前,使他在事实的真相面前无法再玩弄自欺欺人的把戏。她告诉周朴园:"我倒认识一个年轻的姑娘姓梅的","可是她不是小姐,她也不贤惠,并且听说是不大规矩的。"说自己"不贤惠",说自己"不大规矩",这决不是很轻松的事,也并不是一般的自谦之辞,她是带着痛切的悔恨心情说这番话的。她悔恨自己受了欺骗,走错了路。接下去,她索性把三十年前那最残酷的一幕和盘托了出来。她告诉周朴园,你所说的很贤慧、很规矩的梅小姐,其实"她是个下等人,不很守本分的。听说她跟那时周公馆的少爷有点不清白,生了两个儿子。生了第二个,才过三天,忽然周少爷不要她了。大孩子就放在周公馆,刚生的孩子她抱在怀里,在年三十夜里投河死的"。她亲身遭受的这样一件惨绝人寰的事,她却能用那样平静的口气说出来,仿佛完全是旁人的事似的,这要有何等坚强的精神力量才做得到呵!在这一番谈话过程中,周朴园一直是在很专注、很紧张地倾听着,而且显得很痛苦。特别还非常关心地打听着这个"梅小姐"的坟墓在哪里,说是自己跟她有亲戚关系,想把她的坟墓修一修。这都使侍萍感觉到周朴园似乎并不像过去那样的冷酷无情,而且还明显地流露出了一些悔恨的感情。这就不免使得像侍萍这样一个善良的、有着浓厚的封建伦理观念的女子又一时犯胡涂,心软起来了。此后她的有意暴露自己的身份,虽然包含着对周朴园的进一步地试探和遣责的意思,但毋庸讳言,这样做的本身,同时也是一种软弱的表现,而并不是要向这个仇人进行清算和报复的意思。

直到周朴园忽然又露出了残忍狠毒的本相,立刻翻转脸来严厉地喝问她"你来干什么?"时,她才重新清醒过来,重新激发起了对周朴园的仇恨心理。她三十年来所受的血泪痛苦,这时一下子就像决了堤坝的激流般奔涌出来了。但即使是在这时,侍萍也不过只是喊出她个人的悲愤,不过只是对周朴园卑鄙凶残的行径进行控诉和斥责而已,并没有想到要对周朴园进行惩罚和报复。至于要想从周朴园那里得到什么好处,要想让周朴园对她三十年来所受的苦难给予补偿等等,那在她头脑里更是连一丁点儿的影子也不曾有过。她在三十年前被赶出周家以后,不管境遇如何悲惨,也从来没有起过要重新找到周家来的念头。当周朴园问她,那位"梅小姐"既然生活那样艰难,"为什么不再找到周家"时,她不是曾用第三者的口吻明白地说出了她自己的意思吗?——"大概她是不愿意吧。"后来,当周朴园重又露出狰狞的面目,责问她是谁指使她来的时,她悲愤地回答说,是"命",是"不公平的命指使我来的!"在侍萍看来,命运对她真是太不公平了。三十年前自己受了那样的伤害不算,如今自己的女儿却又落到了过去仇人的家里,又做起过去自己所做过的事来;而那个干了如此伤天害理的勾当的仇人,今天却依然是社会上的体面人物,依然过着颐指气使、安富尊荣的生活。这真是什么世道呵?!在侍萍的这种悲愤的感情的爆发下,周朴园恐怖起来了,他怕侍萍这一闹,会撕破他的道德的面具,会破坏他的家庭的平静的秩序,会危及他的名誉和地位。于是他用十分虔诚的声调诉说自己三十年来对侍萍的深情怀念,而这些倒也并不全是临时编造的,确有一些实际的根据,确有许多具体行动的表示。有一些侍萍也是亲眼看到了的。这就不免又使她受了迷惑,立刻被软化下来了。

在这一场戏里,剧作家通过周朴园和侍萍的一系列的对话,通过他们一连串紧张的内心冲突,把这两个人的性格,这两个人的思想品质,作了最深刻的揭示,最充分的展现。周朴园忽软忽硬,一会儿显得情意缠绵,无限悔恨;一会儿又面目狰狞,凶相毕露。一面立刻慷慨地签署了一张五千块钱的支票给侍萍,一面却又断然宣布要辞退鲁贵和四凤,并且此后永远不许鲁家的人再到周家来。他的虚伪,他的冷酷、专横和残暴,真是刻画得入木三分;这个人一心只想保住家庭的体面,维护自己的尊严,至于别人的死活痛苦,全不在他的心上。在侍萍这一面呢,她一下子忽然又见到了三十年前那样灭绝人性地对待过自己的那个人,要是别人处在这样的场合,很可能会呼天抢地,大吵大闹,把这次见面变成一出闹剧的。但侍萍却不是这样。尽管她的内心激荡着汹涌的波澜,但外表仍能保持平静,即使在提到过去的最揪心的痛楚时,也能不失她沉稳的体态,这该要有多大的精神力量!周朴园居然会怕她是有意找上门来进行敲诈的,甚至会怕她利用鲁贵的关系来进行敲诈,这不过是进一步暴露了周朴园自己的丑恶的灵魂罢了。至于侍萍,是丝毫也没有这样的想法的。当周朴园把一张五千块钱的支票给她时,她立即把它撕毁了。这是何等高贵的骨气,显示了中国劳动妇女的可敬的尊严。她所唯一有求于周朴园的,不过是想看一看自己的被强行拆开的亲生儿子而已。然而,这次的母子见面,非但没有给她丝毫安慰,反而只有增加了她的更大的痛苦。她看到了什么呢?她看到的却是这个她那样想见到的儿子,竟亲自恶狠狠地打了她另一个儿子两个嘴巴。"这真是一群强盗!"而自己的亲生儿子,竟也成了个无恶不作的强盗。这给予侍萍的心灵上的打击该是多么深重?而所有的观众和读者,面对这一场戏又该是怎样的惊心动魄!这四个人,是嫡嫡亲亲的夫妻,父子,兄弟,是一家子的亲骨肉,却完全变成了两种决不相同的人,分隔成了互相敌对的两个阶级,两个阵营。侍萍和大海是那么的正直高洁,周朴园和周萍却是那么的卑鄙和丑恶。明明是一家人,而他们的思想品质竟是如此的天差地别。这是怎么造成的呢?这是阶级对立的社会造成的,是罪恶的剥削制度造成的。作者在这里把这个社会的阶级关系,表现得多么真实、生动,把这个社会制度所造成的罪恶揭露得多么深刻,多么淋漓尽致!这决不是什么宣扬宿命论思想的家庭乱伦悲剧,而是一出有着极其严肃的主题的深刻的社会悲剧。许多人责怪作者过分纠缠在人物的血缘关系上,好像因此而使得作品的思想性有所削弱似的。我觉得这并非确论。相反,我认为,这只有更增加了剧作对人们心灵的冲击力量,更引起人们的深思,对造成这一出如此残酷的悲剧的那个社会,更增加了无法遏抑的痛恨。而且这一系列看似离奇的矛盾纠葛,这一连串异常复杂的血缘关系,又有哪一点是出于情理之外,违反了生活的逻辑,令人无法置信的呢?几十年来,人们对《雷雨》之所以一直保持着热烈的爱好,它在国内外舞台上之所以始终享有崇高的声誉,最主要的原因,当然是由于它的生活反映的真实和社会批判的深刻,但同时,显然也是与这个剧作的矛盾冲突的高度集中,人物关系的错综复杂和尖锐紧张有关的。这一点,我觉得是很值得我们的剧作家借鉴的。

同周朴园见面,再一次看到了他的丑恶的灵魂,已经够使侍萍痛苦的了,更使她痛苦的是,她那么渴望一见的别离了将近三十年的亲生儿子,竟当着她的面恶狠狠地动手打起她的另一个儿子来。一个母亲的早已破碎了的心,这时更是在被血淋淋地一片片地撕裂着,侍萍所遭受的精神上的打击该是多么惨重呵!然而,她哪里知道,还有比这更残酷百倍的打击正在前面等着她哩!

　　在和蘩漪谈过话以后,她就下定决心要把四凤带走了。再同周朴园见过面,又亲眼看到周萍打了鲁大海以后,她就更加坚定了要四凤跟自己一同去济南的意思。这时,有两桩事情在不断地揪扯着她的心,使她万分恐惧,使她一刻也不得安宁。一是怕四凤真跟周家的孩子之间有点什么,一是怕大海为了报仇要对周朴园或周萍动刀动枪的。当她听到大海说,他跟周家"这本帐是要算清楚的"时,她是多么惊慌,禁不住严厉地高声对大海说:"你听着,我从来没这样对你说过话。你要是伤害了周家的人,不管是那里的老爷或者少爷,你只要伤害了他们,我是一辈子也不认你的。"她并且立即逼着大海把手枪交给了她。她会采取这样的态度,而且如此严厉,如此不容争辩,这在大海当然是不能理解的。四凤为着她自己的理由,当然是赞成妈妈的态度的,而且竭力劝说大海听妈妈的话。但妈妈究竟为什么要这样说,却显然也是并不理解的。后来,还有更惊险的一幕。当周萍正在四凤房里,被忽然回来的大海撞着时,大海正举起了板凳,奔向周萍,就要向周萍打去时,这时,侍萍就用力紧紧地拉着大海的衣襟,并且不顾一切地喊着:"大海,你别动,你动,妈就死在你的面前。"这当然也是使大海万分懊恨而又莫名其妙的,只好顿着脚说:"妈!您好胡涂!"意思是:对这种人,你的心肠怎么能这样软呵?!而这也只有侍萍自己心里明白,她有苦也只能往自己肚里吞!

　　在四凤的问题上,她精神上所经历、尝受的焦虑、恐惧和折磨,更是决非一般人所能负载得起的。四凤是她唯一的女儿,也是她最小的孩子,由于自己年轻时候的惨痛的教训,她是不愿让自己的女儿到公馆去帮人的,她曾再三叮咛过鲁贵。而鲁贵却瞒着她把四凤塞进了周公馆。四凤还以为妈所以不愿让自己去帮人是出于爱面子,出于怕人家笑话她们穷。她哪里知道妈的苦衷,哪里知道妈心头的隐痛呵!蘩漪同她的谈话,使她知道了周冲对四凤的感情,知道四凤的确是处在一个危险的境地。后来,周冲的来访,加深了她的疑虑。但她所担心的还只是四凤同周冲的关系,还根本没有想到周萍身上去。而且,起先她也只以为那是周冲单方面的事,四凤对他不一定真有什么的。但后来发现四凤并不真是很愿意跟自己到外地去,至少并不愿意立刻就走,她对这儿似乎还有留恋,似乎还有什么事情瞒着自己。这就使她产生了极大的恐慌与不安,要四凤发誓一辈子不见周家的人。像侍萍这样一个温厚慈祥的母亲,竟要用这样严厉的态度一再逼问自己心爱的女儿,在她,这该是多么痛苦的一件事!她对四凤说的下面这番话,真是铁石人听了也要心碎的:

鲁侍萍　(落眼泪)可怜的孩子,不是我不相信你,(沉痛地)我是太不相信这个世道上的人了。傻孩子,你不懂,妈的苦多少年是说不出来的,你妈就是在年轻的时候没有人来提醒,——可怜,妈就是一步走错,就步步走错了。孩子,我就生了你这么一个女儿,我的女儿不能再像她妈似的。孩子,你疼我!你要是再骗我,那就是杀了我了,我的苦命的孩子!

"我是太不相信这个世道上的人了。"这句话里包含着侍萍三十年来的多少的辛酸,多少的悲愤和多少的血泪痛苦呵!这个世道上的人为什么会那样的靠不住,那样的奸诈狠毒、无恶不作呢?根本原因在哪里?这侍萍是并不顶清楚,当然也是说不明白的。她以为她和她的孩子的遭遇竟会这样的悲惨,这样的不幸,多半是由于她们的命不好,都是不公平的命造成的。而我们,每一个读者和观众,通过她的一连串的无法忍受的遭遇,亲眼看到她尽管受着椎心刺骨的悲痛的煎熬,可又欲诉无门,欲哭无泪,有苦只能往肚里吞的惨象,心头怎么能不感到像是在被撕裂着的痛苦呢?怎么能不万分痛恨那个纵容周朴园之类的人恣意逞凶,听任这样不公平的现象到处存在的万恶的社会呢?(我们当然看得很清楚,侍萍所遭受的一切都是由那个罪恶的社会制度造成的。)一个作品能够具有这样巨大的感染力,能够这样地激动人心,这是艺术上的最大的成功。而这些都是通过社会生活的真实反映,通过生动的艺术形象的力量,而不是通过抽象的说教,通过外加的"思想性"而取得的。

　　截止侍萍要四凤发誓今后一辈子不再见周家的人之时,侍萍还一直只是怀疑到四凤跟周冲之间可能有一点什么,而根本没有想到真正跟四凤有关系的,竟是周萍,竟是她自己的亲生儿子,事情竟是发生在两个同胞兄妹之间!当她在深更半夜突然被鲁大海叫到四凤的房里,亲眼看到四凤竟跟周萍在一起时,她声音都喑哑了,几乎连一个"天"字都叫不出了。紧紧地扶着门闩,她才能勉强支撑住没有晕倒。她怎么能料得到,在遭受了一连串无法忍受的打击以后,居然还会有这样的灾难降落到她的头上!在她装满了许多迷信思想的头脑想来,"天道"真也实在是太残酷了。但四凤和周萍是一点也不知道他们之间的血缘关系的,他们恳求侍萍让他们一同离开。然而不管他们怎样的苦苦哀求,侍萍总是坚决不答应,甚至斩钉截铁地说出了这样的话:"凤儿,你听着,我情愿没有你,我不能叫你跟他在一块儿。"听到这样的话,四凤晕过去了。即使如此,要是四凤不把她和周萍之间已经有了三个月的身孕的事说出来,她还是不会答应的。但现在事已如此,她除了答应他们一同走之外,还有什么办法呢?不然就只能眼看着四凤带着她腹中的孩子活活地死在她面前。她在无可奈何之中,只好答应他们走了。但又郑重地叮咛他们:"你们这次走,最好越走越远,不要回头。今天离开,你们无论生死,就永远不要见我了。"四凤听到妈竟然说出这样的话来,她心里当然是怎么也忍受不了的。但她哪里知道她的妈在说这番话的时候,心里更是一字一滴血呵!

　　侍萍虽然同意让四凤跟周萍走了,但是他们终于还是没有走成。因为这时周朴园被繁漪叫了下来,他亲眼看到已经答应过决不再到周家的侍萍母女居然又跟周萍他们在一起,而繁漪又指着侍萍口口声声要周萍当着他父亲的面"给这个妈叩头"。他以为他跟侍萍的关系已经为大家所知道了。他自然也就只有采取承认这一条路了。但是侍萍却连忙加以否认:"不,不,您弄错了。"她之不愿承认这种关系,固然也是她本来的一贯态度,但这时之所以要那样地竭力加以否认,却主要是为着两个孩子,为着四凤与周萍。她是在拚她的全力保护住他们呵!然而,她已经无能为力了。周朴园公开承认了他跟侍萍的关系,三十年前的一段隐情全揭开了。周萍与四凤原来是同胞兄妹,于是一家人死的死,疯的疯,这出悲剧至此也就完成了。

  罗马尼亚有位评论家亚·格拉普里乌同志称赞侍萍是个"有着异常的道德力量"的女子。这的确不是过誉。看过《雷雨》的演出或者读过这个剧本的人,谁能不为侍萍的善良、纯洁,谁能不为她所葆有的中国劳动妇女的可敬的自尊心所深深感动呢?她的纯朴、高贵的心灵有一种稀有的十分动人的美。人们的精神境界在她的感染下也不禁高扬起来了。对于这样一个可爱可敬的女子,这个社会却用一连串如此残酷、如此惨无人道的暴行来加以凌辱、摧残和折磨,这是个什么社会呵?这样的社会我们难道能够容许它长久存在下去吗?难道能够听任它继续这样残酷地去迫害、摧残善良的人们吗?这当然是不行的。这是每一个人都会情不自禁地得出的共同的结论。这就是《雷雨》这一剧作的强大的思想艺术力量。当然,侍萍这个女子,尽管非常值得同情,却决不是可供仿效的对象。在她头脑里存在着许多迷信落后的东西,她既相信天命、报应之类的宿命论思想,又有浓重的封建伦理观念。即使在和自己有着血海深仇的仇人面前,她也甚至一点不想报复。这些地方都是不值得我们肯定的。特别是今天的一些青年同志,恐怕更会责怪她为什么竟会那样缺乏斗争性。有人可能还会提出这样的责难:我们的劳动人民难道是这样的吗?作者这种写法岂不是歪曲了劳动妇女的形象吗?不错,一般地说,劳动人民都是有较强的斗争性的。哪里有压迫,那里就有反抗。既然劳动人民在旧社会里是受着反动统治阶级的残酷的压迫剥削,他们当然是要进行反抗,当然是有较强的斗争性的。但生活是复杂的,各人所处的条件也是各种各样的,而反抗斗争的形式当然也不会是千篇一律的,不会都是采取直来直往,甚至挥拳动刀的形式。侍萍并不想对周朴园进行报复,这是确实的。但她还是进行了斗争的。不过她的斗争的方式是克制的,并没有大喊大叫,大吵大闹。她斗争的目的,也仅限于维护自己的尊严和揭露周朴园的残忍和虚伪,而并没有要对周朴园进行惩罚,甚至也并不想当众揭露周朴园的丑恶嘴脸,宣布他过去的罪行。她之所以采取这样的态度,又是与她的性格,与她一贯的为人处世的态度,与她多年来养成的封建伦理观念和宿命论思想分不开的。而所有这些,又都是由她所从小生长的环境,由她所处的那个社会的制度、习俗所造成的。作者这样来写侍萍,不但把侍萍的性格写得合情合理、栩栩如生,十分符合生活的逻辑,十分令人信服,而且也是为了通过侍萍这一形象的塑造,从另一个角度来深刻地揭露那个社会的罪恶、腐朽的本质。因为侍萍的性格之所以会是这样,正是那个社会造成的呵!《雷雨》一共写了八个人物,每一个人物都写得非常深刻、生动,每一个人物都从一个特定的角度,揭露了那个社会的某些方面的本质。尽管由于当时作者的思想水平的限制,他对这个社会的本质认识得还不够全面、深刻,因而这个剧作的思想深度是有局限的,甚至还包含某些消极的因素。但是,由于作者对生活的忠实,由于他的感受的真切和艺术表现能力的高超,这个剧作却为我们提供了当时社会的异常丰富生动的生活内容。对于这些生活内容,作者当时虽然还不一定能作出深刻的理解和正确的分析,但我们今天在有了马克思列宁主义的思想指导以后,却应该可以从里面看到比作者当年所能看到的更多的东西,得出比作者当年所能得出的更接近于生活的本质真实的结论。这一事实也进一步雄辩地向我们证明:严格遵循现实主义的方法,从自己的真切感受出发,真实地反映生活,始终是文艺创作的一个重要原则。

1979 年 5 月 26 日

"那——那天上的雷劈了我"
——谈四凤

在《雷雨》初版本的序言中,曹禺曾说,他在《雷雨》中所显示的,只有他所觉得的天地间的"残忍"。他并且说,这种自然的"冷酷",四凤与周冲的遭际最足以代表。的确,从整个剧情看来,"天地"真大有如老子所说的"以万物为刍狗"的味道。所有的剧中人,都不过是这个"残忍"、"冷酷"(即老子所谓"不仁")的"天地"的牺牲品罢了。被播弄得最厉害的自然是侍萍。三十年前自己所遭受过的一切,三十年后竟又在自己女儿身上重演。更其残酷的是,女儿所爱的竟会是她自己的亲生儿子,女儿的异父哥哥!繁漪的遭遇又何尝不惨,这样一个"心比天高"的女人,竟落入了周朴园的魔掌,受到周家两代人的欺侮。她为了要报复,要作"困兽之斗",最后竟把自己仅有的一个儿子的年轻的生命也活活地葬送了。

这几个人中,侍萍的身世最令人悲愤、不平;繁漪的遭际,也很惹人同情、伤叹;而四凤与周冲的死亡,则尤其使人无限地惋惜与哀痛。所有这些人,尽管我们对待他们的态度会有许多的不同,他们在我们身上所激起的感情也会是各种各样的,但他们的命运,却都深深地打动了我们,都不能不引起我们的深思。事情为什么竟会这样的悲惨?难道这真是所谓天地间的"残忍"和"冷酷"吗?然而天地何知!或者这仅仅是出于作者的编造,是他故意利用许多偶然的巧合,凑成这样一出离奇的乱伦悲剧来耸人听闻的吗?然而,作品中所出现的种种复杂曲折的情节,尽管有很多巧合的成分,有很大的偶然性,但又有哪一点是不合乎生活的逻辑、是缺乏必然的基础的呢?它们虽然常常出于我们的意料之外，却又无一不在生活的情理之中。在整个事件的背后，都隐伏着社会的、阶级的根源。从剧中人的错综复杂的关系之中，从一连串的惊心动魄的矛盾冲突之中，都暴露出那个不合理的社会的罪恶。这一出惨绝人寰的悲剧，完全是那个人压迫人、人剥削人的社会制度造成的。在看过这出悲剧以后，人们的愤怒，人们的火样的憎恨之情，决不会冲着无知的苍天或者并不存在的命运去发泄，而是强烈地集中在周朴园以及周朴园所代表的那个社会身上的。

事情难道不是这样的吗？

就拿四凤来说吧。她年轻、美丽，而又是那么的善良、纯洁。她非常爱她的妈妈，真心诚意地愿意听妈妈的话，做妈妈的好女儿。但她究竟年轻，渴望着过美好的生活，又一点不懂得社会的险恶。尽管妈妈不愿意自己帮人，但既然周公馆能使她吃得好、穿得好，比家里舒服得多，她也就不惜违背妈妈的意愿，乐意让爸爸把自己送到周公馆来了。结果却在这里碰上了周萍，铸成了这样一个无可挽回的大错。周萍既然并不是个一眼就可看穿的坏人，在他身上不但多少总还应该有一些年轻人所应有的活泼的朝气，而且如我们在评析周萍时所说，他还显然是受过一些五四精神的熏陶的，那么，四凤之竟会爱上周萍（说得恰切些是竟会接受周萍的爱），是并不奇怪，也是无可责备的。她当然知道，由于地位的悬殊，她跟周萍的关系是充满着风险的。但在这类事情上，一点风险又算得什么？它是决阻挡不了两颗年轻的热情的心的接近的。但现在摆在她面前的问题是妈妈就要回来了。这是既使她高兴，又使她感到恐惧的事。她与妈妈已经分别两年多了，她是多么渴望着能早一点见到妈妈呵？但她又实在有点怕同妈妈见面。她简直不能想象，她将怎样面对妈妈那充满爱抚的注视的眼光。——要知道，她已经有了三个月的身孕了！何况她爸爸鲁贵又忽然告诉她说，周公馆的太太——她的女主人繁漪，带信要她妈妈到周公馆来有事面谈。还说，说不定有辞退她的意思。这真是多叫人烦扰和恐惧的事！

同妈妈终于见面了，短暂的久别重逢的喜悦，立即被一连串的不幸事件所粉碎。到这一幕终了时，她连同她的爸爸鲁贵已被周家宣布辞退了。辞退的原因，她只知道是由她的哥哥而起，但实际原因要比这复杂得多。在这之前,蘩漪早已把同样的意思通知了她的妈妈,原因也完全与她哥哥无关。而倒是如她爸爸早先所告诉她的那样,纯然是由她自己而起。不管事情的真相究竟怎样,总之她被辞退了,而周萍也在明天一早就要动身到六百里外的矿上去。他们两人的关系看来将就此完结,万难再行继续下去了。周萍要求让他当夜再来见一次面,四凤虽然因为怕被母亲察觉,坚决叫他不要来,最后却还是同意了。因为她还没有放弃要周萍把她带走的希望,她还想作一次最后的恳求。

在周萍到来之前,中间忽然又插进了周冲的来访。侍萍在和蘩漪谈过话以后,本来就对四凤有点不大放心。周冲的到来,更引起了她的极大的疑虑与不安。她刚从张大婶家回来,就看到了家门口停着周冲的洋车,接着又看到四凤送周冲出去。鲁大海又告诉她,他回来时看到四凤在跟那个二少爷谈天。她内心真是紧张恐慌极了。在四凤回到屋里后,两人间的一段对话是写得十分扣人心弦的:

鲁四凤　妈,(不安地)您回来了。

鲁侍萍　你忙着送周家的少爷,没有顾到看见我。

鲁四凤　(解释地)二少爷是他母亲叫他来的。

鲁侍萍　我听见你哥哥说,你们谈了半天了。

鲁四凤　您说我跟周家二少爷?

鲁侍萍　嗯,他说了些什么?

鲁四凤　没有什么!——平平常常的话。

鲁侍萍　真的?

鲁四凤　您听哥哥说了些什么话?

鲁侍萍　(严肃地)凤儿。(盯着四凤。)

鲁四凤　妈,您怎么啦?

鲁侍萍　妈是不是顶疼你?

鲁四凤　您为什么说这些话?

鲁侍萍　那我求你一件事。

鲁四凤　妈,您说。

鲁侍萍　你得告诉我,你跟周家的孩子是怎么回事?

鲁四凤　哥总是瞎说八道的——他跟您说了什么？

鲁侍萍　不是，他没说什么，妈要问你！

（远处的雷声。）

鲁四凤　妈，您为什么问这个？我不跟您说过么？一点也没什么。妈，没什么！

四凤送走周冲回来，没想到妈已经在屋里了，不免有一点不安。但她不愿让妈妈看出她的不安，装着很平常似地招呼了一声："妈，您回来了。"侍萍早就在怀着激动焦虑的心情等着四凤回来，四凤的不安当然逃不过妈妈的眼睛。她冷冷地回了一句："你忙着送周家的少爷，没有顾到看见我。"意思是：你一心在周家少爷身上，哪里想得到我这个妈！四凤当然听得出妈话中的刺，觉察到妈对自己的怀疑和不满，连忙解释说："二少爷是他母亲叫他来的。"意思说：他跟我没关系，你不要瞎猜疑。这样的解释当然不能使侍萍放心。她想：这孩子为什么这样急于为自己撇清呢？这反而只有更增加了她的不安。就更逼进一步地说："我听见你哥哥说，你们谈了半天了。"前面鲁大海只是告诉侍萍，他回来时看到四凤在跟周冲谈天。这里她却有意说：已经"谈了半天"。潜台词是：孩子，你不用瞒我了，你跟周家少爷之间究竟是怎么回事，快告诉我吧。在四凤呢，她跟周冲之间的确并没有什么，她本来完全可以泰然处之。但她心里压着周萍的事，生怕妈妈已经知道了，何况妈妈又跟蘩漪谈过话，更叫她恐慌，于是不由得问了一句："您说我跟周家二少爷？"这本来是无需问得的，刚才来的是周冲，她们一直在谈的也是周冲，就连侍萍所转述的鲁大海的话，说的也是周冲。但因为她自己心里有疙瘩，就不禁发出了这样一个毫无必要的怪问题。要不是作者深入人物的灵魂，洞悉她内心的奥秘，是决写不出这样的台词来的。曹禺的剧作之所以那样耐人寻味，经得起反复的推敲、咀嚼，就在这些地方。而迄至现在为止，侍萍也一直只是猜想四凤跟周冲之间可能有一点什么，而毫未怀疑到她跟周萍之间的关系。因此，四凤的这句奇怪的问话，并未引起她的特别注意，只是进一步追问她周冲究竟跟她说了些什么。而四凤则只是一再重复着说："没有什么"，"他没说什么"，"一点也没什么"。要说她跟周冲之间的关系,那的确是没有什么,一点也没有什么。但现在问的是周冲究竟跟她说了些什么?那就决不是"一点也没什么",也决不是只是说了一些"平平常常的话"。因为周冲的那些话,实在太不平常了,不平常得甚至四凤都不大能够理解。什么"……在一个冬天的早晨……在无边的海上,……有一只轻得像海燕似的小帆船。……斜贴在海面上面飞,飞,向着天边飞。……我们坐在船头,望着前面,前面就是我们的世界。"等等,等等。四凤为什么不把这些告诉妈妈呢?而且周冲还曾明白地向她求过爱,表示愿意帮她上学,要同她结婚。这些侍萍早已从蘩漪口中听到过了。而她现在却一句也不提,这不是明明在对妈妈撒谎吗?叫侍萍怎么能不愈听愈起疑,愈听愈着急呢?而四凤也奇怪,就她跟周冲的关系而论,这些完全可以照实讲出来,讲清楚了,真是一点也没有什么。可她就是咬紧牙关,一个字也不提。这又是为什么呢?无非又是为了她跟周萍的事。侍萍现在一再追问的尽管是她跟周冲的事,而她脑子里所想的,所十分恐惧的,却尽是她跟周萍的事。所以她一面回答妈妈说,自己跟周家的孩子一点也没有什么,而一面说着说着,忽然又要向妈妈表白:"我不是跟你说过,这两年,我天天晚上——回家的?"要说清楚她跟周冲之间的关系,根本不必牵扯到什么晚上不晚上的问题。这些地方都表明,四凤毕竟是个天真、善良的姑娘,她觉得自己做错了事,不敢对妈妈讲。但这件事又偏偏老是在里压迫着她,使她的舌尖不由自主地要把它泄漏出去。她既不善于说谎,更不愿意向妈妈说谎。但她又最怕伤妈妈的心。她跟周萍的关系如果让妈妈知道了,妈妈不知道会多么伤心,所以她死也不敢向妈妈承认,就只好用一些谎话来搪塞了。她不知道这些谎话非但不能掩盖她想要掩盖的东西,反倒不自觉地自动把它们透露出来了。因为侍萍跟她谈的明明是周冲的事,而她的这些谎话,却并不是因周冲而发,并不是为了掩饰她跟周冲的关系而说,而都是为着周萍。尽管侍萍当时还完全不知道四凤跟周萍的关系,但四凤并没有向自己说真话这一点是决瞒不过像侍萍这样一个十分热爱和了解自己的女儿的妈妈的。因此,通过这一段对话,非但没有能使她放心,反而只有更增加了她的不安。紧接着,就出现了逼四凤起誓那个场面:

鲁侍萍　凤儿,我要你一辈子不见周家的人!

鲁四凤　好,妈!

鲁侍萍　(沉重地)不,要起誓。

　　　　(四凤畏怯地望着侍萍的严厉的脸。)

鲁四凤　这何必呢?

鲁侍萍　(依然严肃地)不,你要说。

鲁四凤　(跪下)妈,(扑在侍萍身上)我——我说不了。

鲁侍萍　(眼泪流下来)你是要伤妈的心么?你忘记妈这一生为着你——(回头哭泣。)

鲁四凤　妈,我说,我说。

鲁侍萍　(立起)你就这样跪下说。

鲁四凤　妈,我答应您,以后我永远不见周家的人。
　　　　(雷声滚过去。)

鲁侍萍　天上在打着雷。你要是以后忘了妈的话,见了周家的人呢?

鲁四凤　(畏怯地)妈,我不会的,我不会的。

鲁侍萍　孩子,你要说,你要说。你要是忘了妈的话——(外面的雷声。)

鲁四凤　(不顾一切地)那——那天上的雷劈了我。(扑在侍萍怀里)哦!(雷声轰轰)

鲁侍萍　(抱着女儿)孩子,我的孩子!

妈要她一辈子不见周家的人,这在她当然是难堪的,做不到的。但为了让妈妈放心,她也就随口答应了。但想不到妈妈竟还要她起誓。起誓,在当时,特别在像侍萍和四凤这样的人头脑里,是件十分严重的事。这她就不能随随便便地答应了。因此她只得说:"这何必呢?"(我不是已经答应过了吗,何必还要起誓?)可侍萍一点不让步,非要她起誓不可。她急得只有向妈妈跪下了,难过得扑在妈妈的身上,老老实实地向妈承认:"我——我说不了。"侍萍这下完全明白了。她的疑惧证实了:这孩子跟周家的少爷之间确是有事!侍萍是个过来人,她当然懂得四

· 71 ·

凤的痛苦,要她发这样的誓,是很有点残忍的,但三十年来的惨痛教训,又使她不能不狠一狠心,不管怎样也要把孩子从危险的道路上拉回来。对四凤来说,她跟周萍的关系已经是这样的深,要她把他永远丢开,实在是难以做到的。但她又是那样爱她的妈妈,使妈妈伤心又是她怎么也受不了的。所以她一直在这个两难的境地中挣扎着,希望能够既不伤妈妈的心,也不必发那个可怕的誓。但是侍萍出于对女儿的爱,出于一个母亲的严肃的责任心,却一点也不肯放松,非逼着四凤起誓不可。于是四凤就只得不顾一切地发下了那个可怕的誓言:"那——那天上的雷劈了我。"说完了就扑在妈妈的怀里哭了起来。而侍萍也难过得只有抱着四凤呻吟着:"孩子,我的孩子!"观众们这时坐在剧场里,也不由得紧张得气都喘不过来。台上的两颗心在被撕裂着,台下的千百颗观众的心也同时在被撕裂着。19世纪英国作家托马斯·德·昆西(Thomas De Quincey)把文学分做知识的文学和力量的文学两大类①。像《雷雨》这样的作品,无疑是属于力量的文学一类的。面对这样的作品,谁还能漠然无动于衷呢?侍萍与四凤是那样的善良,可又是这样的无知。四凤渴望着爱情,渴望着能过幸福的生活,可她还是个涉世未深的孩子,她还一点不懂得社会,不了解人生。侍萍虽是历尽艰辛,饱经沧桑,深知社会和人生的险恶,但她也一点不懂得这社会和人生为什么会这样的险恶。为什么周朴园他们做尽了坏事,却仍能这样体面显赫;自己一生受尽了凌辱折磨,今天却还得眼看自己的女儿又面临一个危险的深渊?这一切究竟是为了什么?她无法回答。只能怨天"残忍",怪命"不公平"了。她以为叫女儿发了誓,就可以把女儿从深渊边拉回来,不让她跌下去。她和四凤竟会这样的愚昧无知,真使我们万分痛惜,无限懊恨。但这并没有减少我们对她们的同情,而是只有更增加了我们对那个社会和那个社会的代表人物如周朴园之流的痛恨。侍萍和四凤的不幸,是他们造成的;侍萍和四凤的无知,也是他们造成的。要结束侍萍和四凤的不幸生活,要改变她们的无知状态,就只有推翻那个社会,

---

① 他最早是在1823年写的《给一个青年的信》中提出这一意见的,后来在1848年写的关于蒲伯(Pope)的论文中又进一步申述了这一观点。

打倒周朴园所代表的剥削阶级才能做到。这就是我们从《雷雨》这一剧作所得出的结论,也就是《雷雨》的作者所要传达给我们的他的强烈的愤懑之情。

四凤后来果然是触电而死,似乎是应验了她所发下的誓言。假如有人因此就责怪作者在宣扬宿命论,宣扬迷信思想,那么我们只能表示遗憾。四凤明明是有意触电自杀,而并不是如誓言所说被雷劈死的。尽管所谓雷劈,实际也是一种触电现象,但作品表现得很清楚,她却确确实实是有意的自杀,而并非偶然的触电。试看下面这段在她从家里逃出来又见到周萍时对周萍所说的一番话:

> 我胡里胡涂又跑到这儿,走到花园那电线杆底下,我想死了算了。我知道一碰那根电线,就可以什么都忘了。可是,我忽然看见你窗户的灯,我想到你在屋子里。我突然觉得,我不能这样就死,我不能一个人死,我丢不了你。我想我们还是可以走,只要一块儿离开这儿。

这说明,本来她还不愿这样就死。她丢不下周萍,她想她还可以跟周萍走,跟周萍一块儿离开这儿。而现在忽然发现周萍竟是她自己的哥哥,不但原来所想的一切都成了不可能的了,就是已经发生的关系,对她来说,也成了无法忍受的了。她怎么还能活下去呢?她就自然只能决心去踏早就想过要踏的那条电线了。所以她的死,明明是有意的自杀,而且还并不是出于一时的冲动,而是早已有过这种打算了。那么,我们怎么能认为她真的是被雷劈死的,怎么能认为作者这样写就是在宣扬宿命论、宣扬迷信思想呢?

作者虽然说过,四凤和周冲的遭际,最能显示天地间的冷酷,但他这样说,自然也并不是真的在责怪天地,而不过是强调他的一种愤懑之情罢了。对这两个年轻的生命的无辜死亡,谁又能不特别感到愤慨呢?譬如四凤,她是那样的善良、纯洁。她对生活充满着热情,她总是用好意的眼光来看待她周围的一切。她对她父亲鲁贵的所作所为,尽管很看不惯,甚至禁不住要产生一种厌恶的心情,但她还是竭力尽她女儿的本分,尽量尊重他。当她哥哥大海对鲁贵有了一些过火的言论或行动时,她总是以责怪的眼色或口吻来加以阻止。虽然繁漪因为出于妒忌,对她总不免怀有敌意和偏见,但她还是很尊敬繁漪,并真心地同情繁漪。她对周萍的爱也是很真挚的,当鲁大海在她面前说周萍的坏话时,她就立刻热烈地为他辩护,起先,她甚至还不肯相信他真会作出鲁贵所说的"闹鬼"那样的事,后来虽然不能不有几分相信了,但她仍旧对周萍说:"你做了什么,我也不怨你的。""我相信你以后永远不会骗我。这我就够了。"对那个天真的大孩子——二少爷周冲,不管他是怎样热烈地爱着她,她还是坦率地拒绝了他的爱,决不肯欺骗他或是假意敷衍他。对她妈妈,她更是爱得那样深,为了妈妈,她甚至愿意割舍她最难以割舍的东西。总之,四凤的确是一个可爱的、十分值得人同情的姑娘。唯其是这样可爱,这样值得同情,她的无辜死亡,才更使人悲痛,更使人憎恨逼死她的那个社会。不过,当然,她毕竟是生长在过去那个时代和社会里的,她虽然出身于劳动人民的家庭,但她并不能够逃出那个时代的风尚习俗和摆脱那个社会的统治阶级所灌输给她的一套思想准则。特别是在周公馆生活的两年多里,耳濡目染,更使她沾染了一些地主阶级资产阶级的腐朽东西。她对周公馆的奢华生活的欣羡与留恋,她对周家的主人们的过分的尊敬和轻信,就是明显的例子。所以当她和她分别了两年的哥哥鲁大海重新见面时,两个都有点失望地感到对方变了。两个人的这种感觉,应该说都是既真切而又正确的。两个人的确都变了,而且是朝着两个不同的方向在变。而从这种不同的变化中,我们也都可以看到环境的作用,看到社会的阶级的影响。鲁大海当了煤矿工人,生活在工人阶级的队伍里,对资本家对他们的压迫剥削,对当时那个社会的丑恶本质,感受和理解就比较深切。四凤长期生活在地主资本家的公馆里,经常照拂和指引她的又是鲁贵那样的父亲,那个十分爱护自己并具有劳动人民的高贵品质的妈妈,又远在八百里之外。她身上所起的变化,就自然只能叫鲁大海感到失望和不满了。这许多地方都显示出,《雷雨》的现实主义的成就的确是相当高的,作品的这样高的思想艺术成就,不仅要求它的作者必须忠实于生活,并且必须有一个相当进步的立场,否则的话,是决不可能取得的。

我觉得,国内学术界过去也许是受了曹禺自己的一些不很恰切的说法(部分地也是由于曹禺的自我谦虚)的影响,对他当时世界观中的消极的东西看得多了些,而对他所站的进步立场,对他的强烈的民主主义和人道主义的思想感情(从揭露旧社会的角度来说,这种思想感情同当时人民革命的方向在总的倾向上是一致的),对他的作品所起的良好作用,则相对地有所忽略甚至有意加以贬低。这种现象的产生,同时也是与许多人都习惯于脱离当时的现实条件,教条主义地用抽象的政治标准来要求一切作家和一切作品的现象相关联的。但大家又无法抹煞《雷雨》长时期来都受到人民群众的广泛欢迎这一事实,因此,在对这一作品的评论上,就常常出现把世界观和创作方法、思想性和艺术性加以割裂的现象。写作《雷雨》时,曹禺当然还不是个马克思列宁主义者,他的立场与无产阶级的立场之间,还存在着很长的距离。但这决不排斥他的思想感情、他的揭露对象,与无产阶级所领导的革命的斗争对象的一致性。这就保证了他能够写出有巨大进步意义的作品来的现实可能性。不承认这一点,就会对他的作品的进步意义估计不足。但从另一面来说,《雷雨》的艺术成就①虽然是很高的,但它的高度也决不会超出他当时世界观的水平所能容许的范围,决不会不受他的世界观的制约。因而不看到他世界观的弱点给予他作品的消极影响也是不对的。而过去,在我们的评论界却的确存在着这样两种错误倾向:一种是过分贬低曹禺当时世界观的水平,因而也贬低甚至抹杀他的作品的进步意义;另一种是完全脱离世界观来谈他的作品的艺术成就,仿佛艺术与思想纯然是两回事似的。今天,我觉得应该是到了改变这两种错误倾向的时候了。

1979年6月12日

---

① 任何艺术作品都是思想性和艺术性的统一,因此,谈到作品的艺术成就,也总是兼指导思想性和艺术性两方面而言的。

"这本帐是要算清楚的"
——谈鲁大海

当周朴园从侍萍口中得知鲁大海竟是他自己的儿子时,不禁又气又恼地冷笑着说:"这么说,我自己的骨肉在矿上鼓动罢工,反对我!"这个冷酷成性,以剥削为业的资本家,好像很重骨肉之情似的。但是他忘了,他的这个骨肉,正是被自己在三十年前残忍地丢弃了的。而就在此刻,当他知道站在他面前的就是几十年来他常常想念的当年那个美丽的丫头、他大儿子的母亲侍萍时,他也并没有因为顾念骨肉之情而把她承认、收留下来。可见所谓骨肉之情,在阶级社会里,正同人类的其他感情一样,都得服从于阶级利益,离开了现实的利害关系来侈谈感情,不过是骗人的空话。侍萍头脑里尽管有着很重的封建伦理观念,可是她也清楚地知道鲁大海跟周朴园"完完全全是两样的人",他是决不会认周朴园做父亲的。而作为工人阶级一员的鲁大海,对周朴园这个资本家也的确只有憎恨。一上来我们就听到他对四凤说:"周家的人不是好东西。这两年我在矿上看够了他们做的事。我恨他们。"从周家的阔气的房子,鲁大海看到的是矿上一个个被压死的苦工人——他自己的阶级兄弟的血汗与生命。他们父子两个,各自站在两个相互对立的阵营一边,是决谈不到一块去的。

对于鲁大海,作者写得实在太少,因此我们对他的了解也就很有限。只知道他生下才三天就被他妈妈抱着一同跳河了,但并未死成。到他正式出场时,他已经二十七岁了。这二十七年的生活,他是怎么度过的,我们一无所知。只在他继父鲁贵的不满的数落声中,我们才约略地知道他曾经当过大兵,拉过包月车,干过机器匠,也曾念过书上过学,但据鲁贵的意见是,这些他没有一样是好好地干过的。而当他被荐到周家的矿上以后不久,他就又在那里闹起来,把工头都打了,并且带头闹罢工。如今正作为工人代表,来同煤矿公司董事长周朴园谈判办交涉。总之,从那个社会里的一些人——譬如周朴园、鲁贵等人——的眼光看来,他是个很不安分的人。其实呢,那个社会所给予他的既然只有打击和迫害,那么他当然也就只有用反抗和斗争来回报了。要他在这个社会里安分守己,同这个社会友好相处,那只是妄想,是根本不可能的。但鲁大海却也并不是个蛮不讲理、一味胡闹的人。指责他粗暴,不近人情,我觉得未免有点过分。

就拿对待鲁贵的态度来说吧,他也只有到了忍无可忍的时候,才采取一些过火行动的。第三幕一开始,鲁贵就唠叨个没完,一会儿怪这个,一会儿怨那个,鲁大海都没理他。直到鲁贵把他一肚皮的气都向着侍萍来发泄,指责她"回家一次就出一次事",甚至冲着她恨恨地责问说:"妈的,你不来,我能倒这样的楣?"鲁大海这才放下正在擦着的手枪,正告他说:"你要骂我就骂我。别指东说西,欺侮妈好说话。"可鲁贵还是唠叨个没完,继续他对侍萍、其实主要是对鲁大海的数落。说着说着,他忽然觉得自己的腿没处放,还要侍萍把一张小圆凳端过来给他搁脚。这都是很叫鲁大海看不惯,怒火难忍的。鲁贵搁好了脚,唠叨却并没有就此结束。也许是因为侍萍真地顺从地给他拿凳子搁脚,显得他俨然是一家之主,自觉很有威严的缘故吧,这回他索性正面望着鲁大海直接埋怨起他来了:"你心里想想,我这么大年纪,要跟着你饿死。我要是饿死,你是哪一点对得起我?……"大海实在忍不住了,才站起来操了他一句:"你死就死了,你算老几?"后来鲁贵还穷讲究,要喝好茶。可四凤说"家里连茶叶末也没有"。鲁大海虽然乘机奚落他说:"听见了没有?你就将就将就喝杯开水吧,别这样穷讲究啦。"可他一面还是倒了一杯白开水,放在鲁贵身旁的桌上。作为一个继子,这些地方,总还算是说得过去的。可鲁贵却大摆起威风,大耍起无赖来,竟要鲁大海滚开,甚至骂他是"杂种"。侍萍忍不住了,对他说:"你别不要脸,你少说话。"鲁贵却居然反唇相讥,说出这样恶毒的话来:"我不要脸?我没有在家养私孩子,还带着个(指大海)嫁人。"气得侍萍只能又痛又恨地从齿缝里迸出了一个"你!"字。鲁大海这时真是怒不可遏,这才举起他正在擦着的手枪向着鲁贵大喝一声:"我——我打死你这老东西!"其实他仍不过是吓唬吓唬鲁贵,只是要他向侍萍赔罪,要他"说自己错了,以后永远不再乱说话,乱骂人"。我看,他的这些行动,也不见得就是怎样该受非议、责怪的吧。

他对周冲的态度,可能容易使人以为有点不近人情。其实他还是有分寸的,并没有到蛮不讲理的地步。他从车厂子找人回来,忽然看到周冲在和四凤谈天。在这样的时候(已是晚上十点左右了),特别是发生了第二幕里的那些事以后,一个周公馆的少爷居然跑到这里来找他的妹妹(他认为周冲自然是来找四凤的),他心上的不快是不难想象的。特别当周冲要提起他下午在周家挨打的事,更使他勃然动怒,喝令周冲"你少提那桩事"。四凤怪哥哥误会了周冲的好意,对他说"人家是好心好意来安慰我们"的。鲁大海就对周冲说:"少爷,我们用不着你们的安慰,我们生成一副穷骨头,用不着你半夜的时候到这儿来安慰我们。"意思是告诉他,我们穷人不需要你们富人的安慰,尤其不需要你在这样半夜的时候来这里对一个年轻姑娘进行"安慰"。接着他就叫四凤出去,让他单独跟周冲说几句话。四凤出去后,他就对周冲说:"我们谈过话,我知道你在你们家里还算是明白点的;不过你记着,以后你要再到这儿来,来——安慰我们,(突然)我就要不客气了。"可见,他对周冲还是有分析的,并不把周家的人一律看待。他对周冲的不满,主要是因为他想同四凤要好而起,他对周冲的态度之所以那样生硬,甚至近于粗暴,主要也是为了保护他的妹妹,也是为了使四凤能免受欺骗。而且,看来他对周冲的天真到有些傻气的特点,也是有所了解的,所以他才不惜耐着性子反复跟周冲说明他不应该到这儿来,不应该来找四凤的道理。即使当他本来想严厉地警告周冲:"如果什么时候我再看见你跑到我家里,再同我的妹妹在一起,我一定——"说到这里,他的态度却也会忽然缓和下来,说:"好,时候不早了,我们要睡觉了。"只有当周冲提到他父亲、提到周朴园时,他一直强压着的性子才突然爆发出来,大声骂道:"你的父亲是个老混蛋!"这些地方都表明他对周冲还是区别对待的。不能认为他的态度就是怎样的不近人情。最后,当他知道周冲是奉母亲之命来送钱的时,他才真地冒起火来,他觉得自己受了侮辱。这才粗暴地、真有点不近人情地呵斥他:"你给我滚,给我滚蛋!"但他的这些话,其实并不是对周冲而发,而是对着资本家的虚伪,对着资本家的假仁假义而发。那么,他的这种态度,对资产阶级来说,固然有点粗暴;但对无产阶级来说,就应该说是一种很有骨气的表现。从资产阶级看来,确乎未免太不近人情,但从无产阶级看来,难道不正是一种很合人情的举动吗?

鲁大海这个形象,写得的确是简单了些,并不成功。但要说他"僵硬,不真实",是个"可怕的失败",却也并不切合实际。从上面我们对他在对待鲁贵、对待周冲的态度的分析中,就可以看出作者对这个人物的刻画还是合情合理的,符合生活的逻辑和性格的逻辑的。而且也决不能说他完全不像个工人。就从他对待四凤的态度上,也可以看出他是很有些工人阶级的觉悟的。他在周家的客厅里一见到四凤就对她说:"好。妈也快回来了,我看你把周家的活儿辞了,好好回家。"还说"这不是你待的地方",并且针对四凤对资产阶级的物质生活不无羡慕的特点,告诉她说:"凤儿,你不要看这样阔气的房子,哼,这都是矿上压死的苦工人给换来的!"他对四凤是很爱护的,总想保护她,使她不致走上危险的邪道。他清醒地知道,在当时那个社会里,四凤作为一个穷人的孩子,将来只能是给一个工人当老婆:洗衣服,做饭,捡煤渣。至于念书、上学,那不过是"小姐的梦"。可四凤有时就不免做着这样的梦。这是很使鲁大海不满、并且深感着急的事。这一点,四凤自己也知道,早在第二幕里,她就对周萍说过:"我哥哥瞧不起我,说我没有志气。"在第三幕周冲送钱来鲁家的那场戏里,四凤说鲁大海"简直是怪物!"鲁大海则骂四凤是"糊涂虫!"恨她居然会同资本家的少爷搞在一起。当周冲对他说"我想一个人无论怎样,总不会拒绝别人的同情吧"时,他回答说:"同情不是你同我的事,也要看看地位才成。"作为一个工人,鲁大海对资本家的残暴,对他们唯利是图、贪得无厌的本性,是认识得很清楚的。他对周朴园有很深的仇恨,对周萍也充满了敌意,认定他作为周朴园的儿子决不会是好东西。后来,当周萍对他说"我以为我们中间误会太多"时,他回答说:"误会!我对你没有误会,你就是一个没有血性,只顾自己的混蛋。""你是个少爷,你心地混帐!你们都是吃饭太容易,有劲儿不知道怎样使,就拿着穷人家的女儿开心,完了事可以不负一点儿责任。"周萍一面向鲁大海竭力表白他是真爱四凤,一面又诉说自己的苦衷,说是他的家庭不允许有这样的事。鲁大海就立即尖锐地揭露他说:"所以你就可以一面表示你是真心爱她,跟她做出什么事都可以,一面你还得想着你的家庭,你的爸爸。他们要叫你丢掉她你就能丢掉她,再娶一个门当户对的阔小姐来配你,对不对?"正因为他对资本家的丑恶本质了解深、看得透,所以他的揭露才能这样彻底,语语切中要害。

鲁大海作为罢工代表,同资本家周朴园的谈判很快就失败了,他,连同矿上的广大工人,都给跟他同来的另外三个代表出卖了。矿上已经正式复工,他还一直蒙在鼓里,直到周朴园给他看了矿上来的电报和那三个代表签署的复工合同,他才如梦初醒。接着就以他的痛骂周朴园,大揭周朴园的老底,周萍动手打他结束。他跟周朴园的正面交涉,在场上一共只展开了不到几分钟的时间。作者是不是对劳资纠纷这样的重要场面,写得太少了呢?我觉得并不。因为,劳资纠纷在这出戏里本来就不是主要事件,并不占重要的地位。作者能用寥寥几笔把它勾勒清楚,并且把它在今后剧情发展中的作用充分显示出来,倒应该说是能够抓住要点,用笔十分简洁的。不过,从鲁大海这个形象的塑造来说,当然也就不能不受到限制。不但说不上丰满,留给人的印象也并不是很鲜明的。因为在《雷雨》这出戏里,鲁大海出场的机会并不多,没有多少戏,要把他的性格栩栩如生地充分展现出来,本来也是困难的。也许正因为鲁大海的形象,原来就塑造得并不怎样成功,在人们的头脑里并不怎么站得起来,也就不妨在上面做一些修补改削的工作。不像周朴园、周萍等形象,他们的性格刻画得较清楚,已经站立起来了,已经可以说是一个有生命的活的形象了。你要再在他们身上动刀动斧的,就不免会损伤他们的肢体,甚至危及他们的生命。譬如最后一幕里,周朴园当众承认侍萍一场戏,从原来的版本(1936年版和1957年版)看来,周朴园仿佛真像是"天良发现"似地在忏悔过去的罪恶,他的心情似乎确是很真诚、很沉痛的。特别是他以沉重的声调说的下面这番话:

> 萍儿,你原谅我。我一生就做错了这一件事。我万没有想到她今天还在,今天找到这儿。我想这只能说是天命。(向鲁侍萍叹口气)我老了,刚才我叫你走,我很后悔,我预备寄给你两万块钱。现在你既然来了,我想萍儿是孝顺孩子,他会好好地侍奉你。我对不起你的地方,他会补上的。

这是很能迷惑侍萍以及其他在场的人的。我在别处曾指出它将会冲淡读者和观众对周朴园的憎恨,而使整个作品的思想意义受到损害。还曾自作聪明地认为作者应该使周朴园的这些话,成为对周朴园的伪善本质的更深一层的揭露。其实作者自己也早已感觉到了这一点,在1959年9月(我那篇文章的初稿正是在这个时候写的)出的版本中,已删去了这一段话。并且把前面周朴园说"侍萍,我想你也会回来的。"那句话时的舞台指示"悔恨地",改为"冷冷地"。然而结果怎样呢?结果却并不成功。因为周朴园这个形象通过他在前面几场里的一连串的言论行动,已经站立起来了,他已取得了他自己的独立的生命,他有他自己的性格、自己的思想面貌,即便是他的创造者——作者,也不能随便加以改变。作者后来所作的一些修改,跟周朴园原来的性格并不协调,就总使人感到别扭,破坏了周朴园形象的统一。又譬如周萍,从原来的版本看来,他对四凤确是有真感情的,决不是存心玩弄。在1959年9月的版本里,作者似乎竭力想冲淡周萍对四凤的感情,使人觉得周萍对四凤并不是真心相爱。他的办法,主要是通过一些舞台指示的修改来改变台词的含意。但是他的这一目的,也并没有能达到。因为周萍对四凤的态度是贯串全剧的,单单改变一些舞台指示,或者重写个别台词,是决不能改变人们已经形成的印象的,反而只有起到破坏原来形象的完整性的作用。从这里更加可以证明,文艺创作有它自己的必须遵守的规律,决不是可以随心所欲地爱怎么写就怎么写的。

但是对鲁大海这一形象所作的修改,却的确是改得好的。修改主要在两个地方。一是突出了鲁大海要为工人阶级的利益斗争到底的决心;一是去掉了他表示同意让四凤跟周萍走的一些台词。这两点修改,大大加强了鲁大海的形象,使得他更像一个工人阶级了。通过第二点修改,删去了不少足以损害鲁大海形象的台词,同时还使得剧作更加精炼了。在作第一点修改时,也几乎并没有费什么笔墨,只在两处稍稍作了些改动。一处是在侍萍跟他谈同周家的纠葛的时候,在侍萍说过:"嗯,完了。这一本帐算不清楚,报复是完不了的。什么都是天定,妈愿意你多受点苦。"接下去,鲁大海本来是这样说的:"那是妈自己,我……"新本改成:"不,没完,这本帐是要算清楚的。"这就突出了鲁大海要继续斗争的决心。这跟鲁大海的一贯态度也是一致的。就在这些话的前面,当侍萍说:"周家的事算完了,我们姓鲁的永远不提他们了。"鲁大海就沉着有力地说:"可是刚才我在周家挨的那巴掌呢?我们在矿上流的血呢?这能够完么?"一处是当侍萍从张大婶那里回来,鲁大海告诉她,他回来时看到四凤在跟周冲谈天。这以后,原来的版本是这样写的:

鲁大海 妈,我走了。

鲁侍萍 你上哪儿去?

鲁大海 钱完了,我也许拉一晚上车。

鲁侍萍 干什么?用不着,妈这儿有钱,你在家睡。

鲁大海 您留着自己用吧,我走了。(由右门下。)

新本改成:

鲁大海 妈,万一矿上有人来,叫他们到车厂子找我去。

鲁侍萍 (诧异地)矿上还有谁找你?

鲁大海 一个朋友。妈,今天晚上我不回来了。

鲁侍萍 为什么?

鲁大海 (满怀对母亲深挚的情感,信任地)我也许就要回到矿上去。

鲁侍萍 (忧惧地)大海,你还去闹什么?

鲁大海 (安慰着母亲,低声、温和地)我们要闹出个名堂来。妈,不要看他们这么霸道,周家这种人的江山是坐不稳的。

鲁侍萍 (担心地)孩子啊!你老实点吧,妈的命够苦了。

鲁大海　妈,您别再这样劝我了,我们不能认命!我走了,妈,您跟四凤好好谈谈吧。(走出。)

这就大大改变了鲁大海原来的单纯为了找钱而出去拉车的消极做法,而给了他这一次的外出以鲜明的积极意义,并且还把他的行动与矿上的斗争联系了起来。特别是"这本帐是要算清楚的"这一句话,是紧接着侍萍的"这一本帐算不清楚"而说的,出口既极自然,而且还用这一句话把鲁大海的前后行动贯串了起来,清楚地显示出鲁大海在剧中的贯串动作,就是要代表工人兄弟们跟周朴园算清他们之间的那本账,就是要为了工人阶级的利益而跟资本家斗争到底。当然,我也并不认为这样修改以后,鲁大海这一形象就能站立起来了,就算成功了。人物性格只有通过实际的冲突,通过人物相互间的对应动作,才能有血有肉地显示出来。鲁大海的这些台词,由于未能同戏剧冲突,同他自己的具体行动相结合,就不免流于概念化,在这一人物性格的塑造上,并不能起什么决定性的作用。但是它们却的确在原有的基础上加强了这一形象,使得这一形象的思想意义有所提高了。

鲁大海这一形象的塑造虽然并不成功,但他在《雷雨》中的出现,却有突出的意义。他使得这一剧作冲破了家庭纠葛的范围,而更具有当时的时代色彩和社会内容了。在30年代初期,在我们的文学作品中,工人阶级的形象并不多见,成功的尤其少。鲁大海的形象摆在同时出现的工人形象的画廊里,也并不怎样寒伧;我甚至要说,还是可以把他放在比较显著的地位的。对曹禺这样一个二十来岁的青年知识分子来说,在当时能够写出这样的工人形象来,应该说是很不容易的了。而且,这也决不是偶然的,决不是毫无因由就能凭空写出来的。曹禺在1957年同《文艺报》记者的谈话中,曾具体地介绍了一些有关的情况[1]。去年9月,在王朝闻同志访问他时,他也这样说过:"在《雷雨》里我写了一个鲁大海,这是一个工人,当然写得很不像样子、很不成熟,但

---

[1] 《曹禺同志谈剧作》,《文艺报》1957年第2期。

我是同情这个人,甚至佩服这个人的。"①大家应该承认,作者要不是深深地同情和佩服这个人,他是决不可能把鲁大海写得像现在这样的。而在 30 年代初期,一个知识分子能够对工人群众怀着这样的感情,的确是非常可贵的。我决不是想从作家的主观意图上去找寻一些根据,来竭力拔高这个人物,把他说成是个成功的工人阶级形象。不是的,作为一个文学形象来说,他是不能算成功的。但是,历史主义地来看这个形象,无论是把他放在整个现代文学史上,或是放在《雷雨》这一具体作品中,我们都应该充分估计他的成就和积极意义,而在我们过去的评论中,我觉得未免有肯定不足的倾向。

在这出戏结束时,周朴园一家人死的死,疯的疯,傻的傻,只有周朴园还健在,但鲁大海却也走出去了。我们相信,他必将继续他的斗争,总有一天会把他和他的工人兄弟们同资本家之间的那本账算清楚的。

1979 年 7 月,苏州

---

① 《曹禺谈〈雷雨〉》,《人民戏剧》1979 年第 3 期。

"哼，他忘了他还是个人"
——谈鲁贵

人生的有些遇合，有时着实叫人愤慨。每次读《雷雨》，一想到侍萍这样一个善良、纯洁、性气高傲的女子，竟会是鲁贵的妻子，心头就怎么也平静不下来。作者之所以让她跑到八百里外的女子学堂里去当老妈，我想恐怕也就是因为不愿意看着她同鲁贵这样的男人整天厮守在一起哩。第二幕里，当侍萍由四凤陪着一起在周公馆的客厅里坐下，鲁贵就忙着向她夸耀周家的阔气："这儿公馆什么没有？一到夏天，柠檬水，果子露，西瓜汤，橘子，香蕉，鲜荔枝，你要什么，就有什么。"还埋怨这母女俩到人家公馆来，只知道一个劲儿地谈家常，却不留心观看人家的阔排场，真是一副穷相。接着就要四凤把她这两年做的衣服，添的首饰，拿给她妈看看。让她开开眼。他的鄙俗下贱，实在叫人厌恶。在四凤设法把他支开后，作者这样写：

> 侍萍和四凤见鲁贵走后，都舒展多了。母女二人相对凄然地笑了一笑。

读到这里，我总禁不住为这母女二人感到一阵心酸。她们的凄然的笑容，寂寞地浮现在我眼前，久久不肯消隐。碰到这样的亲人，真是最无可奈何的事。但是鲁大海，那个同他没有血统关系的他名义上的儿子，对他可就不肯那么客气了。当鲁贵在他面前傲慢地摆出阔当差的架势，斥责他"怎么随随便便跑进来啦？""连一点大公馆的规矩也不懂"，并再三嘱咐他见了老爷要"少说粗话"，然后迈着得意的步伐向书房走去时,鲁大海目送着他的背影,十分鄙夷地摇着头说:"哼,他忘了他还是个人。"

要说他忘了自己还是个人,那倒未必。他可正在为要过人的生活而努力着呢!不过,当然,对于怎样才算个"人",他有他自己的看法。他认为人活着,无非是为了吃喝玩乐。而要吃喝玩乐,就得有钱。四凤说他"见钱就忘了命"。他自己也说:"这世界上……只有钱是真的。"为了弄钱,他甚至对自己的亲生女儿都可以进行敲诈勒索。他明知道周萍跟四凤的关系,非但不加阻止,反而竭力纵容,甚至怂恿四凤,就为着自己也可以从中得到好处。他对四凤说:"一个当差的女儿,收人家点东西,用人家一点钱,没有什么说不过去的。这不要紧,我都明白。"但当他向四凤讨钱讨不到时,可就变起脸来了。他威胁说:"好孩子,你以为我真胡涂,不知道你同那混帐大少爷做的事么?"并且一本正经地要管教起四凤来:"我是你的爸爸,我就要管你。"可是到后来,当侍萍要把四凤带到济南去,四凤也有跟妈走的意思时,他却又着急起来了,拼命地劝四凤留下,甚至还下流地唱起"花开花谢年年有,人过了个青春不再来!……"这样的曲子来打动她。他还进一步煽动地说:"人活着就是两三年好日子,好机会一错过就完了。"

不过,他也并不是真要四凤一门心思地跟周萍好。相反,他倒是怕四凤太痴心了。他知道"周家的人就是那么一回事",周萍是决不会娶四凤的。他常常提醒四凤,叫她"看开点,别胡涂",叫她不要做梦,要想想:"你是谁?他是谁?……就凭你没有个好爸爸,人家大少爷会……"所以他的意思是,跟周萍只能玩玩,弄点钱,千万不能来真个的。可四凤却对周萍一片痴情,甚至不肯相信他真会跟繁漪有什么暧昧关系。当鲁贵把他们"闹鬼"的事告诉她时,她反而生气地责怪鲁贵瞎说。四凤的这种痴情态度,是很叫鲁贵懊恼而又看不上眼的,他忍不住不满地摇着头说:"你看你,告诉你真话,叫你聪明一点,你倒生气了,唉,你呀!"并且傲然地扫了四凤一眼,在他看来,对这类事情要动什么真感情,那是很傻的。第三幕里,当四凤正在为既想跟妈走、又丢不下周萍而发闷叹气时,他也十分蔑视地说:"你看,你这点心思还不浅。"四凤的这种心思,在他看来是完全犯不着,根本不值得的。他告诉四凤:"这世界上没有一个人靠得住,只有钱是真的。唉,"使他懊恼的是,"偏偏你同你妈不知道钱的好处。"

在出场介绍中,作者只用寥寥几笔就把鲁贵的性格特征清楚地勾勒了一下:"和许多大公馆的仆人一样,他很懂事,尤其是很懂礼节。他有点驼背,似乎永远欠着身子向主人答应着'是'。他常常贪婪地窥视着。"特别懂礼节和老是弓背欠身,可说是旧社会里许多公馆仆人的共同特点。但对鲁贵来说,这不过是他的外部形态和表面现象,不过是他的躯壳,还没有触及他的灵魂,触及他的内心世界。最能说明他的本质的是:"他常常贪婪地窥视着。"

从表面看来,鲁贵对他的主人,那真是说不尽的恭敬。他一到周朴园和繁漪的面前,他的腰就自然而然地弯了下来。见了两位少爷,也总是首先堆上一脸谄笑。他替周朴园传话时,开口闭口不离"老爷吩咐"。繁漪告诉他,她想见一见侍萍,不过是同她谈谈闲话。他就连忙说:"那是太太的恩典。"当四凤准备上楼给繁漪送药时,他又再三叮咛她:"跟太太说一声,说鲁贵惦记着太太的病。"但其实呢,他早就对四凤说过:"这家除了老头①,我谁也看不上眼。"后来,在第三幕里,在他的家庭训话中,我们听到,就连他唯一看得起的这个老头,也被他称做老王八蛋了。而且他还夸口说,他要使这个老王八蛋,这个"忘恩负义的东西",给他跪下磕头。他慷慨激昂地把周朴园一家骂了个痛快:"周家的人从上到下就没有一个好东西。我侍候他们这两年,他们那点出息我哪一样不知道?反正有钱的人顶方便,做了坏事,外面比做了好事装得还体面。文明词越用得多,心里头越男盗女娼,王八蛋。……"他确是看透了周朴园一家子,这番话可说是说到了点子上,句句切中要害。

但他自己可也并不简单,正如作者所说,随时随地他都在"贪婪地窥视着",看别人有没有什么把柄落到他手里,可以供他利用。哪怕这个人是他的亲生女儿,只要能弄到钱,他也不肯轻易放过。对周家的人,当然就更不用说了。周萍跟繁漪"闹鬼"的事,给他撞见了,他跟四凤谈起时,就说:"这是你爸爸的造化。"人家搞鬼,竟成了他的造化,而

---

① 指周朴园。

且联系得如此迅速,这真是他的特殊头脑的特殊想法,他的为人也就于此可见了。

在《雷雨》里,凡是当周萍和蘩漪单独在一起的时候,接着上来的,总是鲁贵。这说明了鲁贵的善于窥视的特点。第二幕里,蘩漪周萍之间有大段对话,蘩漪想叫周萍留下来,不要到矿上去。周萍的态度却很决绝,谈话不欢而散,最后周萍走开去了。接下去作者这样写:

> 蘩漪望着周萍出去,流下泪来,忍不住伏在沙发上哭泣。
> 鲁贵偷偷地由中门走进来,看见蘩漪在哭。

鲁　贵　(低声)太太!

周蘩漪　(站起)你来干什么?

鲁　贵　鲁妈来了好半天啦。

周蘩漪　谁?

鲁　贵　我家里的,太太不是说过要我叫她来么?

周蘩漪　你为什么不早点来告诉我?

鲁　贵　我倒是想着,可是我(低声)刚才瞧见太太跟大少爷说话,所以就没敢惊动您。

周蘩漪　啊,你,你刚才……

鲁　贵　我?我在大客厅伺候老爷见客呢!(故意地不明白)太太有什么事么?

周蘩漪　没什么,那么你叫鲁妈进来吧。

这一个场面写得的确是非常传神的。蘩漪在惊慌中仍不失身份;鲁贵十分刁恶,可又很有分寸。用不着搬上舞台,两个人的神情就已跃然纸上。"鲁贵偷偷地由中门走进来",我们可以想见,他是早已在门外"窥视着"了。等周萍一走开,他就立即走了进来。他也不一定是进来以后才"看见太太在哭"的。很可能是早就掌握了这个情况。他叫"太太"时,尽管故意压低了声音,可蘩漪还是吓了一跳,不由得立即站了起来,责问他:"你来干什么?"活画出蘩漪的惊慌失措的神态。当鲁贵告诉她"鲁妈来了好半天啦",由于她还没有从惊慌中镇定过来,所以虽然是她自己要鲁妈来的,但一时之间竟忘了鲁妈是谁了。等鲁贵告诉她,鲁妈就是"我家里的,太太不是说过要叫她来么？"以后,她才逐渐镇定、清醒过来。蘩漪也是个厉害角色,就立即反问了一句："你为什么不早点来告诉我？"她这句话,其实就同越剧《盘夫》中曾荣问严兰贞："请问娘子,你是才只到此,还是到此已久呀？"一个意思。鲁贵在这种地方,决不肯随便放过。他就说："我倒是想着,可是我,"说到这里,又故意压低了声音,显出有点神秘或者说是机密的味道,接着说："刚才瞧见太太跟大少爷说话,所以就没敢惊动您。"那就是告诉蘩漪：你刚才同周萍之间演的那场戏,我已经荣幸地欣赏过了。开始镇定下来的蘩漪,一听此言,就又立即慌乱起来："啊,你,你刚才……"但鲁贵最善于掌握时机、分寸,他知道现在还不是动用他手中的"资本"的时候,只消在蘩漪面前显露一下,让她知道知道就行了。因此,他又故意让蘩漪宽心地说：你问我刚才吗？刚才"我在大客厅伺候老爷见客呢！"他知道蘩漪是明白人,这样已经尽够了。蘩漪自然也就只能心照不宣,局面暂时仍保持着平静,戏也因此才能继续慢慢地演下去,不然就乱了套了。

第四幕里,又是在蘩漪和周萍争吵过,周萍刚下场,鲁贵紧接着就跑了进来：

鲁　贵　（弯了弯腰）太太,您好。

周蘩漪　（略惊）你来做什么？

鲁　贵　（假笑）给您请安来了。我在门口等了半天。

周蘩漪　（镇静）哦,你刚才在门口？

鲁　贵　对了。（诡秘地）我看见大少爷正跟您打架,我——（假笑）我就没敢进来。

周蘩漪　（沉静地,不为所迫）你来要做什么？

鲁　贵　（有把握地）我倒是想报告给太太,说大少爷今天晚上喝醉了,跑到我们家里去。现在太太既然是也去了,那我就不必多说了。

周蘩漪　（嫌恶地）你现在想怎么样？

鲁　贵　（倨傲地）我想见见老爷。

周蘩漪　老爷睡觉了,你要见他什么事?

鲁　贵　没有什么,要是太太愿意办,不找老爷也可以。——(意在言外地)都看太太怎么办了。

周蘩漪　(半晌,忍下来)你说吧,我也许可以帮你的忙。

鲁　贵　(重复一遍,狡黠地)要是太太愿意做主,不叫我见老爷,多麻烦,那就大家都省事了。我们只是求太太还赏饭吃。

周蘩漪　(不高兴地)你,你以为你——(缓缓地)好,那也没有什么。

鲁　贵　(得意地)谢谢太太。(伶俐地)那么就请太太赏个准日子吧。

周蘩漪　那就后天来吧。

鲁　贵　(行礼)谢谢太太恩典!

这一场里,鲁贵的态度、神情,就完全同前面那场不一样了。在前面那场里,鲁贵虽也隐约地露了一点颜色给蘩漪看,但他还决不愿意说破,甚至还有意使事情显得含混。在蘩漪面前,他也仍旧十足是个恭顺的奴仆。这一场却不同了。他一上来就露出一副不怀好意的挑衅的姿态,不但见了蘩漪不像过去那样的弓背肃立,只是略略弯了弯腰,仿佛朋友相见似地道了声"您好!"蘩漪问他:"你来做什么?"他就令人毛骨悚然地假笑了一下,说是"给您请安来了",使人听起来就等于是说"要你的好看来了!"他还生怕这意思还表达得不够清楚,又立即加了一句:"我在门口等了半天。"那就是告诉蘩漪:你们刚才那场戏我已经仔细地观赏过了,你们的把柄已经完全落在了我的手中。蘩漪也是个很倔强的人,鲁贵既然清楚地露出了他想进行要挟的意思,既是来者不善,她也就索性镇静下来了:"哦,你刚才在门口?"她的潜台词是:真的吗? 那又怎样呢? 鲁贵是因为有真凭实据在手,而且这次他是抱着破釜沉舟、孤注一掷的决心来的,所以也很沉着。他的战略是决心充分显示自己的实力,把文章做足,迫使蘩漪就范。因此他并不急于说出他的目的。只证实着蘩漪的询问,说是"对了",我早就在门口了,并且露出秘密的神气说:"我看见大少爷正跟您打架,我……"说到这里又露出了那副令人汗毛凛凛的假笑,"我就没敢进来。"明确告诉繁漪:我是亲眼看到了你们刚才那一幕的。这样还嫌不够,他还要表示他不但看到他们的争吵,并且还听到他们争吵的内容。接着就进一步把繁漪自己说的刚才她也到了鲁家的那番话也端了出来。作了这样多部署以后,等到繁漪问他"现在想怎么样?"时,他这才最后威胁说:"我想见见老爷。"繁漪虽然很嫌恶他那副赤裸裸地进行敲诈的无赖行径,但在经过一番权衡之下,还是只得忍耐下来,答应了他的要求。鲁贵的目的达到了,他的斗争胜利了。

然而,事情的结局却大出鲁贵的意料之外,他费尽心机争得的胜利,结果却化成了泡影。其实呢,即使事态发展不是像现在这个样子,即使鲁贵真的重新回到了周公馆,又当起他的阔当差来,繁漪最后也是不会饶过他的。不但繁漪,就是周朴园也决容不了他。那个社会毕竟是周朴园们的天下,鲁贵再机灵,再精明,"窥视"的本领再大些,也跳不出周朴园们的掌心。像鲁贵这样的人,是只能依附于他的主子——不是这个主子,就是那个主子,才能分享一点残羹剩炙,以满足他的吃喝玩乐的本能的。而鲁贵也完全安于这种地位,并以能过这样的生活而洋洋自得。在《雷雨》这本戏里,只有两个人跟当时那个社会处得最融洽,那就是周朴园和鲁贵。一个主子,一个奴才,他们在竭力维护着那个社会的秩序。只有这个社会的轮子在循着它的常轨运转的时候,他们的日子才过得最顺利,处境也最圆融自在。而这两个人,也正是作者在剧中所最要狠狠鞭打的人物。从这里,也可看出作者对那个社会的不妥协的立场。不过,比较起来,作者对鲁贵的鞭打,似乎要更坚决、更不留情面些。对周朴园,则有时在某些地方看来,总不免有一些手软,总要给他一些"曲宥",正像他在《日出》的跋文中谈到潘月亭、李石清时所说过的那样。在《日出》中,我们发现,被鞭打得最凶的也并不是潘月亭,而是王福升。这一现象,也是颇可注意的。鲁贵与王福升,当然是非常卑鄙无耻,极可痛恨的。但打他们,比打周朴园、潘月亭们更加凶狠,更无顾惜,却不能不说是与作者当时的生活和感情、与作者当时的世界观有关了。

鲁贵这一形象，比起鲁大海来要丰满得多，可以说是一个写得比较成功的形象。这不但因为作者在生活中，对这一类人的接触要比鲁大海这样的工人多一些，而且在我们的旧戏舞台上和传统的小说中，本来就不乏这一类刁奴恶仆的典型，可以有所取资、有所借鉴的缘故。但鲁贵这个人物，也已经与传统的小说戏曲中的刁奴恶仆的形象很不同了，他已经现代化了，跟当时那个半封建、半殖民地的社会形态有着不可分的联系。从这个人物的身上，我们也清晰地可以看到他所生存和依附的那个社会的生动形象。《雷雨》中的八个人物，每一个都深深地打上了当时的时代、社会和阶级的烙印，所以这个剧作，决不是什么神秘主义的观念的产物，而是有着高度艺术成就的现实主义杰作。

1979年7月，苏州

后 记

《雷雨》的剧中人物，有名有姓的一共是八个，周、鲁两姓，各占其半。我从姓周的写起，然后再写到姓鲁的。最先写成的是周朴园和蘩漪，时间是在 1959 年 9 月。1962 年又写了周萍、周冲两篇。此后就长时期地搁置下来了。直到去年，才重又提起笔来写完了鲁家的四篇。所以，这八篇随笔式的人物谈，内容又是如此的贫乏和肤浅，决不是什么覃思竭虑的精心杰构，前后却拖了二十年之久才得写成，说起来似乎有点奇怪，但只需稍稍回顾一下那几年的历史，大家也就不难理解了。

这里，只想讲一讲有关写作的一些经过情况。

我是怎样想到要来写这几篇人物谈的呢？在 1959 年写的谈周朴园和蘩漪两个人物的初稿中，我在文前曾写有如下一段"附记"：

> 前不久，上海人民艺术剧院在长江剧场公演《雷雨》，听说是根据作者新的修改本演出的。我没有得到观赏的机会，很以为憾。只在报上读到过导演吴仞之同志的一篇文章，才稍稍知道了一些修改的情况。对于这些修改，我当时感到颇有可以讨论的地方，因此很希望能读到看过这次演出的同志们所写的讨论文章。但后来这类文章竟未见出现，心头便若有所失地感到很不满足。我这篇文章，可以说就是为了填补心头的这种不满足之感而写的。但我既没有读过作者的新改本，又没有看过这一次的演出，就连吴仞之同志那篇文章究竟说了些什么也已记不清楚，当然不可能针对这次的修改来发什么议论。只能就原来的本子，谈谈我对其中一些人物的点滴看法。这里只谈了周朴园和蘩漪两个人物，以后如有时间，我还准备继续谈其他的人。我的这些看法，可能很错误，希

望能得到同志们的批评和指正。

九月三十日（一九五九年）

这说明了我写作人物谈的缘起（"附记"中所说的"作者新的修改本"，是指中国戏剧出版社1959年9月出的版本，我当时还未看到。后来知道这个本子与1957年出的版本基本相同，改动并不多。吴忉之同志文章中所提到的情况，有些是属于导演的处理问题，并不都是关于作者的修改方面的。记得后来在报上也曾出现过几篇讨论的文章，但已经是在那年的年底，我写这篇文章的几个月以后了）。当时我曾把这篇写有附记的初稿，寄给一个刊物编辑部，但未能刊出。过了两年，也就是在1961年9月，我又重新写了"附记"，把它寄给了《文学评论》编辑部。不久收到回信，说是准备采用。不过认为我在分析周朴园对侍萍究竟有没有真正的感情，会不会真正怀念她这一问题时，道理还说得不够充分，要我再加补充。于是我就又加写了将近一千字寄去。从本书第18页上的"阶级本质是渗透在具体的个性中"一语起，到该页上的"只有更其加深了我们的这一看法"为止，这一大段文字就是后来补写的。在初稿中，这段文字仅仅写作："周朴园对侍萍会不会有'真正的感情'、'真正的怀念'呢？如果我们不对所谓'真正的感情'、'真正的怀念'作过高过苛的要求，那就应该承认他的确是有一些这样的感情、这样的怀念的。"我对周朴园形象的分析，可能有许多欠妥的地方，但从我主观上来说，是想力求能够做到比较深入细致地揭露周朴园的伪善本质。也可能由于自己的能力太差，事实上未能做到。但我的意图应该还是清楚的、不难理解的；如果连我的这样的意图也遭到误解，那我是深感遗憾的。

这一次重新写的"附记"，全文是这样：

这篇文章的初稿，还是1959年国庆节前夕写就的，当时还没有看到《雷雨》的最新版本，所以只能以1957年6月出版的本子作为依据。在1959年9月出的新版本里，作者又作了一些修改。这些修改大都是属于文字方面的，不影响人物的性格。譬如对于繁萍所作的修改，就可以说是毫无影响。对周朴园则略有影响，如本文所引的他最后所说的一段话（注：见本书第23至24页），就被删去了。但这也远不能使他的基本面貌有所改变。因而我此文所论，大体上仍是适用的；也就不去一一按照新版本改正原来的引文了。但这一点是必须声明，特别是应该向作者曹禺同志告罪的。

九月二十三日（一九六一年）

这篇"附记"，在发表时被略去了，以致一个理应讲清楚的版本问题竟未作交代，这是很遗憾的。现在特在这里补行说明一下。

谈周萍的那一篇，本来也是1962年就写好的，当时还曾寄给曹禺同志看过。后来因故一直搁下了，直到去年才在《文艺论丛》上刊出。《曹禺戏语言艺术的成就》一文，原来是《文学评论》约写的，时间也是在1962年，但到完稿时已经在党的八届十中全会以后了，同《关于〈雷雨〉的命运观念问题》一样，当时都未能刊出。现在一并作为"附录"，收入本书。《曹禺和他的剧作》一文，原是我编写的《中国现代文学讲义》（1959年华东师范大学函授部出版）中的一节，去年略加补充后曾在《上海师范大学学报》上发表，现在就用来作为本书的代序。

本来还应该写一篇总论性的东西，另外，也想就《雷雨》的结构艺术进行一些探讨，但近来琐事实在太多，总静不下心来，只好暂缺了。现在我就把这本如此寒伧的小册子奉献于广大读者之前，希望能得到同志们的批评和指正。

最后，我还要乘此机会向上海文艺出版社、《文学评论》编辑部以及许多相识或不相识的读者同志们表示衷心的谢意，没有他们的鼓励和督促，我恐怕连这样一本寒伧的小册子也不一定有足够的毅力来完成它。

1980年7月16日

曹禺剧作谈

本编由《〈雷雨〉人物谈》附录两篇与先生相关三篇文章组成。

曹禺先生

与陈瘦竹先生畅谈(1989年于南京大学)

"她爱生活,她又厌恶生活"
——谈陈白露

　　曹禺剧作中的人物,是不容易使人忘怀的。人们在闲谈中,常常会提到他们,而且在谈到的时候,总免不了要带上自己特有的感情色彩,因此,也常常要引起友朋之间的争论。譬如《日出》中的陈白露,就是一个谈得颇多而又颇有争议的人物。

　　这里,我想简单地谈一谈我对陈白露这个人物的看法。

　　陈白露是个充满着矛盾的人物。她初出场时,作者对她所作的介绍,我觉得最好地说明了她:"她爱生活,她又厌恶生活。"她爱生活,是因为生活里充满着欢乐。充满着美好的东西。她又厌恶生活,是因为她所向往的欢乐,她所喜爱的美好的东西,却又是必须通过她所厌恶的方式——出卖自己的色相,必须忍受着最大的屈辱——把色相出卖给自己所瞧不起的人,才能取得的。

　　对她的生活感到不满、痛苦与厌恶,鄙夷她周围的一切人,这是陈白露坚强、清醒的一面。她在她的生活圈子里,就像臭水池里的一朵莲花,虽是生长在污泥里,却仍保持着她的鲜丽与芳洁。但她终于跳不出这个圈子,尽管向往着自由,但还是没有勇气冲出这已为她所非常厌恶的漂亮的金丝笼,这就是她的软弱而麻木的一面。

　　陈白露的矛盾,陈白露的悲剧,是在于:一方面,她洞悉资产阶级社会的种种丑恶,特别是资产阶级的灵魂的空虚与道德的堕落,对他们极度的憎厌;一方面,她又留恋着资产阶级的生活方式,特别是对资产阶级所能供给的物质享受非常沉迷。再加上她那极端高傲、倔犟的性格,她的过分的自怜自爱,自我欣赏,以及像一个旧社会里睥睨一切、飘飘然遗世独立的诗人一样的才分、气质,就使这个矛盾更加尖锐,更加剧烈,更加无法调和、无法克服,最后只有以死亡来解决。

陈白露一上场,我们就立刻为她的年轻、漂亮,为她的华丽的服饰所吸引住。但我们又觉得,在她的神色之间,仿佛又不时有某种与她的年龄、相貌、服装,不顶调和的东西流露出来。可能她是在外面玩累了,有些疲倦吧?但似乎又不完全是疲倦,其中像是还夹杂着某种类似烦腻、颓唐,甚至苍老——一种看穿了一切的苍老——的感觉。渐渐的,我们这种感觉愈来愈清晰,而且不久就从她的谈吐中得到了证实。

譬如,她本来很兴奋地在指着窗户上的一块霜,说它很像自己。但当她听到方达生说,她的这一举动,还有点像从前的她,"还有从前那点孩子气"时,她的兴奋就忽然像被一阵风吹散了。她叹了一口气,很苍老地说:"达生,我从前有过这么一个时期,是一个快活的孩子么?"看来,不但她早已不再是孩子,就连快活,也久矣夫不属于她了。方达生虽天真得近乎有些傻气,但作为一个恋人,他是很能体会白露的这种感伤的心情的。他鼓励她,只要她肯跟自己走,就可以还跟从前一样的快活、自由。她却摇一摇头,饱经世故地说:"哼,哪儿有自由?"后来,听到方达生叫她竹筠,又引起了她一阵感慨:"竹筠,竹筠,多少年没有人这么叫我了。"从这些言谈中,我们知道她虽然享受着奢华的物质生活,但精神却是寂寞的、忧伤的。

接下去,我们又看到她为了保护和救助小东西,而表现出了可敬的勇气,和对被压迫被损害的人的深厚真挚的同情。但她只能为小东西的遭遇而义愤于一时,并不能把小东西和广大被压迫者的命运联系起来,不能为一个超出于个别以上的有一般意义的问题而进行斗争,尤其是进行持久的斗争。

翠喜、小东西、黄省三等是多么需要有人能为他们而起来斗争呵!方达生担当起了这个责任。对于这,陈白露是赞赏的、钦佩的。但她自己却不能够做这样的人。她渴望着阳光、春天,也相信着阳光一定会出现,春天终将到来。但她又知道,阳光、春天,是只许诺给那些肯为之而斗争的人们的,于她是无分的,她只合长眠于黑暗之中!

哀莫大于心死,她已失去了一切的希望和理想!

她是喜欢方达生的,看到了方达生,犹如看到了自己的过去,自己的学生时代。在一个熟人面前,故友面前,她可以暂时丢开一切的矜持与戒备,更多地展露一下她的另一个自我。方达生的到来,使她沉浸在过去的回忆里,使她恢复了她的纯真的孩子气的一面。但她却只愿带着诗意的幻想去回忆它,只愿通过回忆去重温她的旧梦,而不愿重新整个地回到过去去,不愿跟方达生走。因为,她过不惯方达生式的生活;而且,她知道,她不能给方达生以幸福。所以,当方达生要她跟他一起离开这里时,她立刻拒绝了他。

但她却把方达生留了下来,要他在这里多看看。不管方达生起初是怎样的不愿意,但他还是留下来了。他们两个,各有各的打算。方达生是想感化陈白露,陈白露则想改造方达生。对方达生想要感化她的这种企图,陈白露付之一笑。她自以为她的眼光、见识,是高出于方达生之上的。方达生呢,对陈白露为他所作的安排,简直不能忍受。他觉得他是无法在这样的氛围里呼吸、生存的。结果呢,两个人的意图都失败了。但他们所作的努力,却又都起了很大的作用,都使对方起了很大的变化——并非自己始料所及,也不是自己所希望的变化。原来是白露高出于达生:她比达生清醒、懂事,对社会有较深的理解。结果却是达生高出于白露:他比白露有勇气、有毅力,敢于和社会进行斗争。在这两个人所进行的较量——智力的较量、心灵的较量——中,他们各自既是胜利者又是失败者,既是失败者又是胜利者。就陈白露来说,她终于改造了方达生,是一个胜利;但结果却完全超出了她的预期,方达生远远地跑向前面去了,她被抛在后头。两个人的优劣地位,翻了一个身,她又是一个失败者。就方达生来说,他想感化陈白露,挽救陈白露,是失败了;但是,他毕竟使陈白露抛弃了玩世不恭的态度,比较认真地考虑了一下她的生活道路。陈白露之终于走向自杀,也可以看做是方达生的努力的结果。他毕竟挽救了她,使她不致永远堕落下去。从这一点来说,他又是胜利了。

从女学生竹筠,到交际花露露,清楚地显示出陈白露的堕落,堕落到甚至丧失了最起码的羞耻心,甚至使方达生"惊吓得说不出话来"。然而,在她的内心深处,她又并不是没有痛苦、没有悲愤的。我们看到,她尽管是在强打起精神跟顾八奶奶、张乔治等人应酬、周旋，但对这些人总止不住流露出一种轻鄙厌恶的感情。她是正如方达生所说的，故意装出满不在意的样子，天天在自己骗着自己的。她生活在这样一个圈子里，内心其实是说不出的痛苦。她只能够抱着玩世不恭的态度，过一天算一天。她的生活，她自己明白，实际上是一种慢性的自杀。方达生的到来，给她带来了一股新鲜的空气，使得她稍稍振作了一些。小东西的出现，更使她得到了一个能够做一些比较有意义的事情的机会，她的生活就比较地有了些生气。但是不久，小东西又失踪了，方达生也马上就要离去。这两个人一走，她的周围又将尽是些面目可憎、语言无味的人，眼看自己将渐渐地被周围沉重而恶浊的空气窒息以死，一种幻灭的悲哀，绝望的忧伤，绞痛着她的心。第四幕一上场时，她之所以显得那么忧郁，那么悲凉，就是以此。"去吧！你们去吧！我知道我会被你们都忘记的。"这是她在听到方达生告诉她就要离去时说的。在这句话中间，该是有着多少的凄凉落寞之感呵！

她原来只知道社会是庸俗的、丑恶的。最近一星期来的所见所闻，才使她知道这社会竟是这样的残酷、这样的狰狞可怕，才使她知道这光怪陆离的社会，竟是这样的一个人间地狱！这是小东西、黄省三，以至潘月亭、李石清的悲惨下场使她认识到的。认识了这一点以后，她就决不能抱着玩世不恭的态度混下去了。可她又不能走斗争的道路，就自然只能选择自杀的道路了。

她之向张乔治借钱，是临时碰上了偶然提出的，本来并没有存多大的希望，所以在被拒绝后，也并未表现出特别的失望。她自杀虽然决不是为了三千块钱的债务，但这债务终究是她必须面对的一个问题，总需要解决。她已决定自杀了，而又忽然向人借起钱来，表明她又是多么的不甘心就死。剧作者安排这一细节，不但更深地揭示了陈白露的内心世界，突出了她的自杀的悲剧性，而且也进一步揭露了张乔治的卑鄙。而张乔治的卑鄙反过来又更坚定了陈白露自杀的决心。

自杀，一般说来，是弱者的行为，消极的行为，是不值得同情的。但是，对于陈白露来说，她的自杀却又是她战胜了她的享乐主义的人生观的表现。如果她仍屈服于物质享受的诱惑之下，仍做着物质享受的奴隶，她是没有勇气走上自杀之路的。所以，她的自杀表明她还不是个彻底的不可救药的堕落者，在她的心灵里，还有若干美好的东西存留着。她死了，这美好的东西也一同被毁灭了，这是一个悲剧，是丑恶的社会所造成的一个悲剧。我们惋惜她的死亡，同情她的死亡，就必然要憎恨、诅咒促使她死亡的那个黑暗的社会。这两种感情是互相依存、相反相成的。抽去了其中的任何一种，就必然要大大地削弱和影响另外的一种。如果对作者的意图、作品的思想有正确的理解，对陈白露的为人有比较全面、公允的认识，不对她的自杀表示同情、惋惜，是不可能的。对陈白露和她的自杀，要是抱着鄙弃、否定的态度，就无异是对作品的思想性的贬低，对作者的艺术才能的贬低。当然，陈白露采取了自杀的办法，虽然表明她已战胜了自己的享乐主义的人生观，却仍旧没有能改变她对人生的消极态度。她没有能如方达生所希望的，建立起一种新的、积极的人生观来，归根到底，她仍只能算是一个弱者，她的行为虽有值得同情的地方，却决不是值得赞扬的。在同情她的时候，不能不同时看到她的消极的一面，不能不同时对她抱着批判的态度。

她最后自杀的情景，是很令人难以忘怀的。

她从桌上拿起安眠药瓶，一片一片地把药倒出来，忽然，无意中她从衣镜里望见了自己，于是她就站起来，走到了镜子前：

> （端详着镜子里一个美丽的妇人，摇摇头，凄然地）生得不算太难看吧。人不算太老吧。（她不忍再看了，慢慢又踱到中桌前，倒出药片，将空瓶丢在地下。望着前面，哀伤地）这——么——年——轻，这——么——美。（眼泪悄然流下来。拿起茶杯，背过脸，把药很爽快地咽下去。）

看到这里，谁能不为她一掬同情之泪呢？谁能不带着伤悼与惋惜的心情发出"她为什么要自杀"这样的疑问来呢？她为什么要自杀？难道真是为了无力还债吗？不见得。像陈白露这样的人，是决不会为了二三千块钱而竟至于非自杀不可的。她自杀，是因为她真正"玩够了"。她对她的生活，对她周围的那些人，已感到一种无法忍受的厌倦。第四幕头上,当她听到福升说,她的那些客人,如顾八奶奶、张乔治之流,玩够了就各自回家,"各人有各人的家,谁还能一辈子在旅馆"时,她不是这样说的吗:

  (低声,自语)是啊,谁还能一辈子住旅馆!(摇摇头)我大概是真玩够了,(坐下)够了!(沉思)我也想回家去了。

福升听说她也要回家,惊奇地问她:"小姐,您……有家?"她既不说有,也不说没有,只是重复着说:"嗯,玩够了,该回家了。"她的这个"家"字,究竟是什么意思,恐怕很难说。说不定此时她的头脑里已经有厌世轻生的念头在闪过了。在过去的版本里,在"我也想回家去"后面,她又紧跟着说了一句:"回到我的老家去。"下面的"该回家了",在过去的版本里,也是说成"该回老家了"的。"回老家"云者,俗话就是"死"的意思。可见这时她已经想到死了。而这时,还在福升向她提到所欠的债务之前哩。

  "她难道不能离开她所鄙弃的人,改变她已感到厌倦的生活吗?"这是我们每一个人都忍不住要发出的疑问。方达生不是还在极力鼓励她,要她跟他去吗?然而,对于陈白露来说,这却是不可能的。她不是早说过吗,她是"一辈子卖给这个地方的",她离不开这个地方。我们也该记得,当方达生要求她嫁给他的时候她所说的那番话:"我要人养活我,……我要舒服,……我出门要坐汽车,应酬要穿些好衣服,我要玩,我要花钱,要花很多很多的钱,……"离开这里,跟方达生走,这些就都办不到。这在陈白露是受不了的。留在这儿既不愿,离开这儿又不能,那她除了自杀还有什么路可走呢?

  所以,她的自杀,她的非死不可,既是社会害的,也是她自个儿找的。我们一面固然要对那个容不得正直、善良的人的黑暗社会提出控诉,另一面也应该批判陈白露的享乐主义的人生观。这就是陈白露这一形象的典型意义。

试说话剧台词

我想从《雷雨》中的一段台词说起。

《雷雨》的情节，大家都很熟悉，可以不作介绍。下面的一段对话，是在蘩漪和四凤之间展开的。这两个人，一个是周家的主妇，一个是周家的女仆。可她们却同爱着一个人——周家的大少爷周萍。这在她们之间，自然就存在着冲突。但从这两个人的名分、地位来说，又都是不容与周萍相爱的：蘩漪是周萍的后母，相爱就是乱伦；而四凤与周萍之间，也有着主仆关系（实际上他们还是异父兄妹），在那个社会里，他们相爱，也是一种越礼的行为。因而她们与周萍的爱情关系，又都是不能公开，或是不便公开的。最近一个时期来，周萍竭力回避着蘩漪，并且正想离开周公馆，撇下蘩漪，到远处的他父亲的矿上去。这蘩漪也略有所闻。但由于周萍避不见面，她得不到确凿的消息。现在，她与四凤碰到一起了，她就想从四凤嘴里打听一些关于周萍的消息。于是在问了一些有关周朴园（他新从矿上回来）的话以后，我们就听到了两人之间的如下的一段对话：

周蘩漪　（望着四凤，又故意地转过头去）怎么这两天没见着大少爷？
鲁四凤　大概是很忙。
周蘩漪　听说他也要到矿上去，是么？
鲁四凤　我不知道。
周蘩漪　你没有听见说么？

鲁四凤　没有，倒是侍候大少爷的张奶奶这两天尽忙着给他捡衣裳。

周蘩漪　你父亲干什么呢？

鲁四凤　不知道。——他说，他问太太的病。

周蘩漪　他倒是惦记着我。（停一下，忽然）他现在还没起来么？

鲁四凤　谁？

周蘩漪　（没有想到鲁四凤这样问，忙收敛一下）嗯——大少爷。

鲁四凤　我不知道。

周蘩漪　（看了她一眼）嗯？

鲁四凤　我没看见大少爷。

周蘩漪　他昨天晚上什么时候回来的？

鲁四凤　（红脸）我每天晚上总是回家睡觉，我不知道。

周蘩漪　（不自主地）哦，你每天晚上回家睡！（觉得失言）老爷回来，家里没有人会侍候他，你怎么天天要回家呢？

鲁四凤　太太，不是您吩咐过，叫我回去睡么？

周蘩漪　那时是老爷不在家。

鲁四凤　我怕老爷念经吃素，不喜欢我们侍候他。

周蘩漪　哦，（忽而抬起头来）这么说，他在这几天就走，究竟到什么地方去呢？

鲁四凤　（胆怯地）您是说大少爷？

周蘩漪　（注视着四凤）嗯！

鲁四凤　我没听见。（啜嚅地）他，他总是两三点钟回来，我早晨像是听见我父亲叨叨说下半夜给他开的门来着。

周蘩漪　……

这一段对话，真是绘声绘形，惟妙惟肖，十分耐人咀嚼和寻味。

蘩漪本是非常急切地要想知道周萍的消息，但又不便显得过于关切，因而装做只是随随便便地问了一句："怎么这两天没见着大少爷？"她本来是望着四凤的，问的时候，忽然又故意地转过头去，目的是在突出她的不在意的态度。但其实，这却正表现出她的心虚，表现出她唯恐自己和周萍间的暧昧关系被人察觉。而在四凤这方面呢,也同样存在着这种类似的心虚状态,她也生怕被人看出她和周萍之间的亲密关系。所以在整个谈话过程中,也竭力装出她对周萍的一切非常隔膜。仿佛她所知道的一点关于周萍的消息,都是间接得来的,都是第二手的材料,她和周萍之间全无直接的接触似的。蘩漪一连问了三句,所得到的回答却都是不得要领。但是,她觉得,关于周萍,她已问得太多了,再问下去,就难免要惹人起疑了。所以,就忽然插入了:"你父亲干什么呢?"这样一句显然是无话找话的话。她想把话头转开去,不再谈周萍。然而,不由自主地,她忽又问道:"他现在还没起来么?"言为心声,她想藏住心头的秘密,舌尖却偏偏给她泄漏出去了。

　　然而,不能不使当时在场的四凤感觉困惑的是,她这句话问得太突兀,其中的代名词"他",又缺少先行词,她是指谁呢？所以,四凤不由得问了一声:"谁？"四凤居然会发生这样的疑问,是颇出蘩漪的意外的。她这才警觉到自己是太过专注于周萍的身上了,于是不得不急忙收敛一下。但当她说明是大少爷以后,没想到四凤的回答,竟又是一个"我不知道"。四凤竟真是一问摇头三不知。这不免使蘩漪有点不快了。她想你也未免做作得太过分了。因此,就紧盯着看了她一眼,同时鼻子里"嗯?"了一声,意思是:"你当真不知道吗?"四凤当然感觉到了这一注视中的咄咄逼人的气势,谛听出了这"嗯"的一声里充满着怀疑和不信。遂不得不加倍小心地声明:"我没看见大少爷。"蘩漪这时颇有些为四凤这种推三阻四的态度所触犯了。她想:你别当我不知道你们间的关系！四凤愈是想撇清,她就愈是不肯放松,愈要着着进逼。就索性问她:"他昨天晚上什么时候回来的?"论理,这样的问题是不应该拿来问四凤的。因为明明她自己吩咐过,叫四凤每天晚上回家睡觉的。既然如此,四凤怎能知道周萍昨晚是什么时候回来的呢？然而,她偏偏要这样的问,意思是暗示四凤:"你别假撇清,小心我点破你！"面对着这样一个尖锐的、直捣心窝的问题,四凤不禁脸红了,她不能不赶紧表白一下:"我每天晚上总是回家睡觉,我不知道。"这种表白,是"此地无银三百两"式的表白,而她的声音,我们听得出,也是心虚而气怯的。蘩漪对四凤,本是满怀醋意,只是为了照顾自己的身份、颜面,一直克制着、隐忍着。这时,她忍不住了，不由得尖酸地说了一句："哦，你每天晚上回家睡！"她的潜台词是："看你多会撒谎！"但随即又感觉到，使用这种尖酸的口吻未免有些失态。为了冲淡这句话的影响，她赶紧补了一句："老爷回来，家里没有人会侍候他，你怎么天天要回家呢？"但由于补加得太匆忙，不免有些急不择言。从这句话看来，蘩漪仿佛有些怪四凤不应该天天回家睡似的。但其实，如上面所说，四凤之所以要天天回家睡觉，原是出于她自己的吩咐。因为言出仓促，未经斟酌，就显得与先前的说话有点自相矛盾了。于是四凤接着声明："太太，不是您吩咐过，叫我回去睡么？"她辩解说："那时是老爷不在家。"四凤又进一步解释："我怕老爷念经吃素，不喜欢我们侍候他。"到四凤说末一句话的时候，蘩漪的心思早又飞回周萍的身上去了。四凤这句话，她究竟有没有听到，很成问题。甚至，我以为，在一刹那间，她恐怕根本忘掉面前还有个四凤站着了。所以，接下去的：

周蘩漪 哦，(忽而抬起头来)这么说，他在这几天就走，究竟到什么地方去呢？

这究竟是向四凤提出的询问呢，还是她自己的内心独语？这恐怕连她自己也搞不清楚，我们自然也就更难分辨了。总之，她是念兹在兹，心心念念只想着周萍。所以说着说着，一下子又会突然地搭到周萍身上。但，这却很使站在她面前的四凤为难。四凤这一次当然知道她又是在说周萍，但她既未曾明白地提出周萍来，又不便无头无脑地回答。但如果再像前面一样地问一声："谁？"又显得好像是有些假痴假呆，而且难免会使蘩漪觉得难堪，这都是与四凤的为人态度、与四凤的性格不合的。因此，只得胆怯地问："您是说大少爷？"从四凤这方面说，她是于情于理，都不能不作此问。但从蘩漪一方面说，她那句话，本是无意中露出来的，本不一定是拿来问四凤的。听到四凤接嘴，才发觉自己竟又把心底的秘密泄露出去了，不免有一些颜怍。而四凤这声不得不然的询问，在她听来，就颇有些刺耳，就以为四凤是明知故问，是有意装傻。但蘩漪是一个倔犟的人，她想：你知道就知道，我也用不到特意掩饰。因而她正眼注视着四凤,同时毫不含糊地"嗯!"了一声,她的潜台词是:"不错,我是说大少爷,随便你怎么看我好了。"四凤虽然明知周萍要到矿上去,但为了表示她跟周萍很少接触,只能仍说:"我没听见。"但如果只说这样一句,未免太斩截,显得她太不能承候繁漪的心意颜色了,这会使繁漪不快。因此,在一种讨好的心理的驱使下,她又嗫嚅地说:"他,他总是两三点钟回来,我早晨像是听见我父亲叨叨说下半夜给他开的门来着。"但,这些话,不但是答非所问,而且也与她自己前面的话有抵牾。前面她回繁漪说她不知道昨天晚上周萍是什么时候回家的,这里的话,却是分明说周萍昨天晚上是下半夜回来的。尽管这是从她父亲嘴里听来的,她总不能说是不知道。更妙的是,听见就是听见,她却说"像是听见"。总之,她是竭力想表明,关于周萍的事她是一无所知,即使偶有所知,也都是间接听来的,而且还是无意中听来的。所以,她的每一句说话,无论语气、措词,也都泄露了她的感情,泄露了她的内心秘密。就这样,通过这一段台词,这两个人的心理、神情,以及她们和周萍之间的微妙关系,就十分鲜明而生动地展现在我们的面前了。

我上面的解释、体会,可能是很肤浅的,甚至还可能有许多不正确的或者过于穿凿的地方,不一定都能得到大家的同意。但大家总该承认,这一段对话是写得很精彩、很能吸引人的,而任何一个导演或是演员,也一定会觉得这里确是充满着戏剧性,确是有许多戏可挖的。

那么,成功的关键在哪里呢?

我们知道,戏剧作品既是抒情的,又是叙事的。它是最强烈的抒情性和最鲜明的叙事性的统一。说它是抒情的,因为就每一个剧中人物来说,他们在剧中都是受着自己内心的情欲、意向的驱使,说着自己要说的话,做着自己要做的事,他们的一言一动,无不在泄露着他们的自我,表现着他们的个性。说它是叙事的,因为就这许多剧中人物所组成的整体来说,他们各自的情欲、意向,又共同围绕着一个主要事件而发生着尖锐的冲突,在冲突中把这事件一步步地推向前进,这就形成了一个完整的事件的发生发展的客观过程。不但如此,我们还应该注意到,这个客观过程,并不是由旁观者平静地叙述给我们听的,而是通过当事人之间的剧烈的冲突而不断展现在我们面前的。因此,在客观的叙事性中，又渗透着主观的抒情性。而这些当事人，虽是各各为着自身的利益而在行动着，虽是在行动中都强烈地表现出他们的自我，表现出他们的个性来，但他们的行动，他们的个性，又无不会合到正在发展前进着的客观事件中去，无不成为推动这客观事件向前发展的一种积极力量。因此，在主观的抒情性中，又交织着客观的叙事性。从戏剧作品的这一性质、特点出发，我们对于戏剧对话，当然也就应该要求它既有强烈的抒情性，又有鲜明的叙事性，而且要求这两者要彼此交织，互相渗透，要有有机的统一。换句话说，就是既要它能表现人物的性格，又要它能推动事件的发展。要它能通过人物性格的冲突来推动事件的发展，在事件的发展中来揭示人物的性格。这就是我们对于戏剧对话，即台词的最最基本的要求。

我们再来看看，上面所引录的这段台词，是不是符合这一基本要求呢？

首先，我们看到，这里的每一句话都是从人物的内心发出的，都是在规定情境里她们自己要说的话，而并不是作者强要她们说的。而且每一句话中都充满着说话者个人的情绪色彩，都符合于她们各自的身份地位和性格特点。而说出以后，又都引起了对手之间的相互影响和相互作用，既推动了事件的发展，又进一步揭示了两个人物的性格。在这一段对话里，蘩漪和四凤两个人，既没有吵架，也没有争论，但我们却感到了这里面充满了戏剧性，有着深刻的内在的冲突。原因就在于这些对话，确是从人物的内心发出的，充满着动作性的，确是符合了上面所说的对于台词的基本要求的。

这段台词的好处，当然还不止这些。此外如简短生动，易听易懂等，也是它的显著的优点。我也并不认为这一段台词，就是《雷雨》中写得最好的一段。在《雷雨》中，这样的台词是俯拾即是的。而且我们还不难拣出比这更为精彩的片断来。曹禺同志的锤炼语言的功夫，的确是很值得我们学习的。

最近，从报章杂志上不断地传来了一些读者、观众以及话剧演员们的抱怨声，他们抱怨现在的一些剧本没有潜台词，语言太一般化了。这种情况，恐怕的确是存在的。有些剧本中的台词，往往只是作者强加到人物的嘴里去的,而并非人物自己要说的。这样的台词,当然是不能打动人的。较好一些的,也往往只能写出一些客观情势要求人物所说的话,而不能使这种客观情势的要求,化为人物的内心要求。或者说,不能使这两种要求密切结合起来。因而,通过这一类的台词,我们虽然看到事件确乎在不断的发展,但其间却没有人物内心的交流,没有相互的对应动作。那么,这样的发展,就是脱离了冲突的发展。就流于平铺直叙,只有叙述性而缺乏了戏剧作品所应有的强烈的抒情性;当然也就不会有真正的激动人心的力量了。当然,近年以来,我们也有一些剧作的台词是写得比较成功的,但为数还并不太多,还远不能满足人民群众的日益提高的要求。多在台词上用功夫,多写出些精炼、生动的台词来,是每一个剧作者的神圣的责任,也是人民群众对剧作者的殷切的期望。愿我们的剧作者努力。

1962 年 1 月

关于《雷雨》的命运观念问题
——答胡炳光同志

胡炳光同志在他写给《文学评论》编辑部的信中①，指出我在《〈雷雨〉人物谈》中把蘩漪当做"雷雨"的化身，当做被作者漏掉的第九个角色，是不符合作者的原意的。就事论事地说，这一指正当然是对的，而且绝无争辩的余地。《雷雨》的作者曹禺自己说，他在《雷雨》中把那位名叫"雷雨"的好汉给漏掉了，我却偏偏要说他没有漏掉，倒像是我比作者自己更清楚似的。而且曹禺明明说被漏掉的是第九个角色，既然现在连蘩漪本人在内，《雷雨》的全部出场人物只有八个，那么这个被漏掉的人，怎么可能就是蘩漪呢？这岂不是个明显的错误？错得岂非有些出乎情理之外？显然，我这样说的意思，无非是在于强调蘩漪的"雷雨的"性格，在于突出她在剧情冲突中的地位与作用。这种"取其一点而不顾其余"的说法，虽然未免牵强，却也应该是可邀谅解的。其实，严格说来，曹禺的"漏掉"云云的话，也是不够恰切的。如他自己所说，他之所以不把那个名叫"雷雨"的好汉写出来，并不是因为他在无意中"漏掉"了这个角色，而是由于"技巧上的不允许"。我甚至以为，就连"技巧上的不允许"这样的话，也还只是一种并无任何实际意义的说辞。事实上，在这个作品中，根本就不需要有这个角色（这后面还要谈到）。他之所以要这样说，也还是为了行文的方便。他是为了要引出下面的话来，为了要说明他在《日出》中没有能够把那个最重要的角色写进去的那番苦衷才这样说的。

---

① 见《文学评论》1962年第6期。

想来，胡炳光同志也并不是不知道、或者不能够体谅我的这番用意。如果，在他看来，我的错误仅只是停留在这一理解本身上，他也许就不一定肯浪费笔墨来指正我了。他是因为我的这一误解还"关系到对作者的创作思想、创作意图"，关系到"对作品的整个思想内容的认识问题"，才觉得有必要把这个问题提出来同我讨论的。而在我这一方面呢，也正因为这个问题关系重大，而且自己觉得在这上面的确还有许多不很明确的地方，所以也愿意乘这个机会把我的一点粗浅的、很可能是错误的理解简略地说一说，以进一步就教于胡炳光同志和读者同志们。

胡炳光同志认为，由于我把蘩漪当做了"雷雨"的化身，而不知道"雷雨"实际上所代表的是"在冥冥之中主宰着人们命运的一种力量"，因而也就不能全面地理解曹禺当时的世界观，也就忽视了曹禺"从书本上得来的命运观念"对创作的影响。的确，无论从《日出》的跋文中，或是从《雷雨》的序文中，曹禺都是把"雷雨"当做一种神秘的力量，当做一个或许存在的不可测知的主宰的。那么，我为什么在我的那篇文章中，完全丢开了曹禺的这种说法，而不去指出——像许多研究家所作过的那样——在《雷雨》中存在着命运观念呢？我这样做，有下面三点原因。

第一，我觉得曹禺的这种说法，是事后追加上去的，而并非在创作构思中就已存在的认识；对于我们分析剧作的思想，虽有参考价值，却不一定就是最好的凭证。即使这种认识确乎在构思中就已产生，但作者的主观意图还不等于就是作品的客观思想；分析作品的思想，还是应该从作品本身出发，还是应该根据作品所描绘的整个生活画面，所提供的人物相互间的全部复杂关系，而作出实事求是的论断的。何况，曹禺的这种说法，本身就是很含混的，我们并不能够肯定那就是意味着"命运观念"；他自己就始终没有把那个神秘的力量，那个或有的主宰称做"命运"过。在《雷雨》的序文中，原来还有如下的一段话，在现在的版本中已被删去了，现在为了大家讨论、研究的方便起见，不妨把它抄录出来：

《雷雨》对我是个诱惑。与《雷雨》俱来的情绪蕴成我对宇宙间许多神秘的事物一种不可言喻的憧憬。《雷雨》可以说是我的"蛮性的遗留",我如原始的祖先们对那些不可理解的现象睁大了惊奇的眼。我不能断定《雷雨》的推动是由于神鬼,起于命运或源于哪种显明的力量。情感上《雷雨》所象征的对我是一种神秘的吸引,一种抓牢我心灵的魔。《雷雨》所显示的,并不是因果,并不是报应,而是我所觉得的天地间的"残忍",(这种自然的"冷酷",四凤与周冲的遭际最足以代表。他们的死亡,自己并无过咎。)如若读者肯细心体会这番心意,这篇戏虽然有时为几段较紧张的场面或一两个性格吸引了注意,但连绵不断地若有若无地闪示这一点隐秘——这种种宇宙里斗争的"残忍"和"冷酷"。在这斗争的背后或有一个主宰来使用它的管辖。这主宰,希伯来的先知们赞它为"上帝",希腊的戏剧家们称它为"命运",近代的人撇弃了这些迷离恍惚的观念,直截了当地叫它为"自然的法则"。而我始终不能给他以适当的命名,也没有能力来形容它的真实相。因为它太大,太复杂。我的情感强要我表现的,只是对宇宙这一方面的憧憬。

可见他自己对于"雷雨"所象征的究竟是什么,也并没有一个明确的观念。他只觉得那是一种神秘的吸引,一种抓牢他心灵的"魔"。它对于他是不可理解的,因而他也不能给它以适当的名称。"上帝"、"命运"之类的说法固然不能被他接受,就是近代人的"自然的法则"这样的解释,他也不见得赞同。他并且明白地指出《雷雨》所显示的,并不是因果,并不是报应。我们怎么能够就把他的这些话作为他有"命运观念"的证据呢?不错,他的这些话的确在读者心目中引起了某种神秘主义的感觉,但反映在青年曹禺身上的这种神秘主义倾向,也还不能说就是一种哲学信念,而只能说是由于认识与理解的能力的不足而来的一种惊奇与惶惑。他能够既不安于"上帝"、"命运"之类的迷信的说法,又不接受"自然的法则"这种机械论的解释,这显示出他的理智的清明,也是他终于能抵御住神秘主义的吸引,而没有成为它的俘虏的原因。我想,当年的曹禺所不能理解和说明的道理,今天我们有了马克思列宁主义的思想指导,应该是可以作出合理的、科学的解释的了。他在《雷雨·序》和《日出·跋》中所说的一些话,只能作为我们研究他的这些作品时的参考,它们本身也同那些作品一样,应该是我们分析解剖的对象,而不应该把它们当做分析作品时的指导性的依据,更不能就用它们来代替对作品的分析、研究。

第二,我的那篇文章的任务,只在于分析周朴园和繁漪两个人物,而不在于全面论述作者的思想。单从这两个人物身上,是并不能够证明在作者当时的思想中有命运观念存在的。周朴园可能是个有命运观念和相信因果报应之说的人。譬如第四幕中,他背着繁漪告诉周萍要小心防范她,说:"有些事简直是想不到的。世界上的事真是奇怪。"在最初的版本里,这后面的一句本来是写作"天意很——有点古怪"的。此外大概还可以找到一些其他的证据。在那样的时代、那样的社会里,在一些人的头脑中有命运观念,本是不足为怪的事,侍萍就更是一个突出的例子。但是这也顶多只能说是周朴园或鲁侍萍有命运观念,而不能据此就说作者有命运观念。至于繁漪,那就恐怕很难说她一定也有命运观念了。单是喊一声"天哪!"或是对别人的"更不幸"的命运有所感受,是不足以证明她就真的相信有"天"有"命"的。即使我们承认这些可以作为繁漪也有命运观念的证据,但依旧并不能作为作者也有命运观念的证据。要论定作者有命运观念,不能仅仅根据周朴园或繁漪的这些台词,而必须有更为充足、更令人信服的理由才行。至于体现在这两个人物身上的作者当时世界观中的消极面,则是完全可以从别的方面去加以说明的。我在我的那篇文章中,已经试着做了说明,尽管说的不一定正确。

第三,虽然整个地来考察这个作品的思想时,确乎有某些根据要使我们怀疑到命运观念的存在,但我又终于不敢就作这样的论断;因为我觉得,这里依旧是容许作别样的解释的。

什么是我所谓的可以使我们怀疑到《雷雨》中有命运观念的存在的根据呢?

《雷雨》这个剧作在艺术上的一个突出的优点,就是它的矛盾冲突的高度的集中。别林斯基在谈到戏剧的特点时,曾这样说:在这里"每个人物都追求自己的目的,并且只为自己而行动,从而不自觉地促成这出戏的整个事件"①。《雷雨》中所表现出来的人物与事件、性格与冲突以及人物相互之间的关系,的确是符合于别林斯基的这种说法的。剧中的八个人物,每一个人都各有他自己的强烈的意向和情欲,各有他自己所追求的目的,而且都在各各为着他自己的目的而行动着。譬如,周朴园所追求的是维持自己的尊严和家庭的秩序;繁漪所追求的是要留住周萍,让周萍永远陪伴自己;周萍则想避开繁漪,逃出周公馆;四凤又想跟周萍一起走,想跟周萍结合;周冲在追求着四凤的爱;而侍萍却要把四凤带出周公馆,使她脱离险地;鲁贵想的是能够永远保住周公馆的饭碗;而鲁大海则要为工人阶级的利益而向周朴园进行坚决的斗争。在这许多相互矛盾着的目的和行动之间,就形成了极端复杂、极端紧张的冲突。那末,这场冲突的结果怎样呢?结果却是,这八个人中的每一个都失败了!繁漪留不住周萍,周萍也走不出去;侍萍带不走四凤,四凤也不能跟周萍结合;周冲得不到四凤的爱,鲁贵也不能重回周家;鲁大海的罢工斗争失败了,而周朴园也完全失去了家庭的秩序和自己的尊严。谁是胜利者呢?谁实现了自己的目的和愿望呢?谁也不是,谁也没有。真要是有的话,那就只能是作者在序文中所说的天地间的"残忍"和自然界的"冷酷",或者是那被希伯来的先知们赞为"上帝",被希腊的戏剧家们称为"命运"的宇宙的或有的主宰。这就很自然地要使我们相信《雷雨》中确有宿命论思想的存在了。再联系到作者在《日出·跋》中所说的那番话(即胡炳光同志的信中引用过的,把"雷雨"当做被漏掉的第九个角色,而且是最重要的角色,说他几乎总是在场,其余八个人物都受着他的操纵,仿佛是他手下的傀儡一样的那一段),就更要使人觉得作者通过对作品中人物的关系和他们的命运的安排,似乎的确主要就在于阐明一种神秘的宿命论的思想了。所以,我对于许多评论家和文学史家在指出《雷雨》中有宿命论思想时所提出的论据,虽不尽同意,但对他们的这一结论,则是并不想加以反对的。然而,要我自己也明白地来主张这种说法,却又总觉得心有未安,意有未惬,总觉得这不一定就是最恰当、最合乎作品和作者的思想实际的说法。

① 《别林斯基论文学》第191页。

我们知道,曹禺之写作《雷雨》,并不是从观念出发的。当他初次有了《雷雨》一个模糊的印象的时候,逗起他的兴趣的,"只是一两段情节,几个人物",以及"一种复杂而又原始的情绪"。① 而在这许多人物中,他最早想出的,而且较觉真切的便是蘩漪与周冲。对于这两个人物,他是带着极大的同情,以一种又怜又爱,并且混杂着某种程度的尊敬的感情来写他们的;不但在他的序文中作了这样的自白,我们通过作品所得到的感受也证实了这一点。《雷雨》中所表达出来的正面的、积极的思想,主要是同蘩漪和周冲这两个人物的要求和愿望联系在一起的;无论作者的主观意图,或是作品的客观思想,都是如此。这种思想的实质是什么呢?那就是在他当时的世界观中占主导地位的民主主义思想和人道主义思想。而他所谓的"复杂而又原始的情绪",无非是由于眼看他所同情的善良而无辜的周冲、四凤等人,在那样的社会里,却偏偏遭到这样残酷的命运,而产生的一种强烈的愤懑之情罢了。这种愤懑之情,当然并不是仅仅由于目击了蘩漪、周冲这类人的不合理的遭遇而来,这是生活在当时的黑暗社会里的曹禺的心头所早已积压着的一种情绪。又因为他"不惯于在思想上用工夫",没有认真去追究过这罪恶的根源究竟来自哪里,而且在他当时的思想水平下,恐怕也不见得能完全搞清楚这个问题,因而他的这种愤懑之情,就显得是无法排解甚至简直是不可言喻的了;他就只能称之为"一种复杂而又原始的情绪了"。至于《日出·跋》中的那段话,虽然似乎是说明了《雷雨》全剧的动力,都是来自"雷雨"所象征的那种力量,或者说都是"命运"——我们就姑且把那种力量称做"命运"——在操纵着一切。但是如果我们仔细地考察一下作品的实际情况,就会看出作品的动力,其实是来自作品本身所提供的冲突,是来自人物之间的相互关系的——而蘩漪在这里面又扮演着一个特别重要的角色。这里,一点也不需要有什么冲突以外的、人物相互关系以外的力量的推动。我们能不能指出作品中有哪一点是不合乎生活的逻辑,或者是神秘而不可理解的呢?人物的每一个行动,情节的每一个发展,都有性格和冲突的内在的依据,根本无需乎"雷雨"这位好汉的

---

① 《雷雨·序》。"原始的",在现在的版本中作"不可言喻的"。

插手。所以,我觉得,如果说《雷雨》中的极端复杂而又紧张的冲突所造成的这样一种不可避免的悲惨的结局,在客观上不免有容易使人产生神秘的宿命论思想的消极倾向,这是完全有根据的,我同意这种说法。但如果说,作者在这个作品中,就是有意要来表现这种宿命论思想的(哪怕持这种说法的同志也说这并不是主要的),我就总觉得不能毫无怀疑。或者,如果比这走得更远,说作者在创作构思中,就已预先把"命运"作为全剧的动力,让它来操纵全剧,剧中人的一切活动,都在说明着它的存在,显示着它的不可抗拒的威力,那我就更加期期以为不可。不管这样的说法可以从作者自己的话中找到怎样有利的论据。

以上就是我所以没有在《〈雷雨〉人物谈》中指出《雷雨》的作者有命运观念的原因。我虽然对作者主观上有没有宿命论思想的问题,采取一种保留的态度,但我并不否认《雷雨》这一作品在客观上的确显示了这样的消极倾向;并且肯定地认为这种消极倾向也应该到作者当时的世界观中去找寻说明。只是在如何来具体地说明这一问题上,我和胡炳光同志以及别的一些同志们,还有不尽相同的看法。

1963 年 1 月 8 日

〔**附记**〕 我的《〈雷雨〉人物谈》一文发表以后,曾读到胡炳光同志给《文学评论》编辑部的一封信,提出了一些不同的看法。我曾写此文作答。当时未能刊出。现把它发表出来,恳切地希望胡炳光同志和读者同志们指正。

1978 年 11 月 25 日

曹禺戏剧语言艺术的成就

我每次读曹禺同志的剧本,总有一种既亲切而又新鲜的感觉,他那色彩明丽而又精炼生动的语言,常常很巧妙地把我带进一个艺术的世界,给予我无限的喜悦。

我常常想:在人类所有的创造物中,语言恐怕要算是最神奇的一种了。它捉不住,摸不着,什么也不是,然而却能幻化为一切。正像俄罗斯民族的一句谚语所说,语言"不是蜜,却可以粘住一切东西"。特别是到了语言艺术家的手里,语言的作用,更是奇妙到不可思议。它简直可以被用来建造起整个的世界来,而且可以建造得比我们的现实世界更加光怪陆离,更加惊心动魄。在《我怎样学习写作》中,高尔基说,当他第一次读到福洛培尔(福楼拜)的《素朴的心》①时,完全被这本小说所惊愕住了。他当时很不容易了解:为什么这些朴素的而且是他所听惯了的话,被一位作家放到一个厨娘的"毫无趣味"的小说里面去,就会这样地激动了他的心?他以为"这里面一定隐藏着一种玄秘的魔术",于是他就"好多次机械地、并且像野蛮人一样地,把书页放在太阳光里面照着看一看,想从字里行间找到这个魔术的谜"。② 类似的惊奇感,我们每一个人恐怕也都程度不同地经验过,当我读着曹禺同志的作品时,就不能不为他的语言的魔力所魅惑住。

---

① 有李健吾译文,名《一颗简单的心》,见《福楼拜短篇小说集》,商务印书馆版。
② 《我怎样学习写作》,第44页,三联书店版。

然而,语言尽管可以有这样大的魔力,要能充分驾驭它,得心应手地运用它,却实在不是件容易的事。我们就常常苦于找不到恰当的语句来表达我们的思想感情。不但我们是如此,就是一些语言艺术家也常常为此而苦恼。有一位诗人就曾发出过这样的悲叹:"在世界上没有一种痛苦是比语言的痛苦更强烈的了。"①狄德罗也抱怨着:"没有语言的帮助,你几乎什么都记不住,而要准确地表达出我们感觉到的东西,语言几乎永远不够使。"②我国唐代诗人刘禹锡也慨叹着:"常恨言语浅,不如人意深。"在古今中外的许多大作家的创作经验谈中,诸如此类的说法,多到举不胜举。正因为语言是这样的难于驾驭,杰出的语言艺术家才格外值得我们崇敬。

在语言艺术的各个门类里,各自存在着特殊的语言结构法则;为了追求语言的完美,诗人、小说家、剧作家,都各有他们具体的困难需要克服。但一般说来,剧作家面前的困难似乎要更多一些。这是因为:"剧本要求每个剧中人物用自己的语言和行动来表现自己的特征,而不用作者提示。"就是说,"剧中人物之被创造出来,仅仅是依靠他们的台词,即纯粹的口语,而不是叙述的语言。"所以高尔基明白地指出:"剧本(悲剧和喜剧)是最难运用的一种文学形式。"③这从下面这个简单的事实里也可以得到证明:在任何一个民族里,优秀的剧作家总要比优秀的诗人、优秀的小说家来得少些,④而一些兼具诗人或小说家身份的剧作家,也往往是先成为诗人或小说家,而后才成为剧作家的。⑤

剧本是为演出、为被搬上舞台而写,它要求把已经发生过的事,当作正在发生的事,通过演员——也就是剧中人——的活动,具体地在舞台上,在观众的眼前展现出来。剧中人既是各种各样的,他们的语言就也应该是各种各样的。剧作家应该根据剧中人的性别、年龄的不同,出

---

① 《我怎样学习写作》,第54页,三联书店版。
② 见《论画断想》,《光明日报》1962年8月4日。
③ 以上引号均高尔基语,见《文学论文选》,第243、244页。
④ 总起来看,往往如此。如果单就某一时期来说,那就可能有例外:如公元前五世纪的希腊,情形就相反。
⑤ 大仲马又是一个例外。

身、教养的不同,以及他们具体的生活经历、思想性格的不同,而赋予他们的语言以各种不同的特色。决不能让各种不同的人都刻板地说着同一种干巴巴的毫无个性色彩的语言。同时,这些人既然凑到一块来了,就不能各说各的话,像井水不犯河水地互不干扰;他们不是为了和平共处,而是为了斗争才由剧作者把他们招集拢来的。那就应该让他们发生冲突——性格的冲突,让他们进行搏斗——意志的搏斗(这种性格与意志的冲突与搏斗,必须而且也必然要表现为社会的、阶级的冲突与搏斗)。在他们的对话中,应该或者直接而明显地、或者间接而隐秘地体现出这种冲突、搏斗的情况,应该充满着动作性。也只有当剧中人的对话中是充满着冲突和搏斗,充满着动作性的时候,才能够吸引住观众的兴趣和注意,观众才肯在剧场中坐上二三个钟点而不想中途退出。再有,观众坐在剧场中看戏,不同于在自己家里看小说。小说有几行一时看不懂,可以重新看过;遇到不认识的字眼,不熟悉的名词术语,还可以向工具书请教。在剧场里就没有这样的自由,一句台词一经说出以后,就再也追不回来;而且前一句刚了,后一句接着就到,既不能要求演员重说一遍,也不容你有从容思索的余闲。因此在台词中,就切忌出现抽象的议论、冗长的语句和冷僻的字眼,它应该干净利落,决不能拖泥带水。总括起来说,剧本中的语言必须是既富有个性色彩,而又充满着动作性,能把冲突一步步地推向前进的,而且还需要力求精炼生动,使演员容易说,观众容易懂。

  当然,在小说中也有对话,而且我们对小说中的对话也同样要求它们既能表现人物的个性,又能推动事件的发展。至于精炼生动,那更是文学语言的一般要求,不但对话需要如此,就是叙述的语言,也应该是如此的。然而,在小说中,作者主要是通过自己的叙述和描绘来刻画人物、反映现实的,对话只居于次要的、从属的地位,离开了作者的叙述和描绘,人物的对话便会失去它的生动丰富的内容,我们便不容易察觉包含在对话中的人物的隐秘的动机。剧本却除了极少量的舞台指示以外,全部是由人物的对话组成的,一切都必须通过人物的对话表现出来,作者没有插嘴的余地。所以,一个小说家而不善于写对话,他仍旧有可能成为一个好的小说家;如果一个从事于剧本创作的人而只能写出一些拙劣的对话,那就什么都完了,他根本不能成为一个剧作家。

剧作家如果不是写诗剧,他当然可以不受诗的格律的束缚。但他的台词却仍必须具有诗意——一种真正的、内在的诗意,而不是虚假的、表面的诗意。这种诗意是由于最集中地展现了生活中的矛盾冲突,最深刻地揭示了处在斗争中的人们的意志、情绪和愿望而来的,决不是仅仅依靠一些华丽的词藻、铿锵的音调所能达到的。它需要一种真正的诗的才能。正是在这样的意义上,别林斯基才把戏剧类的诗称为"最高一类的诗",称为"艺术的冠冕"的。① 所以,一个真正的剧作家,他应该同时也是一个真正的诗人;而一个不是诗人的剧作家,正如约翰·霍华德·劳逊所说,就只能算是半个剧作家②。

总之,在戏剧作品中,对语言的要求特别严,剧作家所面临的困难也特别多,不能战胜这些困难,满足这些要求,剧作家是难望有所成就的。

真正的才能是任何限制都束缚不住,任何困难也阻遏不了的。在真正的才能面前,一切限制、困难,都成了促使它进一步成长发展的有利因素,都只是为它提供了充分展示自己身手的大好机会。戏剧的苛刻的限制,戏剧的特殊的困难,对于曹禺来说,就是如此。在他的创作过程中,曹禺不但巧妙地战胜了这些限制,顽强地克服了这些困难,并且使它们反过来成了自己的驯服的工具,从而加强了他的作品的艺术效果。我们上面所说的对于戏剧语言的要求,在曹禺的作品中,全都很好地实现了,全都得到了满足。他所写下的台词,都是既有鲜明的动作性,又有浓厚的抒情性,而且是充分个性化了的;同时又还十分的精炼含蓄,意蕴深厚,充满诗的意味。真正做到了戏剧的因素与诗的因素的统一,使他的剧作得以跻于最上乘的戏剧文学之列。

下面,我们试来具体地看一看曹禺的戏剧语言艺术的成就和特色。

---

① 见《别林斯基论文学》,第168页。
② 见《戏剧与电影的剧作理论与技巧》,第373页。

一

戏剧的才能的一个最基本的特征,就在于善于发现现实生活中的戏剧性,善于把生活现象戏剧化。体现在语言上,就是要使对话具有动作性——要从对话中来表现矛盾冲突,推动事件发展,并揭示出人物的性格。曹禺的戏剧语言的最突出的优点,就在于对话的鲜明的动作性。他所写下的对话,总能够紧紧地抓住我们的注意力,使我们的心脏伴随着剧情发展的节奏而一起跳动。因为他的对话,都是人物与事件、性格与冲突的统一,都是既能表现人物的性格,又能推动事件的发展,而且是通过人物性格的冲突来推动事件的发展,在事件的发展中来揭示人物的性格的。读着曹禺的剧本,我们的心头总离不开紧张与激动,总很难有平静的时候。原因就在于他的对话,都是从行动着的人物的嘴里说出来的,都是贯串着强烈的动作性的。这些人物之所以说出这些话来,都是基于行动的需要,斗争的需要。他们是为了应付他们所面临的迫切的情势——或者为了进攻,或者为了防御,才说出这些话来的。所以在这些对话中,就充分反映出了这些人物在他们所面临的矛盾冲突中进行斗争的紧张情况,就富有吸引人们的注意、扣动人们的心弦的魅力。

例如,《北京人》中,曾家一家子为愫方的婚事而向愫方"征询意见"的那一场,每一个人的说话就都鲜明地反映着他们各自在当前的斗争中所处的地位,揭示着他们各自的意向、各自的内心活动,同时相互之间又构成了尖锐的冲突。

愫方是曾老太爷曾皓的姨侄女,父母早已亡故,一直寄居在姨父家里,成了风烛残年的姨父的不可缺少的拐杖。姨父到东到西,都要靠她扶持;饮食起居,都要靠她照料。她已有三十来岁了,还没有出嫁。由于她和表兄曾文清之间存在着对诗文的共同爱好,以及他们精神上的互相爱慕互相怜惜,自然就很遭表嫂思懿的嫉恨。现在就由思懿和曾家姑老爷江泰(他倒真是为愫方的终身着想的)提议,要把她说给曾家的房客、人类学者袁仁敢为妻。那天是八月节,一家人都聚集在曾家的

小客厅里,刚给曾老太爷拜过节,就由大奶奶思懿提出了这个问题:

曾思懿　(提出正事)媳妇听说袁先生不几天就要走了,不知道愫妹妹的婚事爹觉得——

曾　皓　(摇头,轻蔑地)这个人,我看——(江泰早猜中曾皓的心思,异常不满地由鼻孔"哼"了一声。)

曾　皓　(回头望江泰一眼,气愤地立刻对那正要走开的愫方)好,愫方,你先别走。趁你在这儿,我们大家谈谈。

愫　方　我要给姨父煎药去。

江　泰　(善意地嘲讽)咳,我的愫小姐,这药您还没有煎够?(迭连快说)坐下,坐下,坐下,坐下。

　　　　(愫方又勉强坐下。)

曾　皓　愫方,你觉得怎么样?

　　　　(愫方低头不语。)

这四个人才一张口,他们各自的心理、神态,就都清晰地呈现出来了。思懿是单刀直入,提出愫方的婚事问题来请老太爷作主。她似乎只是把这问题客观地提了出来,自己并没有表示意见。然而,她有意当着众人的面,并且当愫方本人也在场的时候提出这个问题来,就是要使曾皓不便拒绝。曾皓为了好让愫方永远侍候他,自然不愿愫方出嫁,所以思懿的话还没有说完,他就连忙摇头,表示这个对象不合适。他还没有来得及说出他认为不合适的理由,却就招来了深知他的用心的江泰的嗤笑之声。私心重的人往往是特别敏感的,他不禁又羞又恼,为了表明他并不是不愿让愫方出嫁,就气愤地喊住了愫方,要她当着大家一起谈谈这个问题。"好,愫方,你先别走。趁你在这儿,我们大家谈谈。"这话虽是对愫方说的,却是说给江泰听的。愫方一听到要谈自己的婚事,自然很不好意思,就急着要走开了。当曾皓叫住她时,她只得推说要去煎药,江泰却非要她留下不可。"咳,我的愫小姐,这药您还没有煎够?"言外之意是:您难道就准备一辈子替人家这样煎药煎下去吗?这对愫方当然是种语重心长的善意的嘲讽,然而对曾皓却不能不又是当心的一拳。就这样,每一个人都只说了这么一两句话,然而这一两句话听来却是这么充实、有味,因为这里面包含着说话者的紧张的内心活动过程,比起某些剧本中的脱离性格、脱离冲突的长篇大论来,不知要有力多少倍。

接下去的对话,就更加精彩了:

曾　皓　　愫方,你自己觉得怎么样? 不要想到我,你应该替你自己想,我这个当姨父的,恐怕也照拂不了你几天了,不过照我看,袁先生这个人哪——

曾思懿　　(连忙)是呀,愫妹妹,你要多想想,不要屡次辜负姨父的好意。以后真是耽误了自己——

曾　皓　　(也抢着说)思懿,你让她自己想想。这是她一辈子的事情,答应不答应都在她自己,(假笑)我们最好只做个参谋。愫方,你自己说,你以为如何?

曾皓先问愫方"你觉得怎么样?"愫方低头不语。这时又问:"你自己觉得怎么样?"他很清楚愫方的为人,即使她心上真是愿意,也不会当众表示出来的。他希望愫方开出口来,他便可以乘机堵住江泰乃至思懿的嘴。下面的:"不要想到我,你应该替你自己想,我这个当姨父的,恐怕也照拂不了你几天了",表面上都是为愫方着想,仿佛他是一片至诚,简直到了无私、忘我的地步似的。其实,他的真正的意思是要从另外一面去看的。他说"不要想到我",实际上是在提醒愫方:你应当想到我。"我这个当姨父的,恐怕也照拂不了你几天了",其实是说:"我已经活不了几天了,不需要你再照顾我多少日子了,你何必这样急于丢下我去呢!"而且他知道愫方平日最少自私自利之心,总是替人家想的时候多,替自己想的时候少,她甚至有些羞于替自己着想。所以他的"不要想到我,你应该替你自己想"的话,到了愫方的耳朵里,就能起相反的效果。假如愫方真有一点为自己打算的心思,听了他这话,也会被打消掉的,也会使她产生"我应该替姨父想想,不能只替自己想"这样的想法的。曾皓这样说了还不算,他还要明白地向愫方表示:至于他自己,乃是不赞成这头亲事的;因为他觉得袁先生这个人……

思懿却竭力地想促成这件事,以便去掉愫方这眼中钉。她生怕曾皓对袁仁敢的意见会影响愫方的决定,特别是怕曾皓不赞成的话明白说出来以后,就很难转圜。所以连忙打断了曾皓下面的话,却接着他上面的话说下去,要愫方不要辜负姨父的好意,以致耽误了自己。她这番话,譬如治水,对曾皓采取的是鲧的办法——堵,对愫方采取的是禹的办法——导。她明明知道曾皓是一片私心而假作好意,她就顺水推舟地装做真以为曾皓是好意,使他以后不便说出与此相抵触的话来。至于对愫方,那她这句话真是含意丰富,很够愫方去仔细寻味的。"你要多想想,不要屡次辜负姨父的好意。以后真是耽误了自己——"意思是:你不要再错过这一次的机会了,不要为了别人(姨父、文清)而耽误了自己,以后(譬如说,姨父死后)追悔就来不及了。愫方对于下面这一点应该是清楚的:姨父一死,她的这位表嫂是绝容不了她的。所以,思懿这句听来是一片好心,而且说得也非常婉转的话,其实里面不但有劝导,还包含着威胁,是很够愫方消受的。曾皓当然听得出思懿这句话的意向及其分量,唯恐愫方为她的话所动,所以也连忙打断思懿的话头,说是应该让愫方自己想想,答应不答应都在她自己,我们(他和思懿)顶多只能做个参谋。他也怕思懿明白说出劝愫方答应的话来以后,自己再要阻拦就不大方便了。这时却惹恼了旁边的莽姑爷江泰:

江　泰　(忍不住)这有什么问题?袁先生并不是个可怕的怪物!他是研究人类学的学者,第一人好,第二有学问,第三有进款,这,这是自然——

曾　皓　(带着那种"稍安勿躁"的神色)不,不,你让她自己考虑。(转对愫方,焦急地)愫方,你要知道,我就有你这么一个姨侄女,我一直把你当我的亲女儿一样看,不肯嫁的女儿,我不是也一样养么?——

江泰说话可不像思懿那样的转弯抹角,隐约其词,他是直来直往,心里怎么想,嘴上就怎么说。一个思懿,已经够曾皓麻烦的了,半路上又杀出了这个程咬金,就不免更使他着慌了。所以,表面上他虽仍力持镇定,说是让愫方自己考虑,但他的声音听起来却近于是在向愫方哀求了。"我就有你这么一个姨侄女,我一直把你当我的亲女儿一样看,"言外之意是:你能忍心撇下我这个乏人扶持的老姨父去嫁人吗?而"不肯嫁的女儿,我不是也一样养么?"则是在暗示愫方,你何不表示你不肯嫁呀!

可是心狠嘴尖的思懿却真是一位移柱换弦的能手,紧接着曾皓这句话,她就:

  曾思懿 (抢说)就是啊,我的愫妹妹,嫁不了的女儿也不是——

曾皓嘴里的"不肯嫁的女儿",到了她嘴里就成了"嫁不了的女儿"了。只消轻轻这么一拨,她就弹出了完全不同的音调。当时愫方听了,真不知何以为情。直到此刻在旁未发一语的文清,听了思懿这样阴毒的话,实在忍不下去了,只好拔脚就向书斋走去。可是我们这位大奶奶,也不能容忍文清这种公然叛逆的举动,于是"斜睨着文清",一迭连声地说:"咦,走什么?走什么?"当曾皓问她"文清怎么?"时,她就:

  曾思懿 (冷笑)大概他也是想给爹煎药呢!(回头对愫方又万分亲热地)愫妹妹,你放心。大家提这件事也是为你着想。你就在曾家住一辈子谁也不能说半句闲话。(阴毒地)嫁不出去的女儿不也是一样得养么?何况愫妹妹你父母不在,家里原底就没有一个亲人——

"大概他也是想给爹煎药呢!"这是种机带双敲、一石两鸟的说法。意思是:"文清害的是跟愫方同样的病。"这分明是暗讽愫方:你说什么要为姨父煎药,要侍候姨父,谁不知道你其实不过是因为恋着文清,所以硬赖在曾家罢了。转过来,她嘴上又万分亲热地喊着"愫妹妹",可是话里却极端狠毒地讥刺她嫁不出去,讥刺她只有一辈子赖在曾家。这种口蜜腹剑、笑里藏刀的本领,简直可与《红楼梦》中的王熙凤相媲美。

试看这一场戏写的完全是家人间的谈叙，而所谈的又是婚嫁的喜事，可是这里面却是危机四伏，紧张万分。而通过这一个短短的场面，诸如曾皓的自私、思懿的狠毒、愫方的忠厚软弱、江泰的心直口快，以及曾皓与思懿之间的钩心斗角、文清与愫方之间的同病相怜，无不跃然纸上，历历如在目前。作者运用语言的能力，实在不能不令人叹服。特别值得称道的是，这些语言尽管是那么的意味深长，既含蓄而又锋利，既委婉而又尖刻，然而，它们却仿佛都是由人物脱口而出的，一点看不出作者的斧凿痕迹。而作者之所以能做到这一点，就是由于他深刻理解人物所处的实际情势，能够紧紧扣住人物所面临的矛盾冲突的缘故。

又如，在《日出》中的潘月亭和李石清之间的几次对话中，我们就仿佛听到了他们的唇枪舌剑的丁当之声，那种针锋相对、睚眦必报的情况，真是紧张到了极点。

李石清原来是大丰银行的一个小职员，靠着他的狡黠和逢迎的本领，被提升为该行经理潘月亭的秘书。接着又因为偷看到了潘月亭的机密文件，知道了银行的房地产已全部抵押出去了的秘密，他就以此为要挟，取得了银行襄理的位置。对于这，潘月亭自然是非常恼火的，但由于利害关系，只得暂时隐忍下来了。李石清做了襄理以后，尽心竭力地、连儿子害了重病都不顾地替潘月亭奔走买公债，打听消息。当他打听到了公债的行市真要大涨特涨，眼看着他们所买下的公债，可以有三十万元的赚头时，便兴冲冲地跑来找潘月亭，预备把这个好消息告诉他。潘月亭其实早已知道这个消息，并且正以为自己的脚跟已经站稳，已在盘算着如何对李石清进行报复了。于是在这两个人之间，就发生了如下的对话：

潘月亭 请坐吧。有什么事么？

李石清 （坐下，很得意地）自然有。

潘月亭 你说是什么？

李石清 月亭——（仿佛不大顺口）经理知道了市面上怎么回事么？

潘月亭 （故意地）不大清楚，你说说看。

李石清　（低声密语）我这是从一个极秘密的地方打听出来的。现在您可以放心，我们这一次的公债算买对了，金八这次真是向里收，谣言说他故意造空气，好向外甩，完全是神经过敏，假的。这一次我们算拿准了，我刚才一算，我们现在一共是四百五十万，这一"倒腾"说不定有三十万的赚头。

潘月亭　（唯唯诺诺地）是……是……是。（但是没有等李石清说完，忽然插嘴）哦，我听福升说你太太——

李石清　（不屑于听这些琐碎的事）那我知道，我知道。——我跟你说，我们说不定有三十万的赚头。这还是说行市就照这样涨。要是一两天这个看涨的消息越看越真，空户们再忍痛补进，跟着一抢，凑个热闹，我跟你说，不出十天，再多赚个十万二十万，随随便便地就是一说。

潘月亭　是的，是的，是你的太太催你回去么？

李石清　不要管她，先不管她。我提议，月亭，这次行里这点公债现在我们是绝对不卖了。我告诉你，这个行市还要大涨特涨，不会涨到这一点就完事。并且（非常兴奋地）我现在劝你，月亭，我们最好明天看情形再补进，明天的行市还可以买，还是吃不了亏。

李石清这时真有点得意忘形，开口"月亭"，闭口"我们"，他以为自己做了襄理，就已经和潘月亭处在平等地位，和潘月亭真是如潘月亭所说的"一个船上的人"了。他并且已经想好了一整套整顿银行的计划，在他的脑海里正浮现出一片光辉灿烂的前景。然而潘月亭的态度却正和他成了一个尖锐的对照。他是那么的兴冲冲，潘月亭却是这样的懒洋洋；他像是怀中藏着一块价值连城的宝玉正预备要奉献给潘月亭，潘月亭却对那块宝玉连看都不想看一看。这实在不能不使李石清感到煞风景，感到扫兴了。而潘月亭的目的，却正是要煞李石清的风景，扫李石清的兴致，让李石清的头脑能够冷静下来，以便更好地来尝味他将要发出的一击，更清醒地感受到这一击所给予他的痛楚。所以他一再用李石清的孩子病了,太太催他回去的消息来打断李石清的叙述。等李石清的兴致在一瓢瓢冷水的浇泼下渐渐冷却时,于是潘月亭就亮出了他的用语言所铸炼成的利剑,直向李石清的心头刺去。

当李石清还在兴高采烈地劝潘月亭继续买进,并且建议要整顿一下行里的信用时,想不到潘月亭却又是:

　　　　石清!你还是先回家看看吧,你知道你的儿子病得很重么?

这一下,李石清不能不开始觉察出空气有点不对,不能不逐渐冷静下来了。于是:

李石清　你何必老提这个?
潘月亭　我看你太高兴了。
李石清　不错,这次事我帮您做得相当漂亮。我的确高兴!
潘月亭　(冷冷一笑)对不起,我忘了你这两天做了襄理了。
李石清　经理,您这句话是什么意思?
潘月亭　(不答理他)李襄理,现在我手里这点公债是一笔钱了?
李石清　自然。
潘月亭　这一点赚头已经足够还金八的款子了吧。
李石清　我计算着还有富余。
潘月亭　好极了。有这点富余再加上我潘四这点活动劲儿,你想我还怕不怕人跟我捣乱?
李石清　我不大明白经理的话。
潘月亭　也许有人说不定要宣传我银行的准备金不够——
李石清　哦?
潘月亭　或者说我把银行房产都抵押出去。
李石清　(诡笑)经理,何必提这个?这不——
潘月亭　我不愿意提。不过说不定有人偏要提。
李石清　经理,这话说得太远了。
潘月亭　(冷冷地看着他)就在前六七天,李襄理,你还跟我当面说过。

李石清 经理,您这是何苦呢?圣人说过:"小不忍则乱大谋。"

潘月亭 (棱他一眼)我想我这两天很忍了一阵。不过,我要跟你说一句实在话:我很讨厌一个自作聪明的人在我的面前多插嘴,我也不大愿意叫旁人看我好欺负,以为我甘心叫人要挟。最可恶是行里的同人背后骂我是个老糊涂,瞎了眼,叫一个不学无术的三等货来做我的襄理。

李石清平生最怕被人瞧不起,最爱装腔作势,而现在潘月亭却口口声声说他是个"自作聪明的人",是个"不学无术的三等货",这些话就像在毒药里浸过的匕首一样,直捣李石清的心窝,使李石清痛彻骨髓。然而潘月亭却还不肯就此罢休。在继续狠狠地挖苦了李石清几句以后,他忽然又:

潘月亭 你的少爷病得快要死了,李太太催你快回家。

李石清 (怒目向潘月亭)我就要回去。

潘月亭 那好极了。你的汽车在门口等着你。(刻薄地)坐汽车回家是很快的,回家之后,你无妨在家里多多练习自己的聪明,你这样精明强干的人不会没有事的。有机会你还可以常常开开人家的抽屉,譬如说看看人家的房产是不是已经抵押出去了,调查调查人家的存款究竟有多少。……不过我可以顺便声明一下,省得你替我再多操心,我那抽屉里的文件现在都存到保险库去了。

李石清 (目瞪口呆)嗯。

潘月亭 (由身上取出一个封套)李先生,这是你的薪水清单。我跟你算一算。襄理的薪水一月一共是二百七十五元。你做了三天,会计告诉我你已经预支了二百五十元,不过我想我们还是客气点好,我支给你一个月的全薪。现在剩下的二十五块钱,请你收下,不过你今天坐的汽车帐,行里是不能再替你付的。

李石清 可是,潘经理——(忽然他不再多说了,狠狠地盯了潘月亭一眼,伸出手)好,你拿来吧。(接下钱。)

潘月亭 (点起雪茄)好,我先走了,你以后没事可以常到这儿来玩玩,以后你爱称呼我什么就称呼我什么,你叫我月亭也可以;称兄道弟,跟我"你呀我呀"地说话也可以;现在我们是平等了!再见。

你看,潘月亭连一两声称呼上的事也不肯轻易放过,真可说是睚眦之怨必报的了。

这两个人的对话,我一抄抄了这么多,实在是因为它太精彩了,舍不得割爱;同时,也由于作者是写得这样的严密紧凑,叫我简直无法删节。不说别的,就单说他们各自对对方所用的称呼吧,李石清是一会儿"月亭",一会儿"经理";一会儿称"你",一会儿称"您"。潘月亭则是从"石清"到"李襄理",再到"李先生",不但更改不得,甚至不能互相挪移。什么时候说什么话,什么情形下用什么口吻,对方怎么来我怎么去,都不是由作者随便乱凑,而是根据人物当时所处的实际情势,从他们相互斗争的需要中做出来的。他们所说的话,都有明显的目的、意向,都是从他们的内心发出,而又必然要引起对方的一系列的反应来的。这就是充满着动作性的语言。曹禺剧作中的对话,差不多都是这样的富于动作性的。他的剧本之所以能那样的吸引人,而且经得起推敲、咀嚼,首先就是因为他的台词有着鲜明的动作性的缘故。

我们上面说:"戏剧的才能的一个最基本的特征,就在于善于发现现实生活中的戏剧性,善于把生活现象戏剧化。体现在语言上,就是要使对话具有动作性,——"既然说是最基本的特征,那就意味着,这种才能应该是所有能够被称为戏剧家的人,都多少具备的;否则就还不足以显示出一般的戏剧家与杰出的戏剧家之间的区别来,尤其不能显示出这一位戏剧家与其他的戏剧家之间的区别来。那么,一般的戏剧家与杰出的戏剧家之间的差别,究竟在哪里呢?是不是可以这样说:杰出的戏剧家不但要善于把生活现象戏剧化,善于写出富有动作性的台词,而且要进一步能够使他的台词充满诗的意味,能够把他的作品提高到诗的境界(这只是就作品的艺术质量方面说的,我们衡量一个作家的才能的高下,首先,当然还是要依据他的作品的思想质量。像"杰出的戏剧家"这样的称号,不消说,我们是只能给予那些与人民群众有深刻的联系,能体现人民群众的愿望和理想的戏剧家的)。这样的戏剧家,古往今来,为数就不能说是很多了。而在这为数不多的剧作家的行列里,我以为曹禺应该是可以占一席之地的。曹禺的剧作,数量虽不多,却都有很高的思想艺术水平。他在解放前的几个剧作,不但狠狠地鞭挞了封建地主、官僚买办、流氓地痞的罪恶,宣告了他们的末日就要到来,而且现实主义地揭示了资产阶级、小资产阶级民主思想的空洞无力、不合时宜,并热切地表现出一种朦胧的社会主义理想(顺便说说,我觉得国内评论界对曹禺解放前的剧作的思想意义,颇有为一些表面现象所惑而估计不足的地方;这不但对于《雷雨》、《北京人》为然,就是对于《日出》这样的作品,同样也可以这么说)。解放后的剧作,则更是有意识地为无产阶级的政治服务,响彻着嘹亮的社会主义、共产主义的呼声的。尤其难得的是,他的剧作都洋溢着浓厚的诗意,都像诗篇一样的完整和谐。他的台词的动作性,也不同于那些仅仅依附于事件的进展上的表面的动作性,而是建立在性格与冲突的统一的基础上,有深刻的内在依据的(我们上面举的例子就充分证明了这一点)。这就使他与一般的剧作家区别开来而与杰出的剧作家比肩而立了。

在过去的杰出的剧作家之中,最吸引我、最惹我喜爱的有两个人,一个是莎士比亚,另一个则是契诃夫。虽然,说来也奇怪,这两个人的风格是这样的不同,他们的作品无论在内容上还是形式上,几乎都有着难以渡越的距离。然而同样奇怪的是,曹禺的作品在风格上,却与这两位有着显著差别的大师,都有许多很相接近的地方。要为曹禺的作品找寻精神上的近亲,人们是很有理由提出莎士比亚和契诃夫两个来的。也许这也可以部分地说明我之所以也很喜欢曹禺的缘故吧。当然,某些方面的接近,总归掩盖不住总的方面的差异。曹禺的作品的风格,还是与他们的很不相同的,他自有他区别于这两个人的他个人的特色。而曹禺的作品的魅力,也主要不在于他接近于莎士比亚或契诃夫的地方,而正是在于与他们不同的地方,正是在于曹禺之所以为曹禺。

正像莎士比亚和契诃夫的剧作,都是最好的戏剧、又是最高的诗一样,曹禺的剧作同样也可以说是最高的、戏剧类的诗。然而在总的风格上,这三个人又是各不相同的。莎士比亚是鲜艳而奔放的,契诃夫是朴素而深沉的,曹禺则是清丽而含蓄的(他的清丽的一面,使他与莎士比亚接近;而使他接近于契诃夫的,则是他的含蓄的一面)。莎士比亚长于谐声,他的剧作很像乐曲,如管弦齐奏,八音协作,而嘹亮悦耳,自然和谐。契诃夫善于设色,他的剧作有如水墨丹青,但见烟云缭绕,气象蓊郁,而山幽林深,慨寄无穷。曹禺则以人物刻画为其擅场,他的剧作仿佛精塑浮雕,无不轮廓分明,神情宛然,宜嗔宜笑,呼之欲出。莎士比亚的戏剧,最吸引我们的是它的明朗的音调和鲜丽的色彩;契诃夫的则是其幽远的情调和深邃的意境;而曹禺则以其紧张的戏剧场面、活生生的处于斗争中的现实人物,而紧紧地攫住了我们的心灵。

即以台词的动作性来说,三个人也有显著的不同。莎士比亚的台词中,充满了华丽的辞藻和生动的比喻,音响悦耳,光彩耀眼,简直使人穷于应接。其中虽然也有着明显的动作性,虽然也是围绕着一个共同目标(戏剧冲突)而向前推进着的,但它是四处奔突、闪烁不定,跳跃式地、冲击式地前进的;它与戏剧冲突间的关系,也是若即若离、忽近忽远的。契诃夫的台词,虽然也有着很强烈的动作性,但这种动作性,粗粗一看是不明显的、不易察觉的。因为他的人物的意志,似乎并没有为共同的事件所牵引住,他们有时似乎只是在各说各的话,只有当我们注意到了人物对待当前环境的不同态度,对待他们周围同一的情调、气氛的不同反应的时候,也就是说,只有当我们注意到了他们的人生观、社会观的不同,注意到了他们的心情、气质的不同的时候,我们才发现到冲突的存在,动作性的存在。它的冲突,它的动作性,原来是表现在人物的内心的伏流上,表现在光影的明暗、色泽的浓淡上的,因而是隐潜的,是比较深藏的。曹禺的台词的动作性,却是既鲜明而又强烈。他的人物都有明确而执著的自觉意志,而且相互之间有着一个共同的焦点,他们大家都在围绕着这个焦点而进行斗争。因此,他们的对话与戏剧冲突扣得很紧,它的动作性不但是明显的,而且是紧张的。所以曹禺的剧作,是最符合于黑格尔、勃吕纳谛耶等人的戏剧概念的,他的剧作的最大的特色,就是矛盾冲突的尖锐、紧张;体现在对话上,则是动作性的鲜明与强烈。这可以说是曹禺戏剧语言的第一个优点,同时也是它的第一个特点。

二

真正富于动作性的台词,必然同时也是富于抒情性的。因为,只有从真正的戏剧冲突的基础上产生的,发自人物内心深处,能够揭示人物潜藏的情欲和意向的台词,才是真正富于动作性的。那种靠用人物的大喊大叫来表现一种虚假的冲突的台词,那种脱离了人物的性格,缺乏人物性格上的内在依据的台词,严格说来,是说不上有动作性的。在曹禺的作品中,他的台词的强烈的动作性,是与他的台词的浓厚的抒情性结合在一起的。譬如以上面所举的《北京人》和《日出》中的几段台词来说,那里的每一个人都处在尖锐的矛盾冲突中,都在为自己的利益而进行着紧张的斗争。曾皓、思懿、潘月亭、李石清等人,都想用自己的语言去压倒对方,争取优势,去损伤对方的自尊感,触痛对方心灵中的脆弱的部分,而他们的语言也的确起到了这样的作用,产生了这样的效果,有着鲜明的动作性。但同时,这些语言也充分显示了他们自己的心情、处境,泄露了他们自己内心的秘密和隐私,把他们自己的精神面貌和道德品质清楚地展现了出来。所以,它们又是有浓厚的抒情性的。

提到曹禺同志戏剧语言的抒情性,大家就很自然地会想到《家》中的那些美丽的诗白。

那是觉新与瑞珏的新婚之夜,里里外外的人们都是热热闹闹,欢欢喜喜,偏偏这一对新婚夫妇却是冷冷清清、落落寞寞的:彼此都感到自己是多么的孤独,多么的凄凉。新郎站在窗边,望着月光和湖水,满心想着的是另一个女子——他的梅表妹。新娘坐在床沿,耳中传来湖滨寂寞而低切的杜鹃的呼唤。她在等待着新郎的第一句话。然而她听到的却只是一声深沉的、饱含酸辛的叹息。呵,多么难堪的静寂,多么折磨人的静寂!这样的场面,即使他们不开口,我们也仿佛听到了他们的灵魂的低诉,内心的战栗。而如果开出口来,那么从灵魂的最深处,从内心的最隐秘的角落发出来的、充满感情的语言,就必然要转化为诗句。因而,紧接着,我们就听到了大段大段的像珠玉般圆润的诗白:

  瑞　珏　(……)
    好静哪!
    哭了多少天,可怜的妈,
    把你的孩子送到
    这么一个陌生的地方,
    说这就是女儿的家。
    这些人,女儿都不认识啊。
    一脸的酒肉,
    尽说些难入耳的话。
    妈说那一个人好。
    他就在眼前了,妈!
    妈要女儿爱,顺从,
    吃苦,受难,
    永远为着他。
    我知道,我也肯,
    可我也要看,
    值得不值得?
    …………
    只要他真,真是好!
    女儿会交给他
    整个的人,
    一点也不留下。
    哦,这真像押着宝啊,
    不知他是美,是丑,
    是浇薄,是温厚,
    也不管日后是苦是甜,

> 是快乐,是辛酸,
>
> 就再也不许悔改,
>
> 就从今天,
>
> 这一晚!

这个十七岁的少女,骤然离开了家,离开了疼爱自己的妈,到了这样一个完全陌生的地方,那种寂寞与孤单的感觉,那种恐惧与惊慌的心情,真是很难用言语来表达的。然而,通过作者这几句台词,这个少女的尴尬的处境、复杂的情怀,就仿佛转化成了一片轻盈而缠绵的气氛,升腾成了一派凄迷而哀婉的音调,荡漾在我们的心头,萦绕在我们的耳际。这就使我们恍如亲身进入了这个少女的世界,不由得要用我们自己的整个心灵去感受着这个少女所感受到的一切。这样的艺术效果,是只有最高的抒情诗才能达到的。

然而,曹禺写的是戏剧,戏剧作品虽是应该贯串着浓厚的抒情性,却毕竟不同于抒情诗。抒情诗,只消停留在诗人自己身上,它只是诗人在吐露着自己的心曲,诉说着自己的欢喜和悲哀,不需管外界的回响。而戏剧,却需要有动作,需要能展开冲突,需要有对手之间的思想感情上的交流。所以,在这一场里,瑞珏和觉新两个人,尽管都只是在作着灵魂的独语,内心的低诉,除了轻微的叹息,谁也没有听到对方的声音,谁也不知道另一个人在想些什么;然而,这里却仍旧存在着戏剧性的冲突,他们心情跳动的节奏,是互为起伏,交相应答的。在他们各自的抒情独白中,仍贯串着明显的相互间的对应动作。

当瑞珏在期待着抚慰,企盼着温存的时候,那个新郎官觉新却是——

觉　新　(缓缓摇首)

唉,——

梅呀,为甚么这个人不是你?

他想着的是另一个人!瑞珏虽与他同处一室,他却视同陌路。这自然不能不更增加了瑞珏的焦急与惶惑：

瑞　珏　（翘盼）他——他想些甚么？
　　　　　这样一声长叹！
　　　　　天多冷，靠着窗
　　　　　还望些甚么啊？
　　　　　夜已过了大半！

多么可怜的女孩子，处在这样一种难堪的境地，自己满心浸透了哀愁，却还在顾念着别人的忧思，顾念着别人的寒冷。这样的女孩子，该有多么温厚的性格！这样的女孩子，怎么能不唤起人们的同情？

觉　新　（同情地）
　　　　　这个人也，也可怜，
　　　　　刚进了门
　　　　　就尝着了冷淡！
　　　　　就是对一个路人，
　　　　　都不该这样，
　　　　　我该回头看看她，
　　　　　哪怕是敷衍。

对，你真应该回头看看她，她并不是你的仇人，何况她现在的处境是这样的惹人哀怜！然而，另一个念头却又立刻阻绝了他。不，他不能回头，哪怕仅仅是敷衍：

　　　　　可就在这间屋，
　　　　　这间屋，我哪忍？
　　　　　我不愿回头，
　　　　　为着你，梅，
　　　　　我情愿一生，

　　　　蒙上我的眼！

　　他对她竟是这样的无情！然而，唯其因为他对眼前人是这样的无情，才更其显出他对旧时人的情重，才更其显出他是个有至性有深情的人。这三个人（他和他的梅表妹以及眼前的这个新娘）的遭遇，也才愈益搅动我们的心魂，愈益激起我们对封建礼教、封建婚姻制度的仇恨。

　　到这里我们已经可以看出，尽管他们每一个人都只是在心里转着念头，但这些念头，却都是为另一个人而起，都与另一个人有关。而且这两个人的念头之间，又是息息相通、隐隐交织，互相扭结着向前推进的。经过了多少次的踌躇、犹疑和感情上的波折，这两个人终于渐渐地接近了。他们是怎么接近起来的呢？（是因为替躲在床下想听"天上的牛郎织女打喳喳"的五弟穿鞋吗？是因为窗外的杜鹃的叫声带来了春天的信息吗？不，这只是他们接近的一个引线，而接近的根苗则在这以前，早就在暗暗地滋长着了。）谁也无法用确切的语言来回答这个问题。但我们却的确相信他们真是逐渐地接近起来了，没有丝毫的怀疑。因为我们的作者已让他们用抒情的语言，向我们打开了他们的心灵的窗户，使我们亲眼看到了他们内心的起伏变化的过程，尽管他们未交一言，未通一问，我们却知道他们早已是"心有灵犀一点通"了。

　　像这样的抒情味极浓的语言，在《家》里面几乎随处可以碰到。就是一些用散文写的对话，简直也像抒情诗一样的情味深长。试看下面这一段对话。

　　因为避难而随着她母亲重又住到高家来的钱梅芬——就是觉新在新婚之夜那样念念不忘的梅表妹，就要动身回去了。正当她独自一个以无限凄楚和万分哀伤的心情，在房间里徘徊四顾，追忆着往日的一切，不胜今昔之感的时候，忽然觉新跑了进来：

　　觉　新　梅！
　　　　　　（她抬起头，望见觉新正立在侧门门口，怆然注视着。她愣在屋中。半天，二人说不出一句话。）
　　觉　新　（低声）轿都快预备好了。

梅小姐　（缓缓）那么，就要走了。

觉　新　（依依不舍）外面还落着小雨呢。

梅小姐　（沉滞地）妈说要走就得走的。

觉　新　（半晌，又——）天气忽然变凉了，你……你们的衣服带够了么？

梅小姐　够了，表嫂借给我衣服了。

觉　新　（微叹）唉！快得很，到底还是要走了。

梅小姐　（望着觉新）嗯，住了也有十几天了。

觉　新　（悄切地凝望着）回到乡下，每天干些什么呢？

梅小姐　（摇摇头，悒悒地）乡下没有什么事情。夜晚睡不着呢，躺着等天亮；天亮起来了，就坐着等天黑。

觉　新　（愀然）你，你也许还要回到他们家里①去吧？

梅小姐　（片刻，才——）也许不必去了，人②既然是不在了。——他们家里的人，并不喜欢我。（微微咳起来，捶着胸口。）

觉　新　（疚痛）身体要紧呀，梅，你不能老这样地病，病下去。

梅小姐　（凄笑）也许幸而有这一点病陪着我，不然，日子会觉得更长了。

　　觉新的"梅！"的一声，抵得过千言万语。这一声里面所包含的丰富而复杂的内容，没有人能用其他的语言把它表达出来。作者虽然仅仅用了这么一个字，然而它却最准确、最有力地传达出了觉新当时那种难以言宣的心情。从这一个字的运用上，我们就可以看出作者对他的人物的透彻的了解，就可以看到作者在锤炼语言上的独到的功夫。

　　觉新跑来，看到只有梅一个人在房间里，十多天来，恐怕他们还很少有过这样单独相对的机会，而现在梅就要离去了，这一分别又不知何时才能重见。他此时真不知道有多少情愫要向梅倾吐，有多少话语要向梅诉说。然而挣扎了半天，却只说出"轿都快预备好了"这么一句无

---

①　指梅芬的婆家。
②　指梅芬嫁过去不到半年就死了的丈夫。

关紧要的、全不是他所想说的话。接下去的"外面还落着小雨呢","天气忽然变凉了,你,你们的衣服带够了么?"等等,同样也并不是他所急于要想说的话。但在礼教的大防下,在社会堆砌起的高墙前,他也委实无法说出他所要想说的话来的。所以,这些看来尽管是那么空泛而不切实际的说话,却又正好是曲折地、异常深细地传达出了他当时的复杂的处境和心情,所以是很耐得住人们的咀嚼和寻味的。如果这时作者竟让他滔滔不绝地向梅芬诉说起他的悔恨和痛苦来,那就反而显得不真实,反而要使人觉得索然寡味了。而这里梅芬所说的每一句话,连同她那低缓而轻悄的语调,也都十分切合她的性格和身份,特别是"乡下没有什么事情。夜晚睡不着呢,躺着等天亮;天亮起来了,就坐着等天黑。""也许幸而有这一点病陪着我,不然,日子会觉得更长了。"等语,更把一个伤心人的欲哭无泪的哀婉心境,异常细致地传达出来了。读到这里,心头真禁不住一阵战栗,要为这个不幸的女子而感到凄然欲绝。他们两个人的这一段对话,含义是那么深长,情味是那么隽永,简直已进入了诗的境界了。

又如《北京人》中,当文清的儿媳瑞贞急切地追问愫方为什么不跟她一起出走,一再要愫方回答为什么不出去找文清,而还要留在这个闷死人的曾家时,作者这样写:

愫　方 我,我说——(脸上逐渐闪耀着美丽的光彩,苍白的面颊,泛起一层红晕。她的声音都有些颤抖)——他①走了,他的父亲我可以替他侍候;他的孩子我可以替他照料;他爱的字画我管;他爱的鸽子我喂;连他所不喜欢的人我都觉得该体贴,该喜欢,该爱,为着——

曾瑞贞 (插进,逼问)为什么?

愫　方 (话略顿,但语气并未停止——感动地)为着他所不爱的也都还是亲近过他的!

---

① 指文清。

这虽是用散文,用日常的口语说出来的,然而却是真正的诗,这里面不但有着只有诗句才能容纳得下的浓厚的感情成分,就连它的音调和节奏,听起来也像诗句一样的圆润、有韵味。

我们再从作者在解放后写的,反映另一种生活,刻画另一类人物的作品《明朗的天》中,举个例子。

志愿军庄政委在知道了由于经验不足的小凌大夫的手术上的疏忽,他的一只眼睛将要失明时,对呆在一旁万分懊恨地嘤嘤啜泣的小凌大夫,他说了这样一番话:

> 不要哭了,凌大夫,不要着急了。我没有立刻说话,不是因为我气,也不是因为我难过。从昨天起,我就觉得可能发生毛病了。刚才我说不出话来,我是在想,我要用什么话来安慰你,才能使你不难过。凌大夫,我觉得出来,虽然我不太认识你,我知道你是个年轻的大夫,你是在用心为我治病;如果这是因为你个人的疏忽,只要你记住这是个错误,你就不会在别人身上再犯了。一个人一生要做很多的事情,想做事情的人总免不了偶尔犯错误。你很年轻,不能失掉自信。你要把技术学好,你要经过很多困难。只要你一心为人民,为病人,你是会成功的。我们要坚强,以后祖国需要我们做的事情太多了。……

自己的眼睛被治坏了,但首先想到的却是怎样来安慰这位年轻的医生,怎样才能使她不难过。从他的那番话里,充分体现出这位共产主义战士的高贵品质,他那颗像宝石一样灿烂的心灵,总是照射在广大人民的身上,照射在祖国的未来身上,他对凌木兰的关心和爱护,都是从对广大人民的关怀上,对祖国的未来的关怀上来的。而他的语调是那样的平稳沉着,词句是那样的朴素干净,正跟他内心的真挚的感情,以及他的坚定、乐观的情绪,是十分贴切,十分合拍的。在这里,作者就用庄政委自己的有浓厚抒情味的语言,把这位英雄人物的高贵心灵清晰地展现出来了。

以上只是随便举出的几个例子,但已很可以看出曹禺的戏剧语言具有怎样浓厚的抒情性了。曹禺本质上是一个诗人,所以他的剧作都有浓郁的诗意,都可以说是诗,而且是最高意义上的诗。不但《家》里觉新和瑞珏的独白是诗,不但《北京人》中洋溢着缠绵而淡远的诗意,就是一切其他的剧本,其他的对话,都有深刻的抒情诗的意味。而这种诗的意味,是从他的敏锐而深刻的艺术感受能力中,从他善于深入人物的灵魂,善于用艺术的语言揭开人物内心奥秘的能力中来的。

也许,最使我们感觉到曹禺同莎士比亚和契诃夫相接近的地方,就在他的台词的这种浓厚的抒情性上,就在他的剧作的这种深刻的诗的意味上了。读着《家》里觉新和瑞珏在洞房中说的大段诗白,我们不禁要惊呼:"这简直是莎士比亚!"而他的《北京人》,也很自然的会使我们想起契诃夫的《樱桃园》来。但其实,如我们上面所说,曹禺与莎士比亚,曹禺与契诃夫,还是很不同的。这不同,不但表现在总的风格上,表现在台词的动作性上,而且也从台词的抒情性上表现出来。

莎士比亚是一个才情横溢的诗人,他写戏有时就像在写诗。他的台词,简直是辞藻的海洋,比喻的森林,使你目眩神迷,应接不暇。而且他是不知道节制的,他一任着他的热情与想象的驱使,不断地使他的人物(不管是什么样的人物)从嘴里滔滔不绝地迸发出美丽的诗句来,仿佛他的这些人物也都是像他一样的才情富溢的人似的。泰纳曾说:莎士比亚有一种感应的天才,他知道怎样忘却自己而全神贯注到他所设想的对象身上去。[①] 然而实际上,对象在他不过是一些可以借以显示他的诗才的凭藉罢了,他其实一刻也没有忘记过自己,离开过自己。我们从他的人物身上,总可以看到他自己的影子。当他的人物在抒发他们的感情时,不管是欢喜还是悲哀,快乐还是忧伤,猜疑还是嫉妒,希望还是失望,一切全都是那么强烈,那么趋于极端,仿佛他的人物都是一些带着某种程度的狂热的人。他们的体温似乎要比我们的高好几度,而这几度高出的体温,其实是属于莎士比亚本人的,是莎士比亚感染给他们,是莎士比亚把它灌输到他们身上去的。所以,他的这些抒情味很

[①] 见其所著《英国文学史》第2卷第4章《莎士比亚》第1节。

浓的台词,其实是不完全切合他的人物所处的规定情境的,同他的人物所面临的矛盾冲突有时是有些游离的。在这种地方,莎士比亚主要是以他的瑰奇的想象和富丽的文采,来吸引我们、打动我们的。这时,他的诗的才能,不是融合在他的戏剧的才能之内,而是突出于戏剧的才能之外,他的浪漫主义的诗人的身份,就盖过了他的现实主义的戏剧家的身份了。

曹禺的诗的才能,却始终是融合在他的戏剧的才能之内的。他的台词的抒情性,从不脱离台词的动作性,而且根本就是从他的台词的动作性中派生出来的。曹禺才真是如泰纳所说,具有忘却自己而全神贯注到对象身上去的才能的人。他能十分真切而具体地感受到他的对象所感受到的一切。他在写作时,仿佛整个地进入了他的人物所处的环境、气氛之中,有着和他的人物所有的一样的完整的、现实的感觉。他所写的台词,都是切合人物的处境和心情的;他决不让他的人物说一句他们所不可能说、或是并不想说的话。而且,他的分寸感是那样的敏锐,他决不肯为了追求台词的机智、动人,为了追求表面的戏剧效果而使他的人物的语言夸张失度,以致破坏了真实感。他的台词的抒情性,就是从深入人物的心灵,细致而委曲地传达出了人物在当前的矛盾冲突中的所思所感而来的;它总渗透着人物的鲜明的目的、意向,决不停留在单纯的铺陈感情、描绘感情上。所以他的台词的抒情性,总是与他的台词的动作性结合在一起,统一而不可分拆的。

那么,曹禺与契诃夫的区别又在哪里呢?就他们表现在台词的抒情性一方面的特点来说,曹禺与契诃夫确有许多很相接近的地方。譬如,契诃夫也决不让他的人物毫无节制地去当众铺陈他的感情、描绘他的感情;他的人物也都是比较含蓄的,倾向于自我克制的;他的台词的抒情性,也主要是由于作者有着和他的人物一样的对于他们周围现实的完整而具体的感觉,由于作者深入了他的人物的心灵,委曲入微地传达出了人物的内心感觉而来的。这些都是两个人比较接近的地方。但是,如果联系到台词的抒情性与动作性之间的相互关系来看,两个人就显出不同来了。契诃夫的台词的抒情性和它的动作性之间,当然也是结合得很好的。但对比起来,显得更鲜明、更突出、更惹人注目的则是它的抒情性。它的动作性就要轻淡得多、朦胧得多,它仿佛只是渗透、交织在抒情性之中的一种配色似的;它是透过抒情性而表现出来的,是从属于、统一于抒情性的。曹禺的台词却恰恰相反,是动作性盖过了抒情性,他的台词的抒情性,是通过他的台词的动作性而表现出来的,它是从属于、统一于动作性的。所以,总地看来,契诃夫的剧作的诗意要更加深厚一些,更加浓重一些。不过,他的诗意是那样的含蓄、蕴藉,似乎更近于画中有诗的诗意;而曹禺的剧作的诗意,却是流动的,活泼的,是更加接近于戏剧类的诗的本色的。

台词的鲜明的动作性,给曹禺的剧作带来一种生动紧张的气势,能紧紧地扣住读者和观众的心弦;台词的浓厚的抒情性,又使得曹禺的剧作具有深长隽永的情味,使读者和观众徘徊萦思,久久不能去怀。而这种台词的浓厚的抒情性,这种与动作性相结合、从属和统一于动作性的浓厚的抒情性,可以说就是曹禺戏剧语言的第二个优点,同时也是它的第二个特点。

三

我们在上面曾经说过,曹禺剧作中的对话都是从行动着的人物的嘴里说出来的;它是为人物所处的客观情势所规定,又服从着人物的主观意图,始终跟人物的积极的意向和愿望、跟人物所追求的贯串的目的紧密地联系在一起的。这样,就决定了他的对话必然是既有动作性,又有抒情性,同时又是充分个性化了的。在曹禺的戏剧语言中,这三者是紧密联系而不可分拆的。上面我们为了说明的方便,也为了对曹禺同志戏剧语言艺术的成就能有更具体的了解,分别从动作性和抒情性两个方面作了一些考察,现在再试从个性化一方面来继续作一些探讨。但由于这三者在曹禺作品中本是浑然一体而难以割裂的,所以在谈这一方面的时候,仍不能不时时涉及其他两个方面。在这里所举的一些例子,也可以放到前面两节中去,正像前面两节中的所有的例子,差不多也都可以被移到这里来用一样。

例如,《家》中的钱大姨妈——就是觉新的梅表妹的母亲,出场的机会虽不多,所说的话也往往只有三言两语,但大家对这个人物的印象却异常深刻、鲜明,主要就是由于她的语言有着鲜明的个人特色,是充分个性化了的缘故。她初出场时(和她在一起的有觉新的继母周氏、四婶王氏、五婶沈氏等),正看到那个孔学会会长、假正经的老头子冯乐山从另一个门走出去,于是:

钱太太　（指着,一字一字地）方才出去的是谁？（大家等着看笑话,除了周氏,都在幽默地互相望着。）
王　氏　冯……冯乐山、冯老太爷！
钱太太　（厌恶地）哦,那个老混帐！
沈　氏　（笑问）怎么？
钱太太　（翻翻白眼）干干净净的屋子,不提这种人！（回首四面打量洞房,不理沈氏。）

她才一开口,一个性情怪僻,却又异常耿直、真率的老太太的形象,就像浮雕一样清晰地矗立在人们面前了。而一旁的王氏、沈氏等人,在和她的相互映衬下,也神情如画。

在另一个地方,我们又遇到了这位老太太,当她正和觉新的继母周氏、五婶沈氏在一起时,瑞珏替她改好了一件坎肩,拿来让她试试,于是我们又听到了她那爽朗、直率而又真挚的声音:

瑞　珏　（微笑着）大姨妈,改好了。（持起夹坎肩）您穿上试试吧？
钱太太　（快慰地）好快呀。（一面穿一面喜爱地望着珏。珏低头为她系着纽扣。）好,好。
沈　氏　我们少奶奶的针线怎么样？
钱太太　（满意）好,好！你看,正合适！（望周氏,夸赞瑞珏）改得多巧啊。（不觉拉起瑞珏的手,握在自己手内）四妹,我可喜欢你这个儿媳妇！（抚摸着,笑着）你看,她的手多"肉头"（"丰满"的意思）啊！
周　氏　（说笑话）那就给你做干女儿好不好？

钱太太　（爽快）好，自然好。（对瑞珏）你愿意不？

瑞　珏　（羞涩地点点头）愿意。

钱太太　（不由摸摸她的丰润的面颊）哎，这哪像生过孩子的母亲哪！（和悦地）你自己都是个孩子嘞！（忽然眨眨眼）怪，那一天是你吗？

沈　氏　哪一天？

钱太太　（嫌她记性坏，不耐烦的口气）就那天，他们结婚那天。我在新房里碰见的（望周）是她么？

周　氏　（笑着）不是少奶奶，是哪个？

钱太太　（回头又端相瑞珏，十分正经地）怎么看着，比那一天倒小了呢？（指着瑞珏笑）你呀，好，好，胖胖答答的，是个有福的相。（对周，忽然板起面孔说）我可不喜欢我那个女儿，脾气古怪，这第一就不像我。

一声声是这样的干脆爽快，决没有一点敷衍做作。她嘴上如果说是欢喜一个人，那她就真是从心底里欢喜了这个人；而如果她在心里讨厌着某一个人，那么，她的嘴也决不会轻易放过这个人。这里，最使人感到有趣的是她说到她女儿的话。她自己素来是以"脾气古怪"出名的，她却说她女儿"脾气古怪，这第一就不像我"。这真是只有她才会有那种想法，也只有她才说得出这种话来。不论是当时在场的人，还是我们今天的读者和观众，看到这里，谁都禁不住要哑然失笑。但在她，这却是一句极自然、极平常的话，在她看来，她的性格当然是最正常、最合情理的，而她女儿那种多愁善感的脾气，就不免有些古怪了。作者在刻画这个人物时，能创造出这样高度个性化的语言来，真是非常值得称道的。

同这位钱大姨妈形成一个尖锐的对照的，就是那个假道学冯乐山。他的性格正好跟心直口快的钱大姨妈相反，是极端的虚伪做作、阴险刻毒的，他的语言也就另有一种特色。下面是他在高老太爷（简称高）和他的第五个儿子克定（简称定）陪伴下出场时的情况：

冯乐山　（似乎沉浸在崇高的冥想中，握着诗稿，连连做声，像在自

>   语）嗯,嗯,我就爱它一片潇洒,一片灵气,一种神清骨寒
>   的气息,不见一点肉,而温柔尽致,绝代销魂!
>
> 高克定　（不知为什么连连应声）是,是,是!（忽然忍不住搔首弄
>   耳）您说这是——
>
> 冯乐山　（目光忽然冷澈如水）你们令尊大人的诗!
>
> 高老太爷　（望了克定一眼,转对冯乐山）评价太高了,评价太高
>   了!
>
> 冯乐山　（十分端重而含蓄地）真是"公诗如美色,未嫁已倾城"。
>   （四面观望）

他的吐属别有一种风调,仿佛真是超尘拔俗脱尽了人间烟火气似的。

> 高老太爷　（对冯乐山）这次承冯乐老为舍下长孙作伐,又拜领这
>   么重的厚礼,真是——
>
> 冯乐山　（十分豁达）你我多年友好,总是应该的,应该的。——
>   （微笑）人老了,万事都看得淡,独有为人忙儿女的心,老
>   而弥切。
>
> 高老太爷　（笑着）这也是一种积功积德的事。（忽然想起）哦,前
>   些天听说冯乐老又收下一个女弟子,呃,呃,么?
>
> 冯乐山　（似乎在支吾）啊?——哦,是的,不错,有这么一件。（稍
>   停,庄重起来）还算有慧根的。还好,还好,一个女孩子最
>   难得有灵性。（见高老太爷点头,又非常字斟句酌地）遇
>   见一个有慧根的孩子,我不忍看她堕入污泥。佛说"慈
>   悲,"孟子曰"不忍,"都是一片爱惜好生的心肠。世上断
>   没有眼看着人要落水而不肯援之以手的道理。

你看,他的辞气是这样的雍容舒徐,声调是这样的抑扬顿挫,真不愧是孔学会会长!然而,当高老太爷一提到他的"女弟子"时,他就不免要露出一些慌张之态,他的内心的丑恶的一面,就不由自主地被泄露出来了。这里,作者让他用"啊?——哦,是的,不错,有这么一件"这样的语

调,来传达他那由惊慌而逐渐镇定过来的内心过程,是十分准确而传神的。

就是这个老头子,害死了高家的婢女、三少爷觉慧所爱的鸣凤,又把高家另一个婢女、四太太王氏身边的婉儿,要过去糟蹋了。在高老太爷庆寿的日子,婉儿回到高家给他的老主人拜寿。当她正在向王氏诉说着在冯家所受的蹂躏时,忽然这个老头子从阁门后缓缓地出现了,他只是轻轻地、而且还是"和蔼可亲地"喊了一声"婉姑",就把个婉儿吓得面无人色,立刻站了起来。他当然知道,在王氏面前,婉儿是不会有什么好话说到他的,但他却丝毫不动声色,仍是一副温文尔雅、从容不迫的神气。紧接着"和蔼可亲"的"婉姑"一声以后,便是"婉姑在这儿跟旧主人叙家常了吗?"这样的一句见面时的极普通的问询话。在我们听来,这声音一定也是同样的"和蔼可亲"的,然而在婉儿听来,这里面却分明有着警告与恐吓的意味,他的意思其实是:"你在向她诉苦吗?你在把在我那里的真实情况告诉她了吧?"果然,后来当王氏一走,只剩下他和婉儿两个人的时候,他就立刻责问婉儿:"哪个叫你出门的?""你方才对他们说了些什么?"在这一前一后的两种断然不同的声音语调里,这个假貌伪善的老头子就原形毕露了。

最能见出作者语言艺术的勾魂摄魄、传神写真的功夫的,是下面这一段对话。这就是发生在当婉儿的诉说被冯乐山的出现打断以后,王氏想叫婉儿到她屋里去坐坐,以便把话头继续下去的时候。冯听到王氏要留住婉儿,就:

冯乐山　(不便拦阻)也好,也好,去谈谈去吧。不过现在又是老太太要烧香的时候了吧?你是否该回去了呢?

王　氏　(机警地)别,好容易才来一趟。就多说一会儿话,老太太那么个慈悲人,也不会见罪的。走吧,婉姑!(拉着她就走。)

(婉姑一直恐惧地望着他。)

冯乐山　(一面是峻厉可怖的目光恶狠狠地盯着她,示意叫她留下,一面又——)去吧,去玩去吧。平日也真是太苦了婉

　　　　　　　姑了，(非常温和的声音)去吧！
　　婉　儿　(不由得止步)太太！
　　王　氏　(回头)怎么？
　　婉　儿　(颤抖地)我——
　　冯乐山　(和颜悦色)去吧，去吧。
　　婉　儿　(怯怯地)那我去了？(与王氏一同转身。)
　　冯乐山　(又是冷峻森森的目光)去吧，去谈谈去吧。
　　婉　儿　(回首望着他，只得又——)太太！
　　王　氏　(笑着)怎么啦，这孩子？
　　冯乐山　(慈祥地)是啊，真是个孩子，去吧，快去吧！
　　婉　儿　(晓得不能走，对王)我不去了。
　　王　氏　来吧！
　　婉　儿　您先去，我就来。
　　冯乐山　(洒脱地)也好，你先给我到楼上研研墨，我索性把那副长
　　　　　　条写了吧？
　　婉　儿　(点头，哀恳地)太太，您去吧。

这简直是一幅绝妙的图画！不用搬上舞台，这三个人的举动神情，就已十分清晰地在纸面上站立起来了。我们看，这个像恶魔一样的老头子，在人前总是那么彬彬有礼，从来看不到他有疾言厉色的时候，然而他却能用他的温和慈祥的语调，叫像婉儿这样的女孩子怕成这个样子，作者的这样的刻画，真说得上是入木三分了。

《北京人》里的江泰的语言，也有着特别鲜明的个性色彩。试看下面这一个场面。那是一个深秋的傍晚，姑奶奶文彩正坐在一张靠椅上织着毛线坎肩，我们的这位姑老爷江泰则靠在一张旧沙发上，右手拿着一本《麻衣神相》，左手拿着一面破镜子，一面看看书，一面照照镜子。他是那样的专心致志，文彩好几次想跟他说话，都叫他不耐烦地顶撞回去了。隔了一会，文彩又打起精神，重新提起话头，向江泰温和地发问道："泰，你在干什么？"于是：

江　泰　（翻翻眼）你看我在干什么？

曾文彩　（勉强地微笑）我说你一个人照什么？

江　泰　（早已不耐烦，立起来）我在照我的鼻子！你听清楚。我在照我的鼻子！鼻子！鼻子！（拿起镜子和书到一个更远的椅子上坐下。）

曾文彩　你不要再叫了吧，爹这次性命是捡来的。

江　泰　（总觉文彩故意跟他为难，心里又似恼怒却又似毫无办法的样子。连连指着她）你看你！你看你！你每次说话的口气，言外之意总像是我那天把你父亲气病了似的。你问问现在谁不知道是你那位令兄、令嫂——

曾文彩　（只好极力辩解）谁这么疑心哪？（又低声下气，温婉地）我说，爹今天刚从医院回来，你就当着给他老人家拜寿，到上屋看看他，好吧？

江　泰　（还是气鼓鼓的）我不懂，他既然不愿意见我，你为什么非要我见他不可？就算那天我喝醉啦，说错了话得罪了他，上个月到医院也望了他一趟，他都不见我，不见我——

曾文彩　（解释）唉，老人家现在心绪不好！

江　泰　那我心绪就好？

曾文彩　（困难地）可现在爹回了家，你难道就一辈子不见他？就当作客人吧，主人回来了，我们也该去问声好，何况你——

江　泰　（理屈却气壮，走到她的面前又指又点）你，你，你的嘴怎么现在学得这么刁？这么刁？我，我躲开你！好不好？（赌气拿着镜子从书斋小门走出去。）

翻翻相书，照照镜子，江泰真是穷愁潦倒，落魄无聊之极。而他这里所说的话，都是那么简短、急促而又好重复，也活是一个脾气急躁而又心情恶劣的人的口吻。特别是最后，明明因为的确是自己礼数欠缺，没有话好回答文彩，他却居然还能那么声粗气壮地指责文彩嘴刁，仿佛倒是他自己受了委屈似的。这倒也不一定是因为他不肯认错而故意装腔作势,他心里多半的确是这样想的。他没有曾皓、思懿等人的把无理说成有理的本领,但在他,无理也是有理的。因为他向来是习惯于只从自己那一面看,而不知道设身处地地替人家着想的。只从自己那一面看,他自己的所作所为,就自然总是有理的。所以他说起话来,总是那么理直气壮,总有"自反而缩,虽千万人吾往矣"的气概。而这里文彩所说的每一句话,也都符合于她的温厚懦弱的性格,也活画出了一个对丈夫百依百顺、屈意承迎的妇女的形象。

再从《明朗的天》中举一个例子看看。凌士湘为了找寻田鼠,居然整天未进实验室,不知跑到哪儿去了。这叫他的学生和助教、那十分敬爱他的何昌荃,非常担心。何刚生过盲肠炎,也顾不得休息,就跑去找教务长江道宗,要他设法解决实验用的田鼠问题。正在这时,凌士湘从外面跑了进来。于是:

何昌荃 凌大夫,你可回来了!你到哪儿去了?大家真着急了,你这么晚才回来!

凌士湘 (对何昌荃,不满意地)你又到这儿来了!我昨天还嘱咐你好好养病,可是你今天乘我出门,又跑去做实验了!你去干什么?

何昌荃 (关心地)田鼠找到了吗?

凌士湘 你不要管。你开了刀,还没拆线呢。回到病房去!我要叫他们把你这身衣服没收。

何昌荃 (笑嘻嘻地)我在实验室看见你的饭盒子又冷了,别忘了叫他们给你热一下再吃。

凌士湘 走!走!走!不要啰嗦了。

这一对师生之间的那种互相关心、互相爱护的真挚感情,在这一段短短的对话中,表现得多么的深刻、动人呵!"凌大夫,你可回来了!"这一声里,该是蕴藏着多少的关切与欣慰之情!仿佛何昌荃心里挂着的一块石头,这时总算放下来了。但他又止不住要对这位心爱的老师微露责怪之意:"你这么晚才回来!"(多叫人不放心呵)接下去,这两个人的对话真妙,各人都只管说着他自己的话,完全不答理对方所发出的询问或埋怨,仿佛谁也没有听到对方说些什么似的。然而他们每一个人所说的话,却又都是关于另一个人的,他们每一个人的心,却又都放在另一个人的身上。这样的师生关系,真是多么令人称羡!而这两个人的性格,从这一段对话中,也十分鲜明、十分生动地被表现出来了。

人物的语言,透露出他的特殊的生活经验、教养和心理,每个人都各以他自己所特有的方式来讲话,我们从人物的独特的语言中,就可以推知这个人的性格形成的社会历史背景。所以,作家们都非常重视人物语言个性化的工作,都竭力想为他的人物找到适合于他们的个性的独特的说话方式——独特的语汇、独特的语句结构、独特的语调节奏,等等。也只有在把握住了人物的独特的说话方式以后,作家才有可能借助于对话而创造出鲜明生动的人物形象来。特别是剧作家,他除了通过对话来塑造人物以外,没有其他的路可走,因此,人物语言的个性化,对于剧作家来说,就更是一件头等重要的事。奥斯特洛夫斯基就曾这样说过:"我们认为,塑造典型的第一个必要的艺术条件便是忠实地给出典型人物的传达方式,就是说,他的语言甚至口语的癖性。"[①]曹禺剧作中的人物之所以能显得那样的鲜明生动,在很大的程度上,就是由于他的每一个人物的语言,都是有着与众不同的个人特色的缘故。不过,应该指出的是,曹禺的人物语言的个性化,并不仅仅是由于他把握住了人物的独特的语汇、独特的语句结构、独特的语调节奏等语言癖性而来,更主要的是由于他能时时扣紧戏剧冲突,对人物所处的规定情境以及他们的内心动态,有着十分深刻而真切的体会的缘故。台词的强烈的动作性,使曹禺的剧作生动紧张,扣人心弦;台词的浓厚的抒情性,使曹禺的剧作情味隽永,发人深思;而台词的鲜明的个性化,又使曹禺剧作中的人物,显得那样的具体、真切,仿佛就是在纸面上也可以触摸得到似的,给他的剧作带来了无限的艺术的魅力。

台词的鲜明的个性化,可以说就是曹禺戏剧语言的第三个优点,同

[①] 转引自季摩菲耶夫:《文学原理》第 228 页。

时也是它的第三个特点。

四

强烈的动作性、浓厚的抒情性和鲜明的个性化,以及以强烈的动作性为主的这三者的密切结合,构成了曹禺戏剧语言艺术的总的特色。此外曹禺同志在戏剧语言艺术方面还有一些其他的优点,尽管是比较次要的,却也值得提一提。

在曹禺同志的剧作中,我们找不到生冷怪僻的字眼和冗长别扭的句子。他的台词,都写得简短而响亮,演员容易说,观众容易听,完全符合舞台演出的要求。同时他的台词虽然简短,却不贫乏,不干枯;虽然易说易听,却不单薄,不浅露;而是凝练含蓄,意蕴深厚,充满着潜台词的。如我们上面所举到的许多例子中,有许多对话都有好几层、好几方面的意思,或者言在此而意在彼,或者言有尽而意无穷,给予导演、演员以许多挖掘与再创造的机会,而使观众和读者也大有咀嚼回味的余地。他的有一些台词,还写得十分的机智,有风趣,而同时又非常的紧凑、传神。例如《家》里面,冯乐山正在用烟蒂头烫婉儿的手腕,不料被觉慧当场捉住,痛骂了一顿。冯恐吓着说回头要告诉觉慧的祖父来管教他。恰巧这时高老太爷由克明陪着进来了,于是觉慧对冯说,你现在就可以跟我祖父讲了。高老太爷问是什么事,冯当然不敢提适才的事,他就一面十分愠怒,一面狞笑着支吾道:"哦,没什么,没什么,一两个,一两个字句间的斟酌。"这样说,既显出冯乐山的搪塞的巧妙,而同时,在语气间也充分泄露出了他的心情的慌乱,确是非常的紧凑、传神的。又如《北京人》中,正当杜家吵着要抬曾皓的漆了一百多道的棺材,一家人一筹莫展,只好眼看着棺材让杜家抬走的时候,江泰忽然说他有办法,他可以找朋友想法去,而且说是决无问题。这一举动是这样的出人意外,曾皓也不禁给他弄糊涂了,似信非信地问文彩:"江泰这个东西是怎么回事?"文彩却满有把握地回答说:"爹,您放心吧,他平时不怎么乱说话的。他现在说有办法,就一定有办法。"大家知道,江泰这个人素来是好大言而少成事的,有一次文清在说到他时,就曾这样说过:"他也是跟我一样,我不说话,一辈子没有做什么;他吵得凶,一辈子也没有做什么。"而现在文彩却说他"平时不怎么乱说话的",这与实际情况相去该有多远!这句话,随便出诸任何其他人之口,都会是一句明显的谎话,或是有意的挖苦、讥嘲,但在文彩嘴里说出来,却是十分真诚的。通过这句话,就把一个对自己丈夫十分崇拜的女子的心理神情活画出来了,同时又给人一种滑稽之感,读到这里,谁都不免要忍俊不禁。又如《雷雨》中,鲁妈一心想要见一见自己近三十年不见的儿子周萍,想不到竟亲眼看到他动手打了自己的另一个儿子鲁大海两个巴掌,她心头真有说不出的沉痛与悲愤,不禁大哭着走到周萍的面前责问他说:"你是萍,……凭——凭什么打我的儿子?"这一转口,非常贴切地传达出了鲁妈当时的万分悲痛而又复杂的感情,同时,也显出了作者语言的机智。像这样的例子,如果要举的话是还可以举出好多来的。总而言之,曹禺同志的戏剧语言除了动作性、抒情性、个性化之外,还有一、简短响亮、易说易听;二、凝练含蓄、意蕴深厚;三、机智明快、传神紧凑等优点。

此外,曹禺剧作中的舞台指示,特别是人物的出场介绍,写得也极有特色。

本来,戏剧主要是通过人物自身的台词和动作来塑造性格、发展冲突、表现主题的。在舞台上,既没有作者插嘴的余地,在剧本中自也毋须作者多作不必要的说明;说明过多,反会束缚了导演、演员对人物性格的发掘和创造。所以,一般剧作在人物出场时。通常只对他的外形服饰略作介绍(有时,甚至连这些也不需要)。至于思想、性格则绝少涉及。曹禺同志的作法,却颇违常例。他的出场介绍,不但清晰地描画了人物的外貌,而且还直入他的内心世界,把他灵魂中的最隐秘的东西也给掏了出来,而字数也有长达几百字甚至上千字的。他这样作,可能有人会不以为然,认为这已经超出了剧作家的职责范围,而更像是一个小说家在越俎代庖了。我却不这么想。也许是出于个人的偏爱吧,我有时甚至嫌他写得过于简短了。而对于他在1959年出的《雷雨》新版本中对繁漪的介绍所作的删削,更是深深地感到惋惜。这样的删削,一面固然汰除了一些不必要的杂质,使文字显得更纯净了。但同时,却也被洗去了不少光泽,从色调上看,就不免远不如原来那样的绚烂耀眼了。

固然,"戏剧只活在舞台上"(果戈理语),剧本应该是为演出而写,估量一个剧本的成败,主要也应该根据演出,根据舞台实践。但是,如果把剧本作为一种独立的存在来看,就是说,如果把它作为一部文学作品来看,那么,只要这些出场介绍是写得符合于文学特征的,艺术价值高的,而且是同从台词中所体现出来的人物性格相一致的,那么,尽管它对于舞台演出来说是不必要的、可有可无的,仍应该认为是好的,仍应该从文学的角度来加以肯定。而曹禺同志剧作中的这些出场介绍,则的确是写得非常出色的。往往着墨不多而人物的精神尽出。他用的不是贴标签式的为人物做鉴定的办法,而是用的形象塑造的办法。他似乎是把将要通过戏剧对话的形式表现出来的东西,先就在文学特写的形式中把它完成了。作为一个真正的艺术家,曹禺总是形象地把握现实的,他对现实的理解和主张,也总是以形象的形式出现在他的作品中的。出场介绍也不例外。所以,这里决没有会不会限制导演、演员对人物性格的发掘和创造的问题;相反,只有提供了他们以更丰富的素材,才更便于他们对人物性格的揣摸体会,更有利于他们进行再创造的活动了。

剧本通常也不需要描写环境,只需标明故事发生的地点,如果事件是在室内进行的,顶多再简单地说明一下室内的陈设布置就行。在曹禺同志的剧作中,特别是在《北京人》和《家》中,却常常有大段大段的环境描写。这些描写,对于剧本来说,也似乎完全是多余的、不必要的。其实不然,因为这些描写,不但清晰地勾勒出了人物活动的环境,而且还十分生动逼真地渲染出了一种和故事的进展,和人物的精神状态息息相通的情调气氛。通过这些描写,我们一下子就进入了人物活动的世界,对剧中将要发生的一切,预先就在内心准备好一种迎接它们的适宜的情绪节奏。这样,就使我们更能感受这个剧作的妙处,更能领会这个剧作的思想意义。对于读者能产生这样的效果,对于导演和演员难道就会没有帮助吗?毫无疑问,这些描写也一定会使导演和演员能够更加具体地看清人物活动的背景,更加深入地把握人物行动的内心依据,而有助于演出质量的进一步的提高的。

还有,作者为帮助演员掌握人物说话时的动作和语调而写的一些舞台指示,也极为出色。这些指示是和人物的台词不可分割的,它们本身就是台词的延伸,台词的一部分。有时,要没有这些指示,我们就很难领会人物台词的含义和情味。譬如,我们前面引过的《家》里面钱大姨妈出场那一段的台词中,要是删去了括弧中的文字,虽然仍不失为一段好台词,但味道就要差远了。而冯乐山和婉儿、王氏三个人的那一场戏(就是冯乐山嘴上叫婉儿"去吧,去吧",而眼睛却示意要她留下的一场戏),如果没有舞台指示,那我们就简直不知道他们三个是怎么回事了。试看作者在瑞珏开始说出她的大段独白以前所写的舞台指示:

　　缓缓地抬起头,漆黑的眸子怯怯地向四面觑视,闪露出期待抚慰的神色。一种孤单单的感觉袭进她的心里,使这离开了家的少女,初次感觉复杂到不可言状的情怀。她低声叹了一口气,一时眼前的恐惧,希望,悲哀,喜悦,慌乱,都纷杂地汇涌在心底,终于变成了语言,低低地诉说出来。

　　她的声音亲切温婉,十分动听,如湖边一只小鸟突在夜半醒来,先还凄迷地缓缓低啭,逐渐畅快而悲痛地哀歌起来。

这该是写得多么美丽。它不但把这个少女当时的神情举止,像电影镜头一样清晰地展现在我们眼前,而且还渲染出了一种充满诗意的气氛情调,为她的大段诗白的自然涌现事先做好准备。

在曹禺同志的这些出场介绍、环境描写和舞台指示中,也像在他的台词中一样,我们感到最突出的一点,就是作者的内心视象的鲜明。仿佛他所写到的这一切,真的栩栩如生地在他眼前矗立着似的,所以他才能那样逼真地用文字把它们描画下来,又让它们同样清晰地在我们的眼前再现出来。曹禺同志十分强调剧作家要有对生活的"真感受",要对他所写的东西"真知道",这确是非常正确、非常重要的。一个剧作家,只有在对他所要创造的人物有了生活实感以后,才能引起创作过程中所不可缺少的内心的热力和内在的沸腾,才能把人物写活。在生活中,我们说的是我们在自己周围确实见到或在心里见到的东西,是我们真正感到、真正想到的东西,是确乎存在于现实中的东西;我们是在这些东西的影响下说话。而剧本中的人物所说的话,却是出于剧作者的虚构,是从剧作者的创造性的想象中产生出来的。剧作者一定要在想象中真地看到了他的人物所处的现实情境,一定要知道了人物的情欲、意向和心理状态以后,才写得出真实有力的、确是人物自己所要说的话来。剧作家对于生活的观察愈敏锐,对人物的理解愈深刻,在生活中,在人物身上所看到、所摄取到的东西愈多,他的内心视象就愈鲜明,在他的语言中就能包括更多生动的现实内容,更富于潜台词,而他也才更能写出真实、生动的人物形象来。曹禺同志剧作中的语言之所以能这样的鲜明生动,这样的富于魅力,就是跟他对现实生活的真实的感受和丰富的体验分不开的。

曹禺同志的戏剧语言的成就和优点,是历数不尽的,而且恐怕也不是像我这样水平低、能力差的人所能充分说清楚的。我国传统的戏曲,一直是跟歌舞结合在一起的,脱离歌舞而专靠对话来刻画性格、表现冲突、反映现实斗争的话剧,是本世纪初才从国外移植进来的[①],所以它在我国还是一种后起的、比较年轻的艺术形式。几十年来,特别是新中国成立以来,我国的话剧事业有了很大的发展,出现了许多优秀的、深受广大人民群众欢迎的剧本。我们把 Drama 译做"话剧",也许是为了要突出它的区别于传统戏曲的歌舞性的缘故,但也不免因此产生了一些误解。在欧洲,Drama 一词原意指的是"动作"(在舞台上的动作),戏剧总是应该以动作为主的。称做"话剧",就不免使一些人以为只要写上一些对话就可以构成一个剧本了,因此我们的有些剧本,常常流于空洞乏味的议论和一般性的叙述介绍,而缺乏戏剧应有的动作性,这恐怕是与这种误解有关的。而曹禺同志剧本中的对话,却是充满着强烈而紧张的动作性的,这一点,我觉得是特别值得我们年轻的戏剧工作者学习的地方。

1962 年 9 月

[①] 当然,我国传统戏曲中,也未尝不包含着可以作为话剧发展的基础的东西,譬如传统戏曲讲究唱、做、念、打,其中的"做"与"念",就是属于话剧的要素。所以,也有人认为话剧并不完全是舶来品。

曹禺先生追思

前年年底,我去北京出席中国作协第四届理事会的最后一次会议,到京的第二天就听说曹禺先生逝世了,心不禁一沉。虽然早就知道他卧病多时,很难有康复的希望,但对于这样一位才华盖世,为中国的话剧事业建立了不朽功勋的艺术巨星的殒落,还是不能不深深感到悲痛。我虽然算不上曹禺先生的学生,却曾经听过他的课。1942年我从中央大学毕业,正在附近的一所中学里担任国文教员。我的老师、中央大学国文系主任伍叔傥先生告诉我,他已请了曹禺先生来教戏剧,我如有空可以去听课。可惜因为当时中学国文课钟点多,还当了班主任,实在抽不出时间,我只去听了一二次,但已给我留下了十分深刻的印象。那时曹禺才三十出头,双目炯炯有神,他讲的内容我已记不真切,只记得他引用到莎剧中的台词时,常能用原文背诵如流;抑扬顿挫,声情并茂。学生都深深地为他所吸引,倾倒不已。我因为工作关系,不能继续听下去,感到非常遗憾。

不过,在听他讲课以前,我已见过曹禺一次了。但那一次他是演员,正在舞台上演出。不记得那是1938年还是1939年了,他和宋之的合作写了《黑字二十八》(原名《全民总动员》)一剧,并且亲自登台饰剧中的一位资本家侯先生。我是特地从沙坪坝(中大所在地)赶到重庆去看此剧的。记得剧中的黑字二十八一角是由赵丹扮演的,白杨则饰侯先生的女儿,一位交际花。我看曹禺演戏,还不止这一次,后来在1943年,也是在重庆,还看过他演《安魂曲》,他就扮演剧中的主角莫扎特,女主角艾洛霞则由张瑞芳扮演。那是一次十分成功的演出,曹禺作为一个演员的才能,得到了淋漓尽致的出色表现。此后,在全国解放以前,我还见过曹禺一次。1946年他同老舍一同应邀去美国讲学,回来以后曾写过一个电影剧本《艳阳天》,1948年由上海文华影业公司开拍,因为文华没有摄影棚,借用了昆仑公司的摄影棚。我当时正在交通大学任国文教员,班上一个学生是昆仑公司制片主任孟君谋先生的儿子(我已忘了他叫什么名字,后来一直没有同他联系,也不知他现在在哪里),他请我去观看。该片的导演由曹禺自己担任,演员有石挥等人,当时看到的正是石挥的一个镜头。我虽然两次看过曹禺的演出,还曾听过他的课,但因他并不认识我,所以也就没有和他打招呼。真正和他见面相识,那是1979年第四次文代大会时的事了。

记得那次是由剧协的陈刚同志陪同我一起到曹禺家中去拜访他的。三十多年未见,他显然老多了。人有些发胖,不过精神还好,声音也还响亮。看到我,他似乎很高兴,说读过我的文章,很欣赏,并说了许多好话,又热情地到书房里去找出他的作品签名送我。那次收到的有《曹禺选集》、《柔密欧与幽丽叶》和载有他的新作《王昭君》的1978年11月号的《人民文学》,此外还有一二本别的书,——郑重地写上了我的名字。在那次谈话中,他还说到他还有几个剧本要写,已经酝酿多时,几个人物的形象常在脑中跃动,但自觉精力不行了,思维常常会中断。就在我与他谈话的几十分钟之内,就出现过不止一次的中断现象。看到这种情形,不禁有些凄然,深为他在长达十年的"文革"中,因身心受到摧残,使他未能充分发挥他的才华而感到无限的痛惜与悲愤。

此外大概还曾见过一二次,时间已经记不确切了,大都是在中国作协的会议期间。有一次是在国谊宾馆(当时还称国务院第一招待所)的一个休息室里,夫人李玉茹还削了苹果给我们吃。另一次可能是作协理事会开会期间,记得那次我曾向他提起,有一年上海一个剧团演出《雷雨》,虽然那时已经是"四人帮"被粉碎以后了,但他们那一套极左思想的余风流毒,还远未肃清,那晚我在市里开会回去,一进家门就听到电视里正在转播演出实况,觉得那声气口吻听起来颇不是味道,进去看了一下,实在看不下去,就不再看了。曹禺听后说:"你还能够不想看就不看,我是人家老早就郑重其事地跟我打过招呼,说某月某日电视台将通过卫星转播《雷雨》的演出实况,要我务必看一下。我就只有耐心看下去了。"隔了一会,他又轻轻地仿佛自语般地慨叹着说:"不知道这些老先生为什么都那么'左'啊!"从他这一声叹息里,我觉得听到的不仅是对"这些老先生"的困惑和不解,也包含着一种无奈,一种深切的自嘲和自我反思的心情。大家只要回想一下,解放初他曾亲自动笔修改过《雷雨》,把一部名作改得简直令人无法卒读,作为一个真正的艺术家,一个酷爱美、对美有着十分敏锐和细腻的感觉的艺术家,怎么会作出这种大煞风景的事来呢?他这样做了以后,心头是不可能不感到极大的痛苦的。然而他毕竟这样做了,这又是为什么呢?而且,从此以后,他为什么就再也没有写出过堪与《雷雨》等早年作品相匹敌的剧本来了呢?

这恐怕是多年来一直压在人们心底的一个问题。一个不但使曹禺不能不时时为此而痛苦,也使许多钦佩曹禺的才华,关心、爱护这位20世纪中国最杰出的戏剧家的广大观众和读者时时感到痛苦的问题。1933年,曹禺不过23岁,还正在大学读书,就写出了震惊文坛的名作《雷雨》。此后,在短短的二三年的时间内,又接连写出了使观众迷醉、读者倾倒的《日出》和《原野》。假使曹禺一生就只写了这样三部戏,也足以使他成为中国话剧史上的一座巍岸的重镇,威名永存了。然而此外他还写了不少别的作品,特别是他还写了《北京人》和根据巴金同名小说改编的《家》。这两部作品,无论作为舞台剧还是作为戏剧文学来说,都是一流的上乘之作。岁月尽管不断流逝,而这两部作品将保有它们永恒的魅力。从《雷雨》的写作到《家》的出版,前后不足十年,曹禺就创作、改编和翻译了十来部戏剧作品,单就数量来说,也不能算少了;论到质量,则更可以说差不多都是精品。所以,在中国现代文学史上,曹禺的确是建立了丰功伟绩的。尤其以艺术才华而论,本世纪30年代以来的中国是罕有其匹的。对于这样一位在人们心目中早就确立了很高的地位和很好的形象的作家来说,人们对他的期望当然也不会低。然而解放以后,许多年过去了,多产的曹禺却未见有新作问世。直到1954年,人们才又看到了他的《明朗的天》。此后一直到他逝世为止,他在新中国生活了将近五十个年头,却一共只写了《明朗的天》、《胆剑篇》(与人合作)和《王昭君》三个剧本。从这三个剧本来看,有些片断也仍旧颇能吸引人,对话依旧生动紧凑,而且不乏机智。曹禺似乎还是宝刀未老,青年时代拥有的才情,并未全然离他而去,他应该还是不缺乏创造的才能的。然而大家又不免感觉到,眼前的这个曹禺又显然并不是我们过去所熟悉的那个曹禺了。他已失去了昔日的光彩,只有在他举手投足的或一瞬间,还能依稀辨认出他当年的旧身影来。这是为什么?人们所喜爱的曹禺到哪里去了?

像这样的问题,今天恐怕还是难于说清楚的。这里面既有客观环境方面的问题,也有作者主观思想方面的问题。客观环境是如何影响与制约作者的主观思想的?作者的主观思想又是如何对这种影响和制约作出自己的反应的?其间的关系是极其微妙复杂的。从现象上来看,曹禺主观上是竭力想顺从客观环境加于他的影响与制约,积极主动地去适应客观环境对他所提出的种种要求的。譬如自动对《雷雨》进行修改,以及在历次运动中的积极表态,都可以表明他的这种态度。但是,一方面他对周围的客观环境未必有正确深入的理解,因而他所作出的反应,也就不见得真能符合客观环境对他的要求。另一方面,他虽然似乎既主动,又积极,但这种主动积极的行动,究竟与他的真实思想、与他的内在心灵融合到何种程度,是大可置疑的。一个作家的创作,外之既不能符合客观环境的要求,内之又并不与自己的心灵相和洽,当然决不可能是成功之作。周恩来总理生前对曹禺解放前与解放后所创作的作品,在艺术质量上所出现的反差现象,曾不止一次地表示过他的困惑和遗憾。在看了《胆剑篇》的演出后,他一面肯定了它的成绩,同时又说:"但我没有那样受感动。作者好像受了某种束缚,是新的迷信造成的。"①艺术总应该能打动人,一个作品的艺术力量的大小,就由它打动人的程度来决定。曹禺之所以被人称为戏剧大师,是因为他解放前所创作的几个名剧,能够强烈地震撼人的心灵,引起人们深长的思考的缘故。而解放后他的作品,却不能使人像以前那样受感动了,他"好像受了某种束缚"似的。作家的心灵如果受到束缚,就像贾宝玉失去了通灵

---

① 《对在京的话剧、歌剧、儿童剧作家的讲话》,《周恩来论文艺》第107页。

宝玉，就灵气全无了。周总理用"新的迷信"来说明"某种束缚"的性质，是非常值得人们深思的。这既说明了这种束缚在客观上是不正确的（是种迷信），也说明了作家在主观上是不应该接受的（不应该迷信）。作为党和国家的领导人，周总理在这样的大会上说这样的话，的确是语重心长的。他既承认了客观上确乎存在着某些不应有的束缚，也十分恳切地昭示作家们不应该盲目接受这些束缚。这些话真是说到了作家们的心坎里，怎么能叫人不感动呢？

然而，尽管有了周总理的这样一番话，那在作家头脑中早就生了根的各种束缚，却决不是一下子就能消除的。何况，在那些个年代里，即使是周总理的话，也并不见得管用，譬如在我们上海，那个"好学生"不是就不许传达周总理在广州会议上的讲话吗？我们知道，许多老作家解放以后的成绩都不如解放以前，这并不只是曹禺一个人为然，不过在曹禺身上表现得特别明显而已。像曹禺这样一些富有才华的作家艺术家，是我们民族的瑰宝，他们之未能充分发挥他们的才华，尽展其所长，是我们国家民族的重大损失。往者已矣，来者可追，现在我们有邓小平理论作为我们的行动指南，小平同志说过，在写什么和怎么写的问题上，应该由作家自己作主，不要横加干涉。相信今后在我们的文艺园地里，一定能够百花齐放，能够不断涌现出各种异彩纷呈的、能够给人以启迪与鼓舞的精品、杰作。这是可以告慰于曹禺先生的在天之灵的。

论鲁迅

目　录

鲁迅杂文的艺术特色……………………………………（ 1 ）
鲁迅的小说………………………………………………（ 30 ）
纪念鲁迅话研究…………………………………………（ 39 ）
论《祝福》的思想锋芒
　　——祥林嫂究竟是怎么死的………………………（ 47 ）
谈《伤逝》………………………………………………（ 57 ）
"揭出病苦，引起疗救的注意"
　　——重读鲁迅小说《风波》………………………（ 64 ）
观察与沉思的结合　外界与内心的交融
　　——鲁迅《秋夜》讲析……………………………（ 71 ）

鲁迅杂文的艺术特色

要谈鲁迅杂文的艺术特色,似乎必须先知道杂文是什么东西,先要了解一下杂文的性质。

"杂文"这名称,最早不知起于何时,见于何书。但挚虞的《文章流别》(此书已佚)和刘勰的《文心雕龙》中都已经把它列为文章之一体。《文心雕龙》并设有专篇,可见这名称至少在一千六百多年前就已有了。所以鲁迅说:"其实'杂文'也不是现在的新货色,是'古已有之'的。"[①]但究竟什么样的文章才被称做"杂文"?"杂文"的性质特点究竟怎样?鲁迅在接下去的话里并没有告诉我们。他只说:"凡有文章,倘若分类,都有类可归,如果编年,那就只按作成的年月,不管文体,各种都夹在一处,于是成了'杂'。"[②]《文心雕龙》中关于"杂文"所说的一些话,对我们也很少帮助。因为那里面所提到的,不管是"对问"体,"七"体,"连珠"体,还是"典、诰、誓、问、览、略、篇、章……"之类,和我们今天之所谓"杂文",似乎都不大相干。不过,它在提到宋玉的"对问",枚乘的《七发》,扬雄的"连珠"时,曾这样说:"凡此三者,文章之枝派,暇豫之末造也。"[③]而这三者,正是被它当做"杂文"的发端的。那么,可见刘勰的意思也就是说,"杂文"乃是文章的枝派,而非正宗了。这一种"非正宗"的看法,恐怕是代表了一般士大夫的传统的看法的。在俞曲园的《春在堂

---

① 《且介亭杂文·序言》,《鲁迅全集》第6卷第3页。
② 同上。
③ 《文心雕龙·杂文》。

全集》中有别题曰《春在堂杂文》者好几十卷,他为什么把这些文章别称"杂文"呢?从作者在序文中所说的"体格卑下,殆不可以入集"等话看来,无非就是这"非正宗"的观念在作祟。因为俞樾以经学名家,而这些文章则无所不谈,不为经义所宥,在他看来,就不免杂而不纯,就只好名之曰"杂文"了。

因此,我就不免疑心,"杂文"中的这个"杂"字,和九流十家中的"杂家"之"杂",说不定是有些瓜葛的。《汉书·艺文志》在谈到"杂家"时,说它"盖出于议官,兼儒墨、合名法。"古之议官,就是后来的"议郎"、"谏议大夫"、"司议郎"之类,他们的职司是出入风议,定事之宜,俾人君可以择善而从。杂家虽非朝廷命官,但其好议论物情,善辩说事理,则颇与议官相似。所以班固认为他们"盖出于议官"。至于"兼儒墨、合名法",乃是说他们出入儒、墨、名、法之间,不拘守一家之言。俞曲园不正是因为他的那些文章出于经学家的所谓义法理学之外,才把它们称做"杂文"的吗?可见这两个"杂"字,即"杂文"之"杂"与"杂家"之"杂",虽已各有所系,却仍是一脉相通的。

但我当然并不想仿效班固,说什么"杂文,盖出于古之杂家"之类的昏话。五四以来的鲁迅式的杂文,是一种新的创造,是鲁迅先生对于中国散文的一个新的开拓,无论形式内容、精神体貌,都非旧的传统所能范围。至于说到继承,我们当然也不能说它与古之"杂家"绝无关系,但难道它不也从《庄子》、《韩非》、《史记》、《战国策》,以至一切优秀的古典散文,都有所承受,有所吸取的吗?事实上,它从后面这些著作中所受到的影响,显然还远较前者为甚,我们怎能说它和"杂家"之间有什么特别的继承关系呢?不过,我觉得,就杂家之好发议论,和不拘于一家之言这一点来说,却跟鲁迅式的杂文的"任意而谈,无所顾忌"的精神,颇有相通之处。鲁迅所谓"无所顾忌",自然主要是就文章的思想内容,就其中的议论与主张而言的;但如果说它也包括文章的形式,也兼指选材与体制的不受拘束而言,我想也是可以的。

说到鲁迅杂文的体裁、形式,那真是无限宽广,决不是某一种文体或笔法所能范围的。譬如,以体裁论,那么正如唐弢同志所说,有叙事的,也有抒情的;有政论性的,也有随笔式的;有日记体的,也有书信体的；有用对话形式写的，也有用寓言故事的形式写的。① 更其复杂的是，我们这里的这种说法，按之鲁迅杂文的实际，也未必合适。叙事的，往往也是抒情的；而不管叙事还是抒情，在鲁迅的杂文中，都是作为一种社会批评而表现出来的，就又都是政论性的。日记与书信，既可以叙事，也可以抒情，当然也可以发表他的政治见解、社会主张。如果拿掉了日记体前面的月份日期和天气的阴晴，以及书信体的收信人发信人的名号称呼，则又不妨称之为随笔。而他的随笔，则正如一切其他体裁的杂文一样，又同时就是政论。所以，不但替鲁迅的杂文下定义很困难，就是分分类也不容易。以笔法论，则也如唐弢同志所指出的，既有婉转含蓄的，也有明白晓畅的，又有隐晦曲折的。而且，有时即使在同一篇之中，也有几种笔法同时并存的，即有的地方是婉转含蓄的，有的地方是明白晓畅的，而又有一些地方则是隐晦曲折的。总之，一切都看对象、看条件、看斗争的需要而定。所以，鲁迅的杂文是不拘于一格的，我们很难从体裁形式上给它立界说、下定义。凡一切政论性的散文，社会批判性的散文，都可以叫做杂文。过去的随笔、杂感，现在的所谓小品文，都可以包括在杂文之内。它的内容是现实的、战斗的，形式是灵活的、多样的；它的生命是言之有物。如果一定要给它下一个简明扼要的定义，那就只能用瞿秋白所说的"文艺性的论文"。这意思就是说，杂文是一种议论文，但这种议论文的文艺性很强。议论文说明了它的内容的战斗性，社会批判性。文艺性指出了它的形式的生动灵活，决不是干巴巴的，平铺直叙的，倒往往是旁敲侧击而又形象鲜明的。它和一般论文的区别，在于它不摆架子，不装门面，随意而谈，无拘无束，显得更加活泼，更加自由。

我们常常说，鲁迅的杂文是诗与政论的结合。其实，如果我们承认杂文是一种文艺性的论文的话，那么，诗与政论的结合，应该是对于一切杂文的要求。就是说，杂文应该既包含诗的因素，又包含政论的因素。而且必须使这二者密切结合，互相渗透，有如水乳之交融。那么，

---

① 见唐弢：《鲁迅杂文的艺术特征》，《文艺报》1956年第20期。以下引用唐弢同志的意见，均见该文。

什么是政论的因素,什么是诗的因素呢？马铁丁同志曾作过这样的解释。他说:"所谓政论的因素,指的是:鲜明的政治内容和社会内容,强烈的新闻性,对事物的准确的分析,清清楚楚的逻辑性。所谓文学的(按即诗的——引者)因素,指的是:叙述和论证的形象性,文学的语言和诗的意境。"①这自然是说得很好,很中肯的。但我想,诗的最高体式是抒情诗,一切发自内心深处,直接从肺腑间流出来的,都有诗的意味。那么是不是可以认为:所谓诗的因素,主要就是指的作品中所表现出来的一种强烈而深厚的感情态度。鲁迅的杂文与一般杂文的一个很大的不同处,不正在于有这种强烈而深厚的感情态度吗？至于所谓政论的因素,很清楚,自然是指内容的时事批判性、社会批判性而言。马铁丁同志又特别提出"对事物的准确的分析",和"清清楚楚的逻辑性"两点来,我觉得也提得很好。因为,我们如果把"诗与政论的结合"作为对鲁迅杂文的赞词,作为向一切杂文提出的一个要求,那么所谓"政论的因素",决不能仅仅是一个题材范围的问题,而应该同时也涉及把握与理解的深度,涉及表现力的问题。一个杂文作者必须对现实现象,对他所议论与批评的对象,有明彻而深刻的理解,必须具有我们通常所说的真知灼见。鲁迅的杂文,正是这种真知灼见与前面所说的强烈而深厚的感情态度的统一,他是以真情实感之笔,来述其真知灼见之说的。而且,特别重要的是,他的这种真情实感与真知灼见,又是从一个伟大的共产主义战士的身上发出来的。所以表现力才能那么深切,感染力才能这样强烈。

我们说过,鲁迅的杂文,无论就体裁说,就笔法风格说,都是千差万别,不拘一格的。这只要大家想一想过去读过的,和这一次指定大家看的为数不多的几十篇文章,如《论"费厄泼赖"应该缓行》、《记念刘和珍君》、《一点比喻》、《无花的蔷薇之二》、《观斗》、《推背图》、《魏晋风度及文章与药及酒之关系》等,就可以有所体会,就可以看出它们相互之间的差别之巨大来了。但究竟因为这些文章同出于一人之手,它们总免不了要有一些共同的特色。就内容方面来说,就是它的强烈的现实性

---

① 马铁丁:《谈小品文》,《文艺学习》1955 年第 4 期。

与战斗性。就形式方面来说,就是形象的鲜明、逻辑的严谨与语言的简练隽永。这只是一种最概括的说法。说得概括就不免抽象,因而也就不免笼统、宽泛。既可用在这里,也可以用在那里;鲁迅的杂文固然可以适用,别人写的好的杂文,也未尝不可以应用上面这些评语。现在我们要探究的是鲁迅杂文的特色,那就是**力求具体**,力求突出鲁迅的个人特点,突出他与众不同的地方,所以还得进一步去找寻。

譬如,就内容方面的现实性、战斗性来说,这是和我们以前说过的他的革命的爱国主义精神,和战斗的现实主义精神不可分的。鲁迅的两只脚坚实地踏在他所生长的土地上,没有什么力量能够使他和他的祖国、他的人民分离,他的双眼紧紧地盯住他周围的现实,盯住他所爱和所恨的一切。他的敌人常说他褊狭,说他多疑,其实这正表现出他对祖国、对人民的无比深厚的爱,这种爱使他不得不对反动派深怀戒心,不得不时时刻刻提防着他们的祸国殃民的阴谋诡计。他的杂文,都是他对人民的爱和对敌人的恨的表现,都是从现实出发,都是为推动现实的革命发展,为祖国、为人民谋求解放的道路而写的。因此,他的题材都是取自现实社会,都是大众所关心的,能够引起普遍的注意和兴趣的现象。特别是他总给他的题材加上一种明确的论战的性质,他常常透过私人问题去照耀社会思想和社会现象。如对章士钊、陈西滢等人的攻击,就是一个显明的例子。鲁迅曾自说他的杂文:"论时事不留面子,砭锢弊常取类型",①这两句话,不但充分说明了他的杂文的现实性与战斗性,而且还说明了他的杂文是现实性、战斗性与形象性的统一。

关于内容方面的特点,我们就简单地说这一些。下面,我们比较着重地谈一谈形式方面的特点。

我们上面说鲁迅杂文的形式方面的特点是:形象的鲜明,逻辑的严谨与语言的简练隽永。这确乎太抽象、太一般化了,从这样抽象一般的评语中,很难真正领会鲁迅杂文的独一无二的特色。必须作进一步的更具体的说明。我首先想到的,只能是就上述三点加上一些限制词,这就变成了这样三条:(一)叙述与议论的形象化;(二)严谨而又活泼生动

---

① 《伪自由书·前记》,《鲁迅全集》第5卷第4页。

的逻辑结构;(三)简练隽永的、充满机智与幽默感的语言。也许还可以加上一条,即(四)独特的、巧妙的讽刺和夸张的手法。但这其实是可以摆在他的语言艺术项下来说的,所以仍只三条。这三条比原来的是要具体一些,但依旧只是一种比较概括的说法,就不免仍嫌宽泛。要避免宽泛,就不得不结合具体的材料,具体的例证,这样,我们就得从抽象的条文,进入具体的说明。

一　叙述与议论的形象化

　　这可以说是鲁迅杂文的一个最大、最根本的特点,也是鲁迅的文学天才表现得最鲜明的地方。文学的一个最根本的特点,就是它的形象性。诗歌、小说、戏剧等文学作品离不开形象,没有形象也就不成其为诗歌、小说、戏剧,也就不成其为文学作品。这三种样式是最容易显示出一个作家的文学才能的场所,所以古往今来的许多伟大的文学家,都通过这三种样式的作品的创作而显示他的文学才能,而向社会宣告他是一个伟大的文学家。但散文,尤其是本质上是一种议论文的杂文,却是可以离开形象而存在的。事实上,它也最容易流于抽象的说理。所以,古今中外很少有人是从这一领域来显示他的文学的才能,来宣告他是一个伟大的文学家的。即使也偶有一些比较特出的,如中国的先秦诸子,罗马的西塞罗,法国的蒙太尼,英国的培根等,其成就也远不能和鲁迅相比,无论就内容的广阔,或是形式的多样来说,他们都瞠乎其后,难以并论。如果把鲁迅比做大海,他们就只能是川泽;如果把鲁迅比做高山,他们就只能是丘陵。就文学这一领域来说,他们是很难称得上是个伟大的文学家的。鲁迅的不可及的地方,首先当然是在于他,如毛泽东所说,不但是一个伟大的文学家,而且还是一位伟大的思想家,更其难得的是,还是一位伟大的革命家。但即使单就文学家的一面来说,他也有非一般人所能及的地方,那就是他的文学才能是那样的丰富饱满,不拘是哪一种形式、哪一种体裁,总掩藏不住他的作为一个文学家的特色;甚至是在日常的谈吐中,也要随时随地地表现出来。前者,有他洋洋十大卷的创作为证;关于后者,也有他的许多亲友所写的回忆文章,为我们提供了不少生动有趣的材料。

郑伯奇同志在鲁迅逝世不久所写的一篇悼念文章中,谈到"左联"成立之初,他和鲁迅一起去大夏大学讲演的一个故事。这个故事很能说明我们这里所谈的问题。

那次讲演是由郑伯奇同志打的第一炮,讲的是当时开始受人注意的文艺与阶级的关系的问题。他用了很多新名词新术语,像什么"意德沃罗辑"呀,"印贴利更地亚"呀,"狄亚列克特"呀,讲了不到一刻钟,听众开始一个一个地向外溜了,到后来,原来挤得满满的一个大礼堂里,就只剩了百十个人了,他只得草草结束。轮到鲁迅登台了,他从容不迫地、像谈家常一样地娓娓谈着。他先从家乡说起,他说,在他的家乡,讨媳妇的时候,是并不要什么杏脸柳腰的美人的,要的是健壮的少女。由这些例子就进而归结到农民和绅士对美的看法的不同,而给"美的阶级性"找出了无可辩驳的证据。同时,又用许多生动而浅显的实例来揭穿唯心论者所说的"美是绝对的"这种论调的错误。郑伯奇同志接下去这样写道:

> 在朴实的语句中,时时露出讽刺的光芒。而每一个讽刺的利箭投射到大众中间,便引起热烈的鼓掌和哄堂的笑声。
>
> 不知什么时候,屋子里添进了那么多的人。偌大的一座讲堂是挤得水泄不通了。连窗子上面都爬着挟书本的学生。①

可能由于过分谦抑,郑伯奇同志对自己演讲的失败,不无夸张之处,但对鲁迅所取得的惊人的成功,我们相信那一定确是如此的。

就是这样,鲁迅无论是谈话、讲演或是写文章,都是议论风生的。但他的议论都不是空洞的、干巴巴的,他很少抽象地发议论,他的议论常常是包孕在事实、包孕在具体现象的叙述或描写中的。他描述事实,描述具体现象的目的,当然是为了发议论,为了表达他对社会、对人生的批评意见,决不是为了猎奇,为了博人一笑。但这些事实,这些具体

---

① 郑伯奇:《鲁迅先生的演讲》,《忆鲁迅》第67页。

现象,在他的嘴上或笔下,又不仅是一种为了引出他的主张、议论来而被随便使用的简单的枯燥的工具,它们本身就是饶有兴味的,能够紧紧吸引住人们的注意力的。当我们一接触到他所描述的事实或客观现象的时候,就立即被那事实或现象的新鲜、有趣所吸引住了,就禁不住全神贯注于这事实或现象,几乎没有工夫来考虑到他所以要说起这些事实或现象来的目的和用意。但是,他说着说着,忽然一下子搭上了目标,点穿了本意,使他的敌人惊愕万分,连表示一下气愤都来不及,而匕首已直入他的咽喉,或者已击中了他的心脏了。有时候,被他鞭打的敌人,在初初听到他的妙趣横生的叙述或议论的时候,也不免要呵呵大笑。但张开的嘴巴还来不及合拢,接着来的一句话就直刺他的心窝,就使他恍然大悟于自己笑得实在不是时候。而与作者站在同一边的朋友们呢,原先也并未料及他会有这一手的,这时自然也禁不住为之眉飞色舞,喜出望外了。

譬如《华盖集》中的《夏三虫》一文,一开头他说,夏天近了,跳蚤、蚊子、苍蝇就要出现了:

> 假如有谁提出一个问题,问我三者之中,最爱什么,而且非爱一个不可,又不准像"青年必读书"那样的缴白卷的。我便只得回答道:跳蚤。

这样的谈吐,真是生动有趣之至,恐怕谁都愿意听听他的理由,到底为什么他比较的喜欢跳蚤,他的理由是这样的:

> 跳蚤的来吮血,虽然可恶,而一声不响地就是一口,何等直截爽快。蚊子便不然了,一针叮进皮肤,自然还可以算得有点彻底的,但当未叮之前,要哼哼地发一篇大议论,却使人觉得讨厌。①

听到这里,恐怕大家都会微笑点头,表示同感的。因为的确蚊子在未叮

---

① 《鲁迅全集》第 3 卷第 40 页。

以前的哼哼声是很令人厌烦而心神不宁的。然而,渐渐的,我们也会注意到他不是说"哼哼"地发出叫声,而是说"哼哼地发一篇大议论",说的是蚊子,但又不完全像是说蚊子。接下去,他又加上一句,说是"如果所哼的是在说明人血应该给它充饥的理由,那可更其讨厌了",这就不能不使听的人觉察到他说的虽是蚊子,实际所指的却是一些作为反动派的帮凶的官场学者、御用文人。这样,那些"学者"、"文人"的刚刚嘻开的嘴巴,就得赶紧合拢来,而且还得赔上一肚子的气恼。而我们呢,在领会了他的这个用意以后,就更不免要放声大笑,感到无比的痛快了。

又如《伪自由书》中的《观斗》一文。一开始,他好像是跟我们随便闲聊。他说,我们中国人爱看斗争。既爱看动物与动物斗,也爱看人与人斗。接下去,他就从斗争说开去,说出了许许多多的使动物与动物斗争的方法:

> 最普通的是斗鸡,斗蟋蟀,南方有斗黄头鸟,斗画眉鸟,北方有斗鹌鹑,一群闲人们围着呆看,还因此赌输赢。古时候有斗鱼,现在变把戏的会使跳蚤打架。看今年的《东方杂志》,才知道金华又有斗牛,不过和西班牙却两样的,西班牙是人和牛斗,我们是使牛和牛斗。

居然有这么多使动物相斗的方法,像什么斗鱼呀,使跳蚤打架呀,真是闻所未闻,我们听着听着,完全为这些事情的新鲜有趣吸引住了,根本没有余暇去想他说这些究竟是什么意思的问题。而他也真像闲聊天一样,索性随便说开去,好像愈说愈远。而其实不然,他的目标是非常明确的,他不是说开去,而是说拢来;不是愈说愈远,而是愈说愈近。他最后不是说到金华的斗牛吗?说到金华的斗牛与西班牙人不同,西班牙是人和牛斗,我们则是使牛和牛斗吗?接下去,他就说:

> 任他们斗争着,自己不与斗,只是看。

从这一句就很自然地过渡到了下面的:

军阀们只管自己斗争着,人民不与闻,只是看。①

读到这里,才知道前面种种只是为引出这一句来,而这一句是出来得何等自然,何等随便!闲闲道来,仿佛漫不经心,而又那样的妙趣横生,即使是被骂的军阀,开头也要被他吸引了,兴味盎然地来读他的文章的。到了发觉被骂,可已经被骂苦了。

还有一点需要指出的是,鲁迅在杂文中描述具体事实或客观现象,目的自然是为了发议论,但又不同于中国传统文章中的所谓夹叙夹议法。夹叙夹议法中的叙述部分,只是作为评论的对象,或者作为立论的根据或例证而被引用的,鲁迅杂文中的具体描述部分,本身就是一种议论。他是寓议论于叙述之中,叙述即是议论。当他从某一具体社会现象中形成一种思想以后,他不是把这种思想从具体现象中抽出来,丢掉这现象而单取从这现象所得出的思想结论。也不是两者并存,现象归现象,思想归思想。而是使这种思想成为发酵素,使它引起事物内部的变化,使它唤醒那本来在昏睡状态中的现象,让现象自己活动起来,让现象自己直接向人们说话,譬如唐弢同志举过的《吃白相饭》的例子就是。白相而可以吃饭,本来是一种很可怪的现象,而一般人却不以为怪。鲁迅就在这种大家看做平常、视为当然的怪现象中,看出了这个社会的本质,但他却并没有因此而大发抽象的议论。不是他不愿意发,而是不需要。因为通过他的叙述,这种意思已经表达得非常鲜明了。他其实已经发过议论了,他的叙述本身就是种最雄辩的、最有说服力的议论。不但倾向性非常鲜明,而且有很强烈的爱憎感。读者只需一看这事实,心头立即就会形成一种很明确的是非感,应该赞成什么,反对什么,毫无迟疑犹豫的余地。作者用不到发抽象的议论,更无需作空洞的呼吁、号召,读者自会站到他一边,自会跟着他走的。他之描述事实,描述客观现象,不但能不失事实和客观现象的原有的具体性、生动性,而且还能使它们更增加一种前所未有的鲜明性与逼人性,逼使人们在这种事实或现象面前要作出何去何从的抉择,不但不能够回避,甚至还不

---

① 《鲁迅全集》第5卷第7页。

容许你犹豫。有人曾说过这样的话：伟大的艺术家借他们的眼睛给我们去看，借他们的耳朵给我们去听，我们本来看不清楚、听不真切的东西，经他们一描画下来，一弹奏出来以后，就看清楚了，听真切了。鲁迅的那枝笔真犹如显微镜，犹如扩音机，读了他的文章，我们就顿时变得耳聪目明起来了。或者说，他的笔犹如酵母菌，犹如触媒剂，事物一经他描述过，一和他的笔端接触，就起了质变，就有了新的意义了。他之所以能如此，固然也在于他的眼光的特别敏锐，在于他的观察的特别深刻，但更其主要的，却是在于他不是个冷漠无情的旁观者，他不是一味冷静地观察，而是在他观察的时候，不能不混杂着强烈的是非爱憎之感，他不能不从一定的立场——从人民的立场，从共产主义者的立场出发来观察问题。他是不能安于冷静地去描绘世界、说明世界的，而是要强烈地要求着去影响世界、改造世界。创"三个冷静"之说的人，枉自做过鲁迅的朋友，实在是一点也不了解鲁迅，一点也不懂得鲁迅文章的人。在《故事新编》的序言中曾经提到早在他1922年写《不周山》（即《补天》）时，就因为偶然看到胡梦华对汪静之的《蕙的风》的批评，当他再写小说时，"就无论如何，止不住有一个古衣冠的小丈夫，在女娲的两腿之间出现了"①。从这一事实，就可以明白鲁迅的胸中是如何地燃烧着火样的热情，他随时随地要求直接对不合理的现象进行抗争，给予抨击。这里正体现了他的作为一个战士，作为一个革命家的不可掩藏的特色，显示出他的作为文学家、思想家和革命家的统一，他的杂文的强大的威力，正是从此而来的。

　　善用比喻，也是鲁迅能使他的叙述和议论形象化的一个重要的原因。比喻的用处，比喻的好处，是大家知道的。用得好，既可以有助于说明道理，又可以增加文章的风趣和吸引力。因而我们也常常喜欢在自己的谈话或文章中运用一些比喻。但我们的比喻，往往不是太浮浅，就是太曲折，不够自然、贴切，是生拉硬扯上来的，和要说明的事理融和不到一块儿。我们用起比喻来，就像一个人为了有求于对方，而忽然破例大大地恭维起对方来一样。让人一听就知道他的用意所在。除非对

---

① 《鲁迅全集》第2卷第341页。着重号是本文作者所加。

方也是一个庸俗之徒,不然,听了他这番恭维话,一定不会觉得受用的。这就是太浮浅。还有一种情形是,譬如一句本来可以直截了当说出来的话,我们却偏要卖弄聪明,或者显示博学,绕来绕去,不知绕了多少弯子,结果反而弄得对方莫名其妙,最后还是不得不由自己把谜底托出来。弄巧反拙,这就是太曲折。鲁迅则不然,他所用的比喻,无不贴切、自然,而且妙趣横生,情味无穷。譬如,他常常把自己比做牛,或说"俯首甘为孺子牛",或说"吃的是青草,吐的是牛奶、血"。说得最有趣的是在《阿Q正传的成因》一文中,他说自己:"譬如一匹疲牛吧,明知不堪大用的了,但废物何妨利用呢,所以张家要我耕一弓地,可以的;李家要我挨一转磨,也可以的;赵家要我在他店前站一刻,在我背上帖出广告道:敝店备有肥牛,出售上等消毒滋养牛乳。我虽然深知道自己是怎么瘦,又是公的,并没有乳,然而想到他们为张罗生意起见,情有可原,只要出售的不是毒药,也就不说什么了。"①这不但非常生动、形象地说明了自己的为人态度,自己的真正精神,而且还毫无自吹自擂之嫌。因为牛在一般人的心目中是蠢笨而下贱的东西,是决不肯拿来自比的。他说得这样的生动有趣,既不是太认真,又不是随便说笑话,就在这种亦庄亦谐,既严肃又滑稽的谈吐中把自己的舍己为人的精神充分表达出来了。

又譬如,他把他所憎恶的"现代评论派"中的一些人比做叭儿狗,也是妙不可言的。比喻是不能随便乱抓的。鲁迅自己就曾说过,平白地把人骂做驴子,或是在人背上画一个乌龟,是起不了什么作用的,因为一点没有相像处。那么"现代评论派"中的"高等文人",怎么会像起太太小姐们所豢养的叭儿狗来呢?鲁迅的不可及处,就在于他善于发掘出事物的本质特点,他能从两种看似漠不相关的现象中,发现它们的共同点。他说叭儿狗:

　　……它却虽然是狗,又很像猫,折中,公允,调和,平正之状可掬,悠悠然摆出别个无不偏激,惟独自己得了"中庸之道"似的脸

---

① 《鲁迅全集》第3卷第376-377页。

来。因此也就为阔人,太监,太太,小姐们所钟爱,种子绵绵不绝。它的事业,只是以伶俐的皮毛获得贵人豢养,或者中外的娘儿们上街的时候,脖子上拴了细链子跟在脚后跟。①

他只是在描画叭儿狗的狗态,一点也没有说到他要骂什么人,甚至连一点暗示的话也没有。然而"现代评论派"中的"正人君子"们却恐慌起来了,却赶紧自画招供地来承认鲁迅笔下的叭儿狗就是指的他们了。为什么呢?就因为鲁迅描画的尽管是狗态,却颇有几分人气,而且这种人气,还不是泛泛的一般的人气,而是某一群人的一种特有的人气。"折中,公允,调和,平正之状可掬,悠悠然摆出别个无不偏激,惟独自己得了'中庸之道'似的脸来",这不正是那些捐着"公理正义"的招牌,扮着"温良敦厚"的假脸,自称"正人君子"的"现代评论派"中的人们的写照吗?这种相似处一经点穿,那么大家就会越看越像,"现代评论派"里的人随便跑到哪里,叭儿狗的徽号总要跟他们在一起,洗也洗不掉,砍也砍不去。所以毛泽东在有一次讲演中称鲁迅为一个伟大的出色的画家,这的确不是过誉。

又譬如以土财主擦古鼎的故事来驳斥古希腊以静穆为艺术的最高境界的说法,并论定现代人所说的希腊美并不准是当时希腊人之所谓美,美的观念是随时代而推移的那一段文章,②那取譬的浅近,说理的透辟,议论的生动形象,奇趣横生,也真有出神入化之妙。

鲁迅使他的叙述和议论形象化的方法是多种多样的,有时是借用现成的故事、传说;有时是一段奇闻、逸话;有时是一件生活琐事;乃至科学常识、历史文献、自然现象……他都能信手拈来,涉笔成趣,很好地为他的战斗目标服务。这在唐弢同志的文章中,都举有实例,我这里就不多赘了。鲁迅为什么喜欢采用这种多引故事、多打比喻的方法来写杂文呢?一方面固然是由于这种方法的表现力的特别深切,感染力的特别强烈的缘故,但另一面,他还有不得不这样做的原因。我们知道,

---

① 《鲁迅全集》第1卷第271页。
② 见《鲁迅全集》第6卷第427-428页。

当时正是文网森严,言论毫无自由的时代,只要看像"左联"这样的名称,在朋友们的书信往还中,也不得不改用"周莲小姐"、"莲小姐"等代号,就可以想见那种严酷的情况了。所以,鲁迅杂文之常从故事传说、奇闻逸话入手,一方面也是为了转移敌人的视线,松懈反动派的戒备。正像荆轲之刺秦王,不得不把他匕首放在地图中一样。由此可知鲁迅杂文的特殊风格,一半也是时代造成的。特别是他的杂文中的一些隐晦曲折的笔法,都有他当时的不得不然的原因。我们今天写杂文,如果还特别看中了他的隐晦曲折的笔法,亦步亦趋地从形式上去生搬硬套,那就只能歪曲鲁迅杂文的精神,决不是鲁迅的好学生。

二 严谨而又活泼生动的逻辑结构

我们说杂文是一种文艺性的论文,它本质上是一种议论文。一篇议论文的最基本的要求,首先当然是观点正确,理由充足。这是属于思想内容的问题。就表现形式方面来说,一篇议论文的一个最起码的要求,就是要条理清楚,层次分明;要有严密的逻辑性。缺乏逻辑性,或是逻辑性不强的议论文,观点再正确,理由再充分,也不会有多大的说服力的。鲁迅的杂文却都是有非常严密的逻辑结构的。"严密"二字,还不足以尽之,同时它又是非常的生动灵活,而且千态万状,变化无穷。

我们知道,文章的结构是作者的思想方法的表现。作者在构思过程中的惨淡经营,辛勤劳动,首先就需要从文章的逻辑结构中表现出来。鲁迅的杂文,虽然大都很短,往往只有千把字,甚至五六百字,却都是经过了严密的思考过程的。正如他自己所说,"是绞了许多脑汁",才能"把它锻炼成"这样"极精锐的一击"[①]的。所以他的杂文,从逻辑性上来说,不但篇篇严密紧凑,无懈可击;而且不拘一格,变化万端,充分表现出他的思想方法的周密性与灵活性。

鲁迅杂文的结构艺术,真像神机妙算、指挥若定的天才军事家的用兵,已经到了出神入化,无往而不可的境界。有时候,他用的是针锋相

---

① 见许广平:《鲁迅先生的写作生活》。

对、短兵相接的方法,如《"友邦惊诧"论》,《我们不再受骗了》等是。在《"友邦惊诧"论》中,鲁迅就国民党横加请愿学生以"捣毁机关,阻断交通,殴伤中委,拦劫汽车,攒击路人及公务人员,私逮刑讯,社会秩序,悉被破坏"等罪名,并丧心病狂,危言耸听地说什么"友邦人士,莫名惊诧,长此以往,国将不国"等谰言的无耻行径,针锋相对,短兵相接地痛加驳斥道:

> 好个"友邦人士"!日本帝国主义的兵队强占了辽吉,炮轰机关,他们不惊诧;阻断铁路,追炸客车,捕禁官吏,枪毙人民,他们不惊诧。中国国民党治下的连年内战,空前水灾,卖儿救穷,砍头示众,秘密杀戮,电刑逼供,他们也不惊诧。在学生的请愿中有一点纷扰,他们就惊诧了!
> 好个国民党政府的"友邦人士"!是些什么东西!①

这真是语语似刀剑,字字如枪弹,锋利无比,锐不可当,一字一句都直接刺入国民党政府和帝国主义者的心窝,文章如此,真抵得上千万军马!接下去更是一层进一层,一步紧一步地向敌人着着进逼,直到把他们的原形完全剥露为止。原来所谓"友邦",无非是"要我们人民身受宰割,寂然无声,略有'越轨',便加屠戮"的"友邦"!而所谓"党国",就是唯这样的"友邦"之命是从的"党国"!全篇就是这样面对面地、毫不含糊地和敌人作针锋相对,短兵相接的斗争,简直像是指着敌人的鼻子,一字一句地数落他的罪状。这是一种方法。

有时候,他用的是迂回包抄,十面埋伏的方法,如《非所计也》,《航空救国三愿》等是。国民党反动派当时以"航空救国"为名,在全国各地发动募捐,从外国购入飞机,其实是用来进行内战、屠杀人民的。鲁迅的《航空救国三愿》一文,就是狠狠地揭露和抨击国民党反动派的这种卑劣行为的。在这篇文章中,他从当时各种各样的人都在大喊着各种的救国说起:如银行家说贮蓄救国,卖稿子的说文学救国,画画儿的说

---

① 《鲁迅全集》第4卷第360页。

艺术救国,爱跳舞的说寓救国于娱乐之中,烟草公司则说,吸吸马占山将军牌香烟,亦是救国之一道等等,然后特别提出"航空救国"说来,说这一说比较别致,应该刮目相看。为什么呢?因为提倡的人自己并不是飞行家,与前数种不同。因此,他说,我们不妨预先说出一点愿望来。他的愿望有三,这些愿望都是有事实根据的。"一·二八"时,上海报上曾说苏州有一队飞机要求来上海打仗,后来却据说是中途"迷失"了,因此他希望,一、路要认清。又听说当时广州也有一队出发的,但直到一年多以后鲁迅写这篇文章的时候,还未见到来,因此他希望,二、飞得快些。接下去他这样说:

> 还有更要紧的一层,是我们正由"不抵抗"以至"长期抵抗"而入于"心理抵抗"的时候,实际上恐怕一时未必和外国打仗,那时战士技痒了,而又苦于英雄无用武之地,不知道会不会炸弹倒落到手无寸铁的人民头上来的?
> 所以还得战战兢兢的陈明一种愿望,是——
> 三,莫杀人民!①

这三点愿望,都是针对当时实际情况,预先堵住国民党反动派的嘴巴,揭穿他们屠杀人民的真实心意的。犹如打仗之伏兵要道,断其归路,使敌人无所逃遁。

有时候,他用的是声东击西,攻其无备的战法,如《再来一条"顺"的翻译》、《文章与题目》等是。《再来一条"顺"的翻译》,单从题目看,似乎只是讲的翻译的事情,以为无非仍是批评"宁顺而不信"的翻译主张的。其实却是借此揭露帝国主义者和国内反动派对共产党的诬蔑的惯技的。文章末了说:"造谣的和帮助造谣的,一下子都显出本相来了。"他的着眼点原来是在此而不在彼。《文章与题目》也是如此,表面上似乎是讲的做文章的人如何地喜欢翻空出奇,玩弄新花样之类,其实却是揭露国民党反动派的"安内而不必攘外"、"不如迎外以安内"、"外就是内,

---

① 《鲁迅全集》第5卷第17页。

本无可攘"的汉奸心理的。这就是所谓的"声东击西,攻其无备"。

有时候,他用的是欲擒故纵,诱敌深入的方法,如《观斗》、《推己及人》等是。《推己及人》是针对当时一些反动文人如苏汶之流的憎恶批评而发的,他们把自己的写不出作品来,归罪于批评家。说是因为批评家的谩骂,使得他们把好的作品也缩回去了,只得搁笔不写。鲁迅说,他听到这种论调也就相信了。因为他也是一个想做作家的人(这篇文章是用一个假名发表的),然而却至今未写出作品来;这写不出总该有原因——客观上的原因。因为自己还不是作家,还没有挨骂的资格,当然不能归罪于批评家的谩骂。那么,他想一定是因为他的女人和两个孩子吵闹的缘故了。正巧他的丈母要见见他的女儿,他的女人就带着两个孩子到乡下去了,而且一去三个月,这吵闹的原因就已不存在,然而他却还是一点也写不出什么来。他这才想到什么吵闹、谩骂之类,其实不过是自己写不出作品来时的遮羞布罢了。最后,他得出结论道:

> 在这三足月里,我仅仅有了一点"烟士披离纯",是套罗兰夫人的腔调的:"批评批评,世间多少作家,借汝之骂以存!"①

就这样,他从揣摩这些所谓"文人"的可怜可笑的心理说起,把他们一步步引进来,最后使得他们再无退路,完全剥出他们的庸劣相为止。

以上还只是略举数端,尚不足以尽鲁迅文章的奇变于万一。同时,需要特别声明的是,由于我对鲁迅的杂文,读得不熟,钻研尤其不深,以上所举的例证与论点之间,假如在大家看来还有不甚贴切,甚至迹近穿凿之处,而一些更能说明问题的现成的例子我却没有提到,这也只是说明我的不行,至于鲁迅杂文的结构之妙,那是远远地超过我所能阐说的之上的。

还应该指出,鲁迅杂文的逻辑性是跟它的形象性统一而不可分的。我觉得可以用"让事实说话"这一句话来加以概括。我们常常说:"摆事实、讲道理。"鲁迅的杂文就是一个摆事实,讲道理的最好的典范。不

---

① 《鲁迅全集》第 5 卷第 477 页。

过,我们的事实与道理的关系,往往不是先后的,就是平列的:或是先摆事实,后讲道理;或是边摆事实,边讲道理。而且,两者之间,常常不是那么顶融洽的。并不是由此必然生彼,让人可以如像看到下雨就知道地上必湿一样的。鲁迅的杂文,却是事实与道理不可分,摆事实即所以讲道理,事实在,道理就也在,真正体现了所谓"理在事中"的真义。唐弢同志说:"我们许多人写杂文,往往像在演习数学时只写出一个答案,而并不排列这答案所由出的方程式。"这样的情形的确是有的。但也并不全是如此,一般人对方程式的排列还是相当注意的,不过,我们的方程式中所用的符号跟鲁迅所用的却有所不同。我们是以思想概念作符号,鲁迅则是以客观事实、具体现象作符号的。再有,在我们的方程式中,等号两边的数目,实际上常常是并不相等的。所以,尽管用了"由此可见"、或者"通过以上的分析说明了"什么什么的字样,其实读者是"由此不见"、"通过以上的分析不明了"什么什么的。鲁迅却完全不需要这样的词句,事实是最雄辩的,鲁迅就让事实直接说话。如北京大学入学考试时,一个考生把留学生写做"流学生",刘半农就做了一首打油诗来加以嘲笑。鲁迅很不以为然。但他不用抽象的发议论、讲道理,说什么中学生写别字是可以原谅的,大学教授不应加以嘲笑等等,他只说:

> 现在有两个人在这里,一个是中学生,文中写"留学生"为"流学生",错了一个字;一个是大学教授,就得意洋洋的做了一首诗,曰:"先生犯了弥天罪,罚往西洋把学流,应是九流加一等,面筋熬尽一锅油。"我们看罢,可笑是在那一面呢?①

只消把事实照摆出来,是非就非常分明了。

当然,如果以为鲁迅的摆事实,只是将事实纯客观地照搬一番,一点用不到加什么说明,那也是不合事实,而且会引导出非常荒谬的结论来的。一篇文章的说服力、感染力,总是与作者的立场观点,与作者的是非爱憎之感分不开的。就像刚才举的例子吧,我们从鲁迅的提法上、

---

① 《鲁迅全集》第 5 卷第 334-335 页。

措词上,就完全可以感觉得到他的爱憎感情,感觉得到他的强烈的是非好恶之感了。他特意把两个人的身份点明,加以对照:"一个是中学生","一个是大学教授。"又把两个人的行动并排在一起,一个是"错了一个字",一个就"做了一首诗",而且还是"得意洋洋"地做了一首诗,在作者渗透在叙述中的这样强烈的感情色彩面前,我们还能作别样的选择,还能不站在作者一面吗?

又如《不知肉味和不知水味》一文,只引了两条新闻,一条是:上海尊孔,大奏"韶乐"(即《论语·述而》篇所说的"子在齐闻韶,三月不知肉味"的"韶乐")。一条是:余姚乡民因争水(饮水)互斗致死。引完以后,他这样说:

> 闻韶,是一个世界,口渴,是一个世界。食肉而不知味,是一个世界,口渴而争水,又是一个世界。自然,这中间大有君子小人之分,但"非小人无以养君子",到底还不可任凭他们互相打死,渴死的。①

一字一句真不啻有千钧之重,而其逻辑性之强,更是任何人所无法抗拒的。

当然,鲁迅杂文的逻辑结构,也有表现为讲道理重于摆事实的,如大家所已读过的《论"费厄泼赖"应该缓行》一文就是。这篇文章是从林语堂的一篇文章说起的。林语堂是为了要说明"费厄泼赖"精神,所以提出不打落水狗来,认为它即是"费厄泼赖"之一体,此文却是就落水狗之不可不打,说到"费厄泼赖"之行不得。头上,对"费厄泼赖"只略略一提,接着就专从打落水狗立论。从各个方面来说明落水狗之应该打,必须打的道理。一般的狗怎样?特殊的狗如叭儿狗又怎样?如果不打又会怎样?反复论证,层层深入;并列举出种种事实——历史的,眼前的,作为例证。使人读过以后,觉得落水狗非打不可,"费厄泼赖"则定然行不得,绝无犹豫怀疑的余地。这样的逻辑力量,实在是惊人的。斯大林

---

① 《鲁迅全集》第6卷第112页。

说："列宁的演说有一种强大的逻辑力量,这种逻辑力量简直是一种万能的触角,好象是用螯子从各方面把你钳住,使得你无法脱逃出去。你不是俯首投降,就要完全失败。"①鲁迅的杂文就也有这样的力量。

三　简练隽永的、充满机智与幽默感的语言

语言是文章的基本材料,是写作的第一要素。离开了语言的正确使用,什么形象性、逻辑性等等都谈不到。我们对文学作品中的语言的基本要求,就是毛泽东所说的准确、鲜明、生动。鲁迅先生杂文中的语言,则不但做到了准确、鲜明、生动,而且还非常的简练隽永,充满着机智与幽默感。简练当然是从准确来的。不准确决不能简练,准确之至就成了简练。没有多余的笔墨,适可而止,恰到好处,就是简练。譬如刻画物形,能够着墨不多而神情毕肖,就是简练。所以这种简练的得来,却不是偶然的、轻易的;它往往是反复锤炼,不断琢磨的结果。有一次,许多人当着画家费多托夫的面,称赞他所画的《小寡妇》用笔的简洁,费多托夫回答说:你如果画上一百次,也会简洁的呀!这里,费多托夫向大家公开了他取得简洁的秘密。不过一般人尽管知道了这种秘密,却总想另拣别的捷径走,并不是常常愿意向费多托夫学习的。当然,费多托夫的画之所以能那样简洁,也还有别的条件,不是单靠反复修改就能得到的。简洁也还要靠阅历,靠才能。简洁同时也是阅历丰富的结果,也是才能成熟的标志。正因为一个作家的经验多,知识广,对事物的理解深刻,所以他才能抓住要点,选择一些最恰当、最贴切的词汇、比喻来表现他所描写的对象。一个知道得不多的人,对事物理解不深的人,他是没有选择的余地的,他只能尽他的所知,倾囊倒箧地用在他的文章上,这如何能简练得起来呢?古人说:"非多所知道,多所忘却,则难于得佳作。"正说明了知识经验的重要,说明了选择的重要。法国的大画家米叶,有一次到野外去写生,看到两只牛相斗,就把它速写了下来。他几笔一勾,两只牛的神态就活现纸上了。旁边一个牧童看

---

① 斯大林:《论列宁》。

了,非常钦佩,他回到家里,就也伏案伸纸来画牛了,但花了一两个钟头,画来画去,总是画不像。后来,他又碰到了米叶,就问他说:为什么你不消三五分钟,只寥寥几笔,就能把牛的神态活灵活现地画出来,而我费了几个钟点,不知用去多少笔墨,却总是画不像呢?米叶听了,笑着拍拍他的肩膀说:"孩子呀,我虽然是短短的几分钟,寥寥几笔,但这中间却有我二十年的阅历,二十年的工夫在里面呢!"可知简练看似简单,得来却是不容易的。至于隽永,往往也就是简练的结果。因为简练,不多辞费,意到便止,所以就余味不尽,耐人咀嚼;才令人觉得隽永。机智与幽默感,更是一种智慧的表现;一种洞彻人情物理的表现;一种机敏辩捷,得心应手,能够点铁成金,化腐朽为神奇的能力的表现。正因为鲁迅思想的深刻,眼光的敏锐,学识的渊博,经验的丰富,以及文字修养的深湛,他的语言才能够那样的简练隽永,那样的充满着机智与幽默感。

我们随便举一个例子看看。《伪自由书》里有一篇文章,题目叫《"有名无实"的反驳》,文章一开头引了一则新闻:

> 新近的《战区见闻记》有这么一段记载:
>
> "记者适遇一排长,甫由前线调防于此,彼云,我军前在石门寨,海洋镇,秦皇岛,牛头关,柳江等处所做阵地及掩蔽部……化洋三四十万元,木材重价尚不在内……艰难缔造,原期死守,不期冷口失陷,一令传出,即行后退,血汗金钱所合并成立之阵地,多未重用,弃若敝屣,至堪痛心;不抵抗将军下台,上峰易人,我士兵莫不额手称庆……结果心与愿背。不幸生为中国人!尤不幸生为有名无实之抗日军人!"(五月十七日《申报》特约通信。)

接着,他就议论道:

> 这排长的天真,正好证明未经"教训"的愚劣人民,不足与言政治。第一,他以为不抵抗将军下台,"不抵抗"就一定跟着下台了。这是不懂逻辑:将军是一个人,而不抵抗是一种主义,人可以下台,

主义却仍旧可以留在台上的。第二,他以为化了三四十万大洋建筑了防御工程,就一定要死守的了(总算还好,他没有想到进攻)。这是不懂策略:防御工程原来是建筑给老百姓看看的,并不是教你死守的阵地,真正的策略却是"诱敌深入"。第三,他虽然奉令后退,却敢于"痛心"。这是不懂哲学:他的心非得治一治不可!第四,他"额手称庆",实在高兴得太快了。这是不懂命理:中国人生成是苦命的。如此痴呆的排长,难怪他连叫两个"不幸",居然自己承认"是有名无实的抗日军人"。其实究竟是谁"有名无实",他是始终没有懂得的。①

这里的每一句话都紧紧地扣住那则新闻,扣住那个排长的话,然而却又无一不是针对国民党,特别是针对蒋介石,无一不是对蒋介石国民党的卖国本质的揭露与鞭打。而出语之机智,讽刺之辛辣,似正似反,亦庄亦谐,真是奇妙到不可思议!这里的每一句话,都是含义丰富,极耐咀嚼的。如不抵抗将军与不抵抗主义之区别的辨明;"诱敌深入"的策略之真义的揭发,排长之"天真""痴呆""不足与言政治";不懂得究竟是谁"有名无实",以及人民之需经"教训",痛心而竟曰"敢于"等等。——解释,太过辞费,还是请大家自行去细细体味吧。

还有同书中的《言论自由的界限》一文,写法虽有不同,其奇妙处却颇可与此文互相发明。也是语言的简练隽永、充满机智与幽默感的好例证。但因通体玲珑圆转,难以句摘,全引又太占篇幅,只得从略。

这里且举几个比较简短的例子。

1931年2月2日给韦素园的信中说:

> 他(指海婴——引者)生后不满两月之内,就被"文学家"在报上骂了两三回,但他却不受影响,颇壮健。②

---

① 《鲁迅全集》第5卷第147-148页。
② 《鲁迅全集》第12卷第35页。

"他却不受影响"一语,似乎完全是多余的蠢话,生了不满两月的孩子,对不相识的人的咒骂,会有什么知觉呢,当然是不会受什么影响的了,提它岂不可笑。但是,仔细一想,可笑的并不是鲁迅,并不是向朋友述说这一事实的人,而是这一事实本身,而是那些咒骂无知的婴儿的"文学家"。鲁迅这样说,正是狠狠地揶揄嘲笑了那些"文学家"们一通。

在《"自选集"自序》中,他说:

> ……民族主义的文学家在今年的一种小报上说,"鲁迅多疑",是不错的,我正在疑心这批人们也并非真的民族主义文学者,变化正未可限量呢。①

"是不错的",颇有接受嘉许之意,民族主义文学家听到这里定会欣然色喜。然而,紧接着来的一句,却又揭了他们的底。这些人原不过是在国民党的指挥刀下翻弄着斤斗,不但"民族主义"是假的,就连文学也不过是幌子而已。所以他们的"变化",正是"未可限量呢"!这样的机智锋锐,而且语语切中膝理,在他的解剖刀下,敌人还何所遁形呢?

又如《"出关"的关》中说:

> 作家的取人为模特儿,有两法。一是专用一个人……二是杂取种种人,合成一个……我是一向取后一法的,当初以为可以不触犯某一个人,后来才知道倒触犯了一个以上,真是"悔之无及",既然"无及",也就不悔了。②

这个"既然'无及',也就不悔了"接转得真好,要是我们,写到"悔之无及",怕就煞住了。但这样岂不是把自己说成了像是真在后悔,真是个唯恐触犯读者的作家了吗?

还有如《华盖集》的《题记》中的"我幼时虽曾梦想飞空,但至今还在

---

① 《鲁迅全集》第 4 卷第 455 页。
② 《鲁迅全集》第 6 卷第 518-519 页。

地上",也是个接转之奇妙灵动的显例。如果换一种说法,像什么"但那当然决不会成功",或者"那当然只是孩子的幻想",就显得平板呆实,毫无风趣了。

鲁迅杂文语言之所以特别有味,也与他的好用反语有关。他善于从敌人手里接过武器,回掷过去,"以子之矛攻子之盾","即以其人之道还治其人之身",常常弄得敌人啼笑皆非,只得抱头鼠窜而去。譬如"第三种人"、"正人君子"等等,原是某些文人的自称之辞。在他们那一面,原以为是并不难听的,甚至还以为很高雅。鲁迅就用这些他们自以为高雅的名词去称呼他们。但经鲁迅一用,经鲁迅稍一刻画,这些名称就变得很不好听了。又如国民党常常诬蔑学生的爱国运动,说是"为反动派所利用",自己开枪打死了学生,却说他们是"自行失足落水"而死。于是鲁迅在《逃的辩护》一文中道:

> 我们还记得,自前年冬天以来,学生是怎么闹的,有的要南来,有的要北上,南来北上,都不给开车,待到到得首都,顿首请愿,却不料"为反动派所利用",许多头都恰巧"碰"在刺刀和枪柄上,有的竟"自行失足落水"而死了。①

这样一来,这些谰言的荒谬可笑处,就呈现得清清楚楚,国民党反动派无论用什么法子,也掩饰遮盖不掉了。而鲁迅写来是那么自然,一点不觉得有什么生硬牵强处。因为是"顿首请愿",就顺顺当当地过渡到"许多头……"上。顿首请愿而竟遭死亡,又不是持枪的人开枪打死的,那自然就只能是这些头在"顿"的时候,恰巧都"碰"在刺刀和枪柄上,或者就是"自行失足落水"而死了。然而,这像话吗?而国民党的宣传,拆穿了就是这么一回事!

又如《南腔北调集》中的《非所计也》一文,先引了两则新闻,一是:"闻陈(外交总长印友仁)与芳泽友谊甚深,外交界观察,芳泽回国任日外长,东省交涉可望以陈之私人感情,得一较好之解决云。"另一则是陈

---

① 《鲁迅全集》第5卷第9页。

友仁对东省问题的宣言,内云:"……前日已命令张学良固守锦州,积极抵抗,今后仍坚持此旨,决不稍变,即不幸而挫败,非所计也。……"从陈的宣言看来,可知东省问题并未能如第一则消息所希望的得到"较好之解决"。于是鲁迅接下去就说:

> 也许爱国志士,又要上京请愿了吧。当然。"爱国热忱",是"殊堪嘉许"的,但第一自然要不"越轨",第二还是自己想一想,和内政部长卫戍司令诸大人"友谊"怎样,"私人感情"又怎样。倘不"甚深",据内政界观察,是不但难"得一较好之解决",而且——请恕我直言——恐怕仍旧要有人"自行失足落水淹死"的。
>
> 所以未去之前,最好是拟一宣言,结末道:"即不幸而'自行失足落水淹死',非所计也!"然而又要觉悟这说的是真话。①

文中加上引号的,原来都出诸反动派之口。鲁迅把它拿了过来,就用敌人的武器来打击敌人,用反动派自己的话来揭穿反动派的造谣诬蔑,欺骗撒谎。鲁迅的语言,就是这样的机智、锋利,这样的锐不可当。

鲁迅杂文语言的机智与幽默感,还来源于他的巧妙而独特的讽刺与夸张的手法。夸张不完全是为了讽刺,讽刺也不一定要通过夸张,二者并无必然的不可分的关系。但不管是讽刺还是夸张,都必须以真实为基础,离开了真实,失去了真实,讽刺就变成了诬蔑,夸张就变成了怪诞,就毫无意义可言了。所以,讽刺的本领,夸张的本领,首先就是揭露矛盾、突出真实的本领。要使真实突出,必须通过适当的夸张,夸张不是抛弃真实,倒正是为了更好地突出真实。鲁迅的眼光是最敏锐的,观察是最深刻的,是最能够抓住事物的矛盾,看清事物的真相的。而他又是一个写真的妙手,只消把这矛盾通过适当的夸张手法揭示了出来,就成了一幅绝妙的讽刺画。在《什么是"讽刺"?》中,他就说过:譬如,洋服青年拜佛,道学先生发怒,在当时的社会上是平常事,但如果当他们一个撅着屁股,一个皱着眉心的时候,有谁把他们那副尊容照了下来,就

---

① 《鲁迅全集》第4卷第421-422页。

成了讽刺妙品。鲁迅的讽刺,就大都来自对于矛盾的巧妙的毫不容情的揭露。

譬如,《华盖集》的《题记》中有这样一段文字:

> ……此后又突然遇见了一些所谓学者,文士,正人,君子等等,据说都是讲公话,谈公理,而且深不以"党同伐异"为然的。可惜我和他们太不同了,所以也就被他们伐了几下……①

不赞成"党同伐异",可是遇到与自己不同的人,还是非"伐"不可。这正如新月社批评家的憎恶嘲骂,却还是要嘲骂做嘲骂文章的人一样。这都是显然的矛盾。把这种矛盾一揭露出来,讽刺就成功了。

又如,住在高楼大厦里面仰慕尧舜,提倡复古;自己享受着声光化电种种现代化的设备而空谈精神修养,反对物质文明;在二三十年代的中国是一种很普通的现象,大家也就不以为怪。鲁迅却看出了其中的矛盾可笑,把这些人的所言和所行一对照,并建议用"即以其人之道还治其人之身"的办法来对付他们:

> ……例如民国的通礼是鞠躬,但若有人以为不对的,就独使他磕头。民国的法律是没有笞刑的,倘有人以为肉刑好,则这人犯罪时就特别打屁股。碗筷饭菜,是为今人而设的,有愿为燧人氏以前之民者,就请他吃生肉;再造几千间茅屋,将在大宅子里仰慕尧舜的高士都拉出来,给住在那里面;反对物质文明的,自然更应该不使他衔冤坐汽车。这样一办,真所谓"求仁得仁又何怨",我们的耳根也就可以清净许多吧。②

耳根是清净不了的,因为这时,他们又会吵吵嚷嚷,甚至哭哭啼啼地做出种种丑态来。但这就更加提供了讽刺的好材料了。

---

① 《鲁迅全集》第 3 卷第 4 页。
② 《鲁迅全集》第 1 卷第 276 页。

鲁迅的讽刺是颇近于漫画的,漫画常通过夸张的手法来突出真实,来取得讽刺的效果。鲁迅的杂文亦复如此。不过,鲁迅的夸张,并不采用像《文心雕龙·夸饰》篇所说的:"言峻则嵩高极天,论狭则河不容舠,说多则子孙千亿,称少则民靡孑遗"的办法,他的夸张不在个别事物的形体面积上,而是在于事物相互之间的关系上。他经常是通过对照反衬的手法来达到夸张的目的的,他的夸张往往是与比喻结合在一起的。

譬如,在《小品文的危机》中,他把小品文比作小摆设。说譬如"在方寸的象牙板上刻一篇《兰亭序》",精巧是可谓精巧了,但又何其渺小呢?接着他就使它和一定事物发生关系来突出它的渺小:"但倘将这挂在万里长城的墙头,或供在云冈的丈八佛像的足下,它就渺小得看不见了,即使热心者竭力指点,也不过令观者生一种滑稽之感。"①这里,他并没有用缩小小摆设的形体的办法,来达到夸张的目的。

又如,有人笼统地说"用假名是不负责任的表示"。鲁迅以为应分别情况,不能一概而论。"倘在人权尚无保障的时候,两面的众寡强弱,又极悬殊",在这种情况下,也这样主张,那就太迂阔了。他举例说:例如张良为韩报仇,从君子来看,那么大概是应该写信给秦始皇,要求两人赤膊决斗,才算合理的了!② 这样一来,这位先生的迂阔,就非常突出了。这当然是一种夸张,但这种夸张是通过比喻,通过对照的手法来表现的。

又如,国粹主义者认为,只要是中国自己的东西,特有的东西,就是好的,就应该保存,发扬。那么,鲁迅说:"譬如一个人,脸上长了一个瘤,额上肿出一颗疮,的确是与众不同,显出他特别的样子,可以算他的'粹'"③了,是不是也应该加以保存,并使之发扬光大呢?又据说,鲁迅在厦门大学任教时,厦大当局先曾作过种种诺言,其后却全未兑现,鲁迅为此很不高兴,常有愤激的言辞。后来,他决定离开厦大,校长林文

---

① 《鲁迅全集》第4卷第575页。
② 《鲁迅全集》第11卷第67-68页。
③ 《鲁迅全集》第1卷第305页。

庆为他饯行。在宴席上,又接触到了这一问题。这时大家都已有几分酒意,林文庆就说:"厦大是私立的,谁出钱,谁就可以讲话。"鲁迅听了,立刻从袋子里摸出三个铜板,向林的面前一摊,说:"我捐三个铜板给厦大,我要说话。"①

这些都表明鲁迅善于看出对方的破绽,发现敌人的矛盾。他抓住了这破绽、矛盾,就通过对比、反衬等手法,加以夸张,使之更形突出,然后瞄准了,举手一击,就立致敌人的死命。所以他的语言,总是那么凝炼有力,而且情味无穷。

鲁迅杂文语言的力量,还来源于他对敌人的神圣的憎恶和伟大的轻蔑。如像杨邨人这样一个叛徒,居然还自称是无产阶级大众,鲁迅在《答杨邨人先生公开信的公开信》中,怀着无比的轻蔑,狠狠地揶揄他道:"先生站在'小资产阶级文学革命'的旗下,还是什么'无产阶级大众',自己的眼睛看见了这些字,不觉得可羞或可笑么?不要再提这些字,怎么样呢?"②

又如在《写于深夜里》一文中,写到两个国民党的审判老爷时,他写道:"一间阴暗的小屋子里,上面坐着两位老爷,一东一西。东边的是一个马褂,西边的是一个西装……"③他不说他们穿着马褂,穿着西装,而直以马褂、西装称之。这虽也是修辞中常用的借代手法,但在这里,显然是对敌人的一种轻蔑,犹之说他们简直是衣冠禽兽,算不得人也。

又如《华盖集》中的《这个与那个》中说:"一个阔人说要读经,嗡的一阵一群狭人也说要读经。岂但'读'而已矣哉,据说还可以'救国'哩。"④"阔人""狭人","嗡的一阵","岂但……""据说……",那种憎恶与轻蔑之情,就活现在纸上了。

鲁迅的杂文艺术是汪洋浩瀚,历数不尽的。我现在譬如空手入宝

---

① 这是我在学生时代听我的一位老师说的,在罗常培先生的《从厦门解放引起的感想》一文中,也有类似的记载。文载《忆鲁迅》,可以参看。
② 《鲁迅全集》第4卷第627页。
③ 《鲁迅全集》第6卷第505页。
④ 《鲁迅全集》第3卷第138页。

山,但见满目琳琅,不知取了哪一样好。但又必须有所挑选,就只能东拾一件,西抓一把地胡乱拣取一些了。很可能反倒把最贵重的东西给丢弃了,但所拣取的必定也是珍宝,那是可以断言的。那么,使大家通过这些可以约略窥知宝山之富,因而竞起采伐,以利国计民生,我的工作,也就不算白费了。至于假使要给鲁迅的杂文艺术,下一简括的评语,那么,我觉得,要算唐弢同志的"驰骋自如"四个字说得最好了。题材上是驰骋自如,形式上是驰骋自如,语言上是驰骋自如,更重要的是,思想上也是驰骋自如。因为他站得高,看得远,视野开阔,就自然从容不迫,对一切都能应付裕如,毫无局促之感。同时,又由于他学识广,见闻多,积贮丰富,需用的时候,可以随意驱遣,信手拈来,都能涉笔成趣。"海阔凭鱼跃,天高任鸟飞",鲁迅的杂文的艺术境界,就是这样的广大。

但我们必须知道,鲁迅的杂文是为他的战斗的思想内容服务的,而且正是从他的革命的战斗要求中诞生出来,磨炼出来的。他的艺术技巧,是和他的思想观点,和他的明确的是非,热烈的爱憎不可分的。他的胸中燃烧着要挽救祖国,解放人民的巨大的火焰,这种火焰就也燃烧在他的作品里:一面烧毁一切卑劣腐朽的黑暗势力,一面也照亮着人民的前进的道路。没有这火焰,他的作品就不可能有这样巨大的感染力,甚至他就根本写不出这样的作品来。所以我们要学习鲁迅的杂文艺术,首先应该学习他对人民和革命事业的忠诚,学习他的作为共产主义战士的高贵品质;其次要学习他对社会的深刻的观察与分析的能力(这种能力,一面来自长期的实践、长期的战斗生活,一面也来自辛勤的阅读,特别是马克思列宁主义理论著作的学习);最后,当然也要学习他运用语言的技巧,以及他的严肃认真的写作态度。

鲁迅先生离开我们已经二十五年了,今年又是他的八十大庆之年,为了纪念这位共产主义的文化巨人,让我们更加努力地向他学习吧。

1961年3月

鲁迅的小说

鲁迅是中国现代小说的奠基者,开山祖。中国过去的小说都是一种传统的史传体的形式,譬如《聊斋志异》,几乎都是从"某生,某地人也"开头的。打破这种形式,像今天这样的小说,在鲁迅以前是没有的。鲁迅在《〈中国新文学大系·小说二集〉序》中提到自己的小说时,说是由于"表现的深切和格式的特别",很激动了读者们的心。这"表现的深切和格式的特别"两句话,是当时人们对鲁迅小说所作的评价,我觉得这个评价是很恰当的。所谓"表现的深切",不单是指观察的精微,描写的逼真,而且是指思想与艺术的一致,内容和形式的谐和。它不是表面上用几句抽象的话说明它的思想内容,而是把思想内容渗透在作品的艺术形象之中。它是真正的艺术作品,你不能离开它的形象抽出干巴巴的几条筋来,说这就是这篇作品的思想。当爱克曼问歌德:"你在《塔索》里,究竟要表现什么思想呢?"歌德说:"思想?我怎么知道。我所看见的只是塔索的生活。"他也拒绝回答《浮士德》的思想是什么的问题,因为他无法回答。有人问托尔斯泰:你的《战争与和平》究竟写的什么?他说,我要说的都写在里面了,我要回答写的是什么,我就只能重写一遍给你看。假使一部作品能归纳为简单的几句话而又不失去它的精彩,作家何必用这么大的劲,花这么大的气力呢?当然,这样说也不是拒绝对作品进行分析,分析是可以的,但文学作品是一种艺术品,一种创造,它是美的;它对现实的反映是一种艺术的、美的反映。分析就应该能使读者看到作品的美,领略到作品的美。鲁迅的作品就是这样的艺术作品,你没有办法把它概括为简单的几句话,说它说明了什么什么。它不但使我们认识生活,懂得生活,它还激动我们的心,给我们力量,给我们愉快和喜悦。必须通过深入的艺术分析,才能充分领会鲁迅作品的深刻的思想内容和高度的诗意的美。这就是"表现的深切"。所谓"格式的特别",是说它不同于中国过去的小说,从中国人的传统的眼光看来,鲁迅的小说的格式很特别。中国过去也有白话小说,白话小说也是原原本本,有头有尾,也是史传体的,往往也是从首先交代一个人物的姓氏里居,家世生平开始。像《狂人日记》这样的写法,中国过去是没有的。这种形式是鲁迅从国外引进来的。他引进这种形式用来反映中国的社会现实,表现中国人民的思想感情。这种形式在鲁迅手里,是同中国的现实生活内容密切结合在一起,是完全中国化了的。

鲁迅为什么要写小说呢?他说,在中国小说不算文学,写小说的人也不算文学家。小说在中国一向是被看不起的,不能登大雅之堂。只要看它的名称,叫做"小说",突出一个"小"字。《庄子》所谓"饰小说以干县令",只是小道,并无什么了不起。谁也不大愿意与小说沾边。譬如《金瓶梅》这样一部有名的小说,究竟是谁写的呢?不知道。《红楼梦》经过考证才知道是曹雪芹写的。把《水浒》挂在施耐庵名下,把《三国演义》挂在罗贯中名下,都是后人考证出来的,并不是他们本人堂而皇之地把名字写在上面的。为什么呢?就是因为小说不登大雅之堂,他们不愿让人们知道。所以鲁迅说,我也没有要把小说抬进文苑里去的意思,他写小说只是为了想利用它的力量来改良社会。他说:我的取材多采自病态社会的不幸的人们中,意思是在揭出病苦,引起疗救的注意。他所写的都是一些平凡而卑微的人物。果戈理曾经说过,对象越是平凡,作者越要站得高,才能从平凡中发掘出不平凡的东西,发掘出真正美好的东西。如果自己在思想上也是一个平凡而卑琐的人物,他怎么能发掘出不平凡的东西,发掘出美好的东西来呢?所以对象越是平凡,作者的立足点越是要高,眼光越是要深刻、敏锐。而鲁迅正是一个具有深刻、敏锐的眼光,善于从平凡的东西中,发掘出深刻的、巨大的思想内容来的伟大作家。他把病态社会中的不幸人们的灵魂清晰地揭示出来,引起人们的注意,使人们知道身上有这样一些病症,应该进行医治。鲁迅虽然放弃了医学,但他实际上仍旧是个医生。不过他医治的不是人们肉体上的病,而是人们精神上心灵上的病,他的写作是以医治人们心灵上的创伤,除害灭病,救国救民为目的的。他从长期的观察体验中,发现人们的疾苦原来都是来自封建制度和封建思想的毒害,于是,他就坚决地、不顾一切地向着中国人民灾难的根源进攻了。所以,他的《呐喊》、《彷徨》等作品,自始至终都贯穿着不妥协的反封建精神,渗透着他对封建制度的极端的痛恨和愤怒之情。他的作品具有高度的现实性和鲜明的倾向性,是革命的政治内容和完美的艺术形式的统一,不但是中国现代文学史上的宝贵财富,也是世界现实主义宝库中的珍品,是最值得我们重视和学习的。

法捷耶夫曾称赞鲁迅是写短篇小说的能手。短篇小说,就世界范围内讲,写得好的很不少,莫泊桑、契诃夫和奥·亨利尤其是其中的佼佼者。从艺术价值讲,当然契诃夫要高出于莫泊桑和奥·亨利很多。尽管后面这两个人技巧娴熟,在描绘和谋篇布局的能力上,有超过契诃夫的地方,但从整个作品的艺术价值来看,就远远比不上契诃夫。我们总觉得这两个人的作品中缺少一点东西,缺少诗意。艺术总要能给人以精神上的愉悦,要能提高人的心灵境界,给人以美的享受,这就要求它要有一种诗的意境,要有美。而莫泊桑和奥·亨利的作品,就常常缺乏这种东西。鲁迅的作品没有契诃夫多,但质量决不低于契诃夫,从所达到的思想高度来说,甚至有超过契诃夫的地方。鲁迅的小说有很浓郁的诗意,如《故乡》、《孔乙己》、《在酒楼上》、《伤逝》等等,读过以后,心情总是很难平静,社会的黑暗、腐败,人们生活的艰难和心灵的苦痛,深深地激动着你,要引起你对人生、对真理的深沉的思索,要促使你对人民的前途和出路,去进行坚持不懈的探求。这样一种艺术力量,不是任何作品都能具有的,只有真正的艺术作品才能具有,而鲁迅的小说就是这样的真正的艺术作品。

鲁迅的小说一共有三本,就是《呐喊》、《彷徨》和《故事新编》。《故事新编》都是古代传说、神话和史实的演义,这里我们主要谈谈《呐喊》和《彷徨》这两个集子。

《呐喊》是1918年4月至1922年年底的作品,包括十四篇小说,原来是十五篇,后来抽去了一篇,就成了十四篇了。为什么要抽去一篇呢？因为《呐喊》出版后，成仿吾批评它作品庸俗，一无足取，而只推重其中的《不周山》一篇。鲁迅就把这一篇抽出，说索性让他的集子里就剩下庸俗吧，对成仿吾来个讽刺。当然，他之所以要把这篇东西抽出，也因为他有意要另编一个集子，即《故事新编》。后来，《不周山》就改名《补天》，收在《故事新编》中。集子的名称为什么叫《呐喊》呢？他在《自序》里说过，我不过呐喊几声，聊以慰藉那在寂寞里奔驰的猛士，使他不惮于前驱。说自己不过是喊几声助助威，这当然是自谦之辞。其实，他是五四新文学运动中的旗手和主将，他的武器是最精良的，杀伤力是最大的，决不只是呐喊几声助助威而已。他说，我是听将令的，是跟前驱者取同一步调的。我的作品可以说是遵命文学，遵从我愿意遵从的命，决不是出于强迫、被动。这倒是真的，因为他的目标跟革命的前驱者完全一致，如果不一致，这遵命文学一定写不好，一定不会有艺术力量。

《彷徨》是1924年2月至1925年年底所写的小说的结集，共十一篇作品。《彷徨》里的作品，是鲁迅自以为成了散兵游勇以后的作品，充分表现了他在摸索前进道路中彷徨苦闷的心情。"路漫漫其修远兮，吾将上下而求索。"但是，新的战友在哪里呢？他徘徊瞻顾，不禁发出了"两间余一卒，荷戟独彷徨"的感叹。

这两个集子主要反映辛亥革命前后到第一次国内革命战争以前这一段时期的中国社会现实。可以看出农民问题是鲁迅注意的中心，他把最多的篇幅、最大的关注和最深的同情给予农民，这在当时是很突出、很少有的现象。五四时期真正写农民的作品很少，就是延安文艺座谈会前后，甚至一直到解放以前，写农民的作品数量都不是太多。因为作家对农民不了解，最关心的也并不是农民，而且鲁迅是从彻底的革命民主主义立场来提出农民问题的。其他作家也有写农民的，但立足点没有鲁迅高，观察也没有鲁迅深刻。鲁迅的小说善于展示整个农村，以至整个社会复杂的阶级关系。写的虽只是个别的农村、个别的地方，但却写出了整个农村、整个社会的阶级关系，发掘出农民悲惨生活的根源。《阿Q正传》不必说了，就是《故乡》，对农民的生活面貌、阶级关系，也展示得相当全面。如闰土为什么从早年的小英雄模样，变成晚年的麻木、颓唐的形象？原因在哪里？都从侧面有所反映，足以发人深思。他不仅写出了闰土由于经济剥削而受到的肉体上的痛苦,更多的是描绘他在封建制度毒害下的精神状态。如当作品中的"我",他少年时代的朋友叫他"闰土哥"时,他却叫起对方"老爷"来,使"我"很难过。最后在离开的时候,问他要什么,闰土主动提出请求的只是要香炉,可以看出封建迷信思想对他的毒害之深。鲁迅不但写出了农民不能不起来革命的生活地位,同时也写出了他们还缺乏民主主义的革命觉悟这两者之间的矛盾。一面哀其不幸,一面也怒其不争。在鲁迅之前,还没有一个作家以平等的态度来描写过农民,还没有一篇作品像鲁迅那样彻底否定封建制度,展示了如此深广的社会内容。他的反封建力量来自受压迫的群众,不是从外边,也不是从上边,而是从群众中间来的。他小时候到外婆家遭受白眼,感触很深,同农民的孩子有密切的交往,对农民的革命要求体会很深。所以他作品中的封建的音调,是这样的坚决,这样的深沉有力,使他的作品高出于一般的批判现实主义的作品之上。

说农民问题是鲁迅作品注意的中心,决不意味着他所关心注意的仅仅是农民。他的题材还是相当广阔的。除农民以外,他注意得较多的是妇女问题与知识分子问题。不管是农民问题也好,或是妇女问题、知识分子问题也好,他都是从革命民主主义的观点,从为中国人民寻求解放的道路这个强烈的愿望和崇高的动机出发的。他对农民、对妇女,决不是抱着"楼上的冷眼"式的淡漠态度,也不是抱着欣赏或是怜惜的态度,而是既有热情的期望,也给予了严肃的深刻的批判。在充满着阶级压迫和民族压迫的中国社会里,知识分子从他们本身的感受出发,往往是首先觉悟的分子。但当这些知识分子还没有跟群众的斗争结合起来以前,正如毛泽东同志指出的那样:"往往有主观主义和个人主义的倾向,他们的思想往往是空虚的,行动往往是动摇的。"(《**中国革命和中国共产党**》)《在酒楼上》、《孤独者》和《伤逝》等作品,写出了辛亥革命到五四时期两代知识分子在个人反抗失败后的不同表现。表现尽管不同,但都有空虚、动摇的弱点。鲁迅深刻地揭露和批判了他们的弱点,而又是带着深刻的同情和悼惜的态度来写他们的。现在一些评论者,在评论《在酒楼上》和《孤独者》等作品时,只片面强调鲁迅对吕纬甫、魏连殳等的批判和鞭挞,而完全忽视他对他们所抱的深切的同情,完全忽视他对他们进行批判的同时所流露出来的万分悼惜和伤痛的心情,这是不很妥当的。譬如魏连殳这个人,应该承认他还是爱人民的,可人民却一点也不理解他。他渴望光明,包围着他的却尽是黑暗;他想改造社会,社会却在拼命地迫害他。社会是这样的黑暗,人民是如此的愚昧,这就是孤独者魏连殳的悲愤,也是作者鲁迅的悲愤,鲁迅是带着万分伤痛和悼惜的心情来对魏连殳作出批判的。一些评论者却对魏连殳作了过高的要求,好像是在用无产阶级革命家的标准来要求他了,这未免太苛刻了。

有人认为鲁迅作为小说家,他的最大特点就是冷静,有所谓"三个冷静"之说。这即使是单就表现方法来说,也是种皮相之论。实际上鲁迅是最热情不过的,他的作品里渗透着热烈的爱与憎,决不是只有冷静。俗话说,爱之欲其生,恶之欲其死,鲁迅的作品真有这样的精神。爱之欲其生,但不必真写其生;恶之欲其死,也不一定真使之死。他尊重客观事实,决不加以粉饰或歪曲,决不用自己空洞的愿望来代替现实的客观真相。这是他的清醒的现实主义。鲁迅的作品贯穿着深刻的悲剧性质。闰土,祥林嫂,他们的命运是多么悲惨。甚至像魏连殳、爱姑这样坚决勇敢的人,最后也妥协了,失败了。鲁迅写到这些地方是非常沉痛、非常悲伤的。他当然希望他们能有更好的命运,能生活得更好,但是没有办法。是谁使这些人落入这样的境地的?为什么这些人生活得这样悲惨呢?民族的不幸,人民的苦难,强烈地绞痛着鲁迅的心。所以,鲁迅的作品是爱和恨的交织;一切伟大作家的作品都是爱和恨的交织:就是对人民的爱,对统治者的恨。《呐喊》和《彷徨》鲜明地表达出一个共同的结论,就是:在封建制度和各种黑暗势力的压榨下,人民已经无法生活下去,已经陷入了山穷水尽的绝境。他们如果不起来进行斗争,不推翻、打倒那些压迫他们、束缚他们的东西,就只有走向灭亡。这是一个非常严峻、非常正确的结论,是启发人民觉悟,引导人民走向革命的结论,显示出鲁迅的批判现实主义是彻底的、有强烈的革命性的,是要动摇整个反动统治的基础的,而不是仅仅对旧制度、旧势力进行改良主义式的抨击和批判。

鲁迅的小说，乃至鲁迅的整个精神，我觉得有三个主要特点，即：革命的爱国主义，战斗的人道主义和清醒的现实主义。这三个特点在鲁迅身上是结合在一起，统一而不可分的。革命的爱国主义，就意味着这种爱国主义不是保守的，而是进取的；目的不在于维护旧的，而在于创造新的。增田涉在一篇回忆鲁迅的文章中提到，30年代一位日本歌人柳原白莲来到上海，经过内山完造的介绍认识了鲁迅。有一次他们一起吃饭，席间鲁迅讲到了中国的许多坏处，说中国这也不好，那也不好。当时柳原白莲就问他：你是不是认为生在中国是很不幸的呢？鲁迅回答说，不，我认为比起任何国家，还是生在中国好。增田涉说，当鲁迅这样说的时候，他看到他两眼湿润了，饱含着热泪。即使鲁迅当时的中国很糟糕，他厌恶中国的一切，但他还是非常热爱中华民族，热爱祖国，希望祖国好的。正像列宁称赞车尔尼雪夫斯基一样，车尔尼雪夫斯基对俄国的弊病攻击得很厉害，说这个不好，那个不行，但列宁说，这是爱国主义精神。鲁迅也是。他对黑暗的中国非常不满，非常痛恨，都是出于他对中华民族和中国人民的爱，而且他这种爱是非常执著的，百折不挠。这是一种坚贞的革命的爱国主义精神。战斗的人道主义。战斗的，就意味着不是冷静的旁观，而是热烈的参与；不是消极的同情，而是积极地争取解放。早在1907年写的《摩罗诗力说》里，鲁迅讲到那些摩罗诗人，说当他们看到奴隶立于前，则必衷悲而嫉视。衷悲所以哀其不幸，嫉视所以怒其不争。这种"哀其不幸，怒其不争"的精神，就是战斗的人道主义精神。他不是只有空虚的同情，不是那种小恩小惠悲天悯人式的人道主义，而是帮助人们争取解放的人道主义，是战斗的人道主义。清醒的现实主义。清醒的，就意味着不为虚假的表面现象所迷惑，不陶醉于空洞的幻想，而是要进行切切实实的战斗。他的小说，着力攻击封建主义的罪恶，揭露社会的黑暗，但他不愿使作品显得过分阴冷，总希望人们从中能看到一些光明，所以他竭力要给作品增加一点亮色。譬如，他在《药》里瑜儿的坟上加了个花环，说明人们对夏瑜的悼念，说明革命者是有人同情的。这比呼喊几句空洞的革命口号真实得多，也有力得多。他只是在夏瑜的坟上添一个花环，给作品增加一点亮色，而决不在作品后面装上一条光明的尾巴，他决不违背真实，这就是他的清醒的现实主义。鲁迅的小说，乃至他的诗歌，散文，杂文，甚至他的全人格，他的整个一生，无不贯穿着这种革命的爱国主义、战斗的人道主义和清醒的现实主义精神，所以他的作品，才能有那样高的思想艺术质量；他的一生，才能是那样伟大、光辉的一生。

我们试把《呐喊》和《彷徨》这两个集子比较一下，看它们各自有没有不同的特色，能不能从中看出鲁迅思想的发展演变来呢？当然，这两个集子无论在思想上、艺术上都是有各自的风貌和特色，也是可以从其中看出作者思想发展演变的情况来的。用作者自己的话来说，《彷徨》比之《呐喊》："技术虽然比先前好一些，思路也似乎较无拘束，而战斗的意气却冷得不少。"这是他在1932年写的《自选集·自序》里说的话。在1935年写的《中国新文学大系·小说二集》的导言里，他又说："技巧稍为圆熟，刻划也稍加深切……但一面也减少了热情。"这说法是符合实际的。的确，在艺术上，《彷徨》要更加细致，更加圆熟一些。就拿《祝福》、《高老夫子》、《肥皂》这几篇，跟《呐喊》里的《孔乙己》、《故乡》等篇比，从描写刻画上，结构技巧上，前者确实更胜于后者。就思想性上讲，《彷徨》的思路也显得更加开阔、更加深广。而且更多地写到知识分子，知识分子的思想、心灵，本来就是比较复杂的。但同时，作者的战斗的热情则不免有所减退。譬如《在酒楼上》、《孤独者》和《伤逝》等作品，读起来心情很沉重。整个地来说，情况大致就是如此。多少年来，一般总是谈《呐喊》的比较多，对《呐喊》的评价也要更高一些：认为从思想性上来说，《彷徨》不如《呐喊》。其实并不是这样。《彷徨》的思想只有比《呐喊》更深刻、更开阔。不过，战斗的意气则不如《呐喊》，热情相对地说有所减弱了。两部小说都渗透着彻底的、坚决的、不妥协的反封建精神，都充满着向黑暗势力进攻的战斗气息。但比较起来，《呐喊》是踔厉风发、一往直前的，战斗意气非常猛锐。而《彷徨》则忧心忡忡，感愤万千，笔致更深沉、更凝练，也更多低徊了。两者的不同是在这里。

那么，为什么会有这样的不同呢？原因应该从主观和客观两个方面去找。从客观方面说，首先是时代社会的条件不同。《呐喊》写于五四时期，全国出现了蓬蓬勃勃的活跃气象，是革命的高潮时期，所以鲁迅当时的战斗意气也十分旺盛。《彷徨》则写在五四以后的革命低潮时期。当时北洋军阀的统治比较顽强,旧势力显得根深蒂固,积重难返,知识界正在酝酿着第二次分裂。从主观方面说,这时,《新青年》的团体散掉了,鲁迅仿佛有孤军奋战的感觉。同时,他自己也感觉到进化论和个性主义思想愈来愈显得不济事了,正在要逐渐地丢弃它们。丢弃旧的,必须有新的来替代,而新的世界观还正在形成的过程之中,更好和更理想的武器还没有掌握好,也因此他还不能充分认识群众的力量,他所感到的矛盾和苦闷也就更加深了。另外,两部作品的题材、描写对象也不同,从主要写农民到更多地写知识分子。《呐喊》主要是写人民怎样受迫害,人民是受害者。通过这个来揭露、鞭挞反动统治者,唤起人民的觉悟和反抗。《彷徨》除继续写农民受害,写黑暗势力怎样压迫、摧残着善良的人们以外,更多的是写一些人、特别是一些知识分子的反抗是如何不彻底,斗争方法是如何不顶事,着重在写一些人所采取的反抗方式的不行,对他们思想意识上的弱点的批判。所以,题材、对象和批判的重点已有所不同,这也影响到他的战斗的意气和热情。总地来说,从《呐喊》到《彷徨》,作者的思想是在不断向前发展的,并没有倒退,也不是停滞。热情与意气虽然不如先前的旺盛,但是更深沉,更凝练。把《彷徨》的思想性看成不如《呐喊》,是不妥当的。

1982年10月

纪念鲁迅话研究

从伟大的鲁迅在中国土地上降生算起,到今年正好一百年。一百年对人类历史来说,真只不过是一转眼的工夫,更何况,他又早在四十五年前就已离我们而去了!他生存的时间竟是如此的短促,这真是中国人民的莫大不幸,中国人民的无可弥补的损失!

卢那恰尔斯基有一次在论到普希金时,曾激动地,满怀深情地说:"普希金是俄国的春天,普希金是俄国的早晨,普希金是俄国的亚当。普希金为我们做了但丁与彼特拉克为意大利所做的一切;十七世纪的巨人们为法兰西,莱辛、席勒、歌德为德国所做的一切。……他的绚烂清新的天才开花在一个冬天还没有过去的凛冽的俄国,在那个差不多还完全黑暗的俄国。但是正因为这,他是所有其他俄国作家的领导人。他是第一个先进者,并且当仁不让地取得了整个文学领域中的最伟大的宝藏。"[1]这些话,让我们转借过来,献给我们伟大的鲁迅,不也是一样的贴切吗?认真说起来,鲁迅为现代中国所做的,恐怕还远远超过普希金为现代俄国所做的。普希金在唤起俄罗斯人民的觉醒,促使沙皇专制政体的进一步瓦解上,的确作出了巨大的贡献。但我国的鲁迅却不但亲自挖掘了埋葬国民党反动派的墓穴,而且还直接担当起为新中国催生的光荣任务。谁能不承认我们所受于鲁迅的,更多于俄国人民之受于普希金的地方呢?就单拿文学这一方面来说吧,诚然,普希金培

---

[1] 见吕荧译《普式庚论》第8页,新知书店版。文中"普希金"原作"普式庚"。

育了好几个世代的俄罗斯作家,他对俄国文学的贡献之大是无法估量的。但我们的鲁迅又怎样呢?他不是同样为我们做了普希金为俄国文学所做的事吗?一部中国现代文学史,同鲁迅的活动、鲁迅的成就是无法分开的。我们现代文学的历史,不但是从鲁迅开始的,而且一直是在鲁迅的影响下向前发展的。今天的中国作家,差不多都是直接间接地在鲁迅的哺育下,从鲁迅那里吸取着营养而成长起来的。即使是今天最年轻的一代吧,从他们的作品中,我们也都或多或少地可以看到一些鲁迅的影响。普希金被人们称为俄国文学之父,鲁迅则当之无愧地是中国的现代文学之父。但是对比起来,我们对于鲁迅所做的,却远远不如俄罗斯人民对普希金所做的。我们至今还拿不出一本像样的鲁迅传记来,真正有分量的鲁迅研究著作也少得可怜。我们实在是愧对鲁迅,有负于鲁迅的。

在纪念伟大的鲁迅诞生一百周年的时候,我们真应该认真检讨反省一下,为什么我们的鲁迅研究工作不能做得更好,不能取得更令人满意的成绩?原因究竟在哪里?并尽一切努力来克服存在的缺点,改变这种落后状况,以期使我们能对得起鲁迅为我们所做的一切,使我们能够无愧于作为鲁迅开创的事业的继承者。

对鲁迅的一生,毛泽东作了最全面、最充分、最恰当的评价:"他不但是伟大的文学家,而且是伟大的思想家和伟大的革命家。"我们中国是一个文明大国,有悠久的历史,灿烂的文化,数千年来,人才辈出,代生俊异。但像鲁迅那样集文学家、思想家、革命家于一身的,却也是绝无仅有的。因此,他对我们来说,是特别可贵,特别值得尊崇的。不过,他虽说既是文学家,又是思想家,又是革命家,"家"虽有三,而"人"却只是一个。这三"家"在他身上也不是各自独立而是融为一体的。总起来说,整个地来看时,鲁迅毕竟主要是个文学家。他的作为思想家和革命家的身份是统一于他的文学家的身份,而且是通过他的文学家的活动而表现出来的。他是以他的作品所反映的广阔的社会内容和深刻的思想见解而显示其思想家的风貌的;是以他的作品和所从事的文学活动来参与现实的革命斗争,并成为人所共钦的革命家的。我们一方面固然不应该忽略文学家鲁迅身上的思想家和革命家的特异风貌和卓越品格,另一方面也不应该使思想家的鲁迅和革命家的鲁迅脱离了文学家的鲁迅,并凌驾于文学家的鲁迅之上而存在。其次,大家知道,鲁迅的思想是有发展的,从世界观来说,他是经历了一个从革命民主主义到共产主义的转变过程的。他虽然很早就参加革命活动,而且一生都在追求革命,他的一生是革命的一生。但是,与他的世界观的发展过程相适应,他所从事的革命活动,前后也有性质的不同。他是从一个资产阶级的民族、民主革命的积极参与者,发展成为一个无产阶级领导的革命斗争的英勇战士的。因此,即使从他作为革命家的一面来说,也应注意其前后的发展变化,注意其间所显示的质的区别,不能把两者混为一谈,或者把仅仅属于后期才有的东西,不适当地加到他前期的活动上去。

说鲁迅主要是个文学家,这历来大家也并无异议,说鲁迅的思想有前后期的不同,这大家也都一致承认。然而,奇怪的是,一到具体地来研究和评论鲁迅及其作品时,许多作者可又常常有意无意地总爱把鲁迅作为革命家的一面特别突出起来,而且还故意(我只能认为是故意的)无视前后期的差别,一律把他当做无产阶级革命家来对待。好像不如此,便不足以充分显示鲁迅的伟大;不如此,便不足以表现我们对鲁迅的应有的尊敬。然而,这种不是实事求是的、以意为之的做法,决不是对鲁迅真正的尊重,它非但无助于提高人们对伟大的鲁迅的认识,反而只有使真正的鲁迅在人们心目中变得模糊起来,并且同人们在感情上变得疏远起来;对我们的鲁迅研究工作的影响也是很不好的,是要败坏我们的声誉的。

比如鲁迅一生在友朋交往中,虽然爱憎感情非常强烈,但他总是有好说好,有坏说坏,是非了了分明,很有原则的。他对林语堂后来的言行虽然很不满意,曾作过猛烈的抨击,但在早年,他们曾是同一阵营里的战友,交往也比较密切。他1926年去厦门大学教书,就是出于林语堂的邀请。可在我们的一些研究著作中,却仿佛鲁迅早在1925年写《论"费厄泼赖"应该缓行》一文时,就已经是把林语堂当做敌人来对待的了。对于胡适,鲁迅虽一向不大喜欢,但对他在学术研究方面的成就,却也从不一笔抹煞,甚至还有所称许。可在我们一些同志的文章中,似乎鲁迅对胡适就只有讥讽、贬责和斥骂了。鲁迅在他的文章和书信中曾多次提到过陈独秀,念念不忘于他对自己从事创作所起的鼓励作用。但因为陈独秀是右倾机会主义路线的头子,革命的罪人,就不但无人肯去就鲁迅与陈独秀的关系进行一些探索,就连鲁迅自己关于陈独秀所说过的一些话,也很少看见有人加以引用了。鲁迅和这些人的关系,以及鲁迅对他们的看法和态度,原是大家都知道的,可一些同志就是不肯如实地加以叙述和评论,大概这些同志认为照实讲了,就不能突出鲁迅的革命精神,就有损于作为革命家的鲁迅的光辉形象吧。如果真是这样,那么,他们对鲁迅的革命精神,对革命家鲁迅的伟大之处,究竟有多少理解,也就可想而知了。

又如,鲁迅早年曾十分注意于对中国国民性问题的观察和思考,为此耗费过不少心力;这不但在许寿裳的回忆文章中有过郑重的记述,就是鲁迅自己也曾多次提到过。在鲁迅早期思想中,这是一个很重要的问题,研究鲁迅的思想发展,是不能不加以探讨的。可是,解放以后,一直到"四人帮"的覆灭,在这将近三十年之久的时间里,却很少有人对这个问题作过认真的研究,大家都有意地回避了这一问题。为什么呢?就因为"国民性"是资产阶级的思想概念,提出国民性的改造问题,表现了鲁迅早期思想中所存在的明显的局限性,于是在一些人看来,就觉得还是不提为好,以免有损于作为革命家和思想家的鲁迅的光辉形象。其实呢,这一问题既是客观存在,而且在鲁迅思想上确实占据过相当重要的地位,怎么能撇开不谈呢?何况,鲁迅对于国民性问题的关注和探索,一方面固然显示了他思想上的局限性,一方面却也恰恰是在这里,最鲜明地表现出鲁迅的革命的爱国主义精神,和他作为一个清醒的现实主义者的思想的深刻性。

从根本上说,中国当时的问题,当然是在于必须推翻帝国主义和封建主义的反动统治,建立一个民主主义的社会制度,而不是什么改变国民性的问题,而且社会制度要是不改变,国民性也无从得到改造。想从改造国民性入手来解决中国的问题,显然是有点本末倒置的。但这仅仅是问题的一个方面。另一方面是,当时一些人所提出的救国之道无非是"坚甲利兵"、"制造商估"和"立宪国会"之类,而鲁迅则认为这些都只是"抱枝拾叶"之举,而不是根本的办法。因为,倘使人民的觉悟不提高,思想能力很低,有了枪炮也不能用,有了军队也不能指挥驾驭。至于发展工商业和实行立宪政治,更不过是被一些富人市侩和投机政客用来达到他们升官发财的目的的工具而已。鲁迅认为最重要的是在于"立人",在于"启人智而开发其性灵"。所以他的改造国民性的主张,其实是一种重视提高人民的思想觉悟的启蒙主义主张,无论是从理论上说,还是从实践上说,都是切合当时中国的国情,有很重大的革命意义和革命作用的。因为道理很明显,固然不推翻帝国主义和封建主义的反动统治,不经过革命,一切改革都只是空谈。但是,革命是要靠人来进行的。人民如果还缺乏起码的革命要求,革命就无从发生;即使革命发生并且成功了,如果不铲除人们头脑中的旧思想、旧习性,革命成果也难以巩固,旧势力还可能会复辟。所以并不是只要把帝国主义和封建主义打倒了,中国的问题就一了百了,全部解决了。社会能否进步,人民能否幸福,其最可靠的标志和保障,始终是人民的自觉程度。从这一意义上来说,不但鲁迅当时提出这样的主张,是很有卓见的,就是对于我们今天来说,依旧是很值得重视的。所以鲁迅自己在成为马克思主义者之后,也从来没有认为他过去关于国民性问题的探索是错误的,在他1933年所写的《我怎么做起小说来》一文中,还明白地说:"我仍抱着十多年前的'启蒙主义'。"可见他是始终没有抛弃早年的主张的。当然,改造国民性的提法,显然是唯心主义的,有明显的局限性,我们也不能把它同启蒙主义完全等同起来。但联系鲁迅多年来的一贯主张,从他前后所说的许多有关的言论里,我们也不难发现,他所反复呼吁,再三强调的,正是要唤起国人的觉醒;他的改造国民性这一主张的实质,正是一种革命的启蒙主义,是有十分重大的积极意义的。不但应该,而且是非常值得我们认真加以研究的。过去回避这个问题,不仅显示出我们的鲁迅研究工作是做得很不认真,很不深入的,同时也暴露出我们十分缺乏马克思主义的实事求是的精神。不切实地改变这种状况,不克服这个缺点,我们的研究工作就很难希望能有所突破和有所前进。

值得庆幸的是,粉碎"四人帮"以后,在党的三中全会路线的指引和鼓舞下,我们的学术研究工作得到了顺利而健康的发展,已经有不少同志就国民性问题作了认真的研究,并写出了一些很有见地的论文,这是很可喜的。相信今后在这个问题上,一定能取得更大的进展和提高。

在我们以往的鲁迅研究工作中,还有一种情况也是应该引起大家的注意的。这就是,在一些作者看来,鲁迅既然是一位伟大的革命家,我们就应该把他的作品当做革命的教科书来对待。那么,怎样的作品才配作为革命的教科书呢？当然认为只有以毛泽东的言论作为判断的依据和标准了。于是就常常出现这样的情形:或者是用毛泽东对中国革命和中国社会问题的分析去套鲁迅的作品,或者就是用鲁迅的作品去凑合毛泽东的言论,去为毛泽东的科学论断作注解或例证。大家只需稍一回顾过去读过的一些关于鲁迅作品的评论文章,就不难发现这种现象的确是存在的。

随便举几个例子吧。比如,毛泽东在《湖南农民运动考察报告》中,曾说中国农村妇女都受到政权、族权、神权、夫权这四种权力(毛泽东形象地称之为"四条绳索")的支配。于是一些同志在分析《祝福》时,就竭力强调四种权力对祥林嫂的迫害,说祥林嫂就是被四条绳索勒逼死的。这样说,当然也并不错。因为毛泽东的中国农村劳动妇女要受四种权力的支配的说法是个科学论断,是有普遍意义的,祥林嫂既然是个农村劳动妇女,自然也逃不脱四条绳索的束缚。而且从作品中也的确可以看到(或直接或间接地)这四条绳索对祥林嫂的迫害作用。但《祝福》毕竟是篇小说,而不是社会调查报告,它也并不是一般地、泛泛地把四条绳索并列起来作为正面揭露和抨击的对象的。作者攻击的矛头分明是针对着野蛮残忍的旧礼教的。在作者的笔下,祥林嫂是一个勤劳善良的农村劳动妇女,她不但从未损害过别人,甚至也从来不想依赖别人。她毫无奢望,只求能让她靠自己的劳动独立地、平安地生活下去。然而旧礼教统治下的封建社会,却连这样一种简单的愿望也不让她实现。仅仅因为她早年死了丈夫,她就既不能不守节,而事实又不容许她守节,最后终于不得不背负着不守节的罪名而被活活地迫害死了。无论从小说所展示的祥林嫂的性格的发展变化,特别是从作品的高潮上看(祥林嫂所受的致命打击是由于始终得不到旧礼教的宽赦),或者从作为迫害祥林嫂致死的主要力量的代表人物鲁四老爷的主要特征看(鲁四老爷在作品中是以旧礼教的狂热维护者的面目出现的),还是从作者着笔的详略轻重上看(小说着重描写的是祥林嫂在再嫁再寡、又重到鲁镇之后的精神状态以及她心灵上所受到的残酷的伤害和打击),都明显地是以封建政权的思想支柱孔孟之道及其所鼓吹的旧礼教作为攻击的主要对象的。然而我们的作品评论却因为要把鲁迅作品当做革命的教科书来对待,竭力要求作品对社会问题的反映和分析要既正确又全面,就先入为主地用革命领袖的言论来代替对作品本身的分析研究了。

又如,在对《彷徨》中的《孤独者》等作品的评论中,我觉得也有用毛泽东关于知识分子道路问题的讲话去硬套作品的倾向。如有的评论者指责魏连殳把自己"隔绝在时代的革命洪流之外,隔绝在群众运动的斗争行列之外",所以他就只能成为"绝望的战败者";认为魏连殳的悲剧是"小资产阶级知识分子脱离群众个人奋斗的悲剧"。这从魏连殳这一形象的客观意义来说,从作品所体现的客观思想来说,也并不错,我们是可以得出这样的结论来的。但如果过分强调这一点,认为这就是作者的创作意图,就是作者通过作品所要表现的思想,而完全忽视作者对魏连殳所抱的深切的同情,完全忽视他在对魏连殳批判的同时所流露出来的万分悼惜和伤痛的心情,就不见得妥当了。评论者还认为魏连殳在受到反动统治的压力以后,本来应该猛醒过来,"重新认识资产阶级思想体系不能救中国,丢掉那些过了时的武器,摆脱独身挣扎的处境,投身到时代洪流里去,集结新的战友,寻找别种方式的战斗,以开辟新路"。① 这,我觉得也完全是脱离作品实际的空论。不但魏连殳做不到,就连鲁迅自己,也还不能说他当时在思想上就已明确地解决了这个问题了。而且,评论者指责魏连殳同时代的革命洪流隔绝,同群众运动的斗争行列隔绝,同光明隔绝,然而,试问在作品里哪里有时代的革命洪流?群众运动的斗争行列又在什么地方?作品根本没有写到这些。假如说魏连殳的那个被敌人诱杀了的朋友,就代表光明,就是革命者,那么魏连殳就并未与光明隔绝,就并未自居于革命洪流之外。他甚至还表示愿意"为此求乞,为此冻馁,为此寂寞,为此辛苦"。所以造成那把魏连殳裹起来的"独头茧"的丝,并不全是从魏连殳自己的嘴里吐出

---

① 见《文艺论丛》第9辑第117页、第116页。

来的。我们对魏连殳也不该过于苛求。魏连殳是爱人民的,但人民却丝毫也不理解他;魏连殳想使社会光明起来,但社会却拼命地迫害他。社会如此黑暗,群众如此愚昧,这就是孤独者魏连殳的悲愤,也是作者鲁迅的悲愤。魏连殳既不是无产阶级革命家,鲁迅也无意把他的小说当成革命的教科书。我们虽然可以悟到像魏连殳这样的知识分子应该走怎样的道路,应该采取怎样的斗争方法,但不应该专在这一点上做文章,而忘了首先应该从作品的实际出发,应该把鲁迅的小说当做形式与内容高度统一的真正的艺术作品来进行实事求是的分析。

  应该承认,总的说来,我们的鲁迅研究工作是取得了很大的成绩的,特别是全国解放以后,无论从研究的广度还是深度来看,都远远超过了解放前。尤其值得高兴的是,我们还培养了一大批中青年的研究工作者,形成了一支强有力的鲁迅研究队伍。但是,无庸讳言,由于长时期来,受到"左"的思潮的影响,我们的研究工作也存在着不少缺点。我上面所说,不过是其中的一些例子而已。在这纪念伟大的鲁迅诞生一百周年的庄严日子里,我热切地希望我们的鲁迅研究工作者能从"左"的影响中彻底解放出来,努力树立起马克思主义的实事求是的优良学风,从头认认真真地阅读钻研鲁迅的著作,尽快把我们的鲁迅研究工作的水平,大大提高一步。

1981年5月22日

论《祝福》的思想锋芒
——祥林嫂究竟是怎么死的？

历来，对祥林嫂是怎么死的这个问题，有两种不同的回答。一种回答就出现在作品里，是鲁四老爷家的那个短工提供的。当"我"向他询问祥林嫂是"怎么死的"时，他连头也不抬，只是淡淡地回答说："怎么死的？还不是穷死的？"

祥林嫂当真是穷死的吗？像她这样一个勤劳能做的强劳动力，又正在壮年，何至于穷死！人们对这个答案当然是难以信服、不会接受的。顺便指出，那个短工在回答这一问题时，态度竟是这样的冷漠，作者特意写出这一点来，他的内心显然是很难平静的。而这，跟全篇的命意，也是浑和一致，紧密联系着的。

另一种回答是说：祥林嫂是被"四条绳索"勒逼死的（所谓"四条绳索"，大家知道是毛泽东对于封建宗法社会里的政权、族权、神权和夫权这四种权力的形象化的说法）。这一回答当然是不错的，从作品中，我们也的确可以看到（或直接、或间接地）这四种权力对祥林嫂的迫害作用。因此，这个答案一向是为许多《祝福》的评论者所普遍接受的。

但是，四条绳索究竟是怎样把祥林嫂勒逼死的呢？它们是不是起着同样的罪恶作用？四条绳索中最粗大的，当然是政权（"地主政权，是一切权力的基干"），鲁四老爷便是作品中封建地主政权的代表人物。因此评论者进一步指出，祥林嫂就是被以鲁四老爷为代表的封建地主政权以及这个政权所支持的族权、神权、夫权联合迫害死的。——这样说虽然似乎很全面，但其实并未击中要害。鲁迅的笔触，显然还要刺得更集中、更深入一些，这同他对中国社会的认识，对当时革命任务的理解是相一致的。鲁迅特别重视因封建统治者长期实行愚民专制而造成的民众"思想上的不觉悟",尤其对于"家族制度和礼教的弊害"决不轻易放过。他自述他的创作目的是在于"揭出病苦,引起疗救的注意"。作为一个革命的民主主义者和清醒的现实主义者,鲁迅当然知道封建地主政权是农民一切灾难的根源。但是,作为艺术家,作为文化战士,鲁迅那敏锐的洞察力,他的愤怒目光、他的艺术批判的主要锋芒,总是集中在这个反动政权的思想支柱——孔孟之道上的。在《祝福》里,则主要集中在孔孟之道——尤其是程朱理学所鼓吹的旧礼教上。鲁四老爷这个顽固透顶的地主阶级代表人物,就是一个程朱理学的忠实信徒,封建礼教的狂热维护者。而祥林嫂,主要就是被程朱理学所崇奉的旧礼教迫害死的。当然,逼迫她死亡的还有封建迷信,但封建迷信原是被地主阶级用来维护旧礼教的工具。必须指出:揭出旧礼教,把旧礼教作为主要攻击对象,决不意味着宽赦地主政权,减轻地主政权的罪责,而正是更深刻地揭露地主政权的罪恶。封建礼教与封建政权,相辅相成,封建礼教的宗旨本来就在于维护封建统治;也只有在反动的封建统治下,旧礼教才能拥有如此惊人的罪恶力量,以窒息千万祥林嫂们的灵魂,摧残千万祥林嫂们的生命。鲁迅之所以如此着笔,正是在于强调:地主政权不仅在经济上剥削着人们,在肉体上摧残着人们,还在精神上折磨着人们。这种精神上的折磨有时甚至比经济压榨、肉体摧残更为残酷!鲁迅冷峻地把祥林嫂所遭遇的苦难、不幸以及种种无法忍受的精神折磨,血淋淋地摆在人们面前。读罢《祝福》,人们会觉得窒息,感到愤懑。看了这样活生生的事实,谁能不痛恨万恶的封建社会,不痛恨吃人的旧礼教呢?推翻鲁四老爷们的反动统治,铲除杀人不见血的封建礼教,将是读过这篇作品的人们的一致呼声,而这,同时也就是作者鲁迅向我们发出的强有力的号召。

　　结论有了。但是,结论从何而来呢?我们如何来证明《祝福》的主要批判锋芒,真是指向封建旧礼教的呢?

　　结论当然只能从作品本身得出,要论证这一结论正确与否,也只有从分析作品入手。

一

我们拟从三个不同的角度,来论证上述的结论。首先可以从主要人物祥林嫂的性格发展与命运变化,特别是从小说的高潮上来加以考察。

《祝福》基本上是纵线结构,祥林嫂的一生按时序构成了作品的情节中轴。小说情节的开端,是祥林嫂第一次来鲁家。当时,她虽然已经死了丈夫,但"两颊却还是红的","模样还周正,手脚都壮大,……很像一个安分耐劳的人……"在鲁家,"她整天的做,似乎闲着就无聊,又有力,简直抵得过一个男子……"尽管她"食物不论",又担当着极繁重的劳动,"然而她反满足,口角边渐渐的有了笑影,脸上也白胖了"。

鲁迅一开始就突出了祥林嫂的勤劳善良。她是一个普通农妇,不但从未损害过别人,甚至也从来不想依赖别人,她对生活毫无奢望,只求靠自己的劳动平安度日,虽在劳累艰苦中,也极容易得到满足。这里,她的勤劳正与结局的"穷死"形成反衬与对照;她的满足,显然也是一种使人感到可悲的苦涩的满足。祥林嫂的形象一出场便带着某种凄凉意味,尽管真正的悲剧此时尚未开始。

接下去,鲁迅逐渐展开了祥林嫂命运变化、性格发展的四个层次。

(1)祥林嫂被捆回婆家后,又被卖到了贺家墺,尽管她进行了出格的反抗,"头上碰了一个大窟窿",仍然还是毫无用处。不过,她在贺家墺,生活倒是过得挺不错的,还生了一个儿子。卫老婆子在讲到她时,是这样说的:"……他们娘儿俩,母亲也胖,儿子也胖;上头又没有婆婆;男人所有的是力气,会做活;房子是自家的。——唉唉,她真是交了好运了。"

(2)然而,"好运"很快消失,灾难又一步步逼近她。不久,贺老六病故,儿子被狼衔去,大伯又来收屋,使她无法存身……各种不幸连续地打击着她,当她重回鲁镇时,"两颊上已经消失了血色,……眼光也没有先前那样精神了","手脚已没有先前一样灵活,记性也坏得多",鲁家的祭祀也不让她插手了。

显然,接踵而来的灾祸使得林祥嫂疲乏了,憔悴了。但是,即使在这种时候,她仍然没有被不幸彻底压垮,其标志就是她听了柳妈的话以后,还要去捐门槛。

(3) 柳妈的话,对祥林嫂的命运影响相当之大。一生嫁了两个男人,"落了一件大罪名,……将来到阴司去,那两个死鬼的男人还要争,你给了谁好呢?阎罗大王只好把你锯开来,分给他们"。听到这种预言,祥林嫂"脸上就显出恐怖的神色来","大约非常苦闷了",次日起来,"两眼上便都围着大黑圈",可见精神震动之强烈,大约使她彻夜未眠。这时,祥林嫂深深地感觉到了自己身上的"罪孽",于是,为了"赎罪",她便用自己历来积存的工钱,去土地庙捐门槛。她已经失去做一个普通人正常生活的权利,但她还企图"赎"回这种权利,她还不放弃生活的希望。

(4) 捐门槛,在祥林嫂来说,是她不甘心被摧残的痛苦挣扎的表现;在实质上,却又正是祥林嫂精神被摧残、灵魂被愚弄的突出表现。当她捐门槛回来后,"神气很舒畅,眼光也分外有神,高兴似的对四婶说,自己已经在土地庙捐了门槛了"。这种神态,这般语气,她好像已忘却自己悲惨的遭遇和处境,她似乎已摆脱了重重灾难的阴影,她仿佛又恢复了青春!

上述四个层次祥林嫂的命运变化、性格发展,一方面是灾难困苦不断向祥林嫂袭来,另一方面是她默默忍受着这些灾难困苦,并倔犟地挣扎着反抗命运的过程。尽管祥林嫂一步步地在走向不幸,然而,到此为止,所有的穷困、劳累、丧夫、失子等等痛苦,都还没有导致她的精神与生命力量的真正崩溃。

但是,真正的威胁却是她所无法躲避的。那不是穷困,不是意外灾祸,而是封建礼教对她宣判的罪名,这种判决是无形的。鲁四老爷、四婶、柳妈以及鲁镇上大多数人们,都认为祥林嫂有"罪",当她背负着"罪恶"的包袱艰难而又无望地挣扎时,封建礼教毫不放松地、无情地把她一步步推向精神的苦海深渊,推向孤独、惶惑、恐怖与绝望。小说终于逐渐进入高潮。

捐了门槛以后,又正值冬至的祭祖时节:

看四婶装好祭品,……她便坦然的去拿酒杯和筷子。

"你放着罢,祥林嫂!"四婶慌忙大声说。

她像是受了炮烙似的缩手,脸色同时变作灰黑,也不再去取烛台,只是失神的站着。(着重号引者加,下同。)

这真是致命的一击!这就是作品的高潮。至此,祥林嫂的精神世界彻底垮了,彻底混乱了。她无法摆脱"罪名",她丧失了生活的希望,她只能走向恐怖的"阴司","这一回她的变化非常大,第二天,不但眼睛窈陷下去,连精神也更不济了。而且很胆怯,不独怕暗夜,怕黑影,即使看见人,虽是自己的主人,也总惴惴的,有如在白天出穴游行的小鼠;否则呆坐着,直是一个木偶人"。所有这些反常现象是先前所没有的。精神支柱垮了,肉体上长期受穷困劳累摧残的痕迹、后果,也全部显露出来了,使她陷入了彻底的困境。

最后是结局,是高潮的必然的发展和延伸。祥林嫂终于被赶出鲁家,成为乞丐,在一个阴沉的雪夜,无声无息地死去了。作者通过"我"的沉思,满怀悲愤地写道:"这百无聊赖的祥林嫂,被人们弃在尘芥堆中的,看得厌倦了的陈旧的玩物,先前还将形骸露在尘芥里,从活得有趣的人们看来,恐怕要怪讶她何以还要存在,现在总算被无常打扫得干干净净了。"凄凉的旋律一直回响到小说的篇尾,祥林嫂终于被封建社会、特别是吃人的旧礼教所吞噬了。

高潮是人物性格、命运的转折点,是作品思想性最明亮的地方。《祝福》的高潮正显示了导致祥林嫂之死的关键因素,那不是穷困,不是劳累,也不是意外灾祸,而是一种精神上的折磨——祥林嫂忍耐过,挣扎过,反抗过,但毕竟逃不出封建礼教的魔爪。这是祥林嫂悲剧的真正意义。

二

其次,可以从祥林嫂的主要对立面——鲁四老爷的形象来证实我们的论点。

在作品里，必须对祥林嫂的悲剧直接负责的人物，首先，而且主要是鲁四老爷。鲁四老爷在小说里是以旧礼教的狂热维护者的面目出现的，鲁迅在塑造这个人物的性格时，紧紧把握了这一基本特征。

"四叔"一出场，作者就介绍说：他是"一个讲理学的老监生"，他痛骂的"新党"还是改良派康有为，可见他所信奉所坚持的还是最顽固最陈腐的封建道统。接着，作者领我们参观他的书房："……壁上挂着的朱拓的大'寿'字，陈抟老祖写的；一边的对联已经脱落，松松的卷了放在长桌上，一边的还在，道是'事理通达心气和平'。……到窗下的案头去一翻，只见一堆似乎未必完全的《康熙字典》，一部《近思录集注》和一部《四书衬》。"寥寥几笔，着墨不多，然而一股陈腐发霉的旧礼教气味已经冲鼻而来，难怪"我"马上表示："无论如何，我明天决计要走了。"

然而就在当夜，祥林嫂死了。鲁四老爷的反应是"生气"："不早不迟，偏偏要在这时候，——这就可见是一个谬种！"这种全无人性的议论，其出发点，就是旧礼教与封建迷信。

接下去，鲁迅使我们看到，在祥林嫂命运的每一次变故面前，鲁四老爷都及时表明着他的态度——一个狂热的封建礼教的卫道士的态度：

当祥林嫂初来鲁家时，"四叔皱了皱眉"，原因呢？很简单，是"在讨厌她是一个寡妇"。在"讲理学的老监生"看来，"寡妇"本身就是罪名。

当祥林嫂夫家堂伯来的消息传出后，"四叔一知道，就皱一皱眉，道：'这不好。恐怕她是逃出来的。'"为什么"不好"呢？因为在鲁四老爷的眼里，祥林嫂的主权天经地义不在她自己手中，未经许可，私自逃走，当然是一种违反礼教的行为。

当祥林嫂婆婆来时，鲁四老爷虽然也知道祥林嫂在他家"实在比勤快的男人还勤快"，"家里雇着了女工"，他也清楚祥林嫂不愿意回婆家，但鲁四老爷却还是从他的礼教伦理原则出发："既是她的婆婆要她回去，那有什么话可说呢。"

当听说祥林嫂在淘米时被人突然强行捆走时，鲁四老爷骂道："可恶！然而……"意思是，居然到我这里来捆人，这是可恶的；然而，既是她婆婆派来的，也就没有什么好说了。

当祥林嫂第二次上鲁家时,鲁四老爷"照例皱过眉",虽然"鉴于向来雇用女工之难,也就并不大反对",但他还是"暗暗地告诫四婶说,这种人虽然似乎很可怜,但是败坏风俗的,用她帮忙还可以,祭祀时候可用不着她沾手,一切饭菜,只好自己做,否则,不干不净,祖宗是不吃的"。

鲁四老爷一步步地嫌恶祥林嫂,到这里,则是加上了不容宽赦的罪名宣判。我们注意到,鲁四老爷之迫害祥林嫂,主要既不在经济上的剥削(当然有剥削,但并不特别苛刻);也不在肉体上的摧残(从未责打过她,甚至也未大声呵斥过她);而只是加以精神上的折磨。他对祥林嫂的迫害,主要并不是从他作为地主的身份出发,而是从他作为封建礼教的忠实卫道士的身份出发的。鲁四老爷是因为祥林嫂不但是个寡妇,而且居然又再嫁,再嫁后竟又再寡,才非常地鄙弃她、厌恶她,才认为她"败坏风俗","不干不净"。而祥林嫂也正是主要由于礼教与迷信的精神绳索的勒逼,才不得不走向死亡的。从鲁四老爷的形象上,我们很清楚地看到了《祝福》的主要批判锋芒所在。

三

下面,我们再从作者在创作中着笔的详略轻重上,看《祝福》的思想锋芒。

《祝福》纵线勾画祥林嫂的一生,但作者并非简单地平铺直叙,小说里存在着跳跃、呼应与艺术空白。有时鲁迅毫不吝啬笔墨地渲染细节、记叙对话,刻画心理状态;有时却只虚提一笔,或用粗线条轻轻勾勒。如鲁四老爷对农户雇工的经济盘剥、压榨,封建地主对乡民们的欺凌侮辱,这类现实中存在,写入作品也很有意义的情节,鲁迅却把它们推到幕后;祥林嫂生活史上的某些阶段,如她痛苦的少年时期,陪伴一个比她小十岁的男人的畸形的婚姻生活;再如她再嫁后丧夫失子、堂伯收屋、生活困窘的具体经过;以及她在鲁家做牛做马的劳苦生活等等,在一般立意表现农民苦难的作品里,完全可以详细铺开,正面描写,以表现劳动妇女的巨大不幸及封建社会的黑暗……然而,在《祝福》里,这一切,或者被一笔带过,或者由卫老婆子简略地侧面转述。艺术创作过程,在一定意义上,也就是复杂的选择和提炼处理的过程,作家在一些地方之略,正是为了另些地方之详。毫无疑问,鲁迅虚笔淡写鲁四老爷对祥林嫂们的经济盘剥、肉体摧残,正是为了泼浓墨以突出他手中挥舞着的旧礼教的罪恶绳索;鲁迅虚笔淡写祥林嫂的穷苦生活与意外灾祸,也正是为了集中艺术力量,着重、细致、深一层地写出祥林嫂两次来鲁镇的有色调对比的精神状态;写出她再嫁再寡后深深的心灵创伤。作家特别突出地倾全力而渲染的,则是她精神上、灵魂上一步步所受到的折磨和残酷打击,以及她对封建礼教的绝望挣扎!作者如此匠心独运地讲究艺术笔墨的轻重分量、浓淡程度,充分表现了艺术家在作品里的主要注意力之所在。

鲁迅注意的,不仅在于祥林嫂的穷,不仅在于祥林嫂的苦,也不仅在于祥林嫂所遭到的各种意外灾祸;鲁迅所最感沉重的,最突出加以表现的,是祥林嫂所承受的精神折磨:这种精神折磨来自于封建礼教,是旧礼教宣告了祥林嫂的"罪"——前面,我们已从几个不同侧面证实了上述结论,下面,有必要进一步分析一下祥林嫂背负着的"罪名",这将有助于理解《祝福》的深刻思想内涵。

鲁四老爷认为祥林嫂有"罪",这不奇怪;问题是,柳妈和鲁镇上的其他穷苦乡民们,也都觉得祥林嫂有"罪",甚至连祥林嫂自己,也深信自己确实有"罪"——鲁迅所提醒人们注意的最悲惨的事实就在这里。

然而,祥林嫂究竟何罪之有?

祥林嫂的赎"罪",并不仅是宗教意义上的,而主要是在礼教、道德、伦理意义上的。祥林嫂的全部"罪名",是由封建礼教给她判决的,而她自己根本无法摆脱。

第一次婚姻,祥林嫂嫁了一个"比她小十岁"的丈夫,这显然不会出于她的自愿,这也种下了她早寡的祸根灾苗。在封建婚姻制度下,女人只是商品,主权属于父母、公婆或丈夫。据周建人同志在1919年的《新青年》上所写的《绍兴的结婚风俗》一文说:"寡妇的身体极不自由,男子死后,公姑叔伯,甚至于毫不相干的人,都有管的权柄。"祥林嫂既不能不守节,实际上又不容许她守节,终于她就不得不承担着不守节的罪名。当她守寡后想逃避被出卖的命运时,她不仅遭到婆家的追迫,更遭到包括鲁四老爷等人在内的整个社会的反对,几乎没有人认为她应该有自己的生活权利。后来,贺老六死后,她又失去了儿子,丧子同时也意味着她丧失了在贺家墺继续生活的权利。很显然,导致她生活灾难的种种原因,如买卖性婚姻、家长族长宗法特权、丧子即失去根基的封建传统观念,特别是给她判"罪"的旧理学、旧道德等等,无一不同封建礼教有关。祥林嫂的"罪名"很简单:早寡是不吉利的;而寡妇再嫁,则是败坏风俗。程颐在回答"或有孤孀贫穷无可托者,可再嫁否?"的询问时说:"只是后世怕寒饿死故有是说。然饿死事极小,失节事极大!"(《河南程氏遗书》卷二十二)等到祥林嫂再嫁而又再寡,她简直成了非常不祥的凶人了。我们看到,旧礼教观念简直是根深蒂固的。不仅鲁四老爷们指责祥林嫂"败坏风俗"、"不干不净",就是柳妈和别的老女人,以及那些"最慈悲的念佛的老太太们",也都一样地跟在鲁四老爷们的身后,不自觉地也在把祥林嫂往死路上赶。她们虽然多少有些同情祥林嫂,对她的意外的悲惨遭遇还曾陪出过不少眼泪,但在"寡妇再嫁"这个问题上,她们的意见却与鲁四老爷大致差不多。对于第二次来到鲁镇,即再嫁而又再寡后的祥林嫂,她们采取了不同的态度:"仍然叫她祥林嫂,但音调和先前很不同,也还和她讲话,但笑容却冷冷的了",而且脸上还常常流露出一种"鄙薄的神气"——很显然,在当时那样的社会里像柳妈之类同样是被压迫被损害者,尽管她们对待祥林嫂的态度终究与鲁四老爷有所不同,但在客观上,她们却也在自觉不自觉地帮助着鲁四老爷向祥林嫂逞凶。这是一个多么令人痛心和悲哀的事实!

　　注意到并表现出这一事实,是鲁迅的过人之处。在别一个地方,鲁迅说:"造化生人,已经非常巧妙,使一个人不会感到别人的肉体上的痛苦了,我们的圣人和圣人之徒却又补了造化之缺,并且使人们不再会感到别人的精神上的痛苦。"(《俄译本〈阿Q正传〉序》)柳妈们在封建礼教的长期蒙骗熏陶下早已成了"圣人和圣人之徒们"的俘虏。马克思说过:每个时代统治阶级的思想,就是每个时代的统治思想。在鲁四老爷们所崇奉的旧礼教的精神统治下,柳妈们在不知不觉间也成了反动统治阶级毒害人民并毒害她们自己的工具了。

　　鲁四老爷的可恶,柳妈们的愚昧,祥林嫂的可怜,在封建礼教的窒息下,他们或是罪人,或是帮凶,或是牺牲品,他们各自深陷在不同而又相同的无知与可悲的境地——鲁迅写出了这些灰暗、凄惨的事实。但是,作为真正的艺术家的鲁迅,又不仅仅只限于写出这些灰暗与凄惨。如果说,鲁镇上的人们,除了偶然前来的"我"以外,还有谁突然对吃人礼教产生怀疑的,那么这个人,就是祥林嫂!

祥林嫂临死前,头发全白,"……脸上瘦削不堪,黄中带黑,而且消尽了先前悲哀的神色,……"当已经陷入绝境的她,偶然碰到一个"识字的"、"见识得多"的"出门人"时,"她那没有精采的眼睛忽然发光了":

"我正要问你一件事——"……

"就是——"她走近两步,放低了声音,极秘密似的切切地说,"一个人死了以后,究竟有没有魂灵的?"

这真是一个伟大的怀疑!这是一个即将被旧礼教压死的"活物",最后的也是最大胆的挣扎!这不是俯首听命,也不是捐门槛赎"罪",而是从根本上对自己身上背负了一生的沉重的"罪名"产生了疑惑,是从根本上对折磨了她一生的全部精神伦理道德观念产生了疑惑!虽然,这只是一刹那的、朦胧的、绝望的怀疑,远远无力挽救她自己悲剧的命运。但从作品来看,这个怀疑,却犹如一道闪电,冲破了(或者说要冲破)贯穿在全篇《祝福》、弥漫于整个鲁镇乃至整个社会的旧礼教的黑雾。这个问号出于祥林嫂之口,似乎是个奇迹,但从她的性格、命运的变化进程与发展逻辑来看,又属必然。一直到临死,祥林嫂所想的,还是关于魂灵之类的精神上的阴影,而不是生前的穷苦、丧夫失子等灾难;仅从这个最后的怀疑上,也可看出导致祥林嫂之死的诸多原因中的关键因素。这个疑问,与小说高潮时摧残她的致命打击相呼应,强化了作品的基调,进一步地突出了作品批判封建主义礼教的锐利的艺术锋芒——无疑,这也正是《祝福》的思想力量之所在。

1981年7月

谈《伤逝》

《伤逝》是以涓生个人手记的形式写出的,抒情成分很浓,充满着凄凉、感伤的情调。它一开头就这样说:"如果我能够,我要写下我的悔恨和悲哀,为子君,为自己。"那种椎心的悔恨,那种刺骨的悲哀,贯穿全作,十分揪人心肺。读罢之后,不能不使我们感到心情沉重,不能不引起我们的痛苦与深思。为什么涓生与子君的命运会这么悲惨?他们要改变他们的命运应该怎么办?这是最上乘的文学作品才能具有的力量,思想的深刻性与浓烈真挚的感情密切纠结融合在一起,互相渗透不可分拆。一切真正的文学作品照理都该如此,但实际做到这一点却并不容易。只有少数像鲁迅这样的伟大作家的作品,才能达到这样的境界。

从《伤逝》这篇作品问世之日算起,到今天,不知道已经有多少人谈论过它,对它作过各种研究了。在这众多的评论研究之作中,除了周作人因为与作者的特殊关系,别有会心,他的意见独树一帜,可以暂时不论。茅盾则把这篇作品与《幸福的家庭》比照起来读,而说:"《幸福的家庭》所指给我们看的,是现实怎样地嘲弄理想。《伤逝》的意义,我不大看得明白;或者是在说明一个脆弱的灵魂(子君)于苦闷和绝望的挣扎之后,死于无爱的人们的面前。"(《鲁迅论》)除了这两家之外,其余所有的评论研究工作者,几乎绝大多数都是众口一辞地认为这是对涓生和子君这类未能与工农群众结合的知识分子的批判,批判他们心灵上的空虚,行动上的软弱和动摇。

我想,在我们判断和论定一篇小说作品的思想意义之前,必须首先弄清楚其中的故事情节的发生发展经过,以及它的结局;必须理解作品所涉及的全部内容。既要有一种客观的、实事求是的态度,又要从自己的真切的感受出发。缺乏客观的、实事求是的态度,和不从自己真切的感受出发,都容易使自己走向主观臆测,或者先入为主地用一种已有的现成结论来代替切实的分析。《伤逝》的情节很简单:涓生与子君相爱,并且实行了同居。但他们的结合,为当时的社会所不容,生活十分艰难。后来涓生的感情也起了变化,明白地向子君说出他已经不再爱她了。最后,子君就伤心绝望地在无爱的人间默默地死去了。子君死后,涓生虽求生之心未泯,仍想挣扎,但前路茫茫,不知该向哪里跨出他的第一步。如果我们要用几句最简单的话,客观地概括《伤逝》的内容,大致可以这样说:《伤逝》写的是涓生与子君对恋爱与婚姻自由的追求,这追求最初已经获得成功,但终于还是失败了。

　　涓生与子君的追求,最后怎么会以失败告终的呢?作品表现得很清楚,其根本原因是由于社会的迫害。他们这种不由父母之命媒妁之言的自由结合,私自同居,是为当时的社会所不容的。从他们一开始相爱,周围的"老东西"和"小东西"就在用一种异样的神情不断地窥视着他们;他们走在路上,也时时会遇到投射过来的探索、讥笑、猥亵和轻蔑的眼光;寻找住所时又往往被托辞拒绝;子君因此而和她的叔父闹翻并为她的父亲所摒弃;涓生也不得不与他的许多朋友绝交,进而并终于被局里解职。后来,在生活的重压和煎逼之下,他们间的爱情也终于无法维系下去了。所以,他们的追求之终于走向失败,其根本原因显然是由于社会对他们的迫害。

　　但《伤逝》这篇作品所着重的,并不在于写出社会是在怎样地迫害着涓生与子君,而是在于写出涓生与子君怎样面对社会加给他们的迫害。它是以涓生与子君作为分析与解剖的直接对象的。当时社会的黑暗腐败,专制残酷,只是作为他们活动的社会历史背景而被揭露着、抨击着的。然而这种揭露,这种抨击,又是何等的深刻,何等的有力?!作为一个伟大的民主主义者和现实主义者的鲁迅,他是任何时候都决不会轻易放过残害人民的封建专制制度和封建礼教的。在他所有的小说作品里,他的愤怒和仇恨,几乎毫无例外地总是集中在、着落在它们的身上。《伤逝》真是少有的现实主义杰作,现实主义文学的激动人心的力量,在这个作品里,可以说已被发挥到了它的极致。

那么,作为作品正面刻画、直接解剖的对象的涓生与子君又怎样呢?作品对他们的思想心理、内在感情,有着十分细腻的描写。从他们的言论和行动当中,我们看到他们是纯洁而善良的,有着美好的愿望和合理的追求,但他们的心灵却十分空虚、十分脆弱。在社会的迫害面前,他们是那样地显得束手无策,一筹莫展。眼看着自己日益陷入悲惨的深渊而竟无力自拔。他们怎么会这样的无能呢?处在他们这样的境地,他们究竟该怎么办?鲁迅是怀着深深的同情和无限的伤痛来展示他们的悲惨遭遇的。他对他们当然是有不满、有批判的,这不满和批判就隐含在、寄托在对他们自己的言行和内心感情的细致的刻画中。他对他们的命运非常关怀,他虽然并没有为他们出谋划策,并没有为他们正面指出一条出路,但通过他的饱含感情的描写,却十分有力地叩动了读者的心弦,引起了人们的痛苦的思索。各个不同阶层,具有各种不同思想文化背景的读者,从作品所展示的生动画面和作者渗透进去的深厚的感情中,必然会各自作出合理的回答的。《伤逝》是一篇描写知识分子的作品,关于知识分子的道路问题,毛泽东曾多次作过十分精辟的论述。人们在分析《伤逝》的时候,很自然地会把它同毛泽东的有关论述联系起来,也只有联系毛泽东关于知识分子的论述,我们对涓生与子君身上的弱点,才能看得更深刻,才能明确地为他们指出一条正确的出路——与工农群众相结合。

事实也确是如此。一个不愿与社会妥协的人,处在像涓生和子君那样的冷酷的环境里,要不把自己的命运同被压迫者,同广大人民群众的命运联系起来,不断地与旧社会、与传统的恶势力进行斗争是活不下去的。所谓知识分子和工农群众相结合,主要的是要明白自己的命运和工农群众的命运的一致,把为改善自己的命运的斗争,同为改善广大人民群众的命运的斗争结合起来,而且要唤起群众和自己一同斗争的意思。涓生和子君所追求的恋爱与婚姻的自由,并不是一个单纯的个人问题,而是个社会问题,它牵涉到整个社会制度。封建的社会制度要是不改变,人们的思想观念、风尚习俗,也就难以改变。涓生和子君们就将为这个社会所不容,他们的悲剧就将不断地上演。所以,涓生、子君以及广大青年群众,为要求得恋爱与婚姻的自由,就必须推翻反动的封建思想的统治,政变黑暗的专制制度。这是必然要得出的结论。但涓生与子君却没有认识到这一点。他们以为他们的个人幸福是可以脱离大众而获得的。当他们结合起来以后,就以为这种幸福已经取得了,他们的目的也就达到了(特别子君是如此),他们的生活就在安宁、幸福中停滞凝固起来了。就这样,他们既被旧社会所排斥,又未与新的进步力量取得联系,而自己的物质生活既十分艰难,精神生活又日渐空虚,这种局面怎么能持久呢?他们就像是驾着一只小船漂流在茫茫的大海里一样,子君却想在这样的小船上做起甜蜜的美梦来。涓生虽然知道在这样的小船上美梦是做不成的,虽然知道这只小船随时都有颠覆的危险,但他并不积极的想法如何与子君一同和风浪作斗争,如何与别的船只取得联系、配合,而是只想着如何才能摆脱子君,好让自己能够独个儿轻快地前进。这样,他们的结局自然也就可想而知了。

当子君为了要与涓生结合而与社会斗争时,她是勇敢的,大无畏的;似乎传统的力量,社会的俗见,并不能限制她、束缚她。然而,她其实还是受着传统的力量与社会的俗见的支配的。传统的力量是这样的巨大,它已渗透了子君的灵魂,子君已不觉得它是一种外在的与自己对立的力量,自然也就想不到要与它作斗争了。当她与涓生结合后,她所为之而奋斗的目标似乎已经达到了,她终于和她所爱的人结合了,这当然是一种幸福。但怎样来保持并且发展这种幸福呢?在这个问题上,她却完全做了传统思想的俘虏,做了习惯势力的奴隶。她是按照旧社会的贤妻良母主义来对待涓生,对待家庭生活的。养养鸡,烧烧饭,做些好吃的东西给涓生吃吃。她不知道这种贤妻良母主义,是统治阶级所乐意提倡的一种道德观念,是他们维护统治秩序的工具之一,不但与她的利害相冲突,而且像她这样的人,即使想要实行也是不能够的。她以为与涓生结合了,她就已战胜了社会,社会也就不再来迫害她了。事实上社会不但没有战败,更丝毫没有停止对她的迫害。她已被社会掷入了冰窖之中,包围着她的是轻蔑与冷酷。而她所有的唯一能够抵御这种轻蔑与冷酷的力量,就只有她对涓生的爱。当涓生明白宣告他已经不再爱她了以后,她自然就只有走向死亡这一条路了。

涓生对社会的认识自然不像子君那么糊涂,他始终清醒地感觉到社会对他们的敌意和加在他们身上的压力。他也无意向社会低头屈服,他一直在迫切追求着摆脱困境的出路。他所追求的出路是什么呢?连他自己也不知道,他并没有什么明确的目标。在他眼面前涌现的有各种不同的场景:怒涛中的渔夫,战壕中的兵士,摩托车中的贵人,洋场上的投机家,深山密林中的豪杰,讲台上的教授,昏夜的运动者和深夜的偷儿,等等。这就是说,只要能帮他走出困境,不管是渔夫,兵士,投机家,教授,甚至强盗、小偷都可以。这样的幻想,曾一而再、再而三地不断在他头脑里出现。可见他所希求的只是一条维持生计的出路,只是争取能够活下去而已。他并没有任何比这更高远一点的理想。直到最后,他还只是说:"我活着,我总得向着新的生路跨出去。"至于究竟应该跨向哪里,并不明确;对他来说,也似乎并不重要。所以那种认为涓生比较清醒,会走上革命的道路的说法,只是一种可能的猜测而已,并无充分的根据。从他最后所说的他将以遗忘和说谎为先导这句话来看,他多半只会成为一个愤世嫉俗者,要想成为一个革命者,恐怕还得翻几个筋斗才成。

《伤逝》是一篇以爱情为题材的小说,对男女两位主人公对待爱情的态度、心理,有着细致入微的描写。子君对涓生的爱十分纯真、执著。在爱情问题上,她是坚决而勇敢的,无所畏惧的。对她来说,似乎有了爱就有了一切。涓生虽然也爱子君,但他比较理智。他知道:"人必生活着,爱才有所附丽。"他是把生活摆在首位,当生活与爱情不能两全时,他就自然只有牺牲爱情了。他这种对待爱情的态度,在子君是不能够理解的。她觉得怎么能够把生活与爱情对立起来呢?既然相爱了,就应该甘苦与共,生死以之,无论什么外来的打击,都不能把他们分开,像梁山伯、祝英台等人就是如此,更何况只是物质生活上的一点艰难呢?但在涓生,却也自有辩解,因为他后来觉悟到他对子君的爱,只是一种盲目的爱。既然有了这样的认识,自然也就难以继续再爱她了,抛弃她也就不足深责。所以,虽然他们失败的根本原因是由于社会的迫害,但他们爱情的破裂,其原因却只能从他们自己身上去找。因为社会的迫害顶多只能剥夺他们的生存权利,却无法剥夺他们的爱情。作品对这两个人的思想境界、感情深度和道德勇气,都有十分细腻熨贴的表现。它显幽烛隐,直入两人的内心深处,把其中最隐秘的角落也给照亮了。因此使得细心的读者早就感觉到涓生对子君的爱情,恐怕难于长久维持。而子君对涓生的爱,虽然是那样的专注深挚,但其内容却十分空洞虚幻,不切实际,真只是一种"盲目的爱"。那么,最后必然也是总归要幻灭的。作品在这方面的许多深刻细致的描写,十分耐人寻味。这里就不多说了。

但对《伤逝》这个题目,却还想略说几句。中国人对妻子的悼念习惯上称为"悼亡",对朋辈才用"伤逝"。子君实际上是涓生的妻子,但没有取得妻子的名分,那个社会并不承认她是涓生的妻子。当涓生在走投无路,求告无门之际去访问他伯父幼年时候的一个同窗时,正是从这位先生的嘴里,他才第一次听到子君已死的消息。可是这位先生在提到这一点时,他是怎么说的呢?他嗫嚅了半天,才说出口来:"你那,什么呢,你的朋友罢,子君,你可知道,她死了。"可见他是不承认子君是涓生的妻子的。当涓生再问他子君究竟是怎么死的时,他的回答更是极其冷酷无情:"谁知道呢,总之是死了就是了。"在他们眼里,像子君这样伤风败俗的女子,是决得不到半点同情与尊重的。但在《伤逝》的作者鲁迅那里,对她却有无限的同情、无限的尊重,对她的悲惨的死亡,更有说不尽的伤痛。作品最后,写那只子君心爱的小狗阿随,本来很久以前就因为实在养不起它而早已被涓生蒙起头推在西郊的一个土坑里了,在子君死后的一天,它忽又拖着疲弱的半死的身子,摸索着跑回吉兆胡同来了。看到了这条满身灰土、生命已经垂尽的小动物,涓生不禁心都一停,他实在有点受不了了。连阿随都知道要不顾一切摸索着找回来,何况子君?可子君却永远回不来了!即使子君还没有死,非常渴望能够重新回来,她也没有阿随那么自由。因为她毕竟是人,人总有人的尊严。虽然在那个社会里,她并没有取得人的价值。但对我们来说,子君尽管浅薄庸俗,心灵空虚,但她是纯洁的无辜的,她的悲惨的遭遇,不能不引起我们真诚的哀悼。而涓生,虽然在经受不住生活的重压时,只想摆脱子君,但子君死后,他的悔恨与悲哀,是那样真诚、那样沉痛,也十分令我们同情。何况他毕竟是一个善良的、正直的青年。正因为这两个人是这样值得同情，所以他们的命运、遭遇，才那么牵动我们的感情，这篇作品才有那么巨大的艺术力量。这也是跟作者鲁迅的博大胸怀、深刻的思想和描绘表现的技巧的高超分不开的。

1990 年 11 月 5 日

"揭出病苦，引起疗救的注意"
——重读鲁迅小说《风波》

读《风波》这样的作品，谁都会感到很有兴味。但要真正理解它，充分领会它的深刻的思想意义，却不是很容易的事。我初次接触这篇作品，是在读初中的时候，离开现在已经有五十多年了。当时只觉得故事诙谐有趣，但对隐藏在这诙谐有趣的故事背后的作者的沉重的感慨和深广的忧愤，却一点也不能体会。本来，这对一个缺乏必要的历史知识、对作者的思想又很少了解的孩子来说，原是很自然的、毫不足怪的事。即使是当时的一些大人，恐怕也不见得就能有怎样深刻的感受。我不知道隔了半个世纪以后的今天，人们在读这篇作品的时候，其感受又会是怎样？

故事讲的是撑航船的七斤，辛亥革命后有一次进城，被人剪去了辫子。这时忽然传来了皇帝重新坐了龙廷的消息，而据说皇帝是要辫子的，于是围绕着七斤的辫子问题，引起了一场小小的风波。有没有辫子，竟会有如此重大的关系，在今天看来，自然是可笑而又可悲的；但更其可笑而又可悲的，却是对于皇帝复辟这样的大事，人们的全部注意力，竟仅仅集中在一个人的有无辫子这回事上；而作品中的各色人物在这一事件面前的种种表现，其愚昧落后之状，看了更是令人哭又不是，笑又不是。鲁迅正是带着一种"含泪的微笑"来写出他心头所感到的极大的悲痛的。

所谓"皇帝坐了龙廷"指的就是1917年（民国六年）张勋扶持溥仪复辟这件事。张勋就是有名的辫子军的统帅、作品中赵七爷所说的张大帅。他原是清朝的军官，辛亥革命以后，他和他部下的官兵仍留着辫子,表示忠于清王朝。这次复辟事件,只延续了十二天,从 1917 年 7 月 1 日开始到 7 月 12 日即告失败,几乎没有造成什么影响,所以很快也就被人们遗忘了。但这件事留给我们的教训却是极其深刻的,鲁迅对之十分重视。他在 1935 年所写的《病后杂谈之余》一文里曾说:"张勋的姓名已经暗淡,'复辟'的事件也逐渐遗忘,我曾在《风波》里提到它,别的作品上却似乎没有见,可见早就不受人注意。"对于人们的健忘,不无感慨。不过,这篇小说写的并不是这一复辟事件本身,而是由于这次复辟事件而在一个偏远的农村中所引起的一场风波。但我们通过这场风波,却清楚地看到,辛亥革命虽然推翻了帝制,建立了民国,广大农民群众却并未得到什么好处。从文化教育一方面来说,他们更"一点什么新的有益的东西"也没有得到,他们所有的"依然是旧日的迷信,旧日的讹传"(《花边文学·迎神和咬人》),他们仍旧只是辛苦麻木地在浑浑噩噩中生活着。这是最使一贯抱着"启蒙主义"的创作目的的伟大的爱国主义者鲁迅感到痛苦的。

我们看,作品展现在我们眼前的是一个怎样的社会呢?这个社会里的人们的精神面貌和心理状况又是怎么一个样子呢?譬如,故事的主角七斤,他虽然居住在农村,但因为他是个撑船的,每天要帮人撑船进城,所以很知道些时事,在村人里面,算是"一名出场人物",受到相当的尊敬。但他所知道的时事,却无非是:什么地方,雷公劈死了蜈蚣精;什么地方,闺女生了一个夜叉之类。不过,他毕竟是见多识广的,他带回来的这些时事、新闻,也很合村人的口味,大家很感兴趣,因此他在村人的心目中,就占有相当的地位。故事中的另一个重要人物赵七爷,是邻村茂源酒店的主人,被一致公认为是附近三十里方圆以内的唯一的出色人物兼学问家,地位自然更是显赫。这一天,正是吃晚饭的时候,村人们一看见赵七爷走过来,原来坐着吃饭的人,便都一个个地站起来,拿筷子点着自己的饭碗说:"七爷,请在我们这里用饭!"可见其威风之足。而他之所以被大家认为是个有名的学问家,无非是因为:"他有十多本金圣叹批评的《三国志》,时常坐着一个字一个字的读;他不但能说出五虎将姓名,甚而至于还知道黄忠表字汉升和马超表字孟起。"我们且不去说他所有的《三国志》,其实是《三国演义》,也不必去管该书的批评者是否真是金圣叹,只要看他对待这部小说作品竟然采取"时常坐着一个字一个字的读"这样的可笑态度,其学识的浅薄、头脑的迂腐,就不问可知。五虎将的姓名,和黄忠表字汉升、马超表字孟起,这是《三国演义》中明明白白地写着的,谁都一看便知的。可在当地却竟被一般人认为是一种了不得的学问,作者特地用了"不但能说出"、"甚而至于还知道"这样郑重其事的表达方式,就充分地向我们展现了生活在这个环境里的人们的知识程度、文化水平是怎样的可怜?! 辛亥革命以后,这个赵七爷便将他的辫子盘在头顶上,像道士一般,并且常常叹息说,倘若赵子龙在世,天下便不会乱到这地步了。这就不只是浅薄、迂腐,简直是顽固不化,"昏"不可及了。可就是这样的人,却在当地几乎被奉为无上的权威,受到人们的极大的尊敬。作者所描画的这个地方,虽然只是当时中国农村的一角,却正是当时中国广大农村的缩影,在某种程度上甚至可以说简直是当时整个中国社会的一个缩影。在作者一年以后所写的名作《阿Q正传》中,我们所看到的不也正是这样一个社会吗?

  作品中的其他人物,也并不比七斤和赵七爷更高明。譬如七斤嫂,她泼辣而粗心。那天七斤心事重重地回来,女儿六斤高兴地扑过去,亲热地叫"爹爹",他竟无心答理。七斤嫂不但一点也没觉察到七斤态度的异常,对于他所说的"皇帝坐了龙廷了"这样重要的消息,她起先也完全不觉得跟自己有什么相干,呆了一刻以后,才忽而恍然大悟地高兴起来,认为皇帝坐龙廷就又要皇恩大赦了,自己也许可以得点好处。就这样,有皇帝没皇帝,是君主专制还是民主共和,在她都无所谓。事情如果不牵涉到她个人的利害,对她来说就毫无意义。这也不仅是七斤嫂一个人是如此,几乎这个作品里的所有的人抱的都是这样的态度。这,一方面说明辛亥革命并没有给他们带来什么好处,所以他们对之很冷淡。另一方面也充分显示出他们实在太缺乏文化、知识,太缺乏起码的民主主义觉悟了。等到她听说皇帝要辫子,七斤却没有辫子时,她又忽然绝望起来,立刻变了脸色,对七斤充满了责怪和怨恨之情。但她总希望事情还不至于真这么严重,所以当她看见赵七爷一改平日的装束,盘起的辫子已经拖了下来,穿着那件轻易不常穿的竹布衫,大摇大摆地走过来时,虽然心坎里突突地发起跳来,知道情况不妙,还是竭力陪着笑脸,试探性地向赵七爷询问,企求能从这个权威人士的口中得到一线解救的希望。没想到赵七爷竟搬出"留发不留头,留头不留发"的古典,并且斩钉截铁地说:"没有辫子,该当何罪,书上都一条一条明明白白写着的。"这就完全绝望了。于是她又把一腔怨恨都倾注到七斤身上,用筷子指着七斤的鼻子尽情痛骂起来。这时好心肠的八一嫂正抱着她的遗腹子在旁看热闹,忍不住上前解劝了几句。不想反而惹恼了她,竟被她指桑骂槐地破口大骂道:"谁要你来多嘴!你这偷汉的小寡妇!"你看,她对赵七爷是那样的敬畏,对八一嫂又是如此的狠毒,两相对照,就使我们感到很不是滋味。

我们再来看看村里其他人的表现又如何。八一嫂好心的劝解不但惹恼了七斤嫂,因为她还说过"衙门里的大老爷也还没有告示"的话,这使赵七爷也很生气,他恶狠狠地对她恐吓说,大兵就要来了,并且说这次保驾的就是张大帅,这个张大帅就是燕人张翼德的后代,他一支丈八蛇矛,有万夫不当之勇,无人能够抵挡。同时并向八一嫂抢进几步问:"你能抵挡他么!"八一嫂十分害怕,不敢答话就回身走了。其他的人一面怪八一嫂多事,一面连忙给赵七爷让开一条路,几个剪过辫子而重新留起的便赶快躲在人丛后面,怕被赵七爷看见。赵七爷也就通过人丛,扬长而去了。

赵七爷去后。作者对村人们有这样一段描写:

> 村人们呆呆站着,心里计算,都觉得自己确乎抵不住张翼德,因此也决定七斤便要没有性命。七斤既然犯了皇法,想起他往常对人谈论城中的新闻的时候,就不该含着长烟管显出那般骄傲模样,所以对于七斤的犯法,也觉得有些畅快。

这些人对赵七爷简直敬如神明,在赵七爷面前真几乎连大气都不敢出一声。凡是赵七爷所说的,他们都深信不疑。赵七爷说:"没有辫子,该当何罪,书上都一条一条明明白白写着的。"他们便认定七斤确是犯了皇法,并且就要没有性命。对于七斤的不幸,他们非但不表示同情,甚至认为他往常对人谈论城中新闻的时候,本来就不应该含着长烟管显出那样一种骄傲的模样,因此反而觉得有些畅快。作者并进一步写到,此后,七斤虽然仍照例日日进城,但村人却大抵回避着,不再来听他从城内得来的新闻了。他们对待自己的同类,竟是这样的势利、浅薄、幸灾乐祸,实在使人万分感叹、痛心。

这个作品里的群众竟都是这样的愚昧、落后,这是不是表现了作者对群众缺乏全面正确的认识,甚至有轻视群众的缺点呢?鲁迅当时还不是一个马克思主义者,对群众当然不一定能有全面正确的认识,对他们身上的优点、积极面,也许看得少了些,甚至在某种程度上确实可能存在着怀疑群众、轻视群众的缺点。我们在研究鲁迅的思想时,是应该联系、引证他的作品,认真进行探讨的。但就一篇艺术作品而论,我觉得是不能要求作者必须对他笔下的人物作出全面正确的评价的。尤其是一篇短篇小说,它所表现的只是生活的一个横断面,只是一些人物在特定情境下的某些活动的投影。它既不是为历史写总结,也不是替人物作鉴定,而是有其特殊的侧重点的。这个侧重点当然是与作者根据他在对社会现实的总的认识、意见和主张的指导下所确定的创作意图相适应的。我们对作品的评价,应该把这三者(就是:一、作者对社会现实的总的认识和主张;二、作者的创作意图;三、作者对题材和人物的选择和表现。)联系起来统一地加以考虑,而不能把它们各自孤立起来,并虚悬一个抽象的绝对化的标准作一般的笼统的要求。作为一个伟大的坚贞的爱国主义者,鲁迅热切地盼望祖国能够早日富强起来,人民能够过一种比较幸福的生活。辛亥革命的成功,曾很使他兴奋了一阵子。但没过多久,他就发现,革命只是赶跑了一个皇帝,其他一切依然照旧。他认为根本的原因是由于在长期的封建专制统治下所造成的人民群众的普遍不觉悟。在1925年3月12日所写的一篇文章中,他曾愤激地说过:"大约国民如此,是决不会有好的政府的。"(《华盖集·通讯》)过了大约二十天后,他在给许广平的信中更明确地指出:"所以此后最要紧的是改革国民性,否则,无论是专制,是共和,是什么什么,招牌虽换,货色照旧,全不行的。"改革国民性的主张,是他早在青年时代就已经提出来了的。此后在很长的一段时期内,他也一直是把启发人民的觉悟当做改变中国落后面貌的一个首要任务来看待的。他之所以在他的小说中那样不遗余力地、毫无顾忌地抉发民族的病根,针砭国民的锢疾,就是出于这种"启蒙主义"的考虑,如他自己所说:"意思是在揭出病苦,引起疗救的注意。"(《我怎么做起小说来》)我们看以上所说的他的这种对社会现实的认识和主张,他所确定的这种创作意图,以及他的作品的这种特殊的侧重点(取材"多采自病态社会的不幸的人们中"),无论从尊重历史真实来说,还是从强调革命倾向来说,或者从两者的统一来说,不都是无可非议的吗?不把这三者统一起来加以考虑,而仅仅因为他在作品中偏重于揭露国民的劣根性,就说他对群众的认识不够全面,甚至指责他轻视群众,是牛头不对马嘴,根本不合适的。

围绕七斤的辫子问题而引起的一场风波,过不了几天也就自然平息了,因为皇帝又不坐龙廷了。对七斤来说,不过是受了一场虚惊。小说的结尾写了这样一段意味深长的话:

> 现在的七斤,是七斤嫂和村人又都早给他相当的尊敬,相当的待遇了。到夏天,他们仍旧在自家门口的土场上吃饭;大家见了,都笑嘻嘻的招呼。九斤老太早已做过八十大寿,仍然不平而且康健。六斤的双丫角,已经变成一支大辫子了;伊虽然新近裹脚,却还能帮同七斤嫂做事,捧着十八个铜钉的饭碗,在土场上一瘸一拐的往来。

这个村子里的生活又回复到作品开端时的气氛。除了九斤老太仍不时发着她那"一代不如一代"的牢骚外,一切似乎都十分融洽而平静。唯一的明显变化,是六斤的双丫角已经变成了一支大辫子。同时,她走起路来有点一瘸一拐,因为她已渐渐地大起来,她的母亲已开始给她裹起脚来了。你看,皇帝被推翻了已经六年,不但许多人连一根辫子都不肯剪掉,天真活泼的女孩子们仍旧一个个的都得承受着裹足的酷刑。祖传的老例,一点也不许变动,甚至根本不想加以变动,要一代一代地永远这样传下去。真像作者的另一篇小说《头发的故事》中的N愤慨地说的:"造物的皮鞭没有到中国的脊梁上时,中国便永远是这一样的中国,决不肯自己改变一支毫毛!"鲁迅是不是过于悲观了一些呢?无可讳言,当时他对中国的前途是并不怎样乐观的。但是他毕竟太爱中国,太爱中国的人民了,所以虽然有些悲观,却决不绝望。他一直在为挽救中国,改变人民的命运而作着英勇的斗争。他清醒地认识到,要改变中国人民的命运,必须依靠人民自己的力量。所以,他所写的许多小说、杂文,乃至他所进行的一切其他活动,归结起来,都是为了唤起人民的觉醒。他的至友许寿裳说得好:"鲁迅对于我们民族有伟大的爱,……正唯其爱民族越加深至,故其观察越加精密,而暴露症结也越加详尽,毫不留情。"(《**鲁迅与民族性研究**》)把民族的病根,国民的锢疾,彻底揭发出来,就是为了使大家看了震惊,努力去想办法进行疗救。《风波》这一作品的着眼点,它的主要精神,正是在此。

1986年5月21日

观察与沉思的结合　外界与内心的交融
——鲁迅《秋夜》讲析

《秋夜》是《野草》的第一篇。关于《野草》，鲁迅自己曾在1931写过一篇《〈野草〉英文译文本序》(《二心集》)，作过一些说明；1932年写的《〈自选集〉自序》(《南腔北调集》)中，也有关于《野草》的话；另外，他的一些书信，特别是1934年10月9日给萧军的，1925年3月18日给许广平的，以及1924年9月24日给李秉中的，对我们理解《野草》，很有帮助，可以找来参看。评论和注释《野草》的著作，也已出了好几种，不过我读得很少，在我所看过的几本里，我觉得冯雪峰同志的虽然比较简单了些，却是很不错、很有启发性的。

《秋夜》是篇散文诗。是诗，就应该把它当做诗来分析、欣赏。分析作品当然不一定用串讲的办法，特别像长篇小说、中篇小说等篇幅较大的作品，根本不可能，而且也实在没有必要用串讲的办法。但诗词、散文、精炼的短篇小说，如果可能的话，应该尽量利用原文。它写得那么好，思想性与艺术性密切结合在一起，文字本身又很美、很有典型性，你不充分利用它岂不可惜？而且你丢开了原文，又怎么讲呢？那种抽出几条筋来作为作品的思想意义，然后大加发挥的办法，并不是对待文学作品的好办法。尤其像《秋夜》这样精炼、优美的散文诗，更不应该把它归纳成干巴巴的几点所谓"思想性"来谈，还是让我们根据原文一同来好好学习，欣赏一下鲁迅先生的这篇名作吧。

在我的后园，可以看见墙外有两株树，一株是枣树，还有一株也是枣树。

这开头的两句话好像很怪。有两株树,一株是枣树,另外一株又是什么树呢?是杨树,还是李树?大家都在等着,期待着他告诉我们另外一株是什么。想不到他竟会说另外一株也是枣树,这很出乎大家的意外,就引起了强烈的注意,对枣树的印象就很深了。而且,用这样的方式来表达,就立刻把你想随随便便地用日常的眼光、日常的理解来对待作品的念头打消掉了,觉得应该换一种别样的态度对待它。这样,就使你有了心理准备,准备好用相应的眼光、态度来迎接下面将会出现的特殊的表现手法——诗的表现手法。李何林先生在他的《鲁迅〈野草〉注解》一书中提到,据说有人有这样的看法:认为作者之所以把两株枣树分开来说,是因为当时(注意:当时还是在1924年)我们阵营里不团结,明明两株枣树应该在一起的,结果是你一株,我一株,彼此不肯团结,没有联合起来战斗;还说这也是作者当时孤军作战感觉的体现。把两株枣树分开来讲,说成是象征我们队伍的不团结,这样的想象力,实在是太丰富了,我们除了表示惊奇之外,实在无话可说。

"一株是枣树,还有一株也是枣树。"这种表现方法的确很新奇,很有力量,给人的印象很深。但新奇,也不能超出情理之外,不能使人莫名其妙。他这样写也是有道理的。他是写他的直观的感觉。他首先只看到有两株树,但并不清楚是什么树。等到分别仔细地加以观察时,才看清楚一株是枣树;接着再看第二株,噢,原来也是枣树。他不是只把他观察所得的结果写出来,而是具体地写出了观察的过程。

    这上面的夜的天空,奇怪而高,我生平没有见过这样的奇怪而高的天空。

鲁迅用形容词从来不事雕琢,不去追求华丽的字眼,他只用一些简单、平实的字和词,着重白描。鲁迅对农民非常关心,这是他的一个十分显著的特点,他很尊重农民的欣赏习惯和欣赏趣味,他之爱用白描手法,很大一部分原因就是为了照顾农民的这种习惯和趣味。所以,在他的作品里,很少有冗长的风景描写,至于像外国小说中常见的大段大段的心理描写,在鲁迅作品里更几乎是完全见不到的。"奇怪而高",这样的形容词,看来真是太普通了,要我们来写,恐怕决不会这样写。不要说这是散文诗,就是一般的散文,我们也会觉得应该找些比这漂亮一点的词儿才行。其实呢,仔细寻思起来,你就会感到鲁迅用词的贴切,要想找到比这更恰当的字眼,实在很困难。接着他又加上一句:"我生平没有见过这样的奇怪而高的天空。"这是极言其奇怪,极言其高,奇怪而高得"他仿佛要离开人间而去,使人们仰面不再看见"。可见这个天空是并不爱"人间"的,对"人们"也是冷漠无情的。"然而"天空"现在却非常之蓝,闪闪地睒着几十个星星的眼,冷眼"。在晴天的夜晚,天上当然会有星星,星星的确很像人们的眼睛,所以,"闪闪地睒着几十个星星的眼",完全是写实,是很自然的,不是故意做文章,一点没有什么牵强的地方。但接着他又加了"冷眼"两个字,这就显示出了诗人的态度,诗人的倾向性。诗人指出天空闪闪地睒着的"星星的眼",是种"冷眼",这就是说,这个天空对人间的态度是不友好的。就更加证实了前面的"他仿佛要离开人间而去,使人们仰面不再看见"。也是天空对"人间"和"人们"的一种不友好的表现。接着又说:"他的口角上现出微笑,似乎自以为大有深意",天空怎么会微笑呢?这是把它人格化了;正像前面的"冷眼"一样,是从诗人的眼中看出来的。一般说,微笑,总是不至于惹人厌的,但下面又加了一句:"似乎自以为大有深意",大有深意本来不坏,可它却是"自以为"大有深意,这就显出了它那种自以为了不起,而心怀叵测地傲视着人间的神气。所以,它的微笑,实际上是一种冷笑,更进一步地表现了它对人间的不友好的态度。不但如此,而且它还"将繁霜洒在我的园里的野花草上"。这就不只是对人间不友好,简直是在摧残人间的生物、虐杀人间的生物了。这里不一定要说天空是指北洋军阀政府,野花草是指人民。这样讲,当然也可以,但不必把象征意义定得太死;把象征意义指实了,一方面限制了我们的想象,一方面又难免要显得牵强。因为你如果把象征意义指实了、定死了,那就要一以贯之,下面就都要这样讲,都要这样理解才行。你不能一会儿这样讲,一会儿又那样讲,那就反而不自然,使人感到牵强。文学作品中,常常要用到比喻、象征。比喻是比较直接的,用这物来比那物。这个比,也往往只是取其一端,而不包括两物的所有的方面。是把这物的这一点,跟那物的那一点相比，有特定的范围、特定的用意，限制很明确，不能随意延伸扩展。象征就不是那么直接，不是那么具体、实在，因此，它的作用也就要更广泛一些。它不是限制我们的想象，而是开拓我们的想象的。你可以把你的生活经验，你对人生的理解加进这个内容去，他可以把他的加进去，每个人都可以充分发挥他的联想作用，自由地驰骋自己的想象，天地很广阔。指实就限制了它的意义，缩小了它的意义。可是，我们有许多同志，却总爱指实，总爱把意思说得十分明确，不然就觉得不好理解。在对待一般作品来说，这种态度当然未可厚非。然而，如果对待一些象征性的作品，也抱着这样的态度，那就不很妥当了。许多人一谈到姜白石的一些作品，总嫌它朦胧，说是有如雾里看花，看不真切，不知其意究竟何指？其实，文学作品只要不是太晦涩，不是杂乱无章，只要能够透露作者的一种情态，显示作者的一种意向，能够打动读者的心灵，启发读者去思考、想象，使他对社会、对人生有新的理解、新的领会，那就已经起了它的作用了。不必要求文学作品像教科书那样把道理说得十分清楚、明确。而且，不但文学作品的创作是创造性的工作，文学作品的欣赏也应该是种创造性的工作。文学作品含蓄一些，不要过于直率、过于浅露，多给读者留一些咀嚼寻味的余地，让读者也分享一些创造的乐趣，这只会更增加文学作品的力量，更增加人们对它的爱好。

"我不知道那些花草真叫什么名字，人们叫他们什么名字。"那些花草当然有它们的名字，植物学上的名字，但是我不知道；我也不知道人们通常称它们什么，我只能称它们为野花草。"我记得有一种开过极细小的粉红花，现在还开着，但是更极细小了。"因为天气冷，它缩成一团，所以看起来更细小了。"她在冷的夜气中，瑟缩地做梦"，小红花怎么会做梦？当然是诗人想象她在做梦。诗人不但想象她在做梦，而且还知道她在做什么梦。她"梦见春的到来，梦见秋的到来，梦见瘦的诗人将眼泪擦在她最末的花瓣上"，为什么是"瘦的诗人"呢？因为我们中国的诗人都是多愁善感的（当然是说旧诗人），所以常常是瘦的。诗人是很多情的，他看到小红花冻得这样瑟瑟发抖，是很同情、很怜悯的，就忍不住掉下眼泪来了。"将眼泪擦在她最末的花瓣上"，因为小红花经不起寒风的吹打，花瓣纷纷堕地，已经所剩无几了，所以是"最末的花瓣"。

诗人不但如此,还竭力用言语来安慰她:"告诉她秋虽然来,冬虽然来,而此后接着还是春,胡蝶乱飞,蜜蜂都唱起春词来了。"意思是要小红花不要悲伤,不要绝望,尽管现在是秋天,天气很冷,接着来的是冬天,还将更冷。但是严冬决不能长驻人间,它总要过去;不久暖和的春天就会来临,到那时,不但有明媚的阳光,还有蝴蝶翩翩地飞,蜜蜂嗡嗡地叫,人间将是一片光明,充满欢愉。诗人总是多情而好心的,他总想抹干人们脸上的眼泪,给人们以希望,鼓舞人们生活的勇气。不但中国的诗人是如此,外国的诗人也是如此。雪莱的名句:"冬天既然来了,春天还会远吗?"就是要人们对未来充满希望和信心的。不过据说有人认为诗人对小红花这样说,是在欺骗小红花,是在用一些空洞的幻想麻痹小红花,是错误的,有害的。他认为诗人应该揭露天空的罪恶,鼓励小红花起来斗争。所以鲁迅这样写,是对诗人的讽刺。这样的意见恐怕是过于"革命"了。有时,当人们处在极端困苦的境地中,能够得到一点小安慰,得到一点精神上的鼓励和支持,使他能增加一些生活下去的勇气,不也是很可贵的吗?鲁迅当然是主张弱者应该起来斗争的,但这样的安慰与鼓励,不但不妨碍弱者的斗争,正是有助于增强弱者斗争的勇气和信心的。鲁迅为什么要反对呢?而且,诗人说冬天以后接着来的将是春天,难道不对吗?怎么说是欺骗小红花呢?小红花却是相信诗人的话的,所以听过以后,"她于是一笑,虽然颜色冻得红惨惨地,仍然瑟缩着"。尽管诗人的同情并不能改变她的实际处境,但是她对诗人的安慰和鼓励是感谢的,在精神上是得到了一些温暖的。在社会生活中,在人和人的关系中,这不是很普通、很正常的现象吗?有什么理由认为鲁迅是在讽刺这种现象呢?过去,有些人受极"左"思潮的影响,总喜欢把鲁迅描绘成一个十分不近人情的人,以为只有这样才能表现鲁迅作为革命家的光辉形象。这不但表明他们并不真正懂得鲁迅,也暴露了他们对于革命其实也是并不真正理解的。因此,他们就只能歪曲鲁迅,在人民群众心目中破坏鲁迅的光辉形象了。

这一段是讲小红花,下面讲枣树。

"枣树,他们简直落尽了叶子。先前,还有一两个孩子来打他们别人打剩的枣子,现在是一个也不剩了,连叶子也落尽了。"枣树的处境、遭遇,比小红花还要坏,他不但同样要遭受繁霜的欺压,还有孩子要来打他的枣子,现在不但枣子一个都不剩,连叶子也落尽了。可是,枣树比起小红花来,不知要坚强多少倍。他比小红花明白,懂事。"他知道小粉红花的梦,秋后要有春;他也知道落叶的梦,春后还是秋。"至于他自己,虽然"他简直落尽叶子,单剩干子,然而脱了当初满树是果实和叶子时候的弧形,欠伸得很舒服"。充分显示出他的英雄气概,他已是一个久经战斗的战士了。尽管他身上还有伤痕,因此,"有几枝还低亚着,护定他从打枣的竿梢所得的皮伤",然而,一面他却仍在继续进行战斗,他的"最直最长的几枝,却已默默地铁似的直刺着奇怪而高的天空,使天空闪闪地鬼睒眼;直刺着天空中圆满的月亮,使月亮窘得发白。"月亮在文学作品中,一向是被当成好的、美丽的东西来描写的,这里却也作为被刺的对象,这是为什么呢?这是因为它圆满地挂在天空,作为那敌视人间的天空的点缀的缘故。你为敌人装点门面,我就要刺你。前面已经表明这个天空是跟人们不友好的天空,是压迫人们、摧残人们的天空,因此枣树就要反抗。而现在,月亮却为这个天空粉饰太平,当然也要反对。所以枣树就直刺天空,"使天空闪闪地鬼睒眼";直刺月亮,"使月亮窘得发白"。你愿意把天空当做北洋军阀政府,把月亮当做北洋军阀政府的帮闲文人,都可以;但也不一定非如此讲不可。总之,它们象征反面的东西,象征与人民敌对的反动力量。而枣树,当然是正面的形象,是战斗的革命者的象征,人民的象征。

"鬼睒眼的天空越加非常之蓝,不安了,仿佛想离去人间,避开枣树,只将月亮剩下。然而月亮也暗暗地躲到东边去了。"天空被枣树像铁一样地一刻也不放松地直刺着,有点吃不消,感到很不安,就想逃离人间,避开枣树,而让月亮来应付这局面。但是月亮也觉得很窘,也偷偷地躲开了。躲到哪里去了呢?"躲到东边去了"。月亮只会向西移动,怎么会躲到东边去呢?这不好理解。《鲁迅全集》的注解说:"这里所写的是作者在深夜里的一瞬间的感觉,并非是说月亮真的向东边移去。"但是,人们会问,为什么作者一时会有这种月亮向东的感觉呢?仍然不大好懂。我想,可能是这样的情况:当时月亮周围升起了一片云,又正刮着东风,而且相当急,云被东风急速地吹向西去,而从人看来,好像云并没有动,而是月亮在动,好像不是云在向西移,而是月亮在向东移了。天空想逃走,月亮也悄悄地躲开了,这时枣树怎样呢?枣树却还是向他们直刺过去。"而一无所有的干子,却仍然默默地铁似的直刺着奇怪而高的天空,一意要制他的死命,不管他各式各样地睞着许多蛊惑的眼睛。"这使我们想起了《这样的战士》中的战士,不管敌人打出什么旗号,玩弄什么花样,好说也罢,歹说也罢,战士总是对准他们举起了自己的投枪。这枣树不是很像那位战士吗?的确很像。事实上,枣树也好,战士也好,都是鲁迅自己精神的写照。

　　王国维在《人间词话》里,曾说诗人有主观诗人与客观诗人之分。其实,诗人都必须是双重观察者,不管你是主观诗人还是客观诗人,你都既要观察客观的外部世界,又要观察主观的内心世界。而且这两个世界,在诗人眼里应该是统一的,融为一体的。要是它们彼此割裂、互不相通,诗人就无法加以表现,他也就不能进行创作。客观世界要是不经过诗人心灵的光照,不加选择地照抄下来,就只是一些杂乱无章的现象的罗列,就是没有意义的,不可理解的;诗人的心灵要是离开了它与周围现实的关系,不具体展示它对外部世界的印象,观感,也就无法表现,无法显示。在诗人所描写的客观事物上,都打有诗人心灵的印记,而诗人的内心世界就通过对外部世界的描绘而表现了出来。譬如在《秋夜》里,鲁迅似乎只是在描写他所见的客观景物,但在这些客观景物的描绘上,又分明透露出作者所倾注进去的感情和涂抹上去的色彩。我们通过他的描绘所接触到的,不仅是客观景物本身,同时还接触到了作者的心灵。那奇怪而高的天空,那瑟瑟发抖的小红花,那默默地铁似的直立着的枣树,通过作者的描绘,都已不再是自然界的无情之物,它们在作者的心灵的观照下,已经被人格化了。我们从它们互相之间的关系上,就看到作者的倾向和态度,看到了作者的爱憎感情。作品似乎处处都在写自然界的景物,其实同时也是处处都在表现作者自己的心情。因为它不但写了作者的所见,也写了作者的所思和所感。而作者的内心世界、精神面貌就通过他的所见、所感和所思而具体地生动地展现出来了。这里既有对客观景物的细致的描绘,也有对主观心情的深刻的表现,事实上,客观景物与主观心情,在这里是互相渗透,彼此融和,凝为一体的。写景正所以写情,而景中因为有了情,这个景也就活起来。写天空,写小红花,写枣树,其实都是在写鲁迅的心情;正因为鲁迅在对天空、小红花和枣树的描写上,灌注进自己的感情,就使得我们也自然而然地用饱含感情的眼光去看待它们,它们在我们的眼里也就活起来了。

以上写天空,写小红花,写枣树,都是室外所见。下面要转而写室内了。从写室外转到写室内,中间得有个过渡,要先写出他是怎样从室外回到室内的。他是这样写的:

哇的一声,夜游的恶鸟飞过了。

我忽而听到夜半的笑声,吃吃地,似乎不愿意惊动睡着的人,然而四围的空气都应和着笑。夜半,没有别的人,我即刻听出这声音就在我嘴里,我也即刻被这笑声所驱逐,回进自己的房。灯火的带子也即刻被我旋高了。

原来,他是被夜游的恶鸟的叫声从沉思中唤醒过来,发觉夜已深了,才从室外回到室内的。深夜里会有鸟类飞鸣,这是很普通、很自然的现象,是写实;但同时,从写作技巧上来说,又为从室外转到室内作了自然的过渡,是很巧妙的。那么,夜游的恶鸟在这里出现,除了写实与过渡的作用以外,是不是还有别的作用呢?它也应该有它的象征意义吧?也许有吧。但我没看明白,因此也说不清楚。一般人总以为这鸟既是夜游鸟,而且还明说是恶鸟,自然是属于黑暗势力一方面的,是黑暗势力的帮凶,它的飞鸣当然就是在为黑暗势力助威了。其实也不一定。夜游的不见得都是恶鸟,譬如那习惯上一向被人们视为恶鸟、不祥之鸟的猫头鹰(即枭),其实却是益鸟。而且从上下文来看,单写它"哇的一声"从空中飞过,也很难说它就是站在黑暗势力一面的,就是在为黑暗势力呐喊助威。冯雪峰在讲到下面那个吃吃发笑的人(即作者自己),解释他所以发笑的原因时这样说:"这个人像'夜游的恶鸟'一般在夜半的园中吃吃地窃笑,也许是由于那一无所有的枣树的干子铁似地直刺着天空,'一意要制他的死命,不管他各式各样地睐着许多蛊惑的眼睛'的情景，而认为有趣的吧?"可见他是并不把"夜游的恶鸟"归在黑暗势力那一面的，相反，他简直把这恶鸟看做作者的同类，用这一个的鸣声与那一个的笑声来互相阐释，来揭示他们的意向，表明他们的态度。我觉得冯雪峰这个解释很好，不但从上下文来看比较自然，可以讲得通，而且与整篇的意境，也是融和的。鲁迅就曾经把自己的声音（文章）比做枭鸣，来与反动统治者进行捣乱，搞得他们的社会不安宁，不太平。现在他看到枣树只管默默地铁似的直刺着天空，刺得天空非常不自在，尽管天空竭力䀹动各种各样蛊惑的眼睛，想以此来诱惑枣树，拉拢枣树，也还是没有用，就忍不住吃吃地笑出声来了。这笑，既是发自内心的由衷的欢畅，也是对枉费心机的天空的痛快的讥嘲。

因为发觉了自己的笑声（这种发觉又是由夜游鸟的鸣声引起的），才促使他从沉思中惊醒过来。前面所写到的种种景象，与其说是出于他对外界的观察，还不如说是来源于作者内心的沉思。事实上应该既是客观的观察，也是主观的沉思。观察与沉思，外界与内心，在诗人那里是密切结合，融为一体的。你看，他当时的心神是多么专注，多么为枣树、天空所组成的画面所吸引，他陷溺得那么深沉，竟连自己的笑声都听不出来了。正因为他钻得那么深，才能写得这么细，才能创造出如此隽永的意境。

从沉思中惊醒过来后，就回到了屋里，一回屋当然就得把已经烧短了的灯火带子重新旋高，这也显示出他在屋外站立的时间的确已经很久了。作者的用笔就是这样的深刻、细致。

下面就是写屋内的情形了。

> 后窗的玻璃上丁丁地响，还有许多小飞虫乱撞。不多久，几个进来了，许是从窗纸的破孔进来的。他们一进来，又在玻璃的灯罩上撞得丁丁地响。一个从上面撞进去了，他于是遇到火，而且我以为这火是真的。两三个却休息在灯的纸罩上喘气。……

进屋以后，他卷亮了灯，随即就听到后窗玻璃上有丁丁的响声，原来是许多小飞虫看到了亮光，就向着亮光扑过来了。不久，就有几个从窗纸的破孔中钻了进来。他们进来以后,依旧奋勇向前,继续朝着那发射亮光的东西——灯火——直扑过去。他们对光明的追求,就是这样的执着,这样的奋不顾身。但他们的努力,遭到了灯罩的阻挡,只能在灯罩上撞得丁丁地响。不过有一个终于从上面撞进去了,于是他就遇到了火,当然也就被烧死了。但作者却并不说他被烧死了,只在说了他"遇到火"以后,加上这么一句:"而且我以为这火是真的。"火,不消说当然是真的,为什么他要特别加上这么一句呢?难道真是像有些人所认为的,这是在说明小青虫本来以为这火是假的,讽刺他所追求的并不是真正的光明吗?但小青虫哪里知道什么真假呢?他只是喜爱光明,看见灯火就不顾一切地直扑上去罢了。他们追求光明的心意是不应该受到怀疑的。或者,也许是因为作者不愿直说小青虫被烧死了,就换一个说法,改用强调这火是真的来表达这样的意思吧?但为什么他不愿直说小青虫被烧死了呢?难道是嫌这种说法太平实、太呆板吗?可现在这种说法也并不巧妙,反而只令人感到费解。所以我实在不理解作者为什么要这样写,不知道同志们是不是有什么好的解释。

因为上面说到灯罩,于是接着他就说:"那罩是昨晚新换的罩,雪白的纸,折出波浪纹的叠痕,一角还画出一枝猩红色的栀子。"这很可能也完全是写实。大家知道,鲁迅不但很爱整洁,而且很爱美,他自己又会画。用雪白的纸张做灯罩,在纸的一角还画上一枝猩红色的栀子花,并且把纸张折出波浪纹的叠痕,这样的灯罩,的确是美的。而且,这灯罩是由它的主人亲自一手制作出来的,而并不是买来的,因此,从这上面,我们也看到了它的主人的心灵的美。它的主人,不是别人,就是作者,就是诗人自己。这就更加使我们感到了整篇散文的意境之美,因为居于诗篇所构成的意境的中心,作为整个诗篇的灵魂的,原来就是诗人自己的形象呵!

从灯罩上画着的栀子花,他又联想开去了:"猩红的栀子开花时,枣树又要做小粉红花的梦。青葱地弯成弧形了……"这以下,虽然他没有写出来,但我们也知道,他一定是重又沉浸到上面所出现过的沉思的境地中去了:小粉红花的梦是秋后要有春,落叶的梦却是春后还是秋。枣树自己到了秋天也要落尽叶子,单剩干子,但他却笔直地挺立着,总是毫不放松地默默地铁似的直刺着奇怪而高的天空。这样想着想着,直到他又听到了夜半的笑声,于是他才又从这一次新的沉思中惊醒过来,砍断他的联想("心绪"),而把注意力集中到"那老在白纸罩上的小青虫"身上了。这些小青虫"头大尾小,向日葵子似的,只有半粒小麦那么大,遍身的颜色苍翠得可爱,可怜"。对小青虫的描写很简单,却也很精确。突出了他们形体的小,小得只有半粒小麦那么大。可是他们却有坚毅的精神力量,为了追求光明,他们就一往直前,奋不顾身。形体的小,更衬托出他们精神力量的巨大。这使我们联想到衔微木以填沧海的精卫,事虽绝无成功的可能,但他们的志向、毅力,难道不使我们肃然起敬,不使我们领略到一种悲壮崇高的精神之美吗?何况,这些小青虫的颜色,又是这样的苍翠,就更惹人怜爱了。面对着这些可爱亦复可怜的小青虫,诗人的心情是相当复杂的。他的复杂的心情就充分包孕并体现在下面那段作为本文的结束的话中了。

> 我打一个呵欠,点起一支纸烟,喷出烟来,对着灯默默地敬奠这些苍翠精致的英雄们。

这情景,使我们感到诗人已经相当疲倦了,甚至还有一点颓丧。小青虫对光明的执着,不惜牺牲生命去追求的精神,使他起敬;但他们追求的结果,却只是赢得了自己的死亡,又不免使他伤痛。不过,他们这种精神毕竟是可贵的,人间是多么需要这种不怕牺牲去追求光明的英雄呵!从他"对着灯默默地敬奠这些苍翠精致的英雄们"的身影中,我们仿佛听到了他这样的心声。

据说,有些同志认为小青虫不是正面形象,称他们为"英雄"是作者的反语,是对这些"盲动者"的讽刺;他们的行动不是斗争,而是"乱撞",他们不是在追求光明,而是在与光明捣乱。我想,这些同志对小青虫的要求未免过于苛刻了,简直是在用无产阶级革命者的标准去要求这些小小的昆虫了。这可能就是与把作品中的象征意义看得过于实在有关。

这篇东西,就是写了诗人在某一个秋夜的所见、所感和所思,表现了他一个时候的心情和精神状态。作者并不是用直抒胸臆的办法来写出他的心情和精神状态的,而是通过描写外界的客观事物,通过写景来抒写他的感情的。文章分室外和室内两个部分。室外写到的主要有天空、小红花、枣树等物。这个天空是个对人间不友好的天空,不但对人间睐着"冷眼",而且还将繁霜洒在花草上。小红花在夜气中冷得瑟瑟发抖,还要受繁霜的打击、摧残,处境是很可怜的。但他是个弱者,只能从梦中得点安慰,希望着春天早点到来。枣树可挺坚强,而且颇有英雄气概,他虽然又落尽了叶子,并且受过许多棒伤,可他却枝干挺立,而且正在默默地铁似的直刺着那对人间不友好的天空。天空感到很不自在,就做起各式各样的鬼睐眼来,企图以此蛊惑枣树,拉拢枣树。但枣树不吃那一套,依旧毫不放松地默默地直刺着天空。天空异常不安了,便想逃开去,而只将挂在天空的圆满的月亮留下。可月亮也受不了枣树只管这样铁一般的直刺着,也悄悄地躲开去了。这时,就出现了夜游鸟的叫声,和诗人的吃吃的笑声。这叫声和笑声打乱了夜间的宁静空气,它们是在那对人间不友好的天空下面发出的一种不谐和的声音,这声音既是在对天空和月亮的无能进行嘲笑,也是对枣树和人间的反抗力量的胜利表示欢庆。诗人的态度和倾向是很鲜明的,他显然是站在枣树一面,而对天空持反对态度的。他对枣树的确很赞赏,而且我们可以说枣树那种毫不妥协的战斗态度,正是鲁迅自己精神的写照。但我们又不可以把枣树就当做是鲁迅自己的形象。鲁迅自己的心情、意向,不但从枣树身上体现出来,也从他对待天空、月亮、小红花以及下面的小青虫等的态度上表现出来。作者的精神,是统率作品全局的;作者的形象,是通过作品组成的整个画面表现出来的。我们决不可以把作品中的某一个别形象,哪怕他是正面的英雄形象,就整个地当做代表了作者的形象;也不可以把某一形象所表现的精神,即使是崇高的合乎理想的精神,就认为他所反映的就全都是作者的精神。鲁迅赞赏枣树的斗争精神、英雄气概,可他并不否定小红花的梦想,对诗人用未来的理想去鼓励安慰小红花,也无意加以责备。因为,他知道事物是各种各样的,不能强求一律,不能用同一个标准去要求各种不同的对象。他决不要求小红花也能像枣树那样地站起来与天空斗争。正像在生括中,他也并不要求所有的人都能有像他一样的战斗精神。如果谁做不到这一点,就来加以指责、嘲笑。鲁迅决不是这样的人,我们不应该把鲁迅自己所不赞成的东西强加给他。还有对夜游的恶鸟,我赞成冯雪峰的意见,不把它当做是反面的东西。大家也许会不同意,认为既说是"恶"鸟,当然是坏的啰!其实,是好,是坏,不在个别的字眼上。譬如天空,在这作品里,明明是不好的,但作者并没有对它使用过不好的字眼,只说他"奇怪而高"、"非常之蓝",这些都不是坏字眼。就是月亮,在这作品里,也是以替天空装点门面、粉饰太平的面目出现的,也是不好的,但作者对他也没有使用坏字眼,反而说他是"圆满的月亮"。可见,好与坏,要从整体看,要从其实际表现看,不决定于一个两个字眼。

  室内,他着重写了一些扑火的小青虫。这些小青虫在室外一看到室内灯火的亮光,就拼命地想飞进来,在玻璃窗上撞得丁丁地响,当然会感到痛,但他们毫不在乎,依旧在努力往里钻。有几个从窗纸的破孔中钻进来后,就继续直向着灯火飞扑过来。又受到灯罩的阻挡,再一次撞得丁丁地响,当然又会感到一些痛楚。但他们追求光明的意志,决不稍懈,还是奋不顾身地向灯火扑过去。那真地遇到了火的,自然就随即被烧死了。那还没有遇到火而感觉烫痛的,就暂时在灯的纸罩上休息一下喘口气。休息一会以后,他们还是会继续向灯火扑过去的。他们对光明就是这样热爱,他们追求光明的心意就是这样的执着。他们这种坚毅沉勇的精神,不是很值得钦佩吗?作者精确而细致地写出了这些小动物百折不挠地追求光明的行动,要说他对他们并不表示敬意是难以令人信服的。所以决不能把"对着灯默默地敬奠这些苍翠精致的英雄们"这句话,认为是句讽刺性的话。不过,小青虫追求的结果,却是自己的葬身火窟,总也不免有点使诗人感到悲哀。我们从他对这些小英雄"默默敬奠"的神态中,也感觉到了他的这种悲哀。就是在前面的枣树的形象中,也多少有一点惨伤的味道:他落尽了叶子,单剩下干子,而且身上是伤痕累累,周围的景色,也并不能使他鼓舞。小红花在冷得瑟瑟发抖,繁霜在摧残着所有的花草。只有天空在逞威,他傲视着人间,并且嘴角挂着冷笑。整个环境、气氛,都给人一种重压之感。这是同当时在北洋军阀政府统治下的社会形势,同诗人当时的现实感受相一致的,反映了鲁迅在这一时期里的苦闷彷徨的心情。但是,正如枣树无论处境怎样艰苦,无论天空使出什么手段,决不放弃战斗一样;鲁迅也是不管周围如何黑暗,不管前途如何渺茫,如何看不到胜利的希望,还是继续向敌人进攻,还是坚持同黑暗捣乱。甚至正因为他认识到敌人的强大,感觉到黑暗的浓重,他的战斗才更加勇猛,意气才更加锋锐了。这是鲁迅的伟大之处。而这篇作品所表现的枣树那种坚持不懈的战斗精神,小青虫那种百折不挠地追求光明的坚毅意志,正是与鲁迅的精神相通的。所以,《秋夜》这篇情景交融、意境深邃的散文诗,它的总的基调是鼓舞人们向上,引导人们前进的,是有很大的积极意义的。

1981年8月讲,9月据录音整理。

艺术·人·真诚

面对记者笑谈自我人生（2007年）

目　录

且说说我自己 ………………………………………（1）
再说说我自己 ………………………………………（17）

且说说我自己

我一向不愿意谈自己。这倒不是因为别的,只是觉得自己实在一无可谈。人既平庸,经历又极简单,如果也一本正经地向人们大谈起自己来,岂不是太可笑了吗?尽管自己所写的文章,曾受到过大规模的批判,但这样的事,过去在我们这里多的是,有什么值得谈的?不过,却就正因为这一点,竟使我顶了一个作家的头衔,居然被列入四川文艺出版社所出的《中国现代作家传略》一书之中。六年前,我曾应该书编者的要求,把自己的主要经历,像流水账似地简单写了一下。现在,编者来信说此书即将重版,希望我能把自己的传略作些补充修订,如能重写那就更好。我把过去写的东西重新看了一下,觉得确乎写得太枯燥乏味了。虽然自己平凡的一生,原本就难于引起人们什么兴趣。但既然要写,就得多少能让人了解到一些你的真实的思想感情,真实的性格。如果只是一些简单经历的交代,使人读起来味同嚼蜡,甚或像咬到涩果子那样难受,那就太对不起编者和读者了。所以这次我几乎全部重新写过,目的无非是希望能使读它的人少皱几次眉头而已;究竟是否能如我之所愿,那就不知道了。

我原来的名字叫钱国荣,现在用的是笔名。1919年9月生于江苏武进。父亲早年教过私塾,因此当我一个比我大二岁的哥哥要上学读书的时候,尽管当时镇上早已办起了小学,他却仍把我哥哥送进了邻村他朋友办的一个私塾里去。我当时还小,本不到上学年龄,因为朝夕跟哥哥在一起玩,便也吵着要跟他一起上学,父亲也就答应了。第一天去拜老师的时候,在红毡毯上向老师磕了头,老师很和蔼,还给我们点心吃,觉得很有趣。可是后来,就渐渐地感到太拘束,不如家里自由,就常常想赖学。可父亲在这个问题上很严格,决不容许。先是哄骗,哄骗不成就继之以打,最后还是被强送到老师那里去。记得老师教我和哥哥读的是同一本书——《千字文》。小孩子当然不会懂,老师也并不讲解,每天教一、二句,只教我们跟着他念几遍,然后就让我们自己念。到了一定的时候就要我们背诵。每次我都能流利地背出来。我哥哥却常常要打格顿,甚至要老师提示。于是老师夸我聪明,我自己和家里人也都以为我比哥哥聪明。在私塾大概读了有一年多点吧,镇上那个被当地人叫做洋学堂的小学,逐渐得到了人们的信任,我老师的私塾办不下去了,我父亲才把我和哥哥送到镇上的小学去。因为我们已经读过一年多的私塾,可以不必从头读起。当小学里的老师拿我们读过的《千字文》来考我们的时候,我尽管能够"天地玄黄,宇宙洪荒"地背诵如流,但当老师用手遮住上下文,单独指着一个一个的字要我认时,我就几乎一个也不认得了。我哥哥过去虽然常常不能背诵,却每一个字都真正认识。所以考试结果,我哥哥进了二年级,我却只能从一年级读起。记得那时是1927年的下半年,我已经八岁了。

在小学里读了六年,我一向是班上成绩比较好的一个,老师都很喜欢我。特别是五年级时候的一位老师,我还记得他叫王自治,字眺越,是绍兴一带的人,据说是大夏大学毕业的。他对我特别好,教了我一年就离开了。临走时,还特地把他的一部《天雨花》送给了我。并郑重地把我托付给一位同他比较要好的徐老师,要他以后多照看我。升到六年级时,教语文的级任导师谢老师,是新来的,刚从江苏省有名的省立无锡师范学校毕业。一次上作文课,我的卷子他批阅后发下来时,写了这样的批语:"从别处抄来,何得掩人耳目?"我很惊诧,去向他说明这是我自己写的,不是抄来的。他非常主观,仍一口咬定我是抄来的。我要他指出是从哪里抄来的?他非常自信地说是从《模范日记》上抄来的。当时这本《模范日记》很流行,我就找了一本拿去要他指给我看是抄的哪一篇?他当然找不到,但还是支支吾吾地不肯爽快承认是他冤枉了我。我小孩子家,受不得这冤屈,就在他的批语后面反批道:"批评之权在老师掌握之中,学生何敢乱道,然而……"这还不算,又在要交给老师

1947年,与杨爱华先生结婚照。先生自述:此类照片原有几幅,"文革"中被视为"妖照",付诸丙丁,仅此一幅存世。

看的日记中，把这件事写了出来，不指名地说，有一个老师硬把学生自己写的文章说成是抄来的，像这样的老师实在是太没有资格了。而且还标上《胡批》的题目。老师看了，并没有就我所记的内容表示什么意见，只在文后批了"字写大一些"这样几个字。老师是近视眼，但他之所以这样写，也许是为了可以让人理解为他根本没有看过这篇日记吧。事情本来可以到此为止了。不想我的一个正在江苏省立扬州中学高中部读书的表兄，忽然来我家玩，看到了老师的这句批语，并听我说了事情的经过，便怂恿我说："他要你字写大一些，其实你的字已够大了，谁叫他自己是个近视眼呢？你可以反问他：'你看不见吗？'"我当时实在不懂事，又抱着一肚子的委屈和愤懑，就真地照他的话在老师批语后面反批上"你看不见吗？"这样一句十分无礼的话。这下子这位谢老师就忍无可忍了。第二天上课时，他怒气冲冲地把我叫到他的讲台旁用戒方当众打了我十来个手心。他别的不提，只抓住我的"你看不见吗？"这几个字，说："我今天就打你的'看不见'。"我当时年幼，太不懂道理，实在做得太过分了。不知道我的谢老师如今是否还在，虽然事情已经过去了五十多年了，而且我当时已经为此挨过打，我仍旧要在这里诚恳地请求他的宽恕。后来，王自治老师临走时拜托他对我多加照看的徐老师知道了我被打的事，特地找我谈了一次话，一面安慰我，一面也责备了我。他说，谢老师最初对你不了解，冤枉了你，后来也有些失悔。但你太不懂事了，怎么可以一再冒犯老师呢？不过，他又说，谢老师还是喜欢你的，你以后要好好听谢老师的话。后来谢老师果然对我很好，我是班上他最喜欢的两个学生之一，跟我很接近。

我爱读小说的习惯，早在小学里就养成了。父亲虽然是个私塾先生，但家里并没有多少藏书。四书五经之类我没有什么兴趣，也读不懂，最能吸引我的自然是小说。不知怎的，我第一部拿到手的竟会是半文不白的《三国演义》。而且我家里的一部还是大本子的木板书，一共有二十本。我1937年就离家去了四川，中经战乱，这书自然早已不在了。我毫无版本知识，也不知道是什么时候的刻本。当时我大约正读小学四年级或五年级，看《三国演义》，自然多半只是似懂非懂。但故事情节是看得懂的，而且很有兴趣。譬如曹操的奸诈，刘备的宽仁，张飞的鲁莽,关公的义气等等,给了我很深的印象。他们的事迹使我深深地受到吸引,并开始知道了有好人和坏人之分,初步建立起一种朴素的正义观点。书中最打动我、最使我敬慕的则是诸葛亮。刘备为了请诸葛亮出山,三顾茅庐那一大段,把诸葛亮不求闻达的高远襟怀,野云孤鹤般的雅人深致,写得形神俱足,气貌毕肖,充满了动人的魅力。在读《三国演义》之前,我完全不知道诸葛亮是何等样人,读过《三国演义》以后,除了他的料事如神的超人智慧以外,给我印象最深的,并不是他所建立的显赫的功业,而是他出山以前的那副散淡的襟怀和那种飘逸的风神。不知为什么,我当时还只是个十一二岁的孩子,我所最敬慕、钦羡的诸葛亮,竟并不是后来成为蜀汉丞相的诸葛亮,而是高卧隆中时的草野隐士的诸葛亮。我在和小朋友一起玩耍时,也常常带着自豪的感情说自己是"山野散人"。这恐怕只能归因于《三国演义》中的这一段写得实在太迷人了的缘故吧!后来知道了诸葛亮有"淡泊以明志,宁静以致远"的名言,我心目中最初形成的诸葛亮的形象,就益发鲜明高大起来了。这就种下了我此后遗落世事、淡于名利的癖性。当然,事实上一个人是无法遗落世事,也不可能完全淡于名利的,但总算能够比较地超脱一些。因此,在我过去漫长的坎坷岁月中,尽管受到许多不公平的待遇,我也能淡然处之,省却了不少烦恼。《三国演义》还使我能初步读懂一些浅近的文言文,并在写文章时能用"之乎者也"来代替"的了吗呢"。这一点不久就给了我很大的帮助。我小学毕业要上初中了,为了便于照顾,家里自然就让我进了我哥哥已经在读的那所中学。这所学校原来是一所国文专修馆,里面的教师大多是前清秀才之类的旧派人物,他们都不喜欢白话。我哥哥在我考取了该校将要入学就读之前,就用一种半是吓唬我半是自豪的口吻对我说:中学不比小学,作文哪里能用白话,都要写文言了。我听了不免有些紧张。上学后第一次作文,就硬着头皮"之乎者也"地瞎凑了一通,居然顺利通过了,还受到了老师的赞许。这不能不归功于《三国演义》对我的帮助。

读过《三国演义》以后,我对小说发生了极大的兴趣。就把家里所有的小说书,一部一部地找出来读。那时也不能分别好坏,自然更不懂得选择,只能碰到什么就读什么。像《七侠五义》、《施公案》、《彭公案》、

《说岳全传》、《封神演义》、《野叟曝言》、《金台平妖传》……等等,就都是在小学里读的。那些年读过的真正的名著除了《三国演义》以外,就只有一部《水浒传》了。我生长在农村,村里的大人们农闲时常常央我给他们讲故事。我就把从书上看来的故事讲给他们听,他们听得津津有味,我也从中得到了不少乐趣。在初中时代,小说就读得更多了。但主要仍是读中国的旧小说。除章回小说以外,也看了不少笔记小说。如《子不语》、《萤窗异草》、《阅微草堂笔记》、《两般秋雨庵》之类。同时也开始对中国的古典诗词和散文名篇发生了较浓厚的兴趣。较多地读外国的翻译小说是进了高中以后的事。那些书使我大开眼界,在我眼前仿佛出现了一片新的天地,我结识了许多与旧小说中所写的完全不同的人物。他们的思想爱好,他们所生活于其中的社会和风尚习俗,与我一向所熟悉和知道的完全不同。施托姆的《茵梦湖》、洛蒂的《冰岛渔夫》、歌德的《少年维特之烦恼》等书,给了我无限的欢喜和忧伤。特别是屠格涅夫的《罗亭》、《贵族之家》等等,引起了我对人生的思考,在我心头激发起对青春、对未来岁月的朦胧的憧憬和充满诗意的幻想。这时,我已开始深深地迷上了文学,迷上了这绚丽多彩、充满魅力的文学了!我此后的终于走上学文学的道路,可以说就是种因于中、小学时代对小说的爱好。

因为家境贫寒,高中我读的是师范。师范学校不但不要交学费,还供膳宿。我考上的又是一所名牌学校——江苏省立无锡师范学校。这所学校的许多老师都是很有学问的,在中学教育界很有名望。因此亲友都为我庆幸,我自己也勤奋地学习着。1937年秋,我刚开始读三年级,九月间开学不久,日本飞机来轰炸,我们学校里也落下了炸弹,虽幸未伤人,但房屋毁坏了不少。警报解除后,师生纷纷逃离学校,战火也日益逼近,学校就此解散。我回到家乡,在母校南夏墅小学当了一段时期的代课教师。后来,昆山、青阳港等地相继失守,常州也岌岌可危。就在南夏墅小学一位年长的老师曹梦梁先生(后来听说他是地下党员,在五台山一带的游击战中牺牲了)的带领下,我们一共十一个人结伴奔向后方,辗转到了武汉。当时武汉聚集了不少各地涌来的流亡学生,国民党教育部怕这些学生跑到解放区去,就在四川、贵州等地办了几所国立中学,收容原来在各省省立中学读书的学生。我因为是江苏省立无锡师范学校的学生,就被送到设在重庆北碚的国立四川中学师范部继续读书。从1938年初读到那年8月,算是读完了高中的全部课程,取得了毕业资格。接着就参加了抗战期间首次实行的全国各大学的统一招生考试。我报考的是当时正内迁在重庆的国立中央大学的师范学院国文系,侥幸被录取了。中央大学共有七个学院,四十多个系科。师范学院是那一年第一次创立的。读师范学院不但不要交学费,膳、宿费也全免。中央大学虽另有历史悠久、声誉卓著的中文系,但它设在文学院内,不能享受免费待遇(实际上后来那时家在沦陷区的学生也都可以领取贷金,并不需要交钱),所以我报考了师范学院的国文系。这个系因为是新创办的,第一年都是公共必修课,不但没有自己的教师,就连系主任也没有。第二年才请来了伍叔傥先生当系主任。伍先生是五四时期的北京大学毕业生,思想较开明,颇能继承蔡元培先生兼容并包的思想作风。在他主持下,罗致了各方面的人才。先后来校任教的有罗根泽、孙世扬、顾颉刚、乔大壮、朱东润、曹禺、徐訏等先生,老舍也被请来作过讲演。此外还有杨晦、吴组缃、吴世昌等先生,不过他们到时我已经毕业了。

我是1942年毕业的,毕业后教过一年中学。1943年就由伍叔傥先生介绍,去当时也内迁在重庆的国立交通大学教国文。1946年交大迁回上海,我也随校到了上海。1951年华东师范大学成立,即调来华东师大中文系任教,一直到现在。先任讲师,1980年升教授。我在大学任教已经有四十五年了,其间没有担任过助教,也没有担任过副教授。当讲师的时间竟有三十七年之久(在交大的头两年名义是教员,待遇同讲师),这种情况在我国历史上恐怕也是很少有的。

我在学生时代就养成了自由散漫的习惯。四年大学生活,大部分时间是在茶馆里度过的。一本书,一碗茶,就可以消磨半天。有时也打桥牌,下象棋。跟我经常在一起的几个同学也是以自由散漫著称的。不过,他们除了下棋打牌以外,还喜欢演戏、赛球等活动。这些,我就只当捧场的看客,不亲身参加了。我们还用墙报形式办过一种名叫《文艺风景》的纯文艺刊物,曾经出过好几期。我只提供稿子,不管编排、张贴

1979年赴河南讲学,与鲁枢元合影

等事。后来还准备办一种已经定名为《海市》的墙报,取"海市蜃楼"之义,我已为它写好了发刊词,但最后这个刊物似乎并未办起来。伍叔傥先生教我们的功课中,有一门叫"各体文习作",经常要我们练习写作。当时在中央大学,五四以后的现代文学是不读的。写作,在文学院的中文系也都是用文言。伍先生却文白不拘,都可以。他出的作文题也十分灵活,很便于写志抒情;有时也可以由学生自己命题。所以同学们都不以作文为苦,而且很愿意听他看过我们的习作以后的评讲。我一向懒散,只爱看书而不喜动笔,自己主动写文章的时候很少。伍先生的"各体文习作"一连开了几年,至少每二周要作文一篇。我在学生时代,也就是在他的督促下,才写了一些文章。当年办《文艺风景》时,我所提供的稿件,就都是来自这些习作。它们虽大都是命题作文的产物,但由于我上面所说的原因,却很可以显出自己的真性情,我自己很喜欢。何况上面还有伍先生写的评语,特别值得珍惜。因此,时间虽已过去了半个世纪,并屡经播迁,文化大革命中还多次被抄家,这些文稿却绝大部分仍被保存下来了。如今,虽已纸质发黄,有的还被虫啮鼠咬,但有时偶然翻到,仍不免怦然心动。即使本来在忙着别的事,一拿到手,就会立即悄然凝神,展卷重读。于是数十年前旧事,恍然如在目前。一时思绪万千,此中情味,实在难以言宣。我自己虽然很喜欢这些文章,当时却很少想到要向报刊投稿。除了因偶然的机缘发表过极少的几篇外,其余都没有发表过。解放以后则因为文中的思想感情与时代气氛不合,就更想不到要发表它们了。也许它们是愿意永远陪伴我,并随我一同长眠于地下的吧!

喜欢看书而不喜欢写文章,这恐怕是很多人都相同的。但在我,这种不喜欢写文章,甚至怕写文章的心理,已经成了一种牢不可破的习惯,我对这个习惯的忠诚,真可以说是数十年如一日。要没有强大的外力的推动,我这个习惯是很难破除的。1957年《论"文学是人学"》的写作是这个习惯被外力冲破的一个例子,后来所写的其他文章,可以说也都是在外界的催逼下写出来的。

与著名作家白桦交谈(1980年代)

我想,我之所以被人知道,无非是因为我写了《论"文学是人学"》并受到了批判。大家比较感兴趣并愿有所了解的,恐怕也是与《论"文学是人学"》有关的事。虽然我已先后两次在别的文章中谈过这方面的情况,这里不妨再讲一讲。

这已经是三十年以前的事了。1957年3月华东师范大学召开了一次大规模的学术讨论会,全国各地许多兄弟院校都推派了代表来参加。校、系各级领导在此之前早就为召开这次会议作了多方面的准备,并多次郑重地向教师们发出号召,要他们提交论文。我在各方面的一再动员和敦促下,遂勉力于那年的二月初写成了《论"文学是人学"》一文。现在回想起来,如果不是在那时刚宣布不久的"双百方针"的精神的鼓舞下,如果没有当时那种活泼的学术空气的推动,单凭一般的号召和动员,我也不一定会写。即使写,文章的面貌,恐怕也将大大的不同了。后来,许多批判我的人都在这个写作的时机问题上大做文章,尽管他们不免有用政治批判来代替学术争论的偏向,却也不是全无道理的。何况,在当时那种形势下,他们这样做也是很自然的事。

在学校举行的那次讨论会上,许多与会者都对我的论文提出了不少批评意见,几乎没有人表示同意我的观点,只有一个毕业班的学生(他就是陈伯海同志)最后站出来为我辩护了几句。在学术问题上,总免不了会有不同的意见。受批评,遭反对,也是常有的事。但看到自己的观点竟如此地得不到支持。却也不免有点懊丧。

讨论会后不久,《文艺月报》(即《上海文学》的前身)的一位编辑,由校内一同事陪同来访,我不知道他访问的目的是否与这篇文章有关。在谈话中,我这位同事向他提起我有这样一篇论文。我随即告诉他们我这篇论文已在讨论会上受到了许多人的批评。也许是出于通常的礼貌关系吧,他要我把文章给他看看,我就给了他一份打印稿。没过几天,这个杂志的另一位编辑跑来找我,说那篇文章他们编辑部理论组的同志看过了,并且经过讨论,认为它"既不是教条主义的,也不是修正主义的"(这是他的原话。我不知道这话究竟是否真是编辑部的意见,或者仅仅是他个人的一种随口而出的说法?),编辑部准备发表,要我再仔细校阅一遍后尽快给他们寄去。我也就依言照办了。本来,一个稍有自知之明的人,或者一个处世比较谨慎的人,在讨论会上听了那么多批评意见以后,是不会轻率地同意把文章公开发表的。个别同志知道《文艺月报》将要发表这篇文章后,就警告我说:"别是钓鱼呵!"但我既缺少自知之明，又一向不甚懂得处世要谨慎的道理。何况，我还满以为自己的意见并不错，正希望能有更多的人来评断。能够公开发表，当然是很欢迎的。至于"钓鱼"之说，我决不相信学术界会有这等事，因此，甚至对这样说的人很有些反感。

后来，《文艺月报》正式刊出了这篇文章，出版日期是1957年的5月5日。就在这同一天，《文汇报》在《学术动态》栏里特地发了一则消息介绍了这篇文章，并冠以"一篇见解新鲜的文学论文"的标题。校内同事见了，有的为我高兴，有的则认为这是为了引起人们的注意，号召大家起来批判。实际上，5月5日这一天，《文艺月报》还没有送到读者手中，书店里也并无出售，《文汇报》这则消息的来源以及作此报道的背景究竟如何，是难免要引起人们的猜测的。但我自己对此也一无所知。因此，对周围的人的种种不同反应，只能一概抱着将信将疑，姑妄听之的态度。我也知道，文章发表后免不了会受到很多的批评和指责的，但根据"双百方针"，我也完全可以进一步申述观点，为自己辩护，并提出反批评。真理总是愈辩愈明，最后服从真理就是了。本着这样的认识，所以我对《文汇报》的报道中不符我原意的地方（如说我"否定了文学反映现实的理论"）也不想急于更正，认为尽可留到以后的答辩文章中再加以说明。谁知事情的发展，完全出于我的意料之外，反右运动扩大化的偏向愈演愈烈，对我的批判也逐渐从学术转向政治，我已没有机会进行申辩了。

对于《文艺月报》竟会发表我这篇文章，当时也有种种传说。有的说发表的目的就是为了批判；有的说是因为想展开一些讨论。在此文受到公开批判以后，一位同事告诉我，他参加了一个会议，姚文元在这个会上公开说是他竭力主张发表这篇文章的。因为他认为这是一篇典型的修正主义文章，公开发表出来，就是为了便于让大家来批判。这一说法，在"四人帮"粉碎以前一直是广泛流传，并为人们所普遍接受的。但"四人帮"粉碎以后，我却又听到了另外一种说法，说是姚文元当时是真心赞成发表这篇文章的，但后来政治形势变了，他就又转过来，以批判我的急先锋的姿态出现了。我不知这两种说法究竟哪一种更可靠。尽管前一种说法是当时就有的，而且是有人亲自听到姚文元本人在一个会上公开讲的,似乎不容怀疑。但后一种说法,却也并非全然不可信。因为不但持这种说法的人是当时《文艺月报》理论组的一个成员,而且像姚文元那样的人,一会儿这样,一会儿那样,是完全可能的。尤其是在当时那种政治形势下,翻手为云、覆手为雨之类的事情,真是司空见惯、毫不足怪的。就像《文汇报》那则消息,当初有些人就认定那是为了要对我进行批判而预先发出的信号。等到《文汇报》被指责是代表资产阶级方向以后,这些人又把这则消息说成是对我的吹捧,并以此作为我的文章思想反动的一个证据了。

  大约是在那年的八九月间,即文章发表的三四个月之后吧,上海文艺界曾由叶以群同志主持召开过一个小型座谈会,针对我这篇文章作了初步批判。那时《文艺月报》大概已经接连发表过好几篇批判文章了。记得那天上海文艺出版社的代表曾在会上说,他们准备把有关文章汇编成集公开出版,这就是后来大家看到的《〈论"文学是人学"〉批判集》(第一集)了。以群同志虽然不赞成我文章的观点,但他是坚持把它作为学术问题来处理的。当会上有同志在发言中说到我的某些观点与胡风很相类似这样的话时,以群同志连忙叮嘱各报记者在报道中不要提这句话,说这太可怕了。第二天《解放日报》在头版右上角以醒目地位报道这次座谈会的情况时,措词也是极平允的。事情虽然已经过去了三十年,我对以群同志这句话和《解放日报》记者黎家健同志的实事求是的报道,却始终记得。

  在那一段时期以及以后相当长的年月里,全国各地的报刊杂志上经常有批判我的文章发表,这些文章对我都是程度不同地有所启发,有所帮助。虽然在态度上不免有点剑拔弩张,个别措词也或失之尖刻,但在当时那种气氛下,这些都是很自然而正常的,不这样倒觉得可怪了。在华东师范大学内部的批判中,过火的现象当然要突出一些,但批判者大都是一些青年学生,他们年轻,对当时"左"的路线下所宣扬的一套东西,深信不疑。他们是抱着满腔热情来进行反对资产阶级右派、反对修正主义的斗争的。今天,大家一起来回顾这段历史,相信各自都是能够从中吸取自己应有的教训的。

  最后,关于那篇文章的题目,还得交代几句。我原来在题目上是既

1980年代后期与许杰先生(中)、鲁枢元合影

未加引号,也没有"论"字的,就叫做:文学是人学。我虽然知道高尔基有把文学叫做"人学"的意思,却未见他说过"文学是人学"这样的话。所以在我长达三万五千字的文章中,也通篇看不到曾经出现过高尔基说"文学是人学"这样的说法,引号也只打在"人学"上,从来没有打在"文学是人学"上过。那么,后来题目怎么会变成《论"文学是人学"》的呢?那是因为接受了许杰先生的意见而改的。许杰先生是当时华东师大中文系主任,我的文章写成后第一个就是给他看的。他看后很鼓励了我一番,并建议我为了使标题更能吸引人,不如索性改为《论"文学是人学"》。我虽然并没有看到高尔基曾经明确说过"文学是人学"的话,但认为他显然是有这样的意思的;而且我的文章主要就是为他的这一意见作一些阐释和发挥,把题目写成《论"文学是人学"》,不但更醒目,立论的根据也更明确了。因此就接受许先生的意见照改了。这几年来,报刊上常见有把"文学是人学"作为高尔基的原话来引用的,这很可能是受了我的文章的题目的影响,我是不能辞其咎的。我曾想写文章说明,并准备在《论"文学是人学"》重印时,把题目改成《论文学是"人

学"》。但继而一想,文学是人学这一观点已经流传开了,并已为文艺界的许多同志所接受,而且,正像我在《论"文学是人学"》一文中所说,这一意见"也并不是高尔基一个人的新发明,过去许许多多的哲人,许许多多的文学大师,都曾表示过类似的意见"。那么,只要不把这句话当做高尔基的原话,而只作为过去许多哲人,许多文学大师们(其中也包括高尔基)的意见的概括,我想也并无不可。因此,我就决定不去修改这个题目了。

1983年在加拉加斯出席国际笔会第46届大会,中国代表团全体成员与委内瑞拉总统(左三)合影。

《论"文学是人学"》的批判,从1957年下半年开始,大约到1958年的下半年渐渐地停下来了。上海文艺出版社的《批判集》出了第一集以后,也没有再出第二集。1959年是我国建国十周年大庆,华东师大各级领导又号召和动员教师提供科研论文了。我虽然受到批判,但未划为右派,自然也是号召和动员的对象。于是我又写了《〈雷雨〉人物片论》(后改名《〈雷雨〉人物谈》)一文,写成后交了一份给教研组,另外抄了一份寄给《上海文艺》。教研组认为我的观点有问题,《上海文艺》也决定不予发表。系里并召开了一次名为讨论实是批判的会议,还请了校外的同行来参加;会上几乎又是一致认为我的文章美化周朴园和繁漪,宣扬人性论,是《论"文学是人学"》一文中的反动观点的具体运用,受到了相当严厉的批判。接着是1960年,文艺界的形势又严峻起来。上海作协举行19世纪欧洲资产阶级文学讨论会,我当时并不是作协会员。会议却特地通过学校指名邀请我参加,学校在我第一次赴会时还特地派车子送我前去。我本来不想发言,会议主持者却一再打招呼,希望我谈谈。我不便固辞,又听到一些同志在会上对19世纪欧洲资产阶级文学否定过多,特别对巴尔扎克、托尔斯泰等人的批判过于粗暴,于是忍不住讲了几句,这下就被抓住不放。这个"讨论会"断断续续开了七七四十九天,从批判资产阶级文学,转到批判资产阶级文艺思想,主要对象是我和蒋孔阳同志。罗稷南同志也被捎带着批了一下。与此同时,华东师大内部也召开了对我的批判会,开过几次以后准备结束了,领导上一定要我谈谈自己的感想。我一面对大家的帮助表示感谢,一面也稍稍申述了一下自己的观点,作了一些辩护。于是就又受到了更大规模的更加严厉的批判。会后不久,我十二指肠溃疡大出血,住进了医院。这样,大约到了1961年将结束时,学术界气氛又缓和下来了。我一直不肯相信我的《〈雷雨〉人物片论》会是毒草,这时就另外写了几句附记,把它改名《〈雷雨〉人物谈》寄给了《文学评论》。在该刊1962年第一期上发表后,反映不错,来约稿的很多。于是我又写了周冲和周萍两篇。周冲一篇写得早,发表了。周萍一篇写好后,正逢系里要开讨论会,经过教研组的讨论,又被认为观点有问题,我就没有再向外寄。与此同时,我还写了《管窥蠡测——人物创造探秘》一文,寄给了《文艺报》。《文艺报》编者立即来信表示要用,并要我以后多为他们写稿。不久,党的八届十中全会公报发表,强调阶级斗争要年年讲、月月讲、天天讲,我在《文学评论》上发表的《〈雷雨〉人物谈》,又立即受到了批判。这样,《文学评论》约我为他们写的《曹禺戏剧语言艺术的成就》一文,也就不能发表了。寄给《文艺报》的那篇,也许因为有言在先吧,拖到1963

三老游金陵(徐中玉、钱谷融、王元化)

年的3月,总算还是发表了。形势如此,我就自然只能搁笔了。自那以后,学术空气一年比一年严峻,不久就来了文化大革命。十年浩劫,许多人被逼含冤死去,我总算幸存下来了。"四人帮"粉碎以后的开头几年,像我这样的人,仍是被另眼相看的。直到十一届三中全会以后,才算真正得到了解放。但这时,我已经年近花甲,虽然很想改变过去懒散的习惯,勉竭愚钝,为我们的文艺园地贡献自己的绵薄,但精力毕竟大不如前,而社会活动和培养研究生的任务又日益加重,因此,多少年来,除了负责主编过几种大学文科教材,和一种正在进行中的国家"七五"期间重点科研项目"中国新文学社团流派丛书"以外,就只写过为数极有限的几篇文章,实在愧对这个新时代,深感歉疚。这几年间,我出版的著作(不包括负责主编的)有《〈雷雨〉人物谈》(上海文艺出版社)、《论"文学是人学"》(人民文学出版社)和《文学的魅力》(山东文艺出版社)等三本。

1988年1月2日

再说说我自己

  人们常说,老人往往是在对过去的回忆中打发他的日子的。确乎如此,我近来就常常会忽然跌入往昔的追怀中,尽管这种追怀带给我的并没有多少欢乐的成分。今天读了晓明为我这本集子写的序文后,回首前尘,更不禁感慨万端。我自己本来就是这样一个懒散的、毫无作为的人,想不到亲近如晓明,以及我的其他一些与我比较接近的学生,竟会常常为此感到纳闷难解,这在我真是从来没有想到过的。推究其原因,我想多半是在于我平日很少在他们面前谈我自己,谈我的过去。虽然若干年前我曾经在《收获》上发表的《且说说我自己》一文中,谈了一些我过去的情况,但那是流水账式的,而且把重点放在《论"文学是人学"》一文的发表以及被批判的过程上。他们甚至也可能根本没有看过这篇文章。前几天,我忽然在保存下来的旧笔记本上,发现了一篇谈自己的人生观的文章,是1950年11月间写的。那年5月,我以交通大学教师(国文教员)的身份,被学校派往北京华北人民革命大学政治研究院学习,为期半年。这时即将毕业.每个学员都得写份思想总结。这篇文章就是我所写的思想总结的一部分。我的思想总结究竟写了几个部分?一共有多长?都不记得了。大概当时在写好交上去之前,曾想在笔记本上抄录一份,自己保存。但又不知为什么并未抄全(是时间来不及?还是失去了兴致?)。现在保留在笔记本上的,只有谈人生观的第一部分。第二部分是谈文艺观的,但显然应该不止这些,下面一定还有很多没有抄。第一部分的标题是:《我摧毁了"桥"的人生观》。第二部分的标题是:《我跳出了"绿色的陷阱"》。所谓"绿色的陷阱",指的就是我当时服膺的"为艺术而艺术"的唯美主义的文艺观。谈人生观的那部分,对了解我这个人,了解我的为人处世的态度和性格的形成,是很有帮助的。既然全文具在,就不妨把它抄录在下面。

"老夫聊发少年狂"——2000年与徐俊西先生在长尖岛荡秋千。

我出生在江南农村的一个清贫之家,十七岁那年,日本侵略军逼近家乡,我就离开了父母、家人,独自流浪到了四川。在四川虽说仍旧过着学生生活,但遭遇的酸辛和对故乡、对亲人的长期的怀念,使我经常黯然低垂了我年轻的头。因而我的思想便特别容易沿着灰色、悲观的道路走;我所接触的书本又为这种思想提供了丰富的养料。譬如:"人生寄一世,奄忽若飘尘","生年不满百,常怀千岁忧",诸如此类的诗句,都给我一种年命无常、人生多忧的感觉。歌德的一句话尤其使我哀痛,他说:"人在少年时所希望的,老年时常能得到满足。"这本是一句包含着"有志者事竟成"这样的积极意味的话。但我听了,却认为这句话正说尽了人生的悲剧。少年时的希望需到老年时才能满足,人老了,心境也随之变了,谁还能以少年时代的希求为希求呢?则满足对他又有什么意义?!

于是,我建立了我"桥"的人生观。

我认为人都受着自己的欲望的支配,为要满足他的欲望,为要到达他所想望的彼岸,就非有赖以过渡的桥梁不可。"盈盈一水间,脉脉不得语。"刻骨的相思,千古的悲剧,往往就因为缺少了一座桥梁!街市上熙来攘往的,有哪一个不是在尽心竭力地为自己建造必要的桥梁而忙呢?但欲望无穷,桥梁也就永远建造不完。而且当你踏着自己辛辛苦苦所造成的桥梁走过来后,所看到的又往往远非自己原来所想望的。于是你灰心丧气,嗒然神伤了!但在你的生命还未结束以前,另一个新的希望又会立刻在你的心头重新升起,而你又会鼓起新的勇气,不辞辛劳地去建造你所需要的另一座新的桥梁了。人就这样地永远生活在希望与失望的连锁中,而一座座虚妄的桥梁,正不断地装饰着人类的梦想,支持着人类的坚忍不拔的生之意志。

雨果说:"人一生下来就被判处了死刑,不过还听有不定期的犹豫执行。"我既是一个已决的死囚,在执行之期来到之前,我还能做些什么呢?还有什么事情值得我用全副精神去从事呢?我只有尽量乐享我这未完的生命,尽可能愉快地打发走来的岁月而已!我的心弦奏着绝望之歌,双手却伸向空中祈求快乐。我不愿让自己做心头永远填不满的欲壑的奴隶,不愿看自己金色的岁月被一点一滴地剥蚀着去砌造那一座座虚妄的桥梁。我要做自己心灵的主人,我要尽情乐享我这有限的生命。浮名骗不了我,富贵我嫌它噜嗦。我要放开心灵的脚步,在这光怪陆离的世界上作一次伟大的驰骋。

于是我从生活的每一个角落去追求美,追求趣味。美在的地方,趣味在的地方,我就流连盘桓,不忍离去。我读书、做事、交朋友,一切从趣味出发。不合我的趣味,我都掉头不顾。对学问,我也不甚重视。我认为最好的学问,应该在生活里边。一个人能生活得好,就是最大的学问;否则,你知识再渊博些,也只是一个冥顽不灵的书橱而已。我看书,是想从书本中去找寻乐趣,想作一次心灵的游戏。假使有人来找我去玩,而这人和这玩法,又都是我所喜欢的话,我就可以立刻丢了书本跟他走。

我既认定生命是短促的、空虚的,因此我心灵上的最大的负担就是寂寞。当寂寞压上心来时,我就觉得恍恍惚惚,百无聊赖。所以我时常追求着热闹,追求着欢笑。希望从热闹与欢笑中,驱走我的寂寞。而能够给我以热闹与欢笑的,当然只有活生生的人类。我觉得人生已够痛苦了,若再要与共处的人关系搞得不好,那就更无乐趣可言。而世事既是转眼成空,便根本不值得过分认真,不值得为了一些锱铢小事而伤害了彼此间的感情。因此,我遇人总是一团和气,既不愿使人不愉快,更不愿得罪人。除非他侵犯了我的人身自由,损伤了我心灵的尊严,我是决不与人争吵的。

在现实生活里,我最不喜欢的是拘束,最厌恶的是虚伪。我爱好自由,崇尚坦率,最向往于古代高人逸士那种光风霁月、独来独往的胸襟与气度。名、利我并不是不要,但如果它拘束了我的自由,要我隐藏了一部分真性情,要我花很大的气力才能获得,那我就宁可不要。我决不愿斤斤于烦琐委屑的小事,我的情趣常逗留在一些美妙的形象上。而据我看来,形象与实质,其实应该总是契合无间,有着高度的谐和与一致的。"一张美丽的脸蛋就是一份无声的推荐书"(A beautiful face is a silent commendation)培根(Francis Bacon)的这句话,不是说得很有道理吗?如果无视于形象的美妙,也就必然容易忽略实质的精髓。所以我常爱从人们的一颦一笑之间去领会他们的心情,观赏他们的志趣。我也企图把我短促的生命雕琢成一首精美的小诗,希望那里面的每一个字眼都要是有光有彩的,每一个音节都要是珠圆玉润的,以便能与这光怪陆离的大千世界沉瀣一气。

然而我这狂妄可笑的、七宝楼台式的梦想,一与现实接触时,就被打击得不成片段了。

为了生活,我也不得不去做一些凡庸尘俗的事。在国民党统治下的很长的一段时期里,我不得不于一领到金圆券后,立刻跑上街头去把它换成银元;而一听说米价要涨时,又得赶快把银元卖了去买米。每年暑假到来时,我不能不担心于下学年学校的是否继续聘我。有些人的学识、才能,明明不如我,但他的地位却比我高,拿的钱也比我多,我也不能不有些气愤。眼看着一年年地过去,自己的名誉、地位,一点都没有,也不免担心着自己可能会被社会所淘汰。有时,我也想我应该鼓起勇气向上爬一下了,但我不但不知道该如何爬法,也不愿拘束了我心灵的自由;同时,又想到了生命的短促,想到了即使挣扎着爬过了"桥",而"桥"那边的一切,也未必美妙,未必就能令我满意。于是我彷徨着,陷在万分矛盾和无限痛苦的深渊里。"活着",在我看来,真像叔本华所说的,"是一个最大的错误"。

1949年4月25日,交通大学突然被强令解散。当时用的是"疏散"二字,却没有指定疏散的地点。不管你有无去处,限定全校师生必须在二天以内搬离学校。我于万分无奈之下,只得带领妻儿借住在浦东的一个亲戚家里。一天更比一天迫切地盼望着解放军的来到。

终于,上海解放了,我的欢喜真是诉说不尽。只有在那时,我才真正懂得了、真正体会到了"解放"二字的真义。尽管天空在下着雨,我却有天朗气清、阳光灿烂的感觉。原来死寂的街头,忽然拥满了人,都各各表示出了他们衷心的喜悦。这光景太感动人了!多日的希望,一旦实现,梦想已成为事实,我还能说"人生如梦"吗?还能说"一切都是虚幻的"吗?从大家的狂欢里,我看到了中国人民过去所经受的血泪痛苦,看到了他们对领导他们获得解放的中国共产党的由衷感激。所有这些,再也不同于我过去所认识的个人一己的哀乐,那只是掠过心头的刹那的幻影。如今在我眼前出现的,乃是无数艰辛劳动所培育,无数宝贵血汗所灌溉出来的鲜气蓬勃的花朵。它们将长存在中国的大地上。有什么样的努力,就有什么样的收获,一点没有什么侥幸,更绝不是什么偶然。于是这世界在我看来不再是恍恍悠悠的了,我第一次有了脚踏实地的感觉。往后,更看到人民政府的一举一动,都是那么刻实,那么有计划、有步骤,一步步地在朝着预定的方向走去,我对于我假想中的"桥",也开始有了一些新的看法。

来到革大,学习了劳动创造世界和五种生产方式后,我对"人生之桥"的看法更完全变了。劳动创造了人,劳动又创造了世界。今天社会上的一切财富,人类所享用着的一切精神的、物质的文明,有哪一样不是劳动的成果?这些都是一点一滴地、日积月累地在劳动人民的惨淡经营中堆积起来的。这就是人类所建造的一座一座的桥梁。从这些桥梁上我们一步一步地走过来了：从原始社会到奴隶社会，从封建社会到资本主义社会。我们更将从这桥梁上向人类社会的最高形态——共产主义社会走去。每跨越一座桥，我们就前进了一步，我们的心头就多了一重喜悦。谁说桥是虚妄的呢？谁说人永远只是生活在希望与失望的连锁中呢？

于是，我摧毁了我"桥"的人生观。

这些话都是说得很真诚、很实在的。解放初，我的确很亢奋了一阵子，有过"狂飚突进时代"那种心情。但过不多久，运动一个接着一个地来，起初尽管感到非常违反我的本性，我还是竭力约束着自己，尽量去适应它。一直到1957年的反右运动兴起，对我的心灵震撼之剧烈，使我实在无法承受。我虽没有在运动中被划成右派，但从此被打入了"另册"，即使仍旧想顺应潮流，跟上形势；却再也跟不上，再也无法适应了。于是我又一天天地懒散下去，愈来愈无所作为，其实是再也不敢有所作为了。

本来，"江山易改，禀性难移"。何况我这种最初的禀性，又经过了几十年环境、遭遇的培育熏陶，岂是短时期内某种外在形势的变化所能彻底改变得了的？即使后来并不是运动一个接着一个，即使党对知识分子的政策更宽松一些，恐怕我也仍然会是、而且只能是像今天这样的一个懒散的毫无作为的人。因为我的习性，我的志趣好尚，在解放前就早已铸就定型，牢不可破了。

这里我必须谈一谈我经常深切怀念着的我的老师伍叔傥先生给我的影响。伍先生是蔡元培先生当校长时的北大学生，与傅斯年、罗家伦等同时。1938年我考入了当时内迁在重庆的中央大学，读的是新成立的师范学院国文系。一年级时不但没有本系的教师，连系主任都没有，只能与文学院中文系的学生合在一起听课。到二年级时，当时任中央大学校长的罗家伦才请了伍先生来担任我们的系主任。伍先生很开明，颇能继承蔡元培先生兼收并蓄的精神。他自己是爱好汉魏六朝文学的，戏说他治的是"衰"文（苏东坡曾称韩愈"文起八代之衰"），尤其善写五古。可他请教员，却能尽量罗致各方面的人才。先后在我系任教的有罗根泽、孙世扬、顾颉刚、乔大壮、朱东润等人，更其难得的是，中央大学中文系一向是比较守旧的,只讲古典文学,不讲新文学。新文学和新文学作家,是很难进入这座学府的讲堂的。可伍先生完全不管这一套,我还在校的时候,他就请了曹禺、徐訏等人来教课,请了老舍来演讲。我离校以后,他又请了杨晦、吴组缃、吴世昌等人来任教。伍先生曾在中山大学与鲁迅同过事,一向很敬佩鲁迅先生。听说他离开大陆后,一度曾去日本教书,教的课程中就有鲁迅。他懂英文,有时去他房间,看到他手里拿着正在读的往往是英文小说。还知道他常通过日本的丸善书店从国外购买书籍。他与外文系的楼光来、范存忠、俞大缜先生等时相过从;与历史系的沈刚伯、哲学系的方东美、宗白华等教授,往来尤其密切。平日跟我们闲谈,也常常是古今中外,出入文史哲各个领域,真是海阔天空,鱼跃鸢飞,其乐无穷。完全没有那个时代一些教古典文学的中文系教授那种严肃古板、道貌岸然的神气。

他那时孤身一人,住在一间十分简陋的教员宿舍里。他不愿吃包饭,倒不是嫌伙食不好,主要是不肯受拘束。吃包饭就得按时到食堂里去与许多不相干的人一同进餐,这在他是不堪忍受的。所以伍先生的一日三餐,都是在馆子里吃的。虽然这样就得比吃包饭多花几十倍的钱。但这却给了他自由,使他能过得比较逍遥自在些;爱什么时候进餐就什么时候进餐,爱上哪一家馆子就上哪一家馆子,爱吃什么就吃什么。好在那时教授的工资高,他又除了有时要寄些钱给外地的孩子以外,没有什么别的负担。有时他上馆子吃饭的时候,也常拉我陪他一起吃,而且常常一同喝些酒。他喝酒不多,主要是为了助兴开胃。吃饭时,当然也是无所不谈。但他都只是即兴式的,随随便便地想到哪里就谈到哪里,从来没有预先存心要对我进行什么教育,更绝不摆老师的架子;甚至他连他是先生我是学生这样的观念也十分淡薄。他真率、自然,一切都是任情适性而行。他不耐拘束,讨厌虚伪。有时讥评起国民党的达官贵人,和一些喜欢装腔作势、沽名钓誉的学者教授来,真是妙语如珠,穷形尽相,入木三分。师范学院国文系有一门必修课叫语文教学法,也许是因为一时请不到合适的人来教,也许是在他的心底里是根本瞧不起教学法之类的课程的,他就自己来开这门课。他在这门课上讲什么呢?讲《文心雕龙》,正正经经地讲《文心雕龙》。决不因为这门课程的名称是语文教学法,就生拉硬扯地在开头或是结束的时候搭上一点有关教学法的话头或事例,去装门面骗人,应付学校。他希慕魏晋风度,却从不把魏晋风度挂在嘴上,可平日举止确乎能比较的脱落形骸、适性而行。尽管所谓魏晋风度,即便是当年的竹林名士以及稍后的清淡胜流,在显幽烛隐的"科学的"解剖刀下,也难免会露出些令人不堪入目的本相来。伍先生自然也未必真能超然物外,胸无纤尘。但在那举世滔滔,满目尘嚣的黑暗年代,确有一些读书人能够耿介自守,不肯同流合污,为社会保存一点正气,这不也是大可令人慰安的事吗?伍先生就是这些读书人中的一个。所以,他在学生们的心目中,不但十分可敬,而且是可亲可爱的。

与殷国明先生下象棋(2007年)

我作为伍叔傥先生的弟子,由于年龄差距太大,我当时在各方面都太幼稚,无论对于他的学问,对于他的精神境界,都有些莫测高深,不能了解其万一。不过他潇洒的风度,豁达的襟怀,淡于名利,不屑与人争胜的飘然不群的气貌,却使我无限心醉。这些当然都是不能从形骸之外去学得的。但是在潜移默化之中,恐怕也多少会受到一些影响。尤其对于他的懒散,对于他的不以世务经心,对于他群而不党、周而不比的独往独来的种种节概与迹象,更是有心仿效,竭力步趋,因此耳濡目染,日积月累,久而久之,在外表上自然也可能达到某些形似之处。我别的没有学到,独独对于他的懒散、对于他的随随便便、不以世务经心的无所作为的态度,却深印脑海,刻骨铭心,终于成了我根深蒂固的难以破除的积习,成了我不可改变的性格的一部分了!

既然我是这么懒散,自然就不可能有一般写写文章的人通常都有的"勤于写作"的优点了。相反,我简直可说是很少动笔。这,从学生时代起就是如此,后来更变本加厉,特别到了1957年以后,甚至有些怕写文章了。所以我的文章写得很少,连这些很少的篇什也大都是在外界的催逼下写出来的。不过,我虽然怕写,在执笔时却不敢怠慢,总是认认真真地竭尽全力来写的。但自己只有这点水平,因此这些东西实在寒伧,本来毫无保存的价值,承朋友们的关心和华东师大出版社的好意,要我把过去的文章挑选一下,出一本新的集子。"家有敝帚,享之千金。"自己的文章无论怎样不行,总还是珍爱的;何况它们确曾耗去我不少心力,已经成了我过去生命的一部分,于是也就怀着感激的心情接受了。1984年以前所写的,大都在《文学的魅力》中已经印过,这次从中汰除了一部分,再加进最近十年来所新写的。从篇目上来说,1984年以前和以后的,数量大致差不多。但从字数上来说,则1984年以后所写的,远没有1984年以前所写的多。因为确如晓明所说,近年来我已很少写长文章了,不要说三四万字一篇的,就是万字以上的也很少有了。精力的不如以前,于此可见一斑。书名定为《艺术·人·真诚》,无非表明这个集子里的文章,谈的主要是我对艺术的热爱,对人的尊重和对真诚的崇尚而已。

陈子善兄在此书的出版过程中,给我帮助特多,在此谨致谢意。

1994年9月1日

图书在版编目(CIP)数据

钱谷融论学三种/钱谷融著. —开封:河南大学出版社,2008.5

ISBN 978-7-81091-802-2

Ⅰ. 钱… Ⅱ. 钱… Ⅲ. 文学评论－中国－文集 Ⅳ. I206－53

中国版本图书馆 CIP 数据核字(2008)第 060888 号

责任编辑 谢景和
封面设计 马 龙

出 版	河南大学出版社
	地址:河南省开封市明伦街 85 号 邮编:475001
	电话:0378-2825001(营销部) 网址:www.hupress.com
排 版	郑州市今日文教印制有限公司
印 刷	河南省诚和印制有限公司
版 次	2008 年 5 月第 1 版 印 次 2008 年 5 月第 1 次印刷
开 本	650mm×960mm 1/16 印 张 30.5
字 数	437 千字 定 价 49.00 元

(本书如有印装质量问题,请与河南大学出版社营销部联系调换)

"学术精舍"书系介绍

厚重深邃的学术风范
独具匠心的精妙阐释
别开生面的文本细读

本书系以出版原创性学术专著为宗旨,着力打造传世性名著佳作。第二辑推出资深文艺理论家钱谷融先生《钱谷融论学三种》和先锋小说理论家刘恪先生《词语诗学·复眼》《词语诗学·空声》以飨读者。

《钱谷融论学三种》(钱谷融,49.00元)

《论学三种》精心选辑当代资深文艺理论家钱谷融先生脍炙人口感人至深的名著三种:论文学,论曹禺,论鲁迅。

《词语诗学·复眼》(刘恪,35.00元)

著名先锋小说理论家刘恪先生才华横溢地书写了对各种词语极端真切的感受和体验,深刻而细微地揭示了词语各种隐在的奥秘,使词语真正成为我们审美阅读的精神盛宴。

《词语诗学·空声》(刘恪,39.80元)

著名先锋小说理论家刘恪先生融会想象力、原创力和逻辑思维来从事词语诗学思索,对诗学词语作出系统分类和阐释,在学者深感功力不逮的微妙而重要的所在,施展特有的词语艺术去排忧解难、化险为夷乃至点铁成金。